兴城年鉴

（2019）

兴城市年鉴编纂委员会　编

方志出版社
Publishing House of Local Records

图书在版编目（CIP）数据
兴城年鉴 . 2019 / 兴城市年鉴编纂委员会编
——北京：方志出版社，2020.7
ISBN 978 – 7 – 5144 – 4249 – 6
Ⅰ.①兴…　Ⅱ.①兴…　Ⅲ.①兴城-2019- 年鉴
Ⅳ.① Z523.14
中国版本图书馆 CIP 数据核字（2020）第 130920 号

兴城年鉴（2019）

编　　者：兴城市年鉴编纂委员会
责任编辑：黄彦

出 版 者：方志出版社
地址　北京市朝阳区潘家园东里 9 号（国家方志馆 4 层）
邮编　100021
网址　http://www.fzph.org
发　　行：方志出版社图书经销中心
电话（010）67110500
经　　销：各地新华书店
排　　版：葫芦岛健宁彩色印刷有限公司
印　　刷：葫芦岛健宁彩色印刷有限公司

开　　本：889 × 1194　　1/16
印　　张：22.5
字　　数：403 千字
印　　数：0001~1000 册
版　　次：2020 年 7 月第一版　　2020 年 7 月第一次印刷

ISBN 978 – 7 – 5144 – 4249 – 6　　定价：260.00 元

兴城市年鉴编纂委员会

主　　任：袁国相

副 主 任：单　伟　王月娟　张旭辉

委　　员：李　冶　李贵民　苏文波　张守利

韩　祎　张晓坤　任学林　徐铁军

韩铁征　李以君　宋　平

《兴城年鉴》编辑部

主　　编：张旭辉

副 主 编：王天月　赵宏宇　徐　颖　董晓雪

雷云霞

编　　辑：李海霞　蒋丽娜　吴忠博　武海波

田宝凤　张　钊

摄　　影：韩文民　李　龙　李吉明

美术编辑：张　阳

2018 年 11 月 6 日，省委第十二巡视组巡视兴城市工作动员会议

2018 年 12 月 27 日，兴城市第八届人民代表大会第二次会议

2018 年 12 月 26 日，中国人民政政治协商会议兴城市第八届委员会第二次会议

2018 年 1 月 24 日，兴城市党的十九大精神知识竞赛决赛

2018年2月1日，2017“最美兴城人”颁奖典礼

2018年2月1日，兴城迎春灯会

2018 年 2 月 9 日，兴城市春节联欢晚会

2018 年 3 月 1 日，兴城市新春秧歌展演

2018 年 2 月 10 日，“全国冬泳日”系列示范活动（兴城站）
暨“中国 · 兴城海峡杯”国际冬泳邀请赛

2018 年 4 月 23 日，兴城市第九届全民读书节活动

2018 年 5 月 21 日，兴城市 2018 科技活动周

2018 年 5 月 27 日，第五届兴城刘台子油菜花观赏节

2018 年 6 月 9 日，辽宁省海岛旅游节暨觉华岛第四届文化旅游节

2018 年 6 月 9 日，2018 年非物质文化遗产进校园、进社区文化惠民活动
暨“文化和自然遗产日”非物质文化遗产宣传展示活动

2018年7月4日，2018“消夏避暑辽宁行”辽宁省第三届避暑纳凉节

2018 年 7 月 5 日，2018"兴城之夏"文化广场活动

2018 年 7 月 14 日，第三届“兴城大红门杯”青少年才艺大赛

2018 年 9 月 17 日，兴城市全国科普日活动启动仪式

2018 年 8 月 11 日，2018 第八届中国（葫芦岛·兴城）国际沙滩·泳装文化博览会沙滩排球国际邀请赛

2018 年 8 月 12 日，2018 中国 · 兴城海峡马拉松暨 2018 兴城（北京）海洋生活节

2018 年 8 月 15 日，第八届中国（葫芦岛·兴城）国际沙滩·泳装文化博览会

2018 年 9 月 27 日至 30 日，兴城市第七届全民运动会

2018 年 9 月 28 日，孔子诞辰 2569 周年公祭大典在兴城文庙大成殿前举行

2018 年 10 月 8 日，兴城市政务公共事业服务中心投入使用

2018年10月13日，“阜新银行杯”市直机关登山比赛

2018年5月5日，河东路大桥建成通车

2018年10月26日，兴城市庆祝改革开放40周年文艺晚会

首山云冠

初春的海滨栈道

魁星楼

宁远驿馆

高家岭汤上温泉

夏日海滨

龙兴大道

兴城市第二幼儿园

晒　秋

收　获

碱厂乡红南果梨

三道沟富硒 SOD 苹果

兴城海鲜

绿山碧海

编辑说明

一、《兴城年鉴》以马克思主义、毛泽东思想、邓小平理论、“三个代表”重要思想、科学发展观、习近平新时代中国特色社会主义思想为指导，坚持辩证唯物主义和历史唯物主义的立场、观点和方法，全面、系统、准确地载录2018年度兴城地区自然、政治、经济、文化、社会等方面基本面貌和发展状况，汇集较为全面的信息资料，具有鲜明的时代特征，是社会各界了解兴城、认识兴城、走进兴城的权威性资料文献。

二、《兴城年鉴》是兴城市档案局承办的大型综合性地方资料工具书，创刊于1987年，国内外公开出版发行。

三、本年鉴采用分类编辑法，分设类目、分目（部分分目设子目）、条目，以条目作为记述的主要形式，全书条目标题统一用黑体加【 】表示。开篇单独设置特载。正文设大事记、兴城概貌、党政群团、民主党派与群众团体、军事、法治、旅游、经济管理与监督、农村经济、工业、城建·环保、交通运输、电力、信息产业、财政·税务、金融、商贸流通、科技、教育·体育、文化、卫生、社会生活、乡·镇·街道类目。

四、本年鉴载录的兴城市各部门领导名单为当年实际变动情况。

五、本年鉴“统计资料”由市统计局提供。由于统计口径等原因造成各部类条目中数据不一致时，以统计局公布的数据为准。

六、本年鉴配有双重检索系统，书前刊有详细目录，书后备有主题分析索引。

七、本年鉴所刊载的内容由全市各有关部门负责撰稿，年鉴编辑部进行编辑整理，撰稿单位再次审核，年鉴编纂委员会终审定稿后付梓印刷。

目 录

民主党派与群众团体

军　事

法　治

旅　游

经济管理与监督

农村经济

电 力

信息产业

商贸流通

科　技

教育·体育

文　化

乡·镇·街道

索　引

特 载

解放思想谋发展 创新举措抓落实
以新气象新担当新作为推动全面振兴

——在市委七届十三次全委（扩大）会议上的报告

中共兴城市委书记 赵家鹏

（2018 年 12 月 18 日）

这次市委全会的主要任务是，深入学习贯彻习近平新时代中国特色社会主义思想和党的十九大精神，认真总结年初以来工作，研究确定 2019 年工作总体思路、任务目标，进一步动员全市广大党员干部和人民群众，解放思想谋发展，创新举措抓落实，以新气象新担当新作为推动全面振兴。

一、2018 年主要工作回顾

年初以来，面对艰巨繁重的改革发展稳定任务，在党中央和省市委的坚强领导下，市委紧紧依靠和团结带领全市人民，深入学习贯彻习近平新时代中国特色社会主义思想和党的十九大精神，牢固树立“四个意识”、坚定“四个自信”、践行“两个维护”，拉长“四个短板”、落实“六项重点工作”，深入实施“五项战略”，加快建设“五个兴城”，全市经济、政治、文化、社会、生态文明和党的建设都取得新进展。

预计全年地区生产总值实现 124.4 亿元，增长 5.8%；一般公共财政预算收入实现 12.5 亿元，增长 12.4%；固定资产投资实现 61.6 亿元，增长 14%；规模以上工业增加值实现 9.3 亿元，增长 8%；社会消费品零售总额实现 94.2 亿元，增长 6%；农村居民人均可支配收入实现 12947 元，增长 7%，各项主要经济指标均实现正增长。

第一，政治方向更加坚定。坚持把学习习近平新时代中国特色社会主义思想和党的十九大精神，特别是习近平总书记在辽宁考察时和在深入推进东北振兴座谈会上的重要讲话精神作为首要政治任务，开展市委理论学习中心组学习 21 次，专题研讨 6 次，兴城大讲堂 5 期，“解放思想推动高质量发展大讨论”集中研讨 3 次，全市上下在思想上求突破、作风上求转变、工作上求提升的生动局面正在形成。

第二，巡视整改成效明显。扎实做好中央第六巡视组反馈意见整改落实工作，制定“1+4+4+6”整改方案，反馈问题整改率、移交信访案件办理率、转办案件处置率均达到100%，现已全面进入常态化整改阶段。积极配合省委第十二巡视组开展巡视工作，全力推进作风集中整治和移风易俗边巡边改工作。

第三，各项改革全面深化。稳步推进事业单位和党政机构改革。完成乡镇财政体制改革，乡级金库全部投入运行，预计全年财政收入超基数80%，超收2100万元。积极推进园区改革，成立发展投资集团，实行“管委会＋公司”管理模式，发展活力明显增强。“放管服”、农村集体产权制度等各项改革均取得阶段性成果。

第四，产业结构不断优化。园区工业、清洁能源、泳装服装、电商物流、现代旅游和产城融合等六个重点产业不断发展壮大，实施亿元以上项目33个，总投资545.4亿元。经济开发区累计引进企业82家，实现总投资95亿元。启动泳装生产基地、运营基地建设，成功举办国际沙滩泳装文化博览会。大力实施乡村振兴战略，启动13个试点村建设。邴家湾服务业新业态集聚区建设持续加快，兴宫·首山湖主体完工，富都·欢乐龙湾对外营业。电商产业蓬勃发展，农产品上行规模不断扩大，物流业保持全省领先地位。

第五，城市建设成效显著。积极融入“三城同盛”，南拓步伐逐步加快，河东路大桥建成通车，新一高中主体完工，完成宁远、城东等三个片区棚户区房屋征收工作。“双城”同创工作扎实推进，国家卫生城市通过省级复核，兴城市被评为全国文明城市提名城市。成功举办海岛旅游节和第三届避暑纳凉节。房地产业健康发展，预计全年商品房销售面积实现71万平方米。

第六，生态文明建设不断加强。深入践行“绿水青山就是金山银山、冰天雪地也是金山银山”理念，扎实做好中央环保督察、国家海洋督察交办问题整改工作。全面落实“河长制”，扎实开展巡河工作，深入实施大气污染防治，积极推进全覆盖拉网式农村环境综合整治，一批环保问题得到切实解决。

第七，民生保障持续改善。多渠道扩大就业，继续保持零就业家庭动态为零。养老金按时足额发放，城乡低保和农村五保标准均提高6%以上。城乡教育日趋均衡，分级诊疗体系不断完善，举办“兴城之夏”文化广场活动，承办沙滩排球国际邀请赛、兴城海峡马拉松等省级以上体育赛事11项。

第八，脱贫攻坚深入推进。严格落实“六个精准、五个一批”要求，巩固拓展五种“党支部＋”脱贫模式，实施脱贫项目33个，实现7000人脱贫、5个贫困村摘帽，碱厂乡荣获全国脱贫攻坚组织创新奖。

第九，社会大局和谐稳定。全力开展

信访矛盾“减存控增”三年攻坚行动，交办案件化解率46.6%，完成考核节点目标。深入开展“扫黑除恶”专项斗争，打掉恶势力集团1个、恶势力团伙2个。加强非洲猪瘟疫情防控，严格落实安全生产责任制，全年没有发生重特大安全生产事故。

第十，党的建设不断加强。牢固树立抓好党建是最大政绩理念，严格履行“两个责任”，坚决同以习近平为核心的党中央保持高度一致。牢牢掌握意识形态工作领导权和话语权，讲好“兴城故事”、弘扬“新时代辽宁精神”。基层组织建设不断加强，转化提升软弱涣散党组织21个，乡镇第一副书记和村第一书记实现全覆盖，村级集体经济年收入实现1484万元，脱壳率94%。充分发挥巡察利剑作用，开展5轮巡察，发现问题696个。正确把握运用“四种形态”，深化标本兼治，持续保持惩治腐败高压震慑，全年立结案210件，处分220人。

二、2019年主要任务

2019年工作总体要求：坚持以习近平新时代中国特色社会主义思想和党的十九大精神为指导，深入贯彻落实习近平总书记在辽宁考察时和在东北振兴座谈会上的重要讲话精神，认真践行新发展理念和“四个着力”“三个推进”要求，坚持稳中求进工作总基调，坚持推进高质量发展，大力实施“五项战略”，发展壮大六个重点产业，加快建设“五个兴城”，坚定不移推进全面从严治党，以新气象新担当新作为加快推进新时代振兴发展。

2019年经济社会发展主要预期目标：地区生产总值增长7%，一般公共财政预算收入增长10%，固定资产投资总额增长9%，社会消费品零售总额增长7%，规模以上工业增加值增长8%，农村居民人均可支配收入增长7%。

2019年是新中国成立70周年，是决胜全面建成小康社会第一个百年奋斗目标的关键之年，做好明年的各项工作，必须聚焦“四个短板”“六项重点工作”，坚定方向、矢志不渝、真抓实干，加快推进全面振兴，实现高质量发展。

认真对照“四个短板”，兴城市还存在“三个不到位”“三个不匹配”“三个有差距”问题。

“三个不到位”：一是思想解放不到位。主要表现是眼界不宽，跟不上当前新形势、新变化，对新思想、新事物不接受、不理解、不消化，不想解放思想，进而不能解放思想。二是营商环境整治不到位。主要表现是被动服务多、主动服务少，在服务企业上，为确保“个人安全”，“清”的有余，“亲”的不够，“办事难”问题还没彻底解决。三是作风转变不到位。主要表现是有些干部甘当无原则的老好人，工作推着干，不求有功、但求无过，重痕不重绩、留迹不留心。

“三个不匹配”：一是区位优势与招商成果不匹配。主要表现是区位优势没有得到充分发挥，在招大商上还没有根本性突破。二是产业优势与全省位次不匹配。主要表现是泳装、电商等产业低端发展、大而不强，对提升经济综合实力的拉动作用不大。三是资源优势与对外知名度不匹配。主要表现是“城泉山海岛河滩”等资源保护开发利用不够，旅游市场温而不火，有产品没精品，在巩固“全国优秀旅游城市”荣誉上仍需持续用力。

“三个有差距”：一是在改革深度上与党中央和省市委要求有差距。主要表现是只满足于完成改革任务，缺乏对体制机制建设的深度思考。二是在产业结构调整上与经济发展要求有差距。主要表现是三次产业融合发展思路不清、措施不明、办法不多，乡村振兴战略推进力度不大，缺少决心和底气。三是在民生保障上与人民期待有差距。主要表现是财力仍然有限，民生保障仍处于低水平运行，改革开放成果还没能更多地惠及人民群众。

按照“六项重点工作”要求，我们要坚决打牢“两个基础”、补齐“两个短板”、强化“两项保障”。

打牢“两个基础”：一是思想基础。扎实深入开展大讨论活动，切实把全市广大干部思想统一到贯彻落实习近平总书记关于东北、辽宁振兴系列重要讲话精神上来。二是环境基础。突出重点，提高效能，给国企政策支持，给民企减压松绑，用一流服务打造一流环境，吸引投资，扩大开放。

补齐“两个短板”：一是产业结构短板。加快推进园区改革，全力支持泳装服装、电商物流、现代旅游等产业发展，形成具有一定带动力的优势产业。二是补齐民生保障短板。有序推进各项事业，坚持绿色发展，全面防范风险，坚决打赢脱贫攻坚战。

强化“两项保障”：一是组织保障。扎实推进党政机构改革，打破体制壁垒，调优配强领导班子。二是作风保障。继续保持从严治党高压态势，着力解决摆花架子、走过场、搞应付等问题，努力形成齐心协力、全力攻坚的生动局面。

以上总体要求、主要目标和工作任务，是市委在深入调查、广泛研讨、凝聚共识的基础上，对全市经济社会发展作出的根本判断和科学谋划。全市各级党组织和广大党员干部，必须切实把思想和行动统一到市委的部署要求上来，把智慧和力量凝聚到推动高质量发展上来，强化问题意识，把握工作方向，确保目标不偏、焦点不散。

三、紧紧抓住新一轮机遇，全力推进振兴发展

兴城市作为沿海经济带建设的重要节点和县域经济发展的主体，要深入实施各项三年行动计划，奋力夺取振兴发展阶段性胜利。

第一，聚焦发展第一要务，推动经济健康发展。

要在项目建设上持续用力。紧紧围绕年度投资目标，在大局中勇挑重担。技改项目要抓落实，完善引导鼓励政策，确保

快速见效。在建项目要抓推进，加大协调服务力度，推动早竣工、早投产、早达效。未开工项目要抓开工，理清制约因素，扫除障碍症结，力争早日开工。重大项目要抓服务，全力支持，强势推进，形成高质量发展的强力支撑。

要在工业发展上持续用力。充分发挥发展投资集团优势，持续壮大以高新技术产业、农产品精深加工为重点的园区工业，激发经济开发区发展活力和内生动力。继续做好徐大堡核电和风电、抽水蓄能项目协调服务工作，加快推进清洁能源基地建设。健全泳装全产业链，着力推进三个“园中园”建设，培育知名品牌，提高产业档次和水平。支持民营经济和实体经济发展壮大，加快增强自主创新能力，发展新产业新业态新模式。

要在服务业提档升级上持续用力。坚持以市场为导向，规范电子商务市场秩序，扩大产品上行规模。积极推动商贸物流、会展经济发展，培育新的经济增长点。支持海上海日式温泉、兴宫·首山湖等项目建设，打造“候鸟式”养老全产业链。深入挖掘“城泉山海岛河滩”旅游资源，稳步推进古城、觉华岛保护开发，大力发展乡村旅游，创建国家全域旅游示范区。

要在优化营商环境上持续用力。把“放管服”改革作为“牛鼻子”，进一步加大简政放权力度，拿出更多有针对性的政策举措，从群众最需要的地方做起，从企业最不满意的地方改起，促使营商环境实现根本好转，打造兴城诚信、兴城服务和兴城效率。

要在招商引资上持续用力。坚持把招商引资作为推动高质量发展的主抓手，强化以商引商、专业招商、产业链招商，吸引更多符合产业定位的高端优质项目落地。充分调动乡镇积极性，落实“飞地招商”政策，大力发展飞地经济，持续掀起“大招商、招大商”热潮。

第二，全面深化改革开放，健全完善体制机制。

加快推进各项改革。继续深化事业单位改革和党政机构改革，确保职责调整到位、转隶组建到位。继续深化园区改革，优化“一区两园”运行模式，打造高效运行机制。继续深化国资国企改革，加快健全现代企业制度，聚焦主业、压缩层级，实现保值增值，提升竞争力。继续深化农村综合改革，统筹推进教育、医疗、文化等领域改革，确保完成各项改革目标。

加快推进外向型经济发展。依托辽宁自贸试验区，扩大泳装、花生等优势产业出口规模。支持方得、天诚跨境电商平台做大做强，加快海外仓建设，提升对外开放水平。用好泳装博览会、海岛旅游节等优质平台，深化内涵、提升影响、打造品牌，更好地服务开放发展。

加快培育振兴发展新动能。深入实施创新驱动战略，实施高新技术企业三年倍增计划，不断增加研发经费支出占比，新增高新技术企业2家。依托三所高校、1688实力产业群示范园区，加快培育众创空间和创业服务机构，完成5项科技成果转化。积极优化人才环境，实施人才激励政策，提高科研成果转化收益比例，培育创业人才1万人。

第三，统筹推进城乡建设，打造幸福宜居家园。

全力抓好城市建设。围绕“三城同盛”，全力推进基础设施建设，新一高中、兴城西客站投入使用，持续加快“东移北上南拓”步伐。强化城市精细化管理，优化空间布局，美化城市环境，彰显滨海特色。遵循城市发展规律，坚持以人为本，强化规划引领，推进产城融合发展。妥善把握市场调节和行政调控、住房保障和产业市场的关系，促进房地产业健康发展。

全力实施“双城”同创。严格对照测评体系，狠抓氛围营造、补齐短板、素质提升等工作，全力推进全国文明城市、国家卫生城市创建工作。以“双城”同创为抓手，统筹推进“生态、智慧、健康”城市建设，实现相互促进、齐头并进，推动城市品质全面提升、群众生活更加幸福。

全力推动乡村振兴。按照规划先行、典型引领、机制创新、强化基础、生态保护、产业支撑的总体思路，以农产品精深加工为重点，大力发展花生、果业、食用菌、现代渔业、设施农业和乡村旅游等产业。实施农村人居环境整治行动，持续改善村容村貌，加快推进乡村振兴试点村镇建设，创建省级生态村2个、美丽乡村示范村10个，加快打造一批乡村振兴“兴城样板”。

第四，着力保障改善民生，切实增强群众幸福感。

完善社会保障体系。不断完善城乡最低生活保障制度，提升新农合补偿比例，提高退休人员基本养老金、城乡低保、农村五保、城乡居民医保补助标准。大力实施积极就业政策，鼓励创业带动就业。全力防范化解重大风险，确保养老金按时足额发放。

加强生态环境保护。深入推进蓝天、碧水、青山、净土和农村环境治理“五大工程”，扎实做好中央环保督察和国家海洋督察交办案件整改工作，淘汰落后产能，推行“绿色制造”，建设美丽兴城。持续深化河长制工作，加大巡河工作力度，大幅提升入海河流水质。

坚决打赢脱贫攻坚战。继续实施“33466”精准扶贫工程，积极推进项目扶贫、产业扶贫、到户扶贫、政策扶贫，确保实现剩余贫困人口脱贫、贫困村摘帽。进一步织密织牢兜底保障网，加强摸底排查，抓好动态管理，做到应扶尽扶、应保尽保，坚决防止数字脱贫、虚假脱贫。

全面优化公共服务。抓好中小学校建设，科学调配师资布局，全力推进城乡教育均衡化发展。深化县域医联体建设，主动回应群众对养老、住房等领域关切，解决好事关群众切身利益问题。大力发展体育事业，办好“兴城之夏”等系列文化活动，努力让兴城发展更有温度、群众幸福更有质感。

第五，全力建设平安兴城，维护社会和谐稳定。

狠抓安全生产。严格落实安全生产责

任制，牢固树立安全发展理念，强化底线思维，完善应急管理体制机制，着力加强食品药品、建筑工地、校园、危化品等重点领域排查治理，坚决防止重特大安全事故发生，切实保障人民群众生命财产不受侵害。

狠抓社会治理。深入开展“扫黑除恶”专项斗争，强化案件线索排查，打击震慑黑恶势力犯罪,形成压倒性态势。完善“打防控”体系，提升处置突发事件能力，防范打击各种渗透颠覆破坏活动、暴力恐怖活动、民族分裂活动、宗教极端活动，加强社会治安综合治理，提高群众安全感。

狠抓信访稳定。严格履行“三级书记”抓信访工作职责，提高信访工作法治化、科学化水平，妥善化解涉军、涉改等重点群体的信访问题和社会矛盾，千方百计做好稳控工作。继续做好“减存控增”工作，确保完成年均化解 30% 以上的工作任务。扎实推进省委第十二巡视组交办信访案件办理工作，坚决做到件件有回音、事事有结果。

四、全面加强党的建设，为新时代振兴发展提供坚强政治保证

实现全面振兴、全方位振兴奋斗目标，必须毫不动摇坚持和完善党的领导，毫不动摇把党建设得更加坚强有力。

严格履行全面从严治党主体责任。牢固树立“抓好党建是最大政绩”理念，压紧压实主体责任，以高度的政治自觉，推动全面从严治党向基层延伸。认真履行“第一责任人”职责，增强主责主业意识，把建强基层组织作为长远之计、固本之举，一级抓一级、一级对一级,形成“三级书记”抓党建的良好工作格局。

全力推动思想大解放。坚持把学习贯彻习近平新时代中国特色社会主义思想，特别是习近平总书记在辽宁考察时和在东北振兴座谈会上的重要讲话精神，贯穿思想解放全过程，在学懂、弄通、做实上狠下功夫，真正以新思想定向领航、从新思想中寻策问道。围绕振兴发展，继续扎实深入开展“解放思想推动高质量发展大讨论”，发现问题、转变作风、推动工作，以思想的大解放引领新一轮大发展。

扎实开展意识形态工作。不断加强思想政治建设，持续加强理论武装，全面夯实广大干部群众团结奋斗的思想基础。积极培育社会主义核心价值观,深入践行“新时代辽宁精神”，凝聚干事创业精神力量。牢牢抓好新闻舆论和网络舆情工作，弘扬主旋律，传播正能量。深入开展移风易俗工作，积极培育崇德向善的良好社会风气。

持续加强基层党组织建设。坚定践行新时代党的组织路线，大力实施基层党建“堡垒工程”，持续开展软弱涣散党组织整顿工作，全面提升基层党组织凝聚力、战斗力。严肃换届纪律，严格履行换届程序，扎实做好村、社区“两委”换届选举工作，选优配强带头人队伍。探索建立村级集体经济收入稳定增长机制，培育一批经济强村。

着力打造高素质专业化干部队伍。坚持正确选人用人导向，完善正向激励机制，注重选拔培养一批专业化、年轻化、想干事、能干事的干部。强化能力建设和实践锻炼，提高广大干部全面振兴发展的本领。统筹做好培养年轻干部、女干部、党外干部工作，优化干部队伍结构。

扎实做好中央和省委巡视反馈意见整改落实工作。严格落实习近平总书记关于巡视工作重要指示精神，深入推进中央第六巡视组反馈问题常态化整改。扎实做好省委第十二巡视组反馈问题整改落实，以最坚决的态度、最务实的作风、最果断的行动，坚决做到问题不解决不放过、整改不到位不放过，切实做好巡视“后半篇”文章。

锲而不舍推进作风建设。以党的政治建设为统领，持之以恒落实中央八项规定精神，紧盯不敬畏、不在乎、喊口号、装样子的问题，坚决破除形式主义、官僚主义。坚持以问题为导向，深入开展作风突出问题集中整治行动，着力解决发生在群众身边的不正之风，让作风正起来、好起来，以作风建设的“新常态”树立干部的“新状态”。

全力推进党风廉政建设和反腐败斗争。全面落实“两个责任”，加强党对纪检监察工作的领导，运用监督执纪“四种形态”，减少腐败存量、遏制腐败增量。开展“正风反腐在基层”专项行动，严肃查处侵害群众利益、影响党群关系的腐败案件。强化党内监督，发挥巡察的“利剑”作用和派驻监督的“探头”作用，形成不敢腐、不能腐、不想腐的机制。

坚持和完善人民代表大会制度，支持和推动人大及其常委会依法履行监督职责、行使重大事项讨论决定权。坚持和发展中国共产党领导的多党合作和政治协商制度，支持和保证人民政协依照章程履行政治协商、民主监督、参政议政职能。不断巩固和发展爱国统一战线，完善大统战工作格局，支持民主党派、工商联和无党派人士积极发挥作用，做好民族、宗教、侨务等工作。积极推进工会、共青团、妇联等群团改革，切实增强群团组织的政治性、先进性和群众性。

新时代呼唤新作为，新使命成就新未来。紧密团结在以习近平为核心的党中央周围，进一步解放思想、更新观念，振奋精神、坚定信心，对标高质量、抢抓新机遇，锐意进取、真抓实干，为新时代全面振兴、全方位振兴而努力奋斗！

兴城市人民政府工作报告

——在兴城市第八届人民代表大会第二次会议上

兴城市人民政府市长 袁国相

（2018 年 12 月 26 日）

一、2018 年工作回顾

一年来，坚持以习近平新时代中国特色社会主义思想为指导，深入贯彻党的十九大和十九届二中、三中全会精神，坚持稳中求进工作总基调，落实新发展理念 [1] 和“四个着力” [2]“三个推进” [3] 要求，在市委的坚强领导下，在市人大依法监督和市政协民主监督下，扎实开展“重实干、强执行、抓落实”专项行动 [4]，大力实施“五项战略” [5]，攻坚克难，奋力拼搏，真抓实干，实现了经济社会平稳发展。

预计全市地区生产总值实现 124.4 亿元，比上年增长 5.8%；固定资产投资实现 61.6 亿元，比上年增长 14%；规模以上工业增加值实现 9.3 亿元，比上年增长 8%；一般公共预算收入实现 12.5 亿元，比上年增长 12.4%；社会消费品零售总额实现 94.2 亿元，比上年增长 6%；农村居民人均可支配收入实现 12947 元，比上年增长 7%。

（一）产业发展迈出新步伐

工业经济优化升级。中俄合作徐大堡核电 3、4 号机组项目签订框架协议。泳装生产基地主体完工，泳装产业指数成功发布，举办中国·国际泳装展等系列活动 22 项，“范德安”作为全省纺织服装业唯一品牌参展首届中国自主品牌博览会，兴城市被评为全国纺织行业创新示范集群。工业园区规模不断壮大，累计入驻工业项目 82 个，总投资 95 亿元，农产品加工集聚区成为省级农业科技园区。工业企业实力增强，新增红光锅炉等规模以上企业 5 家、粉末冶金等高新技术企业 3 家，完成科技成果转化项目 5 个。方得公司被评为省工业电子商务试点企业，菊花女食品公司入选全国轻工业百强企业。

现代农业发展加快。推进产业结构调整，实施全国花生绿色高质高效创建县项目 18 万亩，调减玉米种植面积 1.5 万亩，新增设施农业面积 5000 亩，新栽果树 120 万株。改善农业生产条件，完成节水滴灌 1.1 万亩、千亿斤粮食田间工程 1 万亩、深松整地 8 万亩。完成无公害农产品绿色食品认证 70 万亩。南大乡被评为辽宁特产青椒之乡，红崖子镇成为国家产业兴村强县示范镇，“兴城蜂蜜”被评为国家农产品地理标志，“碱厂红南果”被评为国家地理标志保护产品。

第三产业平稳发展。新增限上服务业企业10家，居然之家、辉煌泳装商贸城正式营业，邴家湾服务业新业态集聚区[6]初具规模。电商产业不断壮大，馨予农产品公司被评为省特色电商平台和服务运营企业，兴城市作为全省唯一县域代表入选全国电商示范百佳县，名列第22位。文化旅游业成果丰硕，欢乐龙湾温泉水乐园、丽汤温泉加勒比水乐园投入运营，海滨景区、红海滩景区改造升级，古城、觉华岛亮化完成，古城东门生态停车场二期工程竣工，建设旅游厕所60座、交通旅游导视牌90块。承办省海岛旅游节和第三届避暑纳凉节，海滨景区荣登全国百佳候鸟避暑小镇榜。举办2018房地产交易会，预计全年商品房销售面积实现71万平方米。截至11月末，全市金融机构存款余额334亿元、贷款余额251亿元，存贷比达75%。

（二）城乡建设取得新成效

城市建设管理全面加强。河东路大桥建成通车，高铁西客站站房建设完成。完善交通管理指挥体系，优化改造南关岗等重点交通路口11个，划定停车位6800个，市民出行更加便利。铺设排水管线8.4公里，新增绿化面积7.4公顷。改造柳园小区等6个老旧弃管小区20万平方米，对南关市场等4个农贸市场进行集中整治。兴城市成为全国文明城市提名城市，顺利通过国家卫生城市创建省级复核。

宜居乡村建设步伐加快。修建“一事一议”村内道路160公里、农村公路78.5公里，完成农村公路大中修93.5公里，安装路灯798基，新建改造电力线路198公里。新增农村环境综合整治建制村57个，创建省级生态村2个、美丽乡村示范村16个。徐大堡镇被评为省级特色乡镇，碱厂乡荣获全国文明乡镇称号。

（三）生态环境建设迈上新台阶

落实整改坚决有效。狠抓中央环保督察、国家海洋督察、水源地环境保护等问题整改，白塔老垃圾填埋场加快封场，红崖子新垃圾填埋场投入使用，对多宝鱼养殖、石材开采加工、散煤经营等一批“老大难”问题进行专项整治，生态环境得到进一步改善。

污染防治坚强有力。全面实施“河长制”[7]，对全市入河排污口进行整治，生态治理烟台河等主要河流5条，综合治理水土流失10万亩。国家畜禽粪污资源化利用重点县项目加快推进，病死动物无害化处理中心建成使用。拆除10吨以下燃煤锅炉30台。完成造林绿化6.6万亩，义务植树100万株。海洋生态环境不断改善，顺利通过全国人大常委会海洋环境保护法执法检查。

（四）各项改革实现新突破

园区改革基本完成。在葫芦岛市率先实行“管委会+公司”管理模式，成立兴城发展投资集团，发展活力显著增强。认真落实整治要求，加快推进园区整合。

县、乡财政体制改革成效显著。20个乡镇金库实现全覆盖，财政总收入超年初基数80个百分点，兴城市做法成为全省典型。乡村经济发展加快，消灭空壳村25个，全省村级集体经济现场会在兴城市召开。

机构改革有序推进。启动经营性事业单位转企改制，公益性事业单位精减到23家，精简比例91.9%。政府机构改革开始实施。

（五）民生和社会事业取得新进步

脱贫攻坚扎实推进。实施产业扶贫项目33个，建设产业扶贫基地10个，实施健康精准扶贫27760人，改造农村危房1500户，实现贫困人口脱贫7000人、贫困村摘帽5个。碱厂乡获全国脱贫攻坚组织创新奖，兴城市产业扶贫经验在全省推广。

民生保障持续加强。政府债务安全可控，化解存量债务6亿元。民生支出占财政总支出达83.4%。在葫芦岛市率先完成1500户棚户区改造任务，实施城市供水管网改造3300户，宁远广场改造完成。新增实名制就业1100人，为农村妇女免费开展“两癌”筛查12180人，城乡低保、农村五保标准均提高6%以上。加强社区建设，居委会成员月工资提高1000元以上。

社会事业全面进步。兴城高中异地新建工程主体完工，新建小学2所，职教中心实训基地投入使用。新建改造乡镇卫生院5家、标准化村卫生室4个，兴城市医院县乡分级诊疗协同平台[8]在葫芦岛市率先开通。举办各类文化活动41场，文化馆、图书馆、市委党校投入使用。承办省级以上体育赛事11项，举办沙滩排球国际邀请赛、兴城海峡马拉松和第七届全民运动会。

社会大局和谐稳定。推进平安兴城建设，深入开展“扫黑除恶”专项斗争，打掉恶势力集团1个、恶势力团伙2个。加强安全隐患排查和专项治理，安全生产形势持续稳定。开展信访矛盾减存控增三年攻坚行动[9]，信访存量案件化解率达46.6%，一批重点信访问题得到妥善解决。

（六）政府自身建设得到新加强

定期向市委报告工作，接受市人大依法监督和市政协民主监督，办理人大代表建议74件、政协提案154件，办复率100%。完善政府法律顾问制度，依法行政能力进一步提升。

优化营商环境。加快“放管服”改革[10]，落实公平竞争审查制度，取消行政职权8项，完成社会组织清理工作。政务公共事业服务中心投入使用，实行“一窗受理、业务联办”，不动产登记服务走在全省县域前列。加快登记制度改革，实行“32证合一”[11]，新增市场主体7458户，增长14%。

扎实做好中央巡视反馈意见整改工作，全力配合省委巡视。加强政府系统党的建设，落实从严治党主体责任，履行“一岗双责”，政府工作作风持续改进。

审计、统计、物价、粮食、供销、民族、宗教、人防、档案、红十字等工作取得新进展，气象、路政、铁路、邮政、通信、石油等单位为地方发展作出新贡献。

过去一年取得的成绩，是市委总揽全局、正确领导的结果，是市人大、市政协有效监督、全力支持的结果，是全市广大干部群众共同努力、不懈奋斗的结果。在此，代表市政府，向全市人民、人大代表、政协委员，向各民主党派、工商联、人民团体、无党派人士和驻兴各单位，向人民解放军、武警官兵和各界朋友，致以崇高的敬意和衷心的感谢！

回顾过去，我们清醒地看到，全市经济社会发展还有不少短板：一是思想不够解放，创新意识不强，对外开放步伐不快，因循守旧、固步自封观念不同程度存在；二是产业优势尚未充分发挥，产业结构不合理，发展基础还不够牢固，地区生产总值、规模以上工业增加值增速放缓；三是财政收支矛盾突出，因资金压力个别重点项目被迫中止，个别项目推进速度慢，城乡建设、民生保障和生态环境保护等方面还有一些突出问题；四是改革攻坚力度不大，阻碍发展的体制机制矛盾尚未根本解决，营商环境还有待改善；五是工作作风还亟需转变，个别干部回避矛盾、不敢担当，不想为、不敢为、不作为问题仍然存在。对此，要高度重视，采取有力措施，认真加以解决。

二、2019 年工作安排

总体思路是：坚持以习近平新时代中国特色社会主义思想和党的十九大精神为指导，认真贯彻落实习近平总书记在深入推进东北振兴座谈会上的重要讲话精神，践行新发展理念和“四个着力”“三个推进”要求，坚持稳中求进工作总基调，按照市委七届十二次、十三次全会确定的目标任务，大力实施“五项战略”，加快建设“五个兴城”[12]，以新气象新担当新作为奋力开创兴城全面振兴新局面。

总体目标是：主要经济指标增速不低于葫芦岛市平均水平，地区生产总值增长 7%，一般公共预算收入增长 14%，全社会固定资产投资总额增长 9%，规模以上工业增加值增长 8%，社会消费品零售总额增长 7%，农村居民人均可支配收入增长 7%。

2019 年是兴城振兴发展的关键之年，是全面建成小康社会的决胜之年，做好明年工作意义重大，任务艰巨。将认真学习习近平总书记在深入推进东北振兴座谈会上的重要讲话精神，深入开展“解放思想推动高质量发展大讨论”，全面落实省、市“1+8+N”文件精神，聚焦“四个短板”[13] 和“六项重点工作”[14],持续推进“重实干、强执行、抓落实”专项行动，紧盯目标任务，强化问题导向，解放思想，保持定力，振奋精神，以最大的决心、最实的作风、最强的干劲，全面推进兴城振兴实现高质量发展。

重点做好八个方面工作：

（一）优化营商环境，推进重点领域改革

深化“放管服”改革。实施“互联网

+政务服务”[15]，网上政务服务平台建成使用，政务服务事项网上办理率达到80%以上。落实行政审批“三集中三到位”[16]要求，政府部门行政审批事项全部在政务服务中心集中办理，建设项目审批时间压减至90个工作日以内。开展营商环境评价，以评促改，整治“管卡压”“推拖绕”等突出问题，打造公平公正、透明高效的营商环境。

深化机构改革。扎实做好改革的“下半篇文章”，进一步理顺职责关系，优化职能配置，保障政府系统高效运行。

深化园区改革。优化“一区两园”[17]运行模式，强化经济管理、招商引资和投资服务职能，打造高效顺畅的运行机制。

深化国资国企改革。明晰企业集团发展定位，推进资源资产整合，拓展经营范围，激发国有企业自身发展动能，实现国有资产保值增效，推动企业集团做大做优做强。

深化农业农村改革。继续抓好县乡财政管理体制改革、农村土地制度改革和农村集体产权制度改革，摸清底数，盘活资源，释放活力，壮大乡镇经济、集体经济。

（二）明确重点方向，大力发展优势产业

大力发展泳装产业。坚持横向拓展和纵向延伸相结合，生产基地[18]建成使用，运营基地[19]加快建设，举办中国·国际沙滩泳装文化博览会等系列活动25项。落实泳装产业支持政策，规范提升中小企业，培育壮大龙头企业，促进企业品牌化、标准化、高端化发展，努力向泳装产业标准制定者和行业风向标方向迈进。

大力发展旅游产业。发挥“城泉山海岛河滩”特色优势，抓好资源整合、要素配置、推介宣传、队伍建设、市场运营和补齐秋冬短板六项重点工作，扎实推进与江西三清山集团合作，提升旅游综合竞争力。加快日式民宿、海岛民宿、天逸山庄和古城、铁疗、俊安特色小吃一条街等项目建设，积极创建国家级全域旅游示范区。

大力发展康养产业。加快郦家湾服务业新业态集聚区建设，坚持医疗、养生、休闲、体育相结合，抓好兴宫首山湖、海上海日式温泉、天诚日式养老、和润德医养干细胞等重点项目，打造区域性特色产业带。

大力发展农产品加工业。继续扩大农产品加工集聚区规模，支持菊花女食品、宏发食品等企业发展，培植壮大一批领军企业。发挥“红崖子花生”“大寨大根萝卜”品牌优势，积极发展精深加工业，提高产品附加值，扩大产业规模。

大力发展海洋产业。制定海洋产业发展规划，深化与吉林大学、省海洋水产科学研究院等院校机构的合作。积极发展现代渔业，推进标准化健康养殖，加快人工鱼礁和海洋牧场建设，引导水产企业发展精深加工，提高渔业发展质量和效益。

大力发展核电关联产业。制定核电关联产业发展规划，全力做好徐大堡核电项目服务工作，积极引进上下游配套企业，拉长产业链条。

大力发展商贸流通业。加快大红门二手车交易市场和快递中心建设，新增限上服务业企业10家。继续举办房地产交易会。

（三）坚持项目牵动，加快发展县域经济

把项目建设作为促进经济发展的第一要务，实施亿元以上重点项目36个，总投资560亿元，计划完成投资50亿元。坚持全员招商、常态化招商，全年引进省外内资30亿元、引进亿元以上项目5个。落实领导包保、“项目管家”[20]等工作机制，深入一线，定期调度，加快建设速度，不断扩大投资规模。

大力发展民营经济。认真落实省、市各项扶持政策，提供贴心服务、有效服务、精准服务，真正为企业发展排忧解难，让民营企业放心投资、安心经营。坚持分类指导，加强要素保障，实施技术改造项目7个，小升规6家，个转企130家，引导企业转型升级、发展壮大，让民营企业成为兴城市经济发展的主力军。

全力抓好飞地经济[21]。把飞地招商作为县域经济发展和对外开放的重要抓手，充分调动园区、部门、乡镇积极性，围绕主导产业，完善合作机制，落实鼓励政策，全力开展飞地招商，每个乡镇至少引进1个项目。

不断壮大园区经济[22]。发挥兴城投资发展集团优势，大力发展高新技术、农产品精深加工和泳装产业，加快氢能源设备生产、全钢子午线轮胎等重点项目建设，把工业园区打造成为沿海经济带建设的重要承载平台。

加快培育外向型经济[23]。深化与日本经贸合作，积极引进项目。全年实际利用外资1000万美元。充分利用辽宁自贸区协作区政策，扩大泳装、花生等进出口规模。全年新增外贸企业10家，出口额实现8亿元。支持方得、天诚跨境电商平台做大做强，加快海外仓[24]建设，不断扩大对外开放水平。

持续推进科技创新。实施高新技术企业三年倍增计划，新增高新技术企业2家、有效发明专利5件，转化先进科技成果5项，技术合同成交额增长10%。大力弘扬劳模精神，培养“兴城工匠”，壮大产业工人队伍，做强振兴发展人才支撑。

（四）提升品位品质，打造生态宜居城市

推进多规合一[25]。强化规划引领和刚性管控，修订完善城乡规划，优化空间布局，合理配置资源，实现规划统筹、全域覆盖、一张蓝图，增强城乡发展的整体性、系统性和科学性。

优化城市功能。积极争取资金，推进滨海温泉新城建设，全面融入“三城同盛”[26]。加快兴城河南岸开发步伐，完善配套基础设施，兴城高中建成投入使用。推进海绵城市[27]建设，实施东河、温泉河等城区水系综合治理工程。完成古城消防工程，建设古城西门外环路和生态停车场，改造城市供水管网3000户。实施兴建高速出口路与京哈公路立交新建工程，兴城西客站投入使用，连接公路等配套工程建设完成，让群众出行更加快捷便利。

加强城市治理。坚持部门、街道、社区联动，抓重点、强弱项、补短板，加快创建全国文明城市和国家卫生城市。推进城市交通秩序化，继续改造升级道路交通系统，打通重点“断头路”，启动兴顺大街西延道路工程，缓解交通拥堵问题。推进公共服务智能化，打造智慧城管、智慧社区、智慧交通，加快建设智慧城市。推进城市管理法治化，建立统一高效的综合执法工作机制，强化依法治理，提升管理水平。推进环境治理常态化，倡导垃圾分类消纳，持续整治城中村、农贸市场、老旧小区脏乱差问题。推进社区建设网格化，新增社区5个，优化布局，完善功能，充实人员，不断提升服务水平。

（五）坚持城乡统筹，全面推进乡村振兴

落实“产业兴旺、生态宜居、乡风文明、治理有效、生活富裕”20字总要求，走“一村一品”“一乡一业”特色发展道路，开展典型乡镇（村）示范试点，推动乡村“五个振兴”[28]。

狠抓乡村产业。开展产业兴村强县示范行动[29]，发展壮大集体经济，实施省级乡村振兴产业发展项目8个。继续优化种植结构，实施全国花生绿色高质高效创建县项目10万亩，调减玉米种植面积1万亩，新增设施农业面积3000亩，新栽名优果树100万株。实施国家数字农业示范县项目[30]，完成“三品一标”[31]产品认证75万亩。

狠抓乡村基础设施。维修国道和农村公路131公里，实施“一事一议”村内道路160公里，改造电力线路110公里，创建美丽乡村示范村10个。改善农业生产条件，推进土壤改良，稳定粮食生产，实施千亿斤粮食田间工程1万亩、高效节水灌溉工程2万亩，完成粮食生产功能区和重要农产品保护区“两区”划定工作。

狠抓乡村治理。实施农村人居环境整治行动[32]，推动移风易俗，切实改善农村环境面貌，促进乡风文明。治理农村垃圾，完善收集、转运、处理机制，解决农村垃圾处置难题。治理农村户厕，推进“厕所革命”[33]，完成旱厕改造2200个。治理农村秸秆，推进秸秆综合利用，利用率达到86.5%。治理河流两岸，对非法采砂、侵占河道等突出问题进行集中整治。治理欺街占道，开展“五进院”行动[34]，净化村庄环境。治理畜禽粪污，继续实施国家畜禽粪污资源化利用重点县项目，利用率达到90%。

（六）紧盯重点难点，坚决打好“三大攻坚战”[35]

全力推进精准脱贫。推广泳装下乡、种养入户、技能到人等模式，实施产业化扶贫项目36个、到户扶贫项目5个，建设科技扶贫示范基地10个，实现贫困人口全部脱贫、贫困村全部摘帽。开展建档立卡和脱贫质量“回头看”，严格脱贫标准，加强动态管理，坚决杜绝数字脱贫、虚假脱贫。

全力化解重大风险。加强财政运行管理，严格预算支出，树立经营城市理念，增加财政收入。加强政府债务管理，化解存量债务5.4亿元，进一步降低政府债务风险。加强企业养老金收支管理，确保按时足额发放。加强金融风险防控，严厉打击非法集资、金融诈骗等违法活动。

全力抓好污染防治。巩固中央环保督察、国家海洋督察整改工作成果，认真做好中央生态环境保护督察“回头看”反馈意见整改工作。严守生态保护红线，统筹自然资源系统治理，开展第三次国土调查，完成第二次污染源普查工作。实施蓝天、碧水、青山、净土、农村环境治理“五大工程”，逐步拆除城市建成区内10~20吨燃煤锅炉，降低细颗粒物浓度，确保空气优良天数达标。认真落实河长制，实施兴城河旧门段生态治理8公里，严控重点行业水污染。加强森林资源监管，巩固“两退一围”[36]成果，完成人工造林1万亩、封山育林2万亩、森林抚育4000亩。加大永久基本农田保护力度，实施耕地轮作休耕5万亩。新增省级生态村2个、农村环境综合整治建制村50个。严格环渤海生态环境保护，认真落实海洋主体功能区规划，实施海洋生态修复工程，切实保护海岛和自然岸线资源。

（七）坚持发展惠民，不断提升群众幸福指数

紧紧抓住人民群众最关心最直接最现实的利益问题，既尽力而为，又量力而行，一件事情接着一件事情办，一年接着一年干，让人民群众幸福感、获得感、安全感更加充实、更有保障、更可持续。

实施专项整治工程。开展欺街占道、河流“四乱”[37]、邴家湾区域环境、沿海渔业养殖、小区物业管理、房产证办理六大专项整治行动，围绕突出问题，利用三年时间，进行集中攻坚，打造整洁有序、生态宜居的城乡环境。

持续加强社会保障。落实城乡居民和各类群体收入增长三年行动计划，促进城乡居民收入稳定增长。鼓励创业带动就业，新增城镇就业1100人，转移农村劳动力就业7万人。继续提高退休人员基本养老金、城乡低保、农村“五保”和城乡居民医保补助标准，不断完善城乡社会保障体系。

大力发展社会事业。优化教师队伍结构，继续实施智慧教育工程，实现中小学校无线网络全覆盖，推进义务教育均衡发展。深化公立医院改革，加强医联体建设，新建改造乡镇卫生院2家。加强文物保护，实施国家级文物白塔峪塔修复工程，推进古城城墙申遗工作。丰富群众文化生活，办好读书节、“兴城之夏”等系列文化活动。大力发展群众体育、竞技体育，承办省级以上体育赛事6项，举办兴城海峡马拉松。

加强和创新社会治理。树立安全发展理念，统筹应急管理，积极创建安全发展示范城市。实施安全生产网格化监管，突出抓好消防、校园校车、道路交通、食品药品等重点领域安全，坚决遏制发生重特大安全事故。深入开展“扫黑除恶”专项

斗争，持续推进信访矛盾减存控增攻坚行动，化解信访存量案件30%以上。加强社会治安防控体系[38]建设，提升突发事件应急处置能力，确保社会大局和谐稳定。

完成村（居）民委员会换届工作，创建省级双拥模范城。做好民族、宗教、外事、侨务、气象、档案、妇女儿童、国防动员和民兵预备役等工作。

（八）加强自身建设，打造人民满意政府

突出党的建设。强化“四个意识”[39]，坚定“四个自信”[40]，坚决做到“两个维护”[41]。服从市委领导，紧紧围绕市委决策开展工作，确保各项部署落实落地。认真履行全面从严治党主体责任，扎实做好中央和省委巡视整改工作，深入推进政府系统党的建设，营造风清气正的政治生态。

建设法治政府。主动接受人大依法监督、政协民主监督、社会和舆论监督，深化政务公开，促进政府工作阳光透明。严格落实“三重一大”集体决策制度，坚持依法用权、秉公用权，规范权力运行，做到科学决策、守法诚信。

建设实干政府。树立正确政绩观，坚持务实作风，千方百计为群众办实事、解难事、做好事，决不搞形象工程，决不做表面文章。组建专门工作班子，一支队伍、一个产业、一抓到底，以实实在在的工作业绩取信于民。

建设廉洁政府。认真落实党风廉政“一岗双责”，坚持不懈正风肃纪。严格执行中央八项规定和实施细则，规范财政资金使用，强化审计监督，严肃查处违纪违法行为，树立政府良好形象。

新时代赋予新使命，新征程更需新作为。更加紧密地团结在以习近平为核心的党中央周围，在市委的坚强领导下，扛起重任，凝心聚力，真抓实干，加快建设“五个兴城”，为决胜全面建成小康社会、实现兴城全面振兴而努力奋斗！

2019年重点民生工程（实事）

实施3项重点民生工程、17件民生实事。

一、城市治理工程

1. 推进城市交通秩序化。继续改造升级道路交通系统，打通重点“断头路”，启动兴顺大街西延道路工程，缓解交通拥堵问题。

2. 推进公共服务智能化。打造智慧城管、智慧社区、智慧交通，加快建设智慧城市。

3. 推进城市管理法治化。建立统一高效的综合执法工作机制，强化依法治理，提升管理水平。

4. 推进环境治理常态化。倡导垃圾分类消纳，持续整治城中村、农贸市场、老旧小区脏乱差问题。

5. 推进社区建设网格化。新增社区5个，优化布局，完善功能，充实人员，不断提升服务水平。

二、农村治理工程

1. 治理农村垃圾。完善收集、转运、处理机制，解决农村垃圾处置难题。

2. 治理农村户厕。推进“厕所革命”，完成旱厕改造2200个。

3. 治理农村秸秆。推进秸秆综合利用，利用率达到86.5%。

4. 治理河流两岸。对非法采砂、侵占河道等突出问题进行集中整治。

5. 治理欺街占道。开展“五进院”行动，净化村庄环境。

6. 治理畜禽粪污。继续实施国家畜禽粪污资源化利用重点县项目，利用率达到90%。

三、专项整治工程

1. 开展欺街占道专项整治行动。根据《辽宁省城市市容和环境卫生管理规定》和《葫芦岛市城市市容和环境卫生管理条例》等有关规定，坚决取缔城市建成区内欺街占道行为，形成长效管控机制，改善城市人居环境，营造良好的生态、生活、生产空间。

2. 开展河流“四乱”专项整治行动。以清理“乱占、乱采、乱堆、乱建”问题为重点，对河流管理范围内采砂取土、非法侵占水域和滩地、乱扔乱堆垃圾、修建阻碍行洪构筑物等“四乱”突出问题，发现一处，清理一处，建立健全河流管理保护长效机制，确保河流面貌明显改善。

3. 开展郦家湾区域环境专项整治行动。重点对影响该区域环境的违法建筑、无序建设、乱堆乱放、污水直排、农村户厕、生活垃圾等方面进行专项整治，实现建筑整齐、雨污分离、干净卫生、环境整洁的目标，提高群众居住环境质量。

4. 开展沿海渔业养殖专项整治行动。制定沿海渔业养殖整治规划，以养殖尾水、道路、厕所、生活垃圾、排水沟和坑塘为整治重点，通过三年时间，完善沿海渔业养殖区配套设施及制度建设，推进环境改造升级，完成生态环境整治，建立生态环保渔业园区，实现沿海渔业绿色发展。

5. 开展小区物业管理专项整治行动。坚持标本兼治、综合治理原则，指导弃管小区成立业主委员会，全面规范物业企业经营行为，通过物业企业自查自纠和行业主管部门有效监管相结合、专项整治与长效管理相结合，促进全市住宅小区物业管理明显改善、行业管理切实加强。

6. 开展房产证办理专项整治行动。按照省、市关于解决已售商品房不能办理产权证的有关要求，坚持问题导向，利用三年时间，切实解决开发主体行为不规范、行业部门服务不到位等问题，加快推进已售商品房依法取得产权证，人民群众合法权益得到有效保障。

名词解释

[1] 新发展理念：即创新、协调、绿色、开放、共享。

[2]“四个着力”：即着力完善体制机制、着力推进结构调整、着力鼓励创新创业、着力保障和改善民生。

[3]“三个推进”：即推进供给侧结构

性改革、推进国有企业改革发展、推进干部作风转变。

[4]“重实干、强执行、抓落实”专项行动：2018年2月，辽宁省人民政府办公厅下发《关于开展“重实干、强执行、抓落实”专项行动的实施意见》(辽政办发〔2018〕5号)，重点抓实抓好重大振兴举措、重大功能平台、重要指标任务、重大改革创新、重点产业发展、重大项目工程、重大攻坚任务、重点民生工程8个方面专项行动。

[5]“五项战略”：即创新驱动、城乡统筹、生态立市、文旅兴市、民生优先。

[6]邴家湾服务业新业态集聚区：位于兴城市邴家湾区域，以温泉旅游、康养、泳装文化会展、商业配套服务、文化教育五大新业态板块为发展方向，是葫芦岛市“三城同盛”战略的重要支撑。

[7]“河长制”：以保护水资源、防治水污染、改善水环境、修复水生态为主要任务，全面建立省、市、县、乡四级河长体系，构建责任明确、协调有序、监管严格、保护有力的河湖管理保护机制。

[8]县乡分级诊疗协同平台：建设以“远程医疗协同系统”“远程影像诊断系统”“远程心电系统”为核心的县乡两级区域分级诊疗协同平台，开展双向转诊、远程会诊、远程影像、心电诊断、远程教育应用等分级诊疗业务，整合辖区内医疗资源，统一协调、集中管理。

[9]信访矛盾减存控增三年攻坚行动：根据《辽宁省“五级书记抓信访”推动信访矛盾减存控增三年攻坚计划(2018～2020年)》要求，信访矛盾存量每年消化30%以上，到2020年实现现有信访矛盾存量全部化解；信访矛盾增量年均减少30%以上。

[10]“放管服”改革：“放”即简政放权，降低市场准入门槛；“管”即放管结合，促进市场公平竞争；“服”即优化服务，营造便利环境。

[11]“32证合一”：为最大程度便利企业市场准入，从2018年7月起，辽宁省将31项涉企证照事项整合到营业执照上，实行“32证合一”。

[12]“五个兴城”：即创业兴城、宜居兴城、文化兴城、活力兴城、幸福兴城。

[13]“四个短板”：习近平总书记在深入推进东北振兴座谈会上发表重要讲话，指出东北振兴面临着体制机制、经济结构、开放合作、思想观念等四个方面的突出短板。

[14]“六项重点工作”：习近平总书记在深入推进东北振兴座谈会上发表重要讲话，提出六个方面工作要求：一是以优化营商环境为基础，全面深化改革；二是以培育壮大新动能为重点，激发创新驱动内生动力；三是科学统筹精准施策，构建协调发展新格局；四是更好支持生态建设和粮食生产，巩固提升绿色发展优势；五是深度融入共建“一带一路”，建设开放合作高地；六是更加关注补齐民生领域短板，让人民群众共享东北振兴成果。

[15]“互联网＋政务服务”：通过构建

一体化网上政务服务体系，推进跨层级、跨地域、跨系统、跨部门、跨业务的协同管理和服务,推动企业和群众办事线上“一网通办”,线下“只进一扇门”,现场办理“最多跑一次”。

[16]“三集中三到位”：政府部门行政审批职能向一个科室集中，承担审批职能的科室向市政务服务中心集中，行政审批事项向电子政务平台集中，做到审批事项进驻中心到位、授权到位、电子监察到位。

[17]“一区两园”：根据葫芦岛市推进开发区（园区）改革部署要求，以兴城经济开发区为主体，整合觉华岛旅游度假区，整合后设置一个管理机构并采取党政合一管理体制。

[18]生产基地：分为大红门物流城对面和古城街道外环路两个区域，集泳装设计、生产、仓储、销售、人才培养于一体，建设泳装、轻运动服装服饰全产业链平台，实现智能化生产、信息化管理、集约化运营，节约能源、人工成本，提高产品附加值，真正实现全产业链式现代化产业园区。

[19]运营基地：位于郦家湾新业态服务业集聚区，建设创意设计、文化金融、科技服务、人才培训、电子商务等全方位公共服务平台，打造创意设计中心、智慧中心、品牌培育中心、数据中心、投融资平台、会展中心，实现泳装产业供、研、设、产、销于一体的业态体系。

[20]“项目管家”：建立“项目管家＋企业＋相关部门”的“1+1+N”服务机制，项目管家由为项目和企业提供服务的牵头部门负责选派，主要负责掌握项目和企业动态，协调解决存在的问题，为重大项目、重点企业提供店小二式的服务。

[21]飞地经济：指两个相互独立的行政地区打破原有行政区划限制，通过跨空间的行政管理和经济开发，实现两地资源互补、经济协调发展的一种区域经济合作模式。

[22]园区经济：即以经济开发区（园区）为主体，发挥产业集聚效应，带动区域经济快速发展。

[23]外向型经济：也称为出口主导型经济，是指依靠优先发展出口产品生产、积极走进国际市场、参加国际分工和国际交换来带动经济发展的一种经济类型。

[24]海外仓：指出口企业通过布局境外物流体系，将货物批量发送至国外仓库，实现该国本地销售、本地配送。

[25]多规合一：是指将国民经济和社会发展规划、城乡规划、土地利用规划、生态环境保护规划等多个规划融合到一个区域上，实现一本规划、一张蓝图，解决现有各类规划自成体系、内容冲突、缺乏衔接等问题。

[26]“三城同盛”：葫芦岛市连接兴城工作实施方案提出，改造老城，提升新城，连接兴城，实现“三城同盛”。

[27]海绵城市：新一代城市雨洪管理概念，是指城市在适应环境变化和应对雨水带来的自然灾害等方面具有良好的“弹性”，也可称之为“水弹性城市”，下雨时吸水、蓄水、渗水、净水，需要时将蓄存

的水“释放”并加以利用。

[28] 乡村“五个振兴”：即产业振兴、人才振兴、文化振兴、生态振兴、组织振兴。

[29] 产业兴村强县示范行动：《关于深入推进农村一二三产业融合发展开展产业兴村强县示范行动的通知》（农财发〔2018〕18号）指出，启动支持建设一批乡土经济活跃、乡村产业特色明显的农业产业强镇，树立一批可复制、可借鉴的农村产业融合示范样板，推动一批农业大县向农业强县迈进，促进乡村全面振兴。

[30] 国家数字农业示范县项目：实施农业领域数据资源整合，建立农业数据中心，搭建基于统一标志、流程和规则的追溯信息管理平台。依托辽宁伟嘉农牧生态食品有限公司2400头核心种猪场项目，发展智慧养殖，推动智能技术在畜禽养殖上的集成应用。

[31] “三品一标”：即无公害农产品、绿色食品、有机农产品和农产品地理标志的统称。

[32] 农村人居环境整治行动：重点推进农村生活垃圾、厕所粪污、农村生活污水治理，加强村庄规划管理，提升村容村貌，到2020年，实现农村人居环境明显改善，村庄环境基本干净整洁有序，村民环境与健康意识普遍增强。

[33] “厕所革命”：以提升厕所服务品质为手段，以方便群众如厕为目的，建立政府推动、部门协作、全民参与、城乡统筹工作机制，加快公厕建设步伐，着力解决兴城市城乡公厕、旅游公厕、农村户厕存在的问题，进一步改善兴城市人居环境，提高市政、旅游等公共服务水平，提升城市文明形象。

[34] “五进院”行动：即农厕进院、灰土堆进院、柴草堆进院、粪便堆进院、杂物堆进院。

[35] “三大攻坚战”：即防范化解重大风险、精准脱贫、污染防治。

[36] “两退一围”：即实施小开荒还林、超坡地还林、生态围栏工程。

[37] 河流“四乱”：即乱占、乱采、乱堆、乱建等河流管理保护突出问题。

[38] 社会治安防控体系：即从维护社会稳定需要出发，运用各种手段科学整合现有警力和社会资源，把打击、防范、管理、控制、建设等多种措施有机结合，实现统一指挥、快速反应、整体联动，对社会治安实施全方位动态防控的一项系统工程。

[39] “四个意识”：即政治意识、大局意识、核心意识、看齐意识。

[40] “四个自信”：即中国特色社会主义道路自信、理论自信、制度自信、文化自信。

[41] “两个维护”：即坚决维护习近平总书记党中央的核心、全党的核心地位，坚决维护党中央权威和集中统一领导。

兴城市人民代表大会常务委员会工作报告

——在兴城市第八届人民代表大会第二次会议上

兴城市人民代表大会常务委员会常务副主任 韩维邦

（2018年12月27日）

2018年主要工作

2018年是市八届人大常委会履新开篇之年。在市委的正确领导下，常委会坚持以习近平新时代中国特色社会主义思想为指导，全面贯彻落实党的十九大精神，围绕全市工作大局，依法行使职权，着力建设“两个机关”，主动站位“两个一线”，扎实推进人大制度建设，扎实推进民主法治建设，扎实推进全面从严治党，圆满完成市八届人大一次会议确定的各项任务。全年，共召开常委会会议8次、主任会议8次，听取审议“一府两院”专项工作报告21个，作出决议、决定14项，发出审议意见、视察纪要9件，形成调研报告12篇，任免地方国家机关工作人员65人次。

一、依法决定人民关心的大事，推动经济社会健康发展

常委会聚焦发展第一要务，聚焦市委重大决策，聚焦重大事项和重点项目，切实增强使命担当，有力有效主动作为。

发挥职能作用，助推深化改革。及时审查批准2017年市财政总决算、预算执行审计、2018年部门预算安排及调整等7个报告，并作出相应决议；高度重视市政府关于滨海经济区和县乡财政体制改革进程，及时增加常委会议题，先后就国有资产划转、经济区改制等工作作出4项决议和2项审议意见，充分发挥人大职能作用，全力支持政府深化改革。

紧盯重点项目，助推工程进展。持续跟进兴城市重点项目建设进程，年内，再次开展视察，并形成视察纪要。先后就全市泳装产业集群发展情况进行调研，就徐大堡核电项目建设、有偿收回觉华岛部分出让土地、兴建立交工程等项目听取报告并作出相关决议。同时，配合上级人大开展“十三五”规划中期评估调研工作，坚持寓支持于监督，确保全市重点工程、重大项目高效有序推进。

开展生态调研，助推绿水青山。组织葫芦岛、兴城两级人大代表对兴城市生态环境保护工作开展调研，从基础建设、日常监管和法制宣传等方面指出存在问题，并在常委会会议听取市政府相关工作报告，作出审议意见，为兴城市绿水青山划定生态红线，以对环境违法“零容忍”的坚决态度，践行绿色发展理念。

二、精准监督人民关注的热点，助力民生幸福指数提升

常委会坚持从人民群众最关心、最直接、最现实的利益问题着手，让发展成果更多更公平惠及人民群众。

助力扶贫攻坚。就兴城市2017年以来扶贫攻坚工作进行全面调研，并在常委会会议听取市政府相关工作报告，作出审议意见，从政策、产业、项目等方面为全市扶贫工作把脉问诊。积极协调人大牵头联系的44家对口帮扶单位，为药王乡投入扶贫资金和物资折款89万元。

心系农村医疗。开展兴城市新型农村合作医疗运行情况的调查，面对面听取农民的意见和建议，深入了解农村看病难看病贵等问题症结所在，作出审议意见，从3个方面提出10项建设性举措。年内，配合上级人大开展公立医院综合改革工作情况的调研，努力提速健康兴城的建设步伐。

倾情教育事业。常委会将教育工作作为每年必研课题。年内，集中力量开展兴城市职业教育工作的调查，针对职业教育社会认可程度不高、基础设施薄弱、教师数量不足等问题，作出审议意见，力促职教工作通过产教融合、校企合作等创新教育模式，为全市发展提供坚实的人才保障。

三、努力建设人民信赖的司法，全面推进依法治市进程

常委会牢固树立法治理念，加强法律实施监督，大力推进法治兴城建设，着力维护社会公平正义。

跟踪难点监督。将法院民事执行案件作为法律监督工作的重点，以一抓到底的韧劲，再次开展跟踪调研，精准施策助力破解执行难题。开展市公安局涉案财物管理情况的调研，听取相关工作报告，并作出审议意见，着力拓展公正司法的广度和深度，切实提高司法公信力和群众满意度。

强化执法检查。将法律实施作为法治建设的关键所在，先后就兴城市贯彻实施《中华人民共和国义务教育法》《辽宁省机构和编制管理条例》《葫芦岛市饮用水水源地保护条例》和安全生产相关法律法规的执行情况进行执法检查，逐一指出存在的问题，并明确提出整改建议，力促各项法律法规在全市执行实践中不落空、不走样、不变形。

完善信访机制。重新修订《市人大常委会信访工作办法》，将人大信访的受理转办、回执督办、责任追究以及信访纪律等进一步明确细化，使信访工作更好地成为常委会了解民情、倾听民声的重要窗口和实施法律监督、工作监督的有效阵地。全年，共受理群众信访46件116人次，一批信访积案得到化解。

四、积极拓宽人民参与的渠道，强化代表履职责任担当

常委会充分尊重代表主体地位，努力提高服务代表工作水平，支持和保障代表依法履职。

加强代表培训管理。集中培训市人大代表170余人。组织市人大机关和乡镇（街道）人大干部及部分人大代表参加上级人大北京、深圳等培训基地培训班。充分利

用微信群、新闻媒体、印发资料等形式向代表传播人大知识，着力提升代表履职能力。建立市人大代表信息库，完善代表履职电子档案，为评议代表履职情况奠定基础。

畅通代表联系渠道。出台《市人大常委会组成人员联系人大代表办法》，并明确各自所联系的人大代表，收到常委会工作与代表工作双促进双提高的良好效果。组织代表参加各类视察、调研、评议和征求意见等活动150余人次，为代表知情知政创造条件。建立市八届人大代表微信群，代表的日常联系沟通更加便捷。

强化代表建议办理。市八届人大一次会议以来，共收到代表建议74件，涉及农业、文教、卫生、城建等多个方面。常委会高度重视办理工作，严把办理质量关，并逐一向代表反馈办理结果，诚恳征求代表意见，努力避免“被满意”。此外，常委会还专题听取市政府关于市七届人大五次会议列入计划解决的6件代表建议的办理情况，确保代表提出的建议事事有回音，件件有落实。

五、着力打造人民满意的机关，推进作风建设再上台阶

常委会着眼新时代对人大工作提出的新要求，把自身建设摆上更加突出位置，不断提高履职能力和机关服务保障水平。

突出思想政治建设。坚决维护以习近平为核心的党中央权威，把深入学习贯彻党的十九大精神作为当前和今后一段时期的首要政治任务。制定《常委会党组理论学习中心组学习制度》，坚持学以致用，以用促学，以上率下，强化“四个意识”，坚定“四个自信”，着力提高思想政治素质和依法履职能力。

全面落实从严治党。强化全面从严治党主体责任，坚持把政治纪律和政治规矩挺在前面，三次召开民主生活会，深入查摆问题，制定整改措施97项。认真坚持“三会一课”制度，扎实推进“两学一做”学习教育制度化常态化。持续推进“四风”整治，切实加强党风廉政建设，着力塑造人大干部忠诚干净担当的良好形象。

扎实推进作风建设。制定切实可行的作风建设实施方案，坚持作风建设与人大工作有机结合，在改进作风中推进工作，在推进工作中转变作风。着眼建立长效机制，进一步完善了信访、调研等工作办法，以制度为抓手，推动作风建设常态长效，以过硬的作风促进人大各项工作取得积极进展。

2018年，常委会工作在继承中创新、在创新中发展，取得明显成效。是市委总揽全局、正确领导的结果，是常委会组成人员和全体人大代表共同努力的结果，是“一府一委两院”和乡镇（街道）人大及社会各界支持配合的结果。在此，代表市人大常委会，向所有关心和支持人大工作的人大代表、社会各界和全市人民表示衷心的感谢！

在充分肯定成绩的同时，清醒地认识到，面对新时代人大工作的新形势新要求，常委会工作中还存在一些“短板”和不足。

主要是：监督的方式方法有待进一步创新；讨论决定重大事项的工作机制有待进一步完善；与人大代表和人民群众联系的方式和载体有待进一步改进；常委会及机关自身建设和代表履职能力建设有待进一步提高。对这些问题，将高度重视，采取有效措施切实加以解决。

2019 年主要任务

2019 年，市人大常委会工作的总体要求是：坚持以习近平新时代中国特色社会主义思想和党的十九大精神为指导，深入贯彻落实习近平总书记关于东北振兴重要讲话精神，牢牢把握“两个机关”、“两个一线”的新定位新要求，积极践行以人民为中心的发展思想，依法行使职权，发挥代表作用，助推改革发展，保障改善民生，加强自身建设，为加快建设“五个兴城”、开创我市全面振兴新局面贡献人大智慧和力量。主要任务是：

一、坚持聚焦中心，着力服务改革发展大局

紧紧围绕市委的重大决策、事关人民群众切身利益的重大问题以及“一府一委两院”提请审议的重大事项，依法适时作出决议决定，重点加强财政经济运行监督，不断提升科学理财水平，强化国有资产监管，建立情况报告制度。

二、坚持以民为本，着力促进民生福祉改善

密切关注改革发展大局和民生热点问题，有针对性组织专题调研和集中视察活动，突出监督重点，改进调研方法，提高审议质量。加强审议意见办理情况的跟踪监督，必要时采取询问、质询、特定问题调查等方式持续监督，以监督实效促进民生改善。

三、坚持厉行法治，着力维护社会公平正义

强化依法行政，推动政府运用法治思维和法治方式处理行政事务，保障和促进改革发展不断深化，不断提升群众幸福感和获得感。强化司法监督，开展《中华人民共和国交通安全法》等执法检查，推动法律法规的贯彻实施，大力营造崇尚法治的社会氛围。

四、坚持完善机制，着力发挥代表主体作用

牢固树立以代表为中心的工作导向，尊重代表主体地位，创新代表工作机制，扎实抓好代表履职培训，强化代表建议办理督办，坚持常委会领导督办重点建议，探索建立人大代表建议办理的分类评价和综合评价机制，切实保障代表依法履职。

五、坚持与时俱进，着力加强机关作风建设

深入贯彻落实党的十九大精神，坚持用习近平新时代中国特色社会主义思想武装头脑、指导实践、推动工作。全面履行从严治党主体责任，持之以恒正风肃纪。不忘初心、牢记使命，大力建设全面履行宪法法律赋予各项职责的工作机关、与人民群众保持密切联系的代表机关，切实发挥民主法治第一线、推进和保障振兴发展第一线的作用。

新时代孕育新希望，新起点期待新辉煌。在中共兴城市委的坚强领导下，紧紧依靠全市人民，进一步解放思想、更新观念，凝心聚力、积极作为，勇于担当、扎实工作，加快建设“五个兴城”，奋力书写兴城市全面振兴的崭新华章！

中国人民政治协商会议
兴城市第七届委员会常务委员会工作报告

——在政协兴城市八届二次会议上

兴城市政协主席、市委常委、组织部长　李　肖

（2018 年 12 月 25 日）

2018 年工作回顾

2018 年，是全面贯彻落实党的十九大精神的第一年，是决胜全面建成小康社会、实施“十三五”规划承上启下的关键一年，也是本届市政协的开局之年。一年来，市政协在中共兴城市委的坚强领导下，在市人大、市政府和社会各界的大力支持下，坚持以习近平新时代中国特色社会主义思想为指导，高举爱国主义和社会主义旗帜，牢牢把握团结和民主两大主题，牢固树立创新、协调、绿色、开放、共享的发展理念，聚焦市委、市政府中心工作，认真履行政治协商、民主监督、参政议政职能，为推动我市经济社会振兴发展、加速“五个兴城”建设做出积极贡献。

一、认真贯彻落实习近平新时代中国特色社会主义思想，始终保持政协工作坚定正确的政治方向

坚持把加强思想政治建设摆在首位。认真贯彻落实中共十九大和十九届二中、三中全会精神，贯彻落实习近平新时代中国特色社会主义思想，贯彻落实习近平总书记关于加强和改进人民政协工作重要思想，贯彻落实习近平总书记在辽宁考察和深入推进东北振兴座谈会上的重要讲话精神，坚持用习近平新时代中国特色社会主义思想武装头脑、指导实践、推动工作。牢固树立“四个意识”，坚定“四个自信”，坚决做到“两个维护”，不断提高政治站位，在思想上、政治上、行动上同以习近平为核心的党中央保持高度一致，切实把思想和行动统一到党中央和省市委的决策部署上来，夯实团结奋斗的共同思想政治基础，

确保政协工作正确的政治方向。

充分发挥政协党组的领导核心作用。深入贯彻落实全面从严治党各项要求，全面履行管党治党主体责任，带头遵守政治纪律和政治规矩，强化意识形态工作，积极推动“两学一做”学习教育常态化、制度化，全面做好中央巡视组巡视反馈意见的整改落实，强化警示教育，彻底肃清薄熙来、王珉恶劣影响。坚定不移地在市委领导下开展工作，坚决服从市委安排，切实实行重大事项向市委请示、报告制度。准确把握人民政协性质定位，坚持市委、市政府工作推进到哪里、市政协工作就跟进到哪里，坚持把政协工作放在全市大局中去谋划，确保与市委同心同向同行。

组织开展多种形式的学习活动。充分运用全体会议、常委会议、主席会议、集中培训、研讨、印发学习资料等方式、方法，组织政协委员和机关干部深入学习贯彻中共十九大和十九届二中、三中全会精神、习近平新时代中国特色社会主义思想、习近平总书记关于加强和改进人民政协工作重要思想，学习省市委全会精神和政协业务知识。政协机关坚持每周一学习制度，以专委会为单位，组织委员开展《习近平总书记关于加强和改进人民政协工作重要思想》理论研讨活动，精选6篇理论研讨成果进行集中交流，其中2篇论文参加葫芦岛市政协研讨活动，1名工作人员代表葫芦岛市县市区政协参加省政协组织的研讨会。同时，组织政协委员、政协机关干部深入开展“解放思想推动高质量发展大讨论”活动。

二、聚焦市委市政府中心工作议政协商，强力助推兴城各项事业全方位振兴、高质量发展

广泛开展政治协商。充分发挥人民政协作为协商民主重要渠道作用，把推动兴城经济社会高质量发展作为履职首要任务，广纳民言、广集民智；围绕经济社会发展的热点问题，广建诤言、广献良策。在市政协八届一次全会期间，委员们积极参加《政府工作报告》等报告的讨论，围绕兴城改革开放、经济社会发展，以及脱贫攻坚、环境保护、教育卫生等工作广泛协商，踊跃建言。会议期间仅收到的委员建议就达到200余条，闭会期间收到社情民意信息234条。通过对委员建议、社情民意信息的办理，有力推动兴城政治、经济和社会各项事业的发展。

深入开展调研视察。一年来，市政协分别就兴城市脱贫攻坚工作、挖掘历史文化资源促进旅游业发展、残疾人事业发展和电子商务发展情况、安全生产工作、重点提案办理情况进行专题调研、视察，参与委员150多人次。

在调研、视察过程中，市政协详细制定调研视察提纲、方案，组织委员坚持深入基层、深入一线，了解真实情况，掌握翔实的第一手资料，确保调研视察工作不走过场，集中各界人士的智慧，提交符合兴城实际、具有可操作性的调研报告。

打赢脱贫攻坚战，是推动高质量发展、决胜全面建成小康社会的重大任务。在关

于兴城市脱贫攻坚工作情况的调研报告中，提出要加强宣传引导、形成脱贫攻坚工作合力、夯实扶贫工作基础，更新工作思路、以脱贫攻坚工作为中心、推进扶贫工作深入开展，细化基础工作、实行科学分类、提高扶贫工作精准度，完善社会保障体系、保障贫困人口基本生活、确保扶贫工作无死角等建议。

旅游业是兴城市经济发展的重要引擎。关于挖掘兴城历史文化资源、促进旅游业发展的调研报告，提出了强化领导、科学规划，充分挖掘、合理利用，多措并举、广泛宣传，拓宽渠道、加大投入等意见。

残疾人事业是一项重要的民生工程。关于兴城市残疾人事业发展情况的调研报告中，提出进一步落实残疾人政策、稳步提升残疾人保障水平，抓好残疾人就业指导、拓宽残疾人就业渠道，加强残疾人服务设施建设、为残疾人事业发展创造良好环境，开展康复服务、完善残疾人公共服务体系，进一步扩大宣传范围，营造全民扶残助残的良好氛围等建议。

这些意见、建议分别得到市委书记赵家鹏、市长袁国相及有关领导的高度重视，促进调研、视察成果的转化、落实。

同时，市政协各专委会还结合委员界别特点，组织各界别委员，围绕工业企业发展、“三农”工作以及一系列涉及民生的工作，深入扎实地开展了调研活动，调研成果分别以意见、建议以及社情民意信息等形式上报到市政协。市政协通过编印的《委员信息交流》提交给市委、市政府，并上报葫芦岛市政协，取得良好的履职成效。

强化民主监督工作。认真学习领会中共中央办公厅《关于加强和改进人民政协民主监督工作的意见》，从维护兴城发展大局出发，侧重于党政重视、群众关注的问题，坚持寓民主监督于会议、视察、提案、反映社情民意等履职活动之中。为了提高民主监督质量，市政协成立17个民主监督小组，对执法执纪和事关民生的部门、单位进行长期民主监督。为了增强民主监督员的责任意识和主动意识，杜绝不敢监督、不愿监督的思想，市政协组织召开民主监督小组工作培训暨动员会，会后，各监督小组第一时间与所派监督单位对接，为民主监督工作开展奠定基础。

三、牢牢把握团结和民主两大主题，积极主动汇聚改革与发展的强大合力

注重合作共事。市政协认真贯彻落实“长期共存、互相监督、肝胆相照、荣辱与共”的方针，积极发挥市政协合作共事、参政议政的平台作用，更加注重与各民主党派、无党派人士、工商联、人民团体和新社会阶层人士的合作，着力搭建合作共事平台，全力创造良好的参政议政条件。历次大型履职活动，主动邀请民主党派、工商联、人民团体参加，充分尊重党派团体意见，注重发挥党派团体作用，营造良好的协商民主氛围。加大对各党派、团体提出意见建议的办理落实力度，市政协领导直接参与、督办各党派、工商联和有关人民团体提出的提案和意见建议，推进相

关提案及意见、建议办理落实。

注重联系联络。市政协不断加强与各民主党派、工商联、人民团体的联系，利用多种形式听取意见、沟通情况、协调工作、增进感情。积极做好与民族宗教界人士的经常性沟通工作，及时反映少数民族和宗教界人士的意见和诉求，较好地发挥民族宗教界委员在促进社会和谐中的重要作用，进一步增强民族团结、宗教和睦。

注重配合协作。市政协协助省市政协先后完成推动泳装产业二次创业、推动文化产业繁荣发展等调研活动，积极协调解决相关事宜，受到省、市政协领导的好评。认真做好省内外县市区政协调研考察服务工作，广泛宣传兴城振兴发展新机遇和良好的营商环境，扩大兴城对外影响。

注重回报社会。市政协根据委员意愿，积极为委员搭建扶贫工作平台。经济工商联界委员立足自身优势，协助泳装企业落户贫困乡村，不仅解决企业用工问题，更为贫困家庭带来了就业机会，增加贫困家庭收入。医药卫生界委员针对因病致贫家庭实际，主动开展为贫困家庭送医、送药活动。市政协还组织机关干部为贫困家庭学生捐款，资助贫困家庭的孩子完成学业。委员们身体力行地为贫困群众办实事、解难题，回报社会。

四、全力做好政协组织的经常性工作，全面提升政协机关和委员的履职实效

认真完成市委交办的工作任务。按照市委要求，市政协领导班子分别承担了帮扶重点项目、“扫黑除恶”专项斗争工作分片包保、推进软弱涣散村党组织整顿建设和领导干部“一联一包”等工作任务。为了高质量完成市委交办的任务，市政协领导班子成员深入乡村、深入一线，指导具体工作开展，并针对具体情况，协调解决实际问题，有效地推动各项工作的顺利进行。

主动做好矛盾化解工作。市政协积极主动地听取各界群众的意见建议，组织委员大力宣传中央和省市委的决策部署，主动协助市委、市政府做好化解矛盾、凝聚人心、增进团结的工作，促进社会和谐稳定，为经济社会高质量发展做出贡献。

扎实做好提案工作。市政协八届一次会议以来共收到委员提案208件，立案199件。为了把提案办理工作落到实处，市政协对收到的提案做到严格审查，及时交办，根据提案办理工作的相关规定，加强协调、督办、跟踪问效等服务工作，努力提高提案办理质量和速度。就如何发挥提案在履职中的作用、如何撰写高质量的提案，组织委员进行了培训。同时，积极推进提案电子化进程，年内市政协提案信息系统建设完成并投入使用。

积极反映社情民意。围绕经济社会高质量发展、脱贫攻坚、社会保障、教育医疗等方面工作，引导政协委员深入基层，了解实情，积极收集带有普遍性、倾向性的社情民意，并认真做好编审上报工作。全年共收集、整理、上报社情民意信息234条，其中葫芦岛市政协采用28条，《委员信息交流》采用34条。

深入挖掘文史资料。充分发挥文史资料"存史、资政、团结、育人"的作用，结合纪念兴城解放70周年，市政协收集、整理30万字的抗日战争时期、解放战争时期的兴城历史资料，《兴城革命史话》一书即将付印出版。

加强政协新闻宣传。借助各类平台，多角度、全方位、深层次地宣传政协工作和委员风采，使政协活动在电视中有影像、报刊上有文字、广播里有声音、网络上有言论，进一步扩大政协社会影响，切实把政协的职能优势转化为助推兴城高质量发展的重要力量。

五、始终自觉地不断加强自身机制建设，树立政协组织良好的社会形象

充分发挥委员主体作用。按照"懂政协、会协商、善议政"的要求，进一步加强委员队伍建设，强化委员主体意识，明确履职方向。严格执行《委员履职量化考核方案》，充分激发委员参与政协工作的积极性、主动性，不断提高委员议政建言的能力和水平。广大政协委员认真履职尽责，不负重托，不辱使命，充分发挥在本职工作中的带头作用、政协工作中的主体作用和界别群众中的代表作用。

加强专委会建设。针对政协工作实际，市政协成立5个专委会。全年，各专委会在开展调研视察、加强界别联系、强化委员管理等工作中，有效发挥基础性作用，为充分履行职能奠定坚实基础。

强化政协机关建设。全面加强政协机关党的建设，持续推进"两学一做"学习教育常态化、制度化，强化党员干部的思想建设、作风建设、反腐倡廉建设，不断激发机关干部工作动力，进一步提升机关工作效能和服务水平。

年内市政协工作取得的成绩，是市委坚强领导的结果，是市人大、市政府和社会各界鼎力支持、帮助的结果，也是全体政协委员团结协作、共同努力的结果。在此，代表八届市政协常务委员会，向为政协工作做出积极贡献的广大政协委员，向所有关心、支持政协工作的各级领导、各界人士，表示崇高的敬意和衷心的感谢！

在肯定成绩的同时，清醒地认识到，市政协工作还存在不足之处，主要表现在：思想解放还不够，创新工作还有待进一步强化；民主监督的方式方法还需要进一步探索；部分新委员履职能力还有待进一步提高；调研视察等集中履职活动委员参与面还不够广泛；政协机关效能还有待进一步增强等等。这些问题需要认真研究，并在今后的工作中切实加以解决。

2019年工作安排

2019年，是推进兴城市经济社会高质量发展极其重要的一年，是全面建成小康社会的决胜之年。市政协工作总体要求是：深入贯彻落实中共十九大、十九届二中、三中全会精神，贯彻落实习近平总书记在辽宁考察和深入推进东北振兴座谈会上的重要讲话精神，在习近平新时代中国特色社会主义思想指引下，在中共兴城市

委的坚强领导下，高扬爱国主义、社会主义两面旗帜，聚焦中心，服务大局，牢牢把握团结和民主两大主题，认真履行政治协商、民主监督、参政议政三大职能，充分发挥政协优势和作用，为建设“五个兴城”、推进兴城经济社会全方位振兴、高质量发展做出积极贡献。

一、坚持以习近平新时代中国特色社会主义思想统揽政协工作

持续深入贯彻落实中共十九大，十九届二中、三中全会精神，持续开展习近平总书记关于加强和改进人民政协工作重要思想的学习研讨活动，把习近平新时代中国特色社会主义思想，关于加强和改进人民政协工作重要思想，作为统揽人民政协各项工作的总纲，把坚持和发展中国特色社会主义，作为巩固共同思想政治基础的主轴，把推进经济社会高质量发展、为决胜全面建成小康社会献计出力，作为工作主线，引导委员不断强化“四个意识”，坚定“四个自信”，坚决做到“两个维护”，在思想上、政治上、行动上与以习近平为核心的党中央保持高度一致。要坚持和加强中国共产党的领导，坚决贯彻执行党的路线方针政策和中央、省市委的决策部署，自觉主动地把政协工作放到全市工作大局中去谋划和推进，确保政协工作正确的政治方向。要坚持创造性地工作，适应新时代新要求，自觉摒弃因循守旧的传统做法，努力在理论上、观念上寻求创新，在体制上、机制上寻求突破，在方法上、途径上进行探索，在渠道上、特色上形成亮点，不断开辟政协工作的新局面。

二、致力全方位振兴高质量发展，在服务全市大局中展现新作为

按照“党政所需、群众所盼、政协所能”的原则，坚持把助推全方位振兴高质量发展作为参政议政的根本取向，确保政协工作与全市发展同步。

努力拓展政治协商的广度。紧紧围绕中央和省、市委重大决策的贯彻落实和重点工作任务，采取全体会议协商、常委会重点协商、专委会对口协商、提案办理协商等形式，建更多诤言、提更多良策，切实把政协委员和社会各界人士的积极性调动起来，主动融入到兴城振兴发展的实践中来。

着力挖掘参政议政的深度。围绕经济社会高质量发展，围绕脱贫攻坚、乡村振兴、“扫黑除恶”、环境治理和文化创意产业发展、文化旅游、教育卫生事业发展，精心组织开展专题调研、视察、考察，针对存在的困难和问题，提出可操作的意见建议，为市委、市政府破解发展难题提供参考依据。

不断加大民主监督的力度。进一步强化民主监督员队伍建设，充分发挥民主监督员重要作用。围绕改善营商环境、环境保护以及群众关注的热点、难点，综合运用提案办理、民主评议、反映社情民意等多种方式开展民主监督，全力促进市委、市政府决策的有效落实。

三、团结各界人士，广泛凝心聚力，不断巩固发展爱国统一战线

坚持求同存异、体谅包容，努力寻求全社会意愿和要求的最大公约数、画出民心民愿的最大同心圆。进一步加强与各党派团体和社会各界人士的联系，积极为其开展调研视察、协商议政提供平台，支持其充分发表意见建议。密切与少数民族和宗教界委员联络，增进与党外知识分子、非公有制经济人士、新的社会阶层人士的沟通，引导各界人士正确判断和把握经济社会发展态势，坚定信心，凝聚共识，努力为兴城市振兴发展汇聚强大合力。

四、做好经常性工作，在兴城经济社会发展进程中充分发挥政协组织优势作用

全力助推脱贫攻坚。充分发挥政协的界别特色和联系广泛的优势，发动广大政协委员、政协工作者和社会各界人士，积极投身脱贫攻坚工作中来，助力全市脱贫攻坚任务的全面完成。积极鼓励、引导经济工商联等界别委员，立足本职工作，做好企业发展规划和转型升级工作，继续在壮大民营经济、推动脱贫攻坚等工作中发挥作用。

加强提案督办工作。按照“提案求精、立案求准、办案求实”的理念，进一步创新提案工作方法，强化提案工作实效，提升提案工作水平，着力提高提案办理质量。

完善社情民意征集整理机制。积极引导政协委员深入基层，深入群众，及时反映群众关心的热点难点问题，提出具体可行的意见建议，努力做到反映实情、推动工作。同时积极主动地协助党委政府多做理顺情绪、化解矛盾、凝聚民心的工作，引导群众合理表达利益诉求，促进社会和谐稳定。

强化宣传，扩大影响。加强与新闻媒体的联系协作，主动提供信息、推介工作，同时借助各类平台，宣传政协工作和委员风采，进一步扩大政协的社会影响。

高质量挖掘整理文史资料。结合中华人民共和国成立70周年，广泛征集、认真筛选反映兴城经济社会发展历程的文史资料，发挥文史工作资政育人作用。

五、加强自身建设，进一步提高履职能力

充分发挥党组领导核心作用。全面推进政协组织和政协机关政治建设、思想建设、组织建设、作风建设、纪律建设。全面落实从严治党主体责任，严格执行中央八项规定和省市委实施细则，确保中共中央、省市委的决策部署在政协工作全面贯彻落实。

强化常委会自身建设。常委会组成人员要把严格遵守政治纪律、工作纪律和会议纪律摆在重要位置，在理论武装、履职尽责等方面，高标准、严要求，事事处处为委员做出表率。

强化委员队伍建设。要按照“懂政协、会协商、善议政”要求，抓好委员的学习培训，强化委员履职考核、管理，激发委员履职热情，提高履职能力。组织委员深入开展习近平总书记关于加强和改进人民政协工作重要思想理论研讨、“解放思想推动高质量发展大讨论”活动。在专题调研视察活动中，下功夫把发挥委员的专业

优势与扩大委员的参与面结合起来，让委员了解专题调研视察题目，自主选择参与的课题，最大限度扩大委员参与面。各专委会要围绕经济社会热点难点问题，组织委员开展专题民主协商活动，努力使政协工作充满生机与活力，广泛凝聚起各界人士的智慧，促进兴城各项事业高质量发展。

强化政协机关建设。主动适应新形势新任务要求，进一步强化机关干部队伍的思想政治建设和纪律作风建设，营造清正廉洁、忠于职守、争先创优的良好风气，打造忠诚干净担当的干部队伍，着力建设政治可靠、业务精通、文明和谐的政协机关。

新时代带来新机遇，新机遇呼唤新作为。紧密团结在以习近平为核心的党中央周围，高举新时代中国特色社会主义思想伟大旗帜，在中共兴城市委的坚强领导下，解放思想，锐意进取，瞄准方向，发挥优势，以新气象、新担当、新作为，为推动兴城全方位振兴、高质量发展做出新的更大的贡献。

·小资料·

兴城海滨——亲海木栈道

亲海木栈道从三礁揽胜至妈祖庙，沿海边礁石、沙滩修建，全长650延长米。涨潮时，海水可漫及栈道，游人可感受人在水上走、水在脚下流的美妙感觉。游人可沿兴城河入海口大坝徒步来到妈祖庙，从木栈道拾级而上，便可来到兴城海滨景区。亲海木栈道工程是兴城河入海口省级湿地公园建设的一部分，将成为连接兴城海滨景区和兴城河入海口省级湿地公园的纽带。

大事记

1月

2日

兴城市委书记、市人大常委会主任赵家鹏，市领导李肖、王春颖、马天峰、刘晓军、郭荣新、孟凡华、佟佰钟、王代林考察2018年棚改工作进展情况，并看望慰问节日期间坚守岗位的棚改工作人员。

4日

兴城市委书记、市人大常委会主任赵家鹏主持召开农业农村工作座谈会，各乡镇街道和市直相关部门负责人分别汇报2017年以来农业招商及农业农村重点工作进展情况。

5日

兴城市党的十九大精神宣讲志愿军“六进”活动启动仪式在温泉街道首阳社区举行。

9日

▲葫芦岛市第六届人民代表大会第一次会议开幕，兴城代表团59名代表参加会议。

▲由葫芦岛市委宣传部、葫芦岛市群众艺术馆、兴城市委宣传部联合主办的宣传党的十九大精神暨2018年元旦、春节“文艺轻骑兵”进基层活动在兴城市安居小区文化宫举行。

15日

由兴城市传统文化协会主办“经典伴我成长”2018年冬令营活动在传统文化大讲堂开营。

16日

兴城市委书记、市人大常委会主任赵家鹏主持召开中共兴城市第七届委员会第九次全体会议。兴城市委七届委员24名、候补委员5名参加会议。

18日

兴城市召开2017年度乡镇街道党(工)委书记抓基层党建工作专题述职评议会议。

22日

兴城市委书记、市人大常委会主任赵家鹏主持召开兴城市委理论学习中心组2018年度第一次学习会议。会议学习传达习近平总书记在中共中央政治局民主生活会、在学习贯彻党的十九大精神研讨班开班仪式上和十九届中央纪委二次会议上的重要讲话精神。

23日

由兴城市委宣传部、市直机关工作委员会主办的“党的十九大精神知识竞赛”决赛在兴城人民会堂举行。有 70 个队 210 人参加比赛，12 个队 36 人进入决赛。

25 日

兴城市集中收听收看全国安全生产电视电话会议。

30 日

2018“全国冬泳日”系列示范活动（兴城站）暨“中国·兴城海峡杯”国际冬泳邀请赛新闻发布会在北京举行。

31 日

▲兴城市召开 2018 年辽宁·兴城旅游推介会。国内各地 120 位旅游界人士和媒体记者参加会议。

▲兴城市举行全国妇联“贫困母亲两癌救助”中央专项和省妇联“两癌”贫困妇女专项彩票公益金发放仪式，为 49 名患病贫困母亲发放救助金 49 万元。

2 月

1 日

▲葫芦岛农商银行杯 2017“最美兴城人”颁奖典礼在兴城人民会堂举行。杜强、刘忠立、荣凤静、杜治利、杨德彬、郑思雨、陈永志、孙忠申、薛元珍夫妇、李红兴、手拉手爱心团队获“最美兴城人”称号。

▲由兴城市委宣传部、文广局、卫计局、科技局、科协、团市委、妇联联合主办的兴城市 2018“送科技、送文化、送卫生”三下乡活动在望海乡集市举行。

5 日

▲兴城市召开脱贫攻坚工作总结表彰暨 2018 年工作部署会议。

▲兴城市召开党的十九大维稳安保工作总结表彰会议。

▲兴城市领导赵家鹏、王春颖、郭荣新、佟佰钟先后走访慰问 2017 年“最美兴城人”获得者孙忠申、薛元珍夫妇和郑思雨。

6 日

兴城市领导分组走访慰问离休干部、老党员、残疾军人、军人遗属、在乡老复员军人、优抚对象、敬老院老人和困难群众。

9 日

由兴城市委、市政府主办，兴城市委宣传部、兴城市文化广播影视局、兴城市文学艺术界联合会、兴城广播电视台承办的 2018 年春节联欢晚会在人民会堂第一会议室举办，晚会总时长 120 分钟。

10 日

2018“全国冬泳日”系列活动（兴城站）暨“中国·兴城海峡杯”国际冬泳邀请赛在兴城海滨隆重举行。奥运会冠军钱红到场致辞。

16 日

兴城籍在外企业家、文化艺术人士 30 余人在兴开展春节联谊活动。

23 日

兴城市委书记赵家鹏主持兴城市委理论学习中心组学习。兴城市委党校常务副校长孟凡勇以“不忘初心，牢记使命，坚持和发展中国特色社会主义”为题，系统解读《习近平谈治国理政》（第二卷）。

28日

▲兴城市委召开全市党建工作会议，学习贯彻落实党的十九大和中央、省市委有关会议精神，总结2017年党建工作，安排部署2018年各项工作任务。

▲中国共产党兴城市第七届纪律检查委员会召开第三次全体会议。

▲兴城市召开“扫黑除恶”专项斗争工作会议，就“扫黑除恶”专项工作进行动员部署。

3月

1日

兴城市在宁远广场举办2018年新春秧歌展演。7个乡镇街道11支队伍进行秧歌展演和踩街巡游活动。

2日

兴城市召开全市经济和农村工作会议，贯彻落实中央、省市经济农村工作会议精神，安排部署2018年工作。

8日

辽宁省产业扶贫工作现场会在兴城市召开，副省长王明玉同各市扶贫工作负责人实地参观兴城市玄宇食用菌公司食用菌产业扶贫示范基地项目、隆裕果蔬种植专业合作社菊花产业扶贫示范基地项目和碱厂乡碱厂村集体经济泳装产业扶贫示范项目。

13日

兴城市召开脱贫攻坚领导小组（扩大）会议，贯彻落实省产业扶贫工作现场会精神，研究部署兴城市脱贫攻坚工作，确保完成2018年脱贫任务。

16日

兴城市召开重大动物疫病防控工作会议，分析当前动物疫病防控形势，安排部署春季动物疫病防控工作，严防重大动物疫病发生。

19日

兴城市召开泳装产业发展专题报告会，剖析兴城市泳装现状，为兴城市泳装产业未来发展提供新思路。

21日

兴城市召开海洋渔业安全生产工作会议。

23日

兴城市召开春耕备耕工作会议。

27日

兴城市收听收看全省造林绿化暨森林草原防火工作电视电话会议。

28日

兴城市委书记赵家鹏到红崖子镇就乡村振兴战略落实情况进行调研，并召开乡村干部座谈会。

29日

兴城市召开第八届人民代表大会代表履职培训会。

4月

2日

兴城市举行学习全国“两会”精神宣讲报告会。全国人大代表、渤海船舶职业学院基础部外语教研室主任李桂杰教授作全国两会精神专题辅导报告。

3日

兴城市收听收看全国、全省国土绿化、森林防火和防汛抗旱工作会议，传达全国春季农业生产工作会议精神，安排部署2018年各项工作。

7日

兴城市开展第69个世界卫生日宣传活动。

9日

葫芦岛市委副书记、市长王力威到兴城，就深入学习贯彻习近平总书记系列重要讲话、落实党的十九大和全国“两会”精神、实施乡村振兴战略、深化机构改革和乡镇财税改革、推进县域经济发展等工作进行调研。

10日

▲兴城市委理论学习中心组召开第5次学习会议。兴城市委常委、市委宣传部部长郭荣新传达党的十九届三中全会精神和习近平总书记在十三届全国人大一次会议闭幕会上的重要讲话精神。

▲兴城市召开法学会第三次会员代表大会。

12日

兴城市召开2018年全市学校安全工作会议。

15日

兴城市收听收看葫芦岛市安全生产暨森林防火紧急电视电话会议。

17日

兴城市召开落实“重实干强执行抓落实”专项行动动员部署暨重点工作项目调度会。

18日

兴城市召开领导干部大会，原文传达辽宁省委书记陈求发在省委十二届七次全会第一次会议上的讲话，传达贯彻葫芦岛市委副书记、市长王力威在兴城调研时讲话要求，对工作进行安排部署。

20日

兴城市开展第30个爱国卫生月活动。

23日

兴城市第九届全民读书节启动仪式暨“聆听经典，思先贤，诵古今，走向诗和远方”全民经典诗文诵读活动在兴城人民会堂第一会议室举行，活动时间为4月至6月。

5月

1日

从5月1日12时起到9月1日12时，兴城市进入为期4个月伏季休渔期。

3日

▲兴城市召开脱贫攻坚工作会议。

▲兴城市委书记赵家鹏到滨海经济区辽宁财贸学院科技园，考察“马克思主义中国化传承体验馆”建设情况。

4日

兴城市召开项目建设和招商引资工作动员大会，对项目建设和招商引资工作进行部署安排。

5日

兴城市重点工程河东路大桥建成通车，比计划提前2个月竣工。

8日

兴城市收听收看葫芦岛市道路安全和消防安全电视电话会议。

10日

兴城市收听收看辽宁省第二次全国污染源普查工作电视电话会议。

15日

▲兴城市召开选派干部到乡村工作动员大会，市委选派190名干部进驻到兴城市14个乡镇、176个村开展工作。辽宁省委、葫芦岛市委选派66名干部同步进驻到5个乡镇、61个村。

▲兴城市在兴隆大家庭门前开展“5·15政务公开日”系列主题内容宣传活动。

22日

兴城市召开传达落实辽宁省政府“重实干、强执行、抓落实”专项行动季度推进工作会议精神专题会议。

25日

兴城市召开脱贫攻坚工作情况汇报会和抗旱播种工作会。

27日

第五届兴城刘台子油菜花观赏节在刘台子乡蚂蚁村开幕。

28日

兴城市召开2018年高考工作会，贯彻省市高考工作会议精神，研究部署兴城市高考工作。

本月

国家卫计委授予兴城市曹庄镇卫生院和红崖子镇卫生院“2016~2017年度群众满意乡镇卫生院”称号、兴城市温泉街道社区卫生服务中心“2017年优质服务示范社区卫生服务中心”称号。

6月

3日

兴城泳装商贸城正式投入使用，为兴城市最大的泳装放货集中平台，可同时容纳170家泳装放货点。

5日

兴城市召开脱贫攻坚“回头看”“明白卡”培训会。

6日

▲辽宁省委常委、省委统战部部长范继英到兴城市检查“知联之家”建设情况。

▲兴城市收听收看辽宁省、葫芦岛市安全生产工作紧急电视电话会议。

9日

▲兴城市在宁远广场举办主题为“多彩非遗美好生活”2018年非物质文化遗产进校园进社区文化惠民活动暨“文化与自然遗产日”非物质文化遗产宣传展示活动。

▲由辽宁省旅发委、葫芦岛市人民政府、葫芦岛市委宣传部、葫芦岛市旅发委、兴城市人民政府、觉华岛旅游度假区管理委员会共同主办的辽宁省海岛旅游节暨觉华岛第四届文化旅游节在觉华岛旅游度假区开幕。

11日

兴城市委理论学习中心组召开2018年度第7次学习会议，传达辽宁省委书记陈求发在全省警示教育大会上的讲话精神。

15日

▲按照中央、省市委安排部署，兴城市委常委班子召开专题民主生活会。

▲兴城市召开加强基层党风廉政建设监督工作暨业务培训会。

19日

▲兴城市政府党组召开专题民主生活会，深入开展政治性警示教育，以案为戒开展对照检查。

▲兴城市政府召开全体（扩大）会议，通报兴城市上半年经济运行情况。

▲兴城市召开警示教育暨巡察工作推进会议。

20日

兴城市召开2018年中考工作会议，安排部署中考工作。

25日

辽宁省发展壮大村级集体经济工作经验交流会在兴城召开。省委常委、省委组织部部长王正谱出席会议并讲话。

26日

葫芦岛市政协主席石文光，市委常委、市纪委书记那波到兴城，走访慰问老党员由景瑶和卜世忠。

27日

兴城市举行庆祝中国共产党成立97周年暨“两优一先”表彰大会。

28日

由兴城市人民政府、“兴城·宁远古城杯”全国诗歌大赛组委会主办的“兴城·宁远古城杯”全国诗歌大赛颁奖典礼在兴城人民会堂举行，48人创作263首新诗和散文诗获奖。

本月

兴城市人民医院和兴城市国家税务局被辽宁省精神文明建设指导委员会评为辽宁省2015 ~ 2017年度文明单位。

7月

4日

由辽宁省旅游发展委员会主导启动的2018“消夏避暑辽宁行”辽宁省第三届避暑纳凉节在兴城市辽宁龙湾温泉水乐园开幕。

5日

2018年第七届“兴城之夏”文化广场

活动开幕式在兴城市全民健身中心举行，1000余名演员参加演出。

10日

▲兴城市召开安全生产工作会议，就暑期安全生产工作进行安排部署。

▲兴城市观看辽宁省防汛抢险救援演练活动，再现2017年鞍山市岫岩县特大洪水中抢险救援工作。

13日

兴城市召开公平竞争审查工作第一次联席会议。

14日

兴城市举办“兴城大红门杯”第三届青少年才艺大赛。

22日

兴城市召开全市加快推进事业单位改革工作动员大会和事业单位改革筹备组组长、临时党组织负责人集体谈话会。

23日

兴城市举办推进事业单位改革工作培训会。

25日

兴城市召开病虫害防控紧急会议，传达葫芦岛市防控松材线虫病会议精神，安排部署防控工作。

27日

▲兴城市委常委班子按照市委《关于中央第六巡视组反馈意见整改落实工作安排意见》有关要求，召开专题民主生活会。

▲兴城市收听收看全国安全生产电视电话会议。

▲为期5天的兴城2018房地产交易会在兴城滨海温泉新城国际比基尼会展中心启幕。

30日

▲兴城市委书记赵家鹏与市委、人大、政府、政协领导走访慰问部队官兵。

▲兴城市政府班子贯彻落实习近平总书记关于巡视工作的重要讲话精神，召开专题民主生活会。

8月

1日

兴城市召开“扫黑除恶”专项斗争工作推进会议。

3日

兴城市召开落实中央第六巡视组巡视辽宁省情况反馈意见整改动员大会。

8日

兴城市举办学习红旗渠精神宣讲报告会，听取河南省林州市红旗渠干部学院讲师团宣讲报告。

9日

兴城市召开脱贫攻坚暨农村集体产权制度改革推进工作会议。

11日

▲兴城市体育局与北京智亨未来体育文化发展有限公司签订横渡产业发展战略合作框架协议。

▲2018兴城（北京）海洋生活节迪卡侬沙滩飞盘邀请赛在兴城海滨浴场正式开赛，北京、上海、天津、大连4支队伍

60余名运动员参加比赛。

▲2018第八届中国（葫芦岛·兴城）国际沙滩·泳装文化博览会沙滩排球国际邀请赛在兴城国际比基尼广场举行，国内和俄罗斯12支专业组、14支业余组参赛队分组参加比赛。

12日

国内首个海上马拉松比赛——中国·兴城海峡马拉松暨2018兴城（北京）海洋生活节在兴城海峡举行，国内外500余名横渡爱好者参加挑战。

13日

兴城市23家新组建事业单位挂牌。

15日

由中国纺织工业联合会传媒中心与兴城市人民政府主办的中国兴城比基尼品牌联袂盛典暨2018中国国际泳装设计大赛颁奖典礼在兴城国际比基尼广场举行。

16日

▲2018中国（葫芦岛·兴城）国际沙滩·泳装文化博览会暨2018中国国际泳装展在兴城国际比基尼广场开幕。

▲人才助推泳装产业高质量发展论坛在兴城市海上海酒店举行。

▲中国·兴城泳装产业指数发布会在兴城国际比基尼会展中心举行。

21日

兴城市委理论学习中心组召开2018年度第11次学习会议，市委常委、市委宣传部部长郭荣新传达习近平总书记在全国网络安全和信息化工作会议上重要讲话。

24日

兴城乡镇飞地招商产业园在兴城经济开发区揭牌。产业园占地20公顷，位于兴城经济开发区南端，濒临兴城港区。

27日

▲兴城市收听收看葫芦岛市政府“重实干、强执行、抓落实”专项行动半年工作电视电话会议。

▲兴城市收听收看全国医改工作电视电话会议。

28日

▲兴城市召开“扫黑除恶”专项斗争工作督导情况通报会议。

▲兴城市召开海上维权维稳工作会议，对重点维稳工作进行安排部署。

29日

葫芦岛市委书记王健，市委常委、市委秘书长、市总工会主席张海平，副市长马文志及相关部门负责人，就县域经济、沿海经济带、乡村振兴工作到兴城调研。

31日

中共兴城市第七届委员会第十一次全体（扩大）会议在兴城人民会堂召开。市委书记赵家鹏代表市委常委会作《抢抓改革机遇推动振兴发展确保高质量完成全年各项目标任务》工作报告。

9月

3日

辽宁省纪委监委送培训下基层巡回宣

讲活动在兴城人民会堂举行。

12日

兴城市收听收看辽宁省非洲猪瘟防控工作电视电话会议。

14日

兴城市召开组织工作会议。学习贯彻习近平总书记在全国组织工作会议上的重要讲话精神，落实全国及省市组织工作会议各项要求，研究部署全市党的建设和组织工作。

17日

兴城市启动2018年全国科普日活动。

18日

兴城市政府召开全体（扩大）会议暨飞地经济推进会议，安排部署兴城市“飞地经济”工作。

19日

▲兴城市委书记赵家鹏主持召开市委理论学习中心组2018年度第13次学习会议，传达学习中央、省市关于防范和惩治统计造假工作的相关文件精神。

▲2018“兴城之夏”文化广场活动闭幕。

20日

兴城市召开安全生产工作暨“两节”安全生产督察工作会。

21日

兴城市召开安全生产和社会稳定工作会议，安排部署全省安全生产重点领域工作。

27日

▲兴城市召开森林防火工作会议，研究部署秋冬季节森林防火工作。

▲2018年“大红门物流杯”城乡文艺汇演在银象宁远城开幕。

27日至30日

兴城市第七届全民运动会在兴城全民健身中心体育场举行，全市76个代表团、121支代表队、1475名运动员参加168个项目比赛。

28日

由兴城市委、市政府主办，兴城市文物局承办，兴城市传统文化协会协办纪念大成至圣先师孔子诞辰2569周年活动在兴城文庙举行。

30日

兴城市举行烈士纪念日公祭活动。

10月

12日

兴城市政协召开第八届委员培训会议，提高政协委员履职能力。

15日

兴城市召开农村人居环境整治调度暨农村环境卫生集中整治验收工作会议，部署农村人居环境整治工作。

17日

兴城市开展千人下乡扶贫活动。

18日

兴城市召开全市脱贫攻坚工作推进会议。

25日

兴城市召开第二次种植业污染源普查培训会议，邀请葫芦岛市能源办专家为全市11个乡镇工作人员进行技术培训。

26日

▲兴城市举行以“放歌新时代”为主题的庆祝改革开放40周年歌舞晚会，拉开兴城市“庆祝改革开放40周年”活动帷幕。

▲兴城市召开市委理论学习中心组2018年度第16次学习会议。集中学习新修订的《中国共产党纪律处分条例》。

28日

▲由北京阳明传媒有限公司出品的电影《少北宗师》在兴城宁远驿馆举行开机仪式。

▲由周玉、王腾飞编剧，徐艺华导演，笑星程野和著名演员孙叮咚、李崇霄主演的电影贺岁片《最强二弟子之猪事大吉》在兴城龙回头景区开机。

11月

1日

兴城市政府召开党组会议，听取各部门关于“重实干、强执行、抓落实”工作涉及主要任务指标完成情况汇报。

2日

兴城市市长袁国相到元台子乡药王村，就学习贯彻习近平新时代中国特色社会主义思想为党员干部上党课。

6日

省委第十二巡视组巡视兴城市工作动员会召开，巡视组组长刘恩举作动员讲话，兴城市委书记赵家鹏作表态发言。

8日

在第十九个中国记者节到来之际，兴城市领导赵家鹏、郭荣新、吕伟、王月娟、王晓章一行到新落成的兴城市新闻中心，看望兴城广播电视台和兴城时讯社全体新闻工作者。

14日

辽宁省关心下一代科普基地揭牌仪式在葫芦岛农函大玄宇食用菌野训繁育有限公司举行。

16日

兴城市委书记赵家鹏带领财政、住建、规划、经信、发改、国土、供电等有关部门负责人，到兴城斯达威超级泳装产业园、兴城北关泳装产业园现场办公，解决产业园建设中存在的问题和困难，推进兴城泳装全产业链发展。

19日

▲中共兴城市第七届委员会第十二次全体（扩大）会议召开。

▲兴城市召开全市领导干部大会，传达贯彻落实葫芦岛市解放思想暨作风建设大会的会议精神。

21日

兴城市召开学习贯彻习近平总书记在辽宁考察时和在深入推进东北振兴座谈会上重要讲话精神宣讲报告会。

23日

▲兴城市召开全市校园安全和重点路段交通安全管理工作会议，汲取建昌县重大交通事故教训，加强兴城市校园安全和重点路段交通安全防控工作。

▲兴城市委宣讲团成员分别走进曹庄镇、城东街道、南一小学、劳保局等单位开展集中宣讲活动。

28日

兴城市召开优化营商环境工作新闻发布会，就年初以来兴城市优化营商环境工作开展情况和取得成果向媒体通报。

29日

庆祝改革开放四十周年·贯彻全国教育大会精神暨兴城市党员干部教育基地·辽宁财贸学院红馆启动仪式在兴城市辽宁财贸学院举行。

本月

▲在全国脱贫攻坚会议上，兴城市碱厂乡获得“全国脱贫攻坚组织创新奖”，为辽宁省唯一获此荣誉的乡镇基层组织。

▲全国第七届优秀童谣发布暨传唱活动启动仪式在南京举行。中国作家协会会员、兴城市作家协会副主席盖尚铎创作《寄花香》获一等奖。

12月

3日

兴城市召开中央生态环保督察“回头看”反馈问题整改工作推进会议。

4日

兴城市召开宣传思想工作会议，传达全国、辽宁省和葫芦岛市宣传思想工作会议精神，并对宣传思想工作进行安排部署。

5日

兴城市政府召开党组会议，安排部署在全市开展解放思想推动高质量发展大讨论工作。

6日

兴城市人大常委会组织省、市、县三级人大代表，对兴城重点项目建设情况进行视察。

10日

▲兴城市委召开理论学习中心组学习暨“解放思想推动高质量发展大讨论”会议。深入学习贯彻习近平总书记在辽宁考察时和在深入推进东北振兴座谈会上重要讲话精神，围绕拉长“四个短板”、贯彻落实“六项重点工作”进行研讨。

▲兴城市召开新的社会阶层人士联谊会第一届会员代表大会第一次会议暨成立大会，选举产生第一届理事和会长、副会长、秘书长。

12日

▲兴城市政府党组中心组召开“解放思想推动高质量发展大讨论”专题研讨。

▲兴城市政府召开八届一次全体（扩大）会议，传达葫芦岛市政府班子到兴城调研有关精神，并就《政府工作报告》进行解读。

13日

兴城市委召开理论学习中心组2018

年度第21次学习（扩大）会议，学习《中国共产党支部工作条例（试行）》。

18日

中共兴城市第七届委员会第十三次全体（扩大）会议在兴城人民会堂召开。兴城市委书记赵家鹏代表市委常委会作《解放思想谋发展 创新举措抓落实 以新气象新担当新作为推动全面振兴》工作报告。

19日

葫芦岛市委书记王健就民营经济发展情况到兴城市进行实地调研。

21日

兴城市委组织部、市直机关工委和市委党校共同举办市直机关党支部书记培训班。

24日

兴城市收听收看葫芦岛市“两会”“两节”期间安全生产、社会稳定工作电视电话会议。

25日至27日

中国人民政治协商会议兴城市第八届委员会第二次会议召开，220名政协委员出席开幕式。兴城市政协主席李肖向大会作工作报告。

26日至28日

兴城市第八届人民代表大会第二次会议召开，223名人大代表出席开幕式。市长袁国相代表兴城市人民政府向大会作政府工作报告。

·小资料·

周家住宅

位于古城南门里西顺城胡同路北，省级文物保护单位。建于20世纪30年代。原主人周永吉是当地较为富庶的人家，农商兼务。住宅是辽西地区标准的囤顶四合院，结构严谨，布局合理。有门房五间，中开门洞；正房七间，出廊抱柱；东西偏房各三间。院中间有一道花墙，中间有一小门。正房室内基本按原来样子陈列桌椅柜橱等物品，体现当时的生活状况；东偏房是客厅，现在是器物展览；其他房间为展室。

兴城概貌

基本情况

【建置沿革】兴城地区早在新石器时代，就有人类生存劳作，繁衍生息。殷商时代，兴城境域属孤竹国地。战国时属燕国辽西郡地。秦统一六国后，兴城境域仍属辽西郡地。汉时属辽西郡阳乐县地。后经历三国、东晋、南北朝等多个朝代更替，至隋唐时，兴城境域属河北道营州柳城县。宋辽时期，兴城境域属契丹（后改辽）。辽统和八年（990），设严（岩）州（治所在今红崖子镇古城子村），置兴城县（治所在今菊花街道城子里屯），辖觉华岛及兴城河中、下游地区。辽太平元年（1021），设隰州，置海滨县（州、县治所在今东辛庄镇东关站村），辖兴城境西部烟台河流域以西至六股河下游地区。金代，兴城境域东、西部分属北京路兴中府锦州兴城县、瑞州海滨县。元初，沿袭兴城县、海滨县。后兴城境东、西部属辽阳中书省大宁路锦州、瑞州分辖。明初，沿袭元代中书省制。明洪武七年（1374）设军卫制。兴城境域分属辽东都指挥使司广宁前屯卫、中屯卫。洪武九年（1376）改中书省为承宣布政使司，辽东行政属山东布政使司所辖，兴城境域归属。宣德三年（1428），辽东总兵巫凯、都御史包怀德奏请朝廷，辟广宁前屯、中屯二卫地，于曹庄、汤池之北设宁远卫，并筑宁远城。天启（1621 ~ 1627）初年，东阁大学士兼兵部尚书孙承宗督师蓟辽，在宁远设府任事，时宁远成为辽东政治、军事、经济中心。清初，沿袭明卫制，宁远卫属辽阳府。康熙三年（1664）六月，并前屯、中屯二卫地置宁远州，隶属奉天广宁府。十二月，改属锦州府。光绪二十八年（1902），辟六股河以西地设绥中县，隶属宁远州。民国 2 年（1913），改宁远州为宁远县。民国 3 年（1914），因避山西、甘肃、湖南等省宁远县重名，复用辽代兴城县名，隶属奉天省辽沈道。民国 18 年（1929），改奉天省为辽宁省，废辽沈道，兴城县隶属辽宁省。民国 21 年（1932）3 月，伪满洲国成立，改辽宁省为奉天省，兴城县隶属奉天省。民国 23 年（1934）12 月，兴城县隶属锦州省。民国 34 年（1945）9 月，中国共产党领导的兴城县民主政府成立，隶属热河省热东专署。11 月下旬，国民党军队进占兴城，兴城县民主政府转至朝阳县、兴城县西部山区开展工作。时国民党统治的兴城县隶属国民党辽宁省政府所辖。民国 37 年（1948）9 月 29 日，兴城全境解放。1949

年1月，建立辽西省，兴城县隶属辽西省。中华人民共和国成立后，兴城县隶属辽西省。1954年8月，辽东、辽西两省合并成立辽宁省，兴城县先后隶属辽宁省锦州专署、锦州市所辖。1986年12月13日，国务院批复撤销兴城县，设立兴城市（县级），以原兴城县的行政区域为兴城市的行政区域。1989年6月，国务院批复锦西市升格为地级市。1994年9月，锦西市更名为葫芦岛市，兴城市由葫芦岛市代管。

【位置面积】兴城市位于辽宁省的西南部，渤海辽东湾西海岸，居“辽西走廊”中部偏西，在葫芦岛市西南。东并东北与葫芦岛市连山区、龙港区、杨家杖子经济开发区毗邻，南并东南临渤海，西并西南隔六股河与绥中县相望，西北与建昌县接壤。地理坐标北纬40° 16′ ~ 40° 48′，东经120° 6′ ~ 120° 48′。兴城市地理位置中心点在红崖子镇新齐村西南，地理坐标北纬40° 20′，东经120° 16′；东极点在四家屯街道邴家村东，地理坐标北纬40° 22′，东经120° 29′；南极点在刘台子满族乡山东村，地理坐标北纬40° 09′，东经120° 17′；西极点在三道沟满族乡西门村西，地理坐标北纬40° 22′，东经120° 03′；北极点在药王满族乡丁家村后马道岭，地理坐标北纬40° 29′，东经120° 12′。兴城市境东西最大横距62.09公里，南北最大纵距63.06公里，总面积2113平方公里。兴城市属于辽宁西部沿海经济区，城乡区域分类明显，特色鲜明。城区属于条带状分布，在境内东北隅，北依首山，南接兴城河，东临渤海湾，西傍京沈高速公路。按照城市功能特点，划建为古城、铁西、温泉、首山、海滨、产业园6个功能区。城市建成区总面积30平方公里，包括古城、宁远、城东、温泉、钓鱼台、四家屯、临海7个街道。东距辽宁省会沈阳314公里，西距首都北京415公里，距葫芦岛港30公里，区位优势明显。国道102线、京哈铁路、秦沈客运专线、京沈高速公路、辽宁滨海公路五条交通大动脉贯穿境内。市人民政府驻地兴海南街137号。

【地形地貌】兴城西北依辽西松岭余脉，老黄顶、张茂山、五顶山、大青山、九龙山等8座500米以上的山峰均在这一区域内，是兴城河、烟台河、女儿河发源地。地势依次由西北向东南倾斜，大体可分为西北低山、中部沙岗丘陵、东南近海平原三种地形，自然概貌为“六山一水三分田”。

【自然资源】兴城市有耕地5.99万公顷，占全市土地面积的28.3%，盛产稻谷、高粱、玉米、大豆、花生、蔬菜等作物，为东北最大的花生集散地。有水域16503.66公顷，矿泉水资源丰富，日涌水量达5000吨；大陆海岸线长107公里，浅海滩涂面积达83333公顷，滩涂面积7872.67公顷，适宜养殖贝类、对虾、海带、多宝鱼等；海产品尤为丰富，享有五大美誉的鱼、虾、蟹、贝、蜇等60余种；矿产资源丰富，有铅、锌、钼、金、银、铜、石棉、石墨、硅石、大理石、重晶石、无烟煤等22种矿藏。全市森林面积65197公顷，森林覆盖率30.73%；有园地面积6990.54公顷。

【旅游资源】兴城历史悠久，古迹众多，是著名的历史文化名城，拥有城、泉、山、海、岛、河、滩七大景观。古城，略呈正方形，是国内仅存的完整四座明代古城之一，国家级重点文物保护单位，内有钟鼓楼、祖氏石坊、文庙、蓟辽督师府、城隍庙、宁远驿馆、民俗博物馆等众多景点；温泉，有“圣水”之誉，对风湿性关节炎、颈椎病、糖尿病、神经衰弱、皮肤病以及外科手术后恢复等有显著疗效；首山，是国家级森林公园，顶上三峰并立，素有“三首并立”“美人卧睡”之称；海滨，是国家重点风景名胜区，有四个海滨浴场，另有菊花女塑像、兴海公园、观海广场、“三礁揽胜”等景区景点；觉华岛（菊花岛），是辽东湾最大的岛屿。岛上有大龙宫寺、唐王洞、八角井、九顶石、大悲阁、石佛寺、梳妆台、点将台、南海沿、菊花女、菩提树等景点。城、泉、山、海、岛、河、滩七大自然景观各具特色，龙回头景区、比基尼广场、海滨栈道、红海滩生态观光廊道等景点的投入使用，形成兴城独特的旅游资源。此外，有白塔峪塔、怪石滩、温泉别墅、袁崇焕雕像、大青山等著名景区景点。兴城是全国著名的海滨疗养区。

【行政区划】2018年，全市辖12个满族乡、7个镇、9个街道，分别为羊安满族乡、元台子满族乡、白塔满族乡、望海满族乡、刘台子满族乡、大寨满族乡、南大满族乡、围屏满族乡、碱厂满族乡、三道沟满族乡、旧门满族乡、药王满族乡、曹庄镇、沙后所镇、东辛庄镇、郭家镇、红崖子镇、徐大堡镇、高家岭镇、古城街道、宁远街道、城东街道、温泉街道、钓鱼台街道、四家屯街道、华山街道、临海街道、菊花街道。有237个行政村，32个社区。

【气候】2018年，兴城市平均气温为9.5℃。7月为全年最高月，月平均气温为25.1℃；1月为全年气温最低月，月平均气温为−9.8℃。年极端最高气温为36.2℃，年极端最低气温为−25.0℃。

2018年兴城市各月平均气温表

单位：℃

月份	1	2	3	4	5	6	7	8	9	10	11	12	年平均
平均气温	−9.8	−7.2	2.7	11.5	18.6	22.5	25.1	25	18.3	10.2	2.3	−6.2	9.5

全市总降水量为388.8毫米，较常年少193.4毫米，春季（3月至5月）降水量为20.8毫米，夏季（6月至8月）降水量为331.8毫米，秋季（9月至11月）降水量为32.1毫米。全年日最大降水出现在8月14日，降水量为147毫米。

2018年兴城市各月降水量表

单位：毫米

月份	1	2	3	4	5	6	7	8	9	10	11	12	年总值
降水量	0.0	0.0	8.5	8.2	4.1	70.3	57.0	204.5	27.2	4.9	0.0	4.1	388.8

全市平均风速为3.1米/秒。其中春季（3月至5月）平均风速为4.2米/秒；夏季（6月至8月）平均风速为3.1米/秒；秋季（9月至11月）平均风速为2.5米/秒。

2018年各月平均风速表

单位：米/秒

月份	1	2	3	4	5	6	7	8	9	10	11	12	年平均
平均风速	2.5	2.8	4.0	4.6	3.9	3.7	3.2	2.3	2.4	2.6	2.7	3.1	3.1

全市年日照时数为2834.1小时，较常年多117.3小时。年平均日照百分率为64%。

全市春季最后一次霜冻出现在3月12日，秋季第一次霜冻出现在10月7日，全年无霜期日数为208天。

年内，兴城市气象灾害为暴雨。8月13日至15日，降暴雨到大暴雨，个别乡镇降特大暴雨。因暴雨灾害全市受灾人口9499人，因灾紧急转移安置人口239人，农作物受灾面积1055.96公顷，成灾面积543.2公顷，严重损坏房屋数143间，直接经济损失2991.8万元。

（张玉源 唐帅）

【人口和民族】2018年年末，兴城市（户籍）总人口532568人，其中男270108人，女262460人；城镇人口146911人，占总人口27.59%；乡村人口385657人，占总人口72.41%；总户数为198252户。全年，全市出生3822人，人口出生率7.17‰，比上年少出生296人，出生率下降0.49‰。死亡人口3722人，人口死亡率为7‰，比上年少死亡7207人，死亡率下降13.33‰。全市人口自然增长100人，自然增长率为0.17‰。兴城为多民族聚集区，有汉、满、回、蒙古等17个民族，其中满族人口最多，占全市总人口的52%。

（商航）

国民经济和社会发展

【概况】2018年，兴城市坚持稳中求进工作总基调，开展“重实干、强执行、抓落实”专项行动，攻坚克难，奋力拼搏，真抓实干，实现经济社会平稳发展。全年实现生产总值124.3亿元，按可比价格计算，比上年增长4.4%。其中，第一产业增加值27.9亿元，同比增长3.5%；第二产业增加值16.9亿元，同比下降5.3%；第三产业增加值79.5亿元，同比增长6.9%。三次产业比重为22.5:13.6:63.9。

【固定资产投资】2018年，兴城市固定资产投资持续增长。全社会固定资产投资总额完成626095万元，同比增长15.9%。按投资渠道划分，其中建设项目投资412942万元，同比增长35.9%；房地产开发投资额213153万元，同比下降9.9%。年内房地产新开工面积63.2万平方米，同比增长18.1%。施工面积257.7万平方米，同比下降7.6%。房屋竣工面积22.6万平方米，同比下降50.4%。

【财税与金融】2018年，兴城市一般公共预算收入127422万元，比上年增长14.2%，地方财政收入249119万元，比上年下降4.0%。全市一般公共预算支出429780万元，比上年增长14.6%，地方财政支出531138万元，比上年增长16.8%。其中，科技支出161万元，比上年下降13.0%；教育支出55771万元，比上年增长3.7%；农业支出73999万元，比上年下降1.9%；社会保障支出94311万元，比上年增长19.4%。全年，全市各项税收总额完成124839万元，同比增长6.1%。其中，国税税收完成67464万元，同比增长7.7%；地税税收完成57375万元，同比增长4.3%。2018年年末，金融机构各项存款余额3346876万元，比上年增长10.6%。其中，城乡居民储蓄存款余额2463035万元，比上年增长18.9%；各项贷款余额2548149万元，比上年增长18.1%。

【农林牧渔业】2018年，兴城市农林牧渔及服务业总产值实现583378万元，同比增长7.3%。其中，农业总产值218688万元，增长18.9%；林业总产值14257万元，增长22.7%；牧业总产值153116万元，增长6.6%；渔业总产值186429万元，下降4%，农林牧渔服务业总产值10888万元，增长3.5%。全年粮食种植面积33147公顷。粮食总产量152574吨，同比下降12.8%；油料作物总产量108841吨，同比增长3.2%；蔬菜总产量294269吨，同比下降1.8%；水果总产量60236吨，同比下降4.7%；肉蛋奶总产量103748吨，同比增长4.1%；水产品总产量192212吨，同比下降3.9%。全年化肥使用量5.55万吨，比上年增长1.2%。

实施全国花生绿色高质高效创建县项目1.2万公顷，调减玉米种植面积1000公顷，新增设施农业面积333.33公顷，新栽果树120万株。改善农业生产条件，完成节水滴灌733.33公顷、千亿斤粮食田间工程666.67公顷、深松整地5333.33公顷。完成无公害农产品绿色食品认证4.67万公顷。南大乡被评为辽宁特产青椒之乡，红崖子镇成为国家产业兴村强县示范镇，“兴城蜂蜜”被评为国家农产品地理标志，“碱厂红南果”被评为国家地理标志保护产品。

【工业和建筑业】2018年，兴城市工业经济优化升级。中俄合作徐大堡核电3、4号机组项目签订框架协议。泳装生产基地主体完工，泳装产业指数成功发布，举办中国·国际泳装展等系列活动22项，“范德安”作为全省纺织服装业唯一品牌参展首届中国自主品牌博览会，兴城市被评为全国纺织行业创新示范集群。工业园区规模不断壮大，累计入驻工业项目82个，总投资95亿元，农产品加工集聚区成为省级农业科技园区。工业企业实力增强，新增红光锅炉等规模以上企业5家、粉末冶金等高新技术企业3家，完成科技成果转化项目5个。方得公司被评为省工业电子商务试点企业，菊花女食品公司入选全国轻工业百强企业。全年，全市规模以上工业生产有所下滑，规模以上工业企业总产值516822万元，同比下降2.9%；规模以上工业销售产值490709万元，同比下降4.7%；规模以上工业主营业务收入实现509765万元，同比增长0.3%；规模以上工业增加值完成8.8亿元，同比下降9.1%。全市总用电量101021万千瓦时，比上年增长6.6%，其中工业用电量24501万千瓦时，比上年下降2.9%。

2018年，全市建筑业企业总产值124107万元，比上年增长17.7%；全年施工面积99.9万平方米，比上年增长25.8%；竣工面积60.4万平方米，比上年增长7.7%。

【旅游业】2018年，兴城市文化旅游业成果丰硕，欢乐龙湾温泉水乐园、丽汤温泉加勒比水乐园投入运营，海滨景区、红海滩景区改造升级，古城、觉华岛亮化完成，古城东门生态停车场二期工程竣工，建设旅游厕所60座、交通旅游导视牌90块。承办辽宁省海岛旅游节和第三届避暑纳凉节，兴城海滨景区荣登全国百佳候鸟避暑小镇榜。

【内、外贸易业】2018年，兴城市实现社会消费品零售总额930139万元，同比增长6.5%。按城乡划分，城镇社会消费品零售额622425万元，同比增长4.3%；乡村社会消费品零售额307714万元，同比增长11.4%。按行业划分，批发业完成销售额9301万元，同比下降3.8%；零售业完成销售额796214万元，同比增长4.9%；住宿业完成销售额5878万元，同比增长40.7%；餐饮业完成销售额118746万元，同比增长18.3%。全年外贸出口交货值83813万元，引进省外内资25.4亿元，实际利用外资509万美元。

【城市建设】2018年，兴城市城市建设管理全面加强。河东路大桥建成通车，高铁西客站站房建设完成。完善交通管理指挥体系，优化改造南关岗等重点交通路口11个，划定停车位6800个，市民出行更加便利。铺设排水管线8.4公里，新增绿化面积7.4公顷。改造柳园小区等6个老旧弃管小区20万平方米，对南关市场等4个农贸市场进行集中整治。兴城市成为全国文明城市提名城市，顺利通过国家卫生城市创建省级复核。宜居乡村建设步伐加快。修建“一事一议”村内道路160公里、农村公路78.5公里，完成农村公路大中修93.5公里，安装路灯798基，新建改造电力线路198公里。新增农村环境综合整治建制村57个，创建省级生态村2个、美丽乡村示范村16个。徐大堡镇被评为省级特色乡镇，碱厂乡荣获全国文明乡镇称号。

【生态环保】2018年，兴城市生态环境建设狠抓中央环保督察、国家海洋督察、水源地环境保护等问题整改，白塔老垃圾填埋场加快封场，红崖子新垃圾填埋场投入使用，对多宝鱼养殖、石材开采加工、散煤经营等一批“老大难”问题进行专项整治，生态环境得到进一步改善。全面实施“河长制”，对全市入河排污口进行整治，生态治理烟台河等主要河流5条，综合治理水土流失6666.67公顷。国家畜禽粪污资源化利用重点县项目加快推进，病死动物无害化处理中心建成使用。拆除10吨以下燃煤锅炉30台。完成造林绿化4400公顷，义务植树100万株。海洋生态环境不断改善，顺利通过全国人大常委会海洋环境保护法执法检查。

【安全生产】2018年，兴城市结合全市高危行业多、易发生事故的特点，开展安全生产专项整治活动“春雷行动”“蓝盾行动”“飓风行动”“利剑行动”等综合性大排查大治理、建筑施工领域专项检查、水泥制造和石材加工企业粉尘危害治理、人员密集场所等重点行业领域专项整治、起重机械安全专项整治、校园安全专项治理、道路交通专项整治、烟花爆竹专项检查、非煤矿山和尾矿库专项整治等行动。大检查活动出动检查组258组次，检查企业或场所378家，参检人员485人次，发现隐患全部整改完毕。

【科技、交通和邮电】2018年，兴城市专利申请量560件，其中发明专利申请量70件；专利授权量319件，其中发明专利授权量5件；全市有效发明专利拥有量达63件。获批省级知识产权优势企业1家，为辽宁海思科制药有限公司。兴城市交通运输仓储及邮政业增加值5.1亿元。全年完成客运量221.6万人次，完成客运周转量14403万人公里。全市实现邮政业务总量1324万件，邮政业务收入实现5598万元。

【教育工作】2018年，兴城市稳步推进教育工程建设，兴城市高级中学异地新建工程于5月12日开工，完成主体砌筑施工；职教中心实训基地教学楼工程、红崖子中心小学教学楼工程、红崖子二台子小学教学楼工程，分别于2017年9月、2018年4月20日和7月17日开工，上述工程12月均完工；南一改造工程7月27日开工，10月完工并交付使用。同时，投资850万元，对农村28所中小学校舍进行维修改造，年末均完工并交付使用。年内，全市拥有各级中小学校112所。其中高中3所，初中26所，小学83所。全市在校学生48034人。其中，高中在校生7398人，比上年增加13人；初中在校生15390人，比上年增加89人；小学在校生25246人，比上年减少833人。全年，全市为省内外各大中专院校输送新生2940人，其中本科生1566人，专科生1374人。

【卫生工作】2018年，兴城市提升医疗卫生服务水平，重点项目建设基本完成，新建兴城市药王卫生院、刘台子卫生院、元台子卫生院、高家岭卫生院，对东辛庄卫生院进行维修改造。新农合筹资标准700元/人(个人210元，各级配套490元)，筹资总额2.39亿元，常住农业人口参合率达99.44%。市级定点医疗机构门诊补偿上调10个百分点，重大疾病病种增至34种。落实"两免两减免"政策，免收院内会诊费、免收肌肉注射费等；减免CT、MRI等40项临床检查、检验项目20%费用。全市各级各类医疗机构共计428家（注：经葫芦岛市卫生计生委审批拥有麻醉药品印鉴卡有8家医疗机构)，其中局直医疗机构5家、乡镇卫生院23家、民营医院7家、驻在医院5家、社区卫生服务中心8家、门诊部12家、预防保健机构3家、村卫生室278家、个体诊所98家。全市卫生系统共有在职职工2790人(卫技1910人，工职880人)，其中乡镇卫生院（社区）760人（在编)，市内2030人（在编)。共有编制病床1958张，其中市内1450张，乡镇卫生院508张。

【体育工作】2018年，兴城市全面发展体育事业，成功举办第七届全民运动会，承办省级以上体育赛事11项，举办市本级体育赛事6项。全市狠抓业余训练和人才培养输送，全年市体校向辽宁省田径队输送2名中长跑运动员，向辽宁省体校输送1名篮球运动员，体校有2名运动员考入沈阳体育学院。体校队员代表葫芦岛市参加在盘锦举办的"辽宁省第十三届运动会"，其中陈佳慧获得1500米金牌、800米银牌、10公里铜牌，苏文鹏获得链球金牌。市体校运动员在辽宁省少数民族运动会上获得1金、1银、3铜的好成绩。

【人民生活和社会保障】2018年，兴城市抽样调查显示农村居民人均可支配收入12911元，比上年增长6.7%。民生保障持续加强，政府债务安全可控，化解存量债务6亿元。民生支出占财政总支出达83.4%。在葫芦岛市率先完成1500户棚户区改造任务，实施城市供水管网改造3300户，宁远广场改造完成。新增实名制就业1100人，为农村妇女免费开展"两癌"筛查12180人，城乡低保、农村五保标准均提高6%以上。加强社区建设，居委会成员月工资提高1000元以上。脱贫攻坚扎实推进，实施产业扶贫项目33个，建设产业扶贫基地10个，实施健康精准扶贫27760人，改造农村危房1500户，实现贫困人口脱贫7000人、贫困村摘帽5个。碱厂乡荣获全国脱贫攻坚组织创新奖。

（赵娣）

党政机关

中国共产党兴城市委员会

【概况】2018年，中共兴城市委员会贯彻党的十九大和十九届二中、三中全会精神，坚持稳中求进工作总基调，落实新发展理念和“四个着力”“三个推进”要求，把全面从严治党作为首要政治任务，牢牢掌握意识形态工作领导权和话语权。基层组织建设不断加强，转化提升软弱涣散党组织21个。乡镇第一副书记和村第一书记实现全覆盖，190名干部与乡镇党委对接，进驻到兴城14个乡镇,176个村开展工作，省、市委选派66名干部同步进驻兴城乡村工作。村级集体经济收入1484万元，脱壳率94%。发挥巡察利剑作用，开展巡察4轮，发现问题535个。查处大要案35件，乡科级干部17人受到处分。

·重要会议·

【市委七届九次全委会】2018年1月16日，中国共产党兴城市第七届委员会第九次全体会议在兴城人民会堂举行。中共兴城市委委员36名，实到24名，候补委员6名，实到5名。会议由兴城市委书记、市人大常委会主任赵家鹏主持。

会议表决通过《中共兴城市委关于坚决维护以习近平同志为核心的党中央权威和集中统一领导的若干规定》《关于贯彻执行中央八项规定精神的实施细则》《中共兴城市委关于高举习近平新时代中国特色社会主义思想伟大旗帜深入学习贯彻党的十九大精神加快兴城振兴发展的实施意见》文件。

赵家鹏要求，要切实维护党中央集中统一领导，把习近平新时代中国特色社会主义思想作为最强法宝，不折不扣贯彻落实中央决策部署，自觉在党和国家工作大局中谋划和推进兴城市振兴发展，党员领导干部带头学习贯彻有关规定，推动中央“八项规定”精神和兴城市《实施意见》落地生根。

【党建工作会议】2018年2月28日，兴城市党建工作会议在兴城人民会堂第一会议室召开。兴城市四个班子主要领导，市委常委，觉华岛旅游度假区管委会、滨海经济区管委会主管领导和中层干部，人大、政协各委室主任，各乡镇街道、市直各部委办局、群团及驻在单位主要领导和负责人等参加会议。市委副书记、市长袁国相主持会议。

会上，学习贯彻落实党的十九大精神和中央、省市委有关会议精神，总结2017年党建工作和全市组织、统战、宣传、政法工作，安排部署2018年各项工作任务。市委书记赵家鹏指出，2017年全市各级党组织坚持以习近平总书记治国理政新理念、新思想、新战略为根本指针，扎实推进“两学一做”学习教育常态化、制度化，持续加强基层党组织建设，发展壮大村级集体经济，做好统战工作，落实安保维稳责任，圆满完成市乡人大、政府和市政协换届工作。赵家鹏强调，要深入学习宣传贯彻党的十九大精神，推动基层党组织建设，加强干部队伍建设，不断提升党的凝聚力战斗力。

【全市经济和农村工作会议】2018年3月2日，兴城市全市经济和农村工作会议在兴城人民会堂召开。兴城市四个班子主要领导，市委常委，觉华岛旅游度假区管委会、滨海经济区管委会主管领导和中层干部，人大、政协各委室主任，各乡镇街道、市直各部委办局、群团及驻在单位主要领导和负责人等参加会议。市委副书记、市长袁国相主持会议。

会议贯彻落实中央、省市经济农村工作会议精神，安排部署2018年兴城市经济和农村工作。市长袁国相总结2017年兴城市经济和农村工作。市委书记赵家鹏指出，要聚焦项目建设，在推动投资拉动上下功夫；聚焦实体经济，在推进产业发展上下功夫；聚焦现代服务业，在扩大规模、提升质量上下功夫；聚焦城市建设，在打造宜居滨城上下功夫，聚焦农村发展，在实施乡村振兴战略上下功夫；聚焦人民向往，在推进民生改善上下功夫。

【市委七届十次全委会】2018年3月15日，中国共产党兴城市第七届委员会第十次全体会议在兴城人民会堂第二会议室举行。市委委员、候补委员，其他现职副县级以上干部，觉华岛旅游度假区中层以上干部参加会议。葫芦岛市委组织部干部二科科长明睿，葫芦岛市委组织部干部一科副科长刘卓，干部二科科员孟泉池、陈思楠参加会议。会议由市委书记、市人大常委会主任赵家鹏主持。

葫芦岛市委组织部考察组对郭永泽进行试用期满考察。召开民主测评会议，书面征求与会同志的意见，通过与部分领导同志进行个别谈话，了解有关情况，征求有关方面意见。

【领导干部大会】2018年4月18日，兴城市在兴城人民会堂召开领导干部大会。兴城市四个班子领导，觉华岛旅游度假区管委会、滨海经济区管委会中层以上干部，人大、政协各委室主任，各乡镇街道党政主要领导，市直各部委办局、群团及驻兴城单位主要领导参加会议。市委副书记、市长袁国相主持会议。

大会传达省委书记陈求发在省委十二届七次全会第一次会议上重要讲话，传达贯彻葫芦岛市委副书记、市长王力威在兴城调研时讲话要求，对近期工作进行安排部署。

市委书记赵家鹏强调，要深刻理解上级领导讲话精神，努力成为葫芦岛市县域经济发展“领头羊”。全市要重点抓好十个方面工作，即打造百亿级工业园区产业集群、百亿级服装产业集群、百亿级清洁能源产业集群、百亿级现代服务产业集群、百亿级旅游产业集群、百亿级产城融合产业集群，做好脱贫攻坚工作、环境保护工作、乡村振兴工作、党的建设工作。

【市委七届十一次全委会】2018年8月31日，中国共产党兴城市第七届委员会第十一次全体（扩大）会议在兴城人民会堂召开。兴城市委委员、候补委员，不是市委委员、候补委员的市四个班子领导，其他副县级以上领导，市纪委常委，觉华岛旅游度假区管委会、辽宁兴城经济开发区管委会中层以上干部，各乡镇街道党政主要领导，市直各部委办局、群团及驻在单位主要负责人参加会议。兴城市委全体委员36名，实到28名；候补委员6名，实到6名。市委副书记郭敏主持会议。

市委书记赵家鹏代表市委常委会作《抢抓改革机遇推动振兴发展确保高质量完成全年各项目标任务》工作报告。报告指出，年初以来，兴城市委牢固树立和践行新发展理念，落实“四个着力”“三个推进”，实施“五项战略”，加快建设“五个兴城”，全市政治、经济、文化、社会、生态文明和党的建设都取得新进展，呈现出经济发展、民生改善、社会和谐稳定的良好局面。报告要求，下半年及以后一个时期要重点推进“十大工程”。会议表决通过赵家鹏所作的工作报告，表决通过市政协主席、市委常委、市委组织部部长李肖对停止部分市第七次党代会代表执行代表职务有关问题予以说明。

【市委七届十二次全委（扩大）会】2018年11月19日，中国共产党兴城市第七届委员会第十二次全体（扩大）会议在兴城人民会堂召开。市委委员、候补委员，不是市委委员、候补委员的市四个班子领导，其他副县级以上领导，市纪委常委，觉华岛旅游度假区管委会、经济开发区管委会中层干部，各乡镇街道党政主要领导，市直各部委办局、群团及驻兴城单位主要负责人，部分基层党代表参加会议。兴城市委七届委员会委员36名，实到30名，候补委员6名，实到6名，符合法定人数。兴城市委书记赵家鹏主持会议。

会议深入学习贯彻习近平总书记在辽宁考察时和在深入推进东北振兴座谈会上重要讲话精神，全面贯彻省委十二届十次全会和葫芦岛市委五届九次全会精神，审议《兴城市关于深入贯彻落实习近平总书记重要讲话精神推动新时代兴城全面振兴的意见》，部署兴城市贯彻落实工作，动员全市上下强化责任、狠抓落实，加快“五个兴城”建设，推动振兴发展。兴城市委副书记、市长袁国相就《意见》起草工作进行说明。会议审议通过《兴城市关于深入贯彻落实习近平总书记重要讲话精神推动新时代兴城全面振兴的意见》。

【市委七届十三次全委（扩大）会】2018年12月18日，中国共产党兴城市第七届委员会第十三次全体（扩大）会议在兴城人民会堂召开。市委七届委员会委员36名，实到25名，候补委员6名，实到6名。兴城市委委员、候补委员，不是市委委员、候补委员的市四个班子领导，其他副县级以上领导，市纪委常委，觉华岛旅游度假区管委会、辽宁兴城经济开发区管委会中层以上干部，各乡镇街道党政主要领导，市直各部委办局、群团及驻兴城单位主要负责人参加会议。省委第十二巡视组王勇副组长、李金勇列席会议。市委副书记郭敏主持会议。

兴城市委书记赵家鹏代表作《解放思想谋发展创新举措抓落实以新气象新担当新作为推动全面振兴》报告。报告总结2018年工作，研究确定2019年工作总体思路和任务目标。会议表决通过赵家鹏所作的工作报告，表决通过终止陈国民兴城市第七次党代会代表资格的有关说明。

·重要活动·

【常委班子召开民主生活会】2018年2月8日，兴城市委常委班子召开2017年度民主生活会。生活会联系班子和个人实际，深入查找存在问题，深刻进行党性分析，严肃认真开展批评与自我批评。班子成员逐一进行个人对照检查，做到查摆问题见人见事，剖析根源触及思想，相互批评直奔主题，开诚布公地指出问题和不足，达到“团结——批评——团结”目的。

6月15日，兴城市委常委班子召开专题民主生活会。生活会深刻吸取鲁炜、张杰辉案沉痛教训，对照党章党规党纪、对照“四个意识”和“四个自信”，开展批评与自我批评。各位常委进行自我剖析，既从工作中找差距，又从党性上挖掘根源，做到见人见事见思想。

7月27日，兴城市委召开专题民主生活会，深入学习《关于中央第六巡视组反馈意见整改落实工作安排意见》。葫芦岛市纪委检查一室副主任刘玉峰、市委组织部组织二科科长王继华出席会议，兴城市人大常委会副主任孙伟、市政协常务副主席王晓章列席会议。兴城市委书记赵家鹏主持会议，市委常委班子成员开展批评与自我批评，对批评意见正确对待、虚心接受，形成相互交流的良好氛围。

【项目建设和招商引资】2018年5月4日，兴城市项目建设和招商引资工作动员大会在兴城人民会堂召开。市四个班子领导，其他副县级领导，觉华岛旅游度假区、滨海经济区管委会中层以上干部，各乡镇街道党政主要领导，市直部委办局、群团及驻兴城单位主要领导参加会议。会议对项目建设和招商引资工作进行再动员、再部署、再安排、再督战，确保高标准、高质量地完成年初确定的各项任务目标。

市长袁国相对全市项目建设和招商引资工作进行安排部署。指出要立足于兴城市优秀的环境资源和政治生态，深入实施乡村振兴战略，推进泳装产业、旅游产业、海洋产业、健康产业等全市重点产业发展。市委书记赵家鹏强调，要加大对工业项目的支持力度，扩大泳装产业规模，在电商产业、大型综合体项目建设和会展经济上多做文章，支持农事龙头企业发展，抓好旅游项目和产城融合项目发展，着力打造宜居、宜业、宜游、宜养城市。

【推进事业单位改革】2018年7月22日，兴城市召开全市加快推进事业单位改革工作动员大会。兴城市四个班子领导，觉华岛旅游度假区管委会、兴城经济开发区管委会、市投资集团、市发展投资集团主要负责人，各乡镇街道党政主要领导，市直各部委办局、群团主要负责人，各新整合组建单位筹备组组长参加会议。

会议贯彻落实中央、省市委关于深化事业单位改革的决策部署，动员全市上下进一步提高政治站位、统一思想认识、明确目标责任、严肃改革纪律，全力推进改革方案顺利实施，确保全面打赢事业单位改革攻坚战。兴城市委副书记、市长袁国相宣读兴城市事业单位改革方案。市委书记赵家鹏指出，要准确把握改革要旨，结合实际实施好改革方案，确保新老机构和人员接替平稳有序，确保改革期间责任不缺位、工作不断档，实现无缝对接、全面融合。

【“一先两优”表彰大会】2018年6月27日，兴城市召开“一先两优”表彰大会。兴城市四个班子领导，其他副县级领导，各乡镇街道党政主要领导，市直各部委办局、群团及驻在单位主要负责人、主管政工领导，受辽宁省委、葫芦岛省委及兴城市委表彰的先进集体和优秀个人参加会议。市委副书记、市长袁国相主持会议。

会上，宣读2018年兴城市委“一先两优”表彰决定和获奖名单，对先进党（工）委、先进党（总）支部、优秀共产党员和优秀党务工作者进行表彰。

市委书记赵家鹏指出，广大党员干部要坚定信仰，自觉在思想上、政治上、行动上接受党的领导，坚定不移为党的事业努力奋斗，既要“愿作为”还要“能作为”，既要“真作为”又要“快作为”，既要“敢作为”更要“善作为”，以实际行动做一名忠诚干净担当的好党员好干部。

【落实中央巡视组反馈意见】2018年8月3日，兴城市召开落实中央第六巡视组巡视辽宁省情况反馈意见整改动员大会。兴城市四个班子领导，觉华岛旅游度假区管委会、经济开发区管委会专职副主任，各乡镇街道党政主要领导，市直各部委办局、群团及驻兴城单位主要负责人，市纪委监委和市委组织部领导班子成员，市委巡查办负责人参加会议。

会议学习贯彻习近平总书记关于巡视工作的重要讲话精神，全面贯彻落实中央第六巡视组巡视反馈意见精神，研究部署全市巡视整改工作。宣读市委关于《中央第六巡视组巡视反馈意见整改落实方案》，传达全省县域经济工作推进会议精神。

市委书记赵家鹏指出，要切实增强做好巡视整改工作的政治自觉、思想自觉和行动自觉，持续净化修复政治生态，全力推动中央第六巡视组巡视反馈意见整改落实落地落细。

【省委巡视组巡视兴城工作】2018 年 11 月 6 日上午，省委第十二巡视组巡视葫芦岛兴城市工作动员会召开。省委第十二巡视组有关成员出席会议，兴城市四个班子领导，其他副县级以上领导，近两年退休的老领导，觉华岛旅游度假区管委会、经济开发区管委会中层干部，人大、政协各委室主任，各乡镇街道党政负责人，市直各部委办局、群团及驻兴城单位主要负责人，“两代表一委员”和部分群众代表参加会议。

省委第十二巡视组组长刘恩举作动员讲话，兴城市委书记赵家鹏作表态发言。刘恩举指出，兴城市委和各级党员领导干部要以巡视为契机，进一步增强“四个意识”，提高政治站位，深化对政治巡视重大意义的认识，把“两个维护”作为最高政治原则和根本政治规矩，在政治立场、政治方向、政治原则、政治道路上同以习近平为核心的党中央保持高度一致。市委书记赵家鹏要求，兴城市各级领导干部要坚决服从巡视组安排，实事求是地向省委巡视组报告工作，客观真实地反映情况。要全力做好统筹协调、沟通联络和服务保障工作。

中共兴城市委员会领导成员

书　记　赵家鹏
副书记　袁国相
　　　　郭　敏（2018 年 4 月挂职）
常　委　李　肖　王春颖（女）
　　　　马天峰　刘晓军　郭荣新
　　　　孟凡华　佟佰钟

·办公室工作·

【概况】2018 年，中共兴城市委办公室围绕市委中心工作及重要决策，起草各类文稿 300 余篇、136 万字，收发上三级文件 709 件、5189 份，制发本级文件 235 件、15521 份。增强办公室服务水平和工作能力，做好各种会议和接待活动的组织、安排和协调工作，确保市委各项工作高效运转。

【信息报送】2018 年，市委办为市委领导决策提供全方位、多领域、多角度信息服务，努力掌握“第一手情况”、做好“第一道研判”、确保“第一时间报送”。上报兴城市委重大决策、重大活动情况，工作中好做法、新经验得到及时推广。特别是在学习宣传贯彻习近平新时代中国特色社会主义思想和总书记关于东北振兴发展的重要讲话精神上，将兴城市的一些成功做法和经验报送上级机关。全年，向省、市上报信息200余条。

【督查工作】2018年，市委办以招商引资、重点项目和脱贫攻坚等重大工作部署及人民群众反映强烈的热点、难点问题为重点，开展全方位督查，向市委反馈工作落实情况并通报全市。全年，开展决策督查、专项督查和督查调研50余次，编发《督查报告》6期，《督查送阅件》13期。

【机关建设】2018年，市委办抓好党员干部思想作风、工作作风和生活作风建设，增强办公室服务水平和工作能力，组织开展理论学习26次、专题党课5次，开展党日活动12次、专题研讨3次、民主生活会4次，提高党员干部理论水平、政策水平、知识水平，为市委领导当好参谋助手。

中共兴城市委办公室领导成员

主　任　李　冶

副主任　蔡立生

市委机要局

局　　　长　邱　磊

密码督察员　尚小天

（孙静）

2018年中共兴城市委员会发文目录

日期	发文字号	发送单位	文件标题
1月3日	兴委〔2018〕1号	中共葫芦岛市委	中共兴城市委关于贯彻落实葫芦岛市委五届七次全体（扩大）会议暨经济工作会议精神的报告
1月5日	兴委〔2018〕2号	中共葫芦岛市委组织部	关于崔海明、田克明同志退休的请示
1月5日	兴委〔2018〕3号	林州市人民政府党组	关于邀请林州市人民政府副市长李蕾同志来我市授课的函
1月25日	兴委〔2018〕4号	全市各单位	关于中共兴城市委兴城市人民政府对全市脱贫攻坚工作贡献突出的集体和个人通报表扬的决定
1月25日	兴委〔2018〕5号	全市各单位	关于中共兴城市委兴城市人民政府奖励全市党的十九大维稳安保有功集体和有功人员的决定
3月6日	兴委〔2018〕6号	中共葫芦岛市委	关于报送《成立兴城滨海投资集团有限责任公司的实施方案》的报告
3月6日	兴委〔2018〕7号	中共葫芦岛市委	兴城市关于落实王力威市长在督查专报上的批示情况的报告

续表

日期	发文字号	发送单位	文件标题
3月9日	兴委〔2018〕8号	全市各单位	关于成立兴城市巡察工作领导小组的通知
3月14日	兴委〔2018〕9号	全市各单位	关于成立兴城市滨海经济区体制机制改革领导小组的通知
3月16日	兴委〔2018〕10号	全市各单位	关于印发《中国共产党兴城市委员会常务委员会议事决策规则》的通知
3月29日	兴委〔2018〕11号	中共葫芦岛市委	关于同意董玉明等同志辞职的请示
4月8日	兴委〔2018〕12号	葫芦岛市委外交工作领导小组	关于赵家鹏同志赴日本进行经贸洽谈的请示
4月10日	兴委〔2018〕13号	全市各单位	关于成立兴城市乡村振兴工作领导小组的通知
4月18日	兴委〔2018〕14号	全市各单位	关于调整市委常委分工的通知
4月20日	兴委〔2018〕15号	中共葫芦岛市委组织部	关于延长杨志勇同志挂职时间的请示
4月23日	兴委〔2018〕16号	中共葫芦岛市委	关于报送《中共兴城市委关于贯彻王力威同志到兴城调研重要讲话精神的落实意见》的报告
5月2日	兴委〔2018〕17号	全市各单位	关于印发《市委书记专题会议议事规则（试行）》的通知
5月4日	兴委〔2018〕18号	中共葫芦岛市委	关于贯彻落实乡镇招商引资工作部署情况的报告
5月4日	兴委〔2018〕19号	中共葫芦岛市委	关于贯彻落实乡镇招商引资工作部署情况的报告
5月10日	兴委〔2018〕20号	中共葫芦岛市委组织部	关于侯杰同志退休的请示
5月25日	兴委〔2018〕21号	中共葫芦岛市委组织部	关于佟佰钟同志进行公务员登记的请示
5月30日	兴委〔2018〕22号	中共葫芦岛市委	中共兴城市委关于2018年上半年意识形态工作情况报告
5月31日	兴委〔2018〕23号	中共葫芦岛市委组织部	关于张亦喆同志退休的请示
6月8日	兴委〔2018〕24号	葫芦岛市委巡查工作领导小组	关于报送《进一步加强和改进巡察整改工作方案》的报告
6月8日	兴委〔2018〕25号	葫芦岛市委巡查工作领导小组	关于对旧门乡两起形式主义典型问题处理情况的报告
6月11日	兴委〔2018〕28号	中共兴城市委组织部	中共兴城市委关于停止范立民等9人执行市第七次党代会代表职务的决定
6月26日	兴委〔2018〕29号	全市各单位	中共兴城市委关于表彰全市先进党组织和优秀共产党员、优秀党务工作者的决定

续表

日期	发文字号	发送单位	文件标题
6月26日	兴委〔2018〕30号	全市各单位	关于调整兴城市信访工作联席会议组成成员的通知
6月27日	兴委〔2018〕31号	中共葫芦岛市委组织部	关于张学军同志退休的请示
6月28日	兴委〔2018〕32号	全市各单位	关于调整兴城市委保密委员会成员的通知
7月12日	兴委〔2018〕33号	中共国家税务总局葫芦岛市税务局联合委员会	关于商请设立兴城市国家税务局地方税务局联合党委的复函
7月23日	兴委〔2018〕34号	全市各单位	关于成立中央巡视反馈意见整改落实工作领导小组的通知
7月25日	兴委〔2018〕35号	中共葫芦岛市纪委机关	关于兴城市委常委班子召开中央巡视反馈意见整改落实专题民主生活的请示
7月25日	兴委〔2018〕36号	中共葫芦岛市委组织部	关于兴城市委常委班子召开中央巡视反馈意见整改落实专题民主生活的请示
7月25日	兴委〔2018〕37号	中共葫芦岛市委	关于邀请葫芦岛市委领导及相关领导参加兴城“2018”房地产交易会开幕式的请示
7月30日	兴委〔2018〕38号	中共葫芦岛市委	关于邀请葫芦岛市领导参加接待晚宴的请示
7月30日	兴委〔2018〕39号	全市各单位	关于印发《兴城市落实全面从严治党要求加强机关建设三年工作计划（2018-2020年）》的通知
8月3日	兴委〔2018〕40号	全市各单位	关于成立中共兴城市委宣传思想文化和意识形态工作领导小组的通知
8月13日	兴委〔2018〕42号	中共葫芦岛市委	关于2018年中国（葫芦岛·兴城）国际沙滩·泳装文化博览会暨2018中国国际泳装展相关工作的请示
8月13日	兴委〔2018〕43号	中共葫芦岛市委	关于2018年中国（葫芦岛·兴城）国际沙滩·泳装文化博览会暨2018中国国际泳装展相关工作的请示
8月13日	兴委〔2018〕44号	中共葫芦岛市委组织部	市委常委班子对专题民主生活会发现问题进行对照检查会议的会议纪要
8月21日	兴委〔2018〕46号	全市各单位	关于成立中央第六巡视组巡视落实意识形态工作责任制情况反馈意见整改落实工作领导小组的通知

续表

日期	发文字号	发送单位	文件标题
8月22日	兴委〔2018〕47号	中共葫芦岛市委整改办	中共兴城市委关于中央巡视反馈意见整改落实工作情况的报告
8月23日	兴委〔2018〕48号	全市各单位	关于成立防范化解重大风险工作领导小组的通知
8月29日	兴委〔2018〕50号	中共葫芦岛市委	兴城市经济社会发展和党的建设情况报告
8月30日	兴委〔2018〕51号	葫芦岛巡视整改工作领导小组	兴城市关于中央第六巡视组反馈意见整改落实情况的报告
8月31日	兴委〔2018〕52号	全市各单位	关于调整兴城市宗教工作领导小组的通知
8月31日	兴委〔2018〕53号	相关单位	中国共产党兴城市第七届委员会第十一次全体会议关于停止王志才等同志执行中国共产党兴城市第七次代表大会代表职务的决定
9月3日	兴委〔2018〕55号	中共葫芦岛市委	关于贯彻落实王健书记到兴城调研重要讲话精神情况的报告
9月3日	兴委〔2018〕56号	中共梅河口市委	关于赴梅河口敦化市就全国文明城市创建工作考察学习的函
9月5日	兴委〔2018〕57号	中共葫芦岛市委	关于吉林大学李元元校长到兴城教学基地考察有关事宜的报告
9月7日	兴委〔2018〕58号	中共梅河口市委	关于邀请梅河口市委书记王爱明同志一行来我市考察指导的函
9月10日	兴委〔2018〕59号	中共敦化市委	关于邀请敦化市委书记刘岩智同志一行来我市考察指导的函
9月11日	兴委〔2018〕60号	中共葫芦岛市委	关于反映兴城市围屏乡北边村在精准扶贫、脱贫工作中存在形式主义问题的核查情况报告
9月14日	兴委〔2018〕61号	中共葫芦岛市委	关于赴梅河口市和敦化市考察学习全国文明城市创建工作的调研报告
9月14日	兴委〔2018〕62号	国家税务总局兴城市税务局	关于同意设立国家税务总局兴城市税务局党委的批复
9月25日	兴委〔2018〕63号	全市各单位	关于调整完善兴城市实绩考核工作领导小组的通知
9月26日	兴委〔2018〕64号	全市各单位	关于对我市国家安全工作领导小组更名调整的通知
10月12日	兴委〔2018〕65号	中共葫芦岛市委	关于贯彻落实王健书记到兴城就宗教工作调研重要讲话精神情况的报告

续表

日期	发文字号	发送单位	文件标题
10月22日	兴委〔2018〕66号	全市各单位	关于调整兴城市宗教工作领导小组的通知
10月23日	兴委〔2018〕67号	中共葫芦岛市委	关于贯彻落实王健书记批示精神的报告
10月27日	兴委〔2018〕69号	中共葫芦岛市委	关于兴城市元台子乡药王村村主任未能及时罢免有关问题的情况报告
10月27日	兴委〔2018〕70号	中共葫芦岛市委组织部	关于兴城市元台子乡药王村村主任未能及时罢免有关问题的情况报告
10月27日	兴委〔2018〕71号	中共葫芦岛市委政法委	关于兴城市元台子乡药王村村主任未能及时罢免有关问题的情况报告
10月29日	兴委〔2018〕73号	中共葫芦岛市委	关于中央扫黑除恶第三督导组反馈问题的整改工作推进情况报告
10月29日	兴委〔2018〕74号	中共葫芦岛市委政法委	关于中央扫黑除恶第三督导组反馈问题的整改工作推进情况报告
10月29日	兴委〔2018〕75号	中共葫芦岛市委政法委	关于中央扫黑除恶第三督导组反馈问题的整改工作推进情况报告
11月7日	兴委〔2018〕76号	中共葫芦岛市委组织部	关于元台子乡药王村未及时履行罢免原村主任程序有关问题调查报告
11月14日	兴委〔2018〕78号	中共葫芦岛市委组织部	关于元台子乡药王村未及时履行罢免原村主任程序有关问题调查报告
11月16日	兴委〔2018〕79号	兴城市人大常委会党组	关于召开市八届人大二次会议的批复
11月19日	兴委〔2018〕80号	中共葫芦岛市委	关于贯彻落实王健书记在全市作风建设大会上重要讲话精神情况的报告
11月21日	兴委〔2018〕81号	兴城市政协	关于召开市八届政协二次会议的批复
11月21日	兴委〔2018〕82号	中共葫芦岛市委	中共兴城市委关于2018年意识形态工作情况的报告
11月22日	兴委〔2018〕83号	全市各单位	关于成立兴城市“基本解决执行难”工作领导小组的通知
11月26日	兴委〔2018〕84号	葫芦岛市督查室	关于学习贯彻落实习近平总书记在辽宁考察时和在深入推进东北振兴座谈会上重要讲话精神情况的报告
11月26日	兴委〔2018〕85号	全市各单位	关于调整兴城市扫黑除恶专项斗争工作领导小组成员的通知
12月3日	兴委〔2018〕86号	葫芦岛市扫黑办	关于落实中央扫黑除恶第三督导组反馈意见整改落实情况的报告
12月7日	兴委〔2018〕87号	葫芦岛市巡视整改办	关于中共兴城市委常态化整改阶段工作进展情况的报告

续表

日期	发文字号	发送单位	文件标题
12 月 7 日	兴委〔2018〕88 号	中共葫芦岛市委组织部	关于中共兴城市委常态化整改阶段工作进展情况的报告
12 月 7 日	兴委〔2018〕89 号	中共葫芦岛市纪委监委	关于中共兴城市委常态化整改阶段工作进展情况的报告
12 月 10 日	兴委〔2018〕90 号	中共葫芦岛市委	中共兴城市委关于 2018 年工作总结和 2019 年工作安排
12 月 11 日	兴委〔2018〕91 号	全市各单位	关于成立中央生态环境保护督察“回头看”兴城市工作整改组的通知
12 月 18 日	兴委〔2018〕93 号	中共葫芦岛市纪委	兴城市委履行党风廉政建设责任制的报告
12 月 20 日	兴委〔2018〕94 号	中共葫芦岛市纪委	兴城市环境保护工作落实责任情况报告
12 月 20 日	兴委〔2018〕95 号	葫芦岛市人民政府	兴城市环境保护工作落实责任情况报告
12 月 27 日	兴委〔2018〕96 号	中共葫芦岛市委	关于兴城市 2018 年计划生育工作情况的报告
12 月 27 日	兴委〔2018〕97 号	葫芦岛市人民政府	关于兴城市 2018 年计划生育工作情况的报告
12 月 27 日	兴委〔2018〕98 号	中共葫芦岛市委	中共兴城市委关于呈报兴城市机构改革方案的请示
12 月 27 日	兴委〔2018〕99 号	葫芦岛市编委办	中共兴城市委关于呈报兴城市机构改革方案的请示

1 月 19 日	兴委发〔2018〕2 号	全市各单位	关于印发《中共兴城市委关于高举习近平新时代中国特色社会主义思想伟大旗帜深入学习贯彻党的十九大精神加快兴城振兴发展的实施意见》的通知
4 月 19 日	兴委发〔2018〕3 号	全市各单位	关于贯彻王力威同志到兴城调研重要讲话精神的落实意见
4 月 24 日	兴委发〔2018〕4 号	全市各单位	关于落实陈求发同志在中共辽宁省委十二届七次全会第一次会议上讲话精神的意见
4 月 24 日	兴委发〔2018〕5 号	全市各单位	关于贯彻陈求发同志到葫芦岛市调研重要讲话精神的落实意见
5 月 2 日	兴委发〔2018〕6 号	全市各单位	关于印发《关于贯彻〈中国共产党党务公开条例（试行）〉实施细则》的通知
5 月 2 日	兴委发〔2018〕7 号	全市各单位	关于印发《市委 2017-2021 年巡察工作规划（修订稿）》的通知

续表

日期	发文字号	发送单位	文件标题
5月4日	兴委发〔2018〕8号	全市各单位	关于建立市四个班子领导帮扶重点项目制度的通知
6月23日	兴委发〔2018〕10号	全市各单位	关于印发《兴城市农村集体产权制度改革工作实施方案》的通知
7月20日	兴委发〔2018〕12号	全市各单位	关于印发《兴城市事业单位改革工作推进方案》的通知
7月20日	兴委发〔2018〕13号	全市各单位	关于印发《兴城市新整合事业单位企业集团临时党组织设置工作方案》的通知
7月23日	兴委发〔2018〕14号	全市各单位	关于中央第六巡视组反馈意见整改落实工作的安排意见
9月21日	兴委发〔2018〕17号	全市各单位	关于加强和改进新时代思想政治工作的决定
9月27日	兴委发〔2018〕18号	全市各单位	关于彻底消除薄熙来、王珉恶劣影响进一步净化和修复政治生态的意见
9月27日	兴委发〔2018〕19号	相关部门	关于印发《兴城市企业养老保险基金收支管理实施意见（试行）》的通知
10月15日	兴委发〔2018〕20号	相关部门	关于印发《兴城市关于全面加强生态环境保护坚决打好污染防治攻坚战的实施意见》的通知
10月18日	兴委发〔2018〕21号	全市各单位	中共兴城市委关于庆祝改革开放40周年活动安排的通知
11月19日	兴委发〔2018〕24号	全市各单位	关于加强和改进党的新闻舆论工作的实施意见
11月23日	兴委发〔2018〕26号	全市各单位	中共兴城市委关于以培育壮大新动能为重点激发创新驱动内生动力的实施意见
11月23日	兴委发〔2018〕28号	全市各单位	中共兴城市委关于更好支持生态建设和粮食生产巩固提升绿色发展优势的实施意见
11月23日	兴委发〔2018〕29号	全市各单位	中共兴城市委关于深度融入共建“一带一路”建设开放合作新高地的实施意见
11月23日	兴委发〔2018〕30号	全市各单位	中共兴城市委关于更加关注补齐民生领域短板让人民群众共享振兴成果的实施意见
11月23日	兴委发〔2018〕31号	全市各单位	中共兴城市委关于加强党对全面振兴领导的实施意见

续表

日期	发文字号	发送单位	文件标题
11月23日	兴委发〔2018〕32号	全市各单位	关于在全市开展“解放思想推动高质量发展大讨论”的实施方案
11月26日	兴委发〔2018〕34号	全市各单位	中共兴城市委关于以优化营商环境为基础全面深化改革的实施意见

2018年中共兴城市委员会办公室发文目录

日期	发文字号	发送单位	文件标题
1月19日	兴委办发〔2018〕1号	全市各单位	关于做好2018年节假日期间值班工作的通知
2月12日	兴委办发〔2018〕3号	全市各单位	关于进一步做好2018年春节期间有关工作的通知
2月12日	兴委办发〔2018〕5号	全市各单位	关于转发中共中央办公厅 国务院办公厅《党政机关办公用房管理办法》的通知
2月12日	兴委办发〔2018〕6号	全市各单位	关于转发中共中央办公厅 国务院办公厅《党政机关公务用车管理办法》的通知
2月15日	兴委办发〔2018〕7号	全市各单位	关于印发《推进县域经济发展全面建成小康社会三年行动计划、兴城市沿海经济带三年攻坚计划（2018–2020年）》的通知
2月26日	兴委办发〔2018〕8号	全市各单位	关于印发《建立巡察制度的实施意见》的通知
2月26日	兴委办发〔2018〕9号	全市各单位	关于印发《中共兴城市委巡察工作办法》的通知
3月2日	兴委办发〔2018〕10号	全市各单位	关于做好全国“两会”期间有关工作的通知
3月19日	兴委办发〔2018〕11号	全市各单位	关于印发《兴城市市属企业负责人履职待遇业务支出管理办法》的通知
4月2日	兴委办发〔2018〕12号	全市各单位	关于印发市委理论学习中心组2018年学习计划的通知
4月2日	兴委办发〔2018〕13号	全市各单位	关于规范管理全市机关事业单位临时用工的通知
4月2日	兴委办发〔2018〕14号	全市各单位	关于全国两会期间维稳安保工作情况的通报
4月3日	兴委办发〔2018〕15号	全市各单位	关于切实做好清明节期间安全稳定和春季防火工作的通知
4月10日	兴委办发〔2018〕16号	全市各单位	关于印发《兴城市开展“特权车”问题专项整治工作方案》的通知
4月10日	兴委办发〔2018〕17号	全市各单位	关于印发《兴城市开展“办事难”问题专项整治工作方案》的通知
4月15日	兴委办发〔2018〕18号	全市各单位	关于进一步加强安全生产工作的紧急通知

续表

日期	发文字号	发送单位	文件标题
4月23日	兴委办发〔2018〕19号	全市各单位	关于印发兴城市第九届全民读书节活动方案的通知
4月28日	兴委办发〔2018〕21号	全市各单位	关于印发大规模选派干部到乡镇和村工作推动乡村振兴发展的实施方案的通知
5月22日	兴委办发〔2018〕23号	全市各单位	关于加强大型活动管理的通知
5月24日	兴委办发〔2018〕24号	全市各单位	关于进一步加强“特权车”问题专项整治工作的通知
6月5日	兴委办发〔2018〕25号	全市各单位	关于印发《市委全面深化改革领导小组和改革专项小组及改革推进组调整方案》的通知
6月14日	兴委办发〔2018〕26号	全市各单位	关于切实做好端午节期间安全稳定工作的通知
6月14日	兴委办发〔2018〕27号	全市各单位	关于落实葫芦岛市委副书记、市长王力威同志在市委第98次常委会上就当前重点工作相关要求的通知
6月14日	兴委办发〔2018〕28号	全市各单位	关于印发《兴城市开展社会组织清理规范专项工作方案》的通知
6月29日	兴委办发〔2018〕29号	全市各单位	关于进一步落实防汛三级包保责任制和市级领导防汛双包责任制的通知
7月20日	兴委办发〔2018〕32号	全市各单位	关于印发《兴城市公益性事业单位优化整合方案》的通知
7月20日	兴委办发〔2018〕33号	全市各单位	关于印发《兴城市经营性事业单位转企改制组建企业集团方案》的通知
7月20日	兴委办发〔2018〕34号	全市各单位	关于印发《加强全市事业单位改革思想政治工作方案》的通知
7月20日	兴委办发〔2018〕36号	全市各单位	关于全市事业单位改革新整合事业单位筹备组的情况通报
7月20日	兴委办发〔2018〕37号	全市各单位	关于全市转企改制组建企业集团筹备组的情况通报
7月20日	兴委办发〔2018〕38号	全市各单位	关于在全市机构改革过程中加强档案管理的通知
7月24日	兴委办发〔2018〕39号	全市各单位	关于调整《兴城市经营性事业单位转企改制组建企业集团方案》的通知
8月3日	兴委办发〔2018〕41号	全市各单位	关于切实做好高温天气应对工作的紧急通知
8月3日	兴委办发〔2018〕43号	全市各单位	关于开展宣传弘扬新时代辽宁精神活动的通知
8月3日	兴委办发〔2018〕53号	全市各单位	关于印发《兴城市迎接辽宁省环境环境保护督察工作方案》的通知

续表

日期	发文字号	发送单位	文件标题
8月3日	兴委办发〔2018〕54号	全市各单位	关于印发《兴城市委常委分片包乡扶贫帮扶工作方案》的通知
8月6日	兴委办发〔2018〕55号	全市各单位	关于进一步严格控制文件简报的通知
8月21日	兴委办发〔2018〕56号	全市各单位	关于印发《全市深化农村改革壮大村级集体经济的实施意见》的通知
8月24日	兴委办发〔2018〕57号	全市各单位	关于印发《建立“村事民商”主题日制度实施方案》的通知
8月31日	兴委办发〔2018〕58号	全市各单位	关于印发《兴城市农村人居环境整治三年行动实施方案（2018—2020年）》的通知
8月31日	兴委办发〔2018〕59号	全市各单位	关于印发《关于推进安全生产领域改革发展的实施意见》的通知
8月31日	兴委办发〔2018〕60号	全市各单位	关于印发《兴城市落实食品安全党政同责实施意见》的通知
9月13日	兴委办发〔2018〕62号	全市各单位	关于印发《进一步激励全市广大干部新时代新担当新作为的实施方案》的通知
9月13日	兴委办发〔2018〕63号	全市各单位	关于印发《兴城市关于贯彻落实中央扫黑除恶专项斗争督导组在辽宁督导期间信访工作的方案》的通知
9月14日	兴委办发〔2018〕64号	全市各单位	关于切实做好中秋国庆期间安全生产工作的通知
9月19日	兴委办发〔2018〕65号	全市各单位	关于切实做好中秋节、国庆节期间有关工作的通知
9月25日	兴委办发〔2018〕66号	全市各单位	关于印发《兴城市发展“飞地经济”实施方案》的通知
9月25日	兴委办发〔2018〕67号	全市各单位	关于印发《2018年兴城市乡镇街道、市直部门、园区实绩考核工作实施方案》的通知
9月27日	兴委办发〔2018〕69号	全市各单位	关于印发《辽宁省第一环境保护督察组涉及我市九个问题四个班子领导联系清单》的通知
10月15日	兴委办发〔2018〕70号	全市各单位	关于进一步做好向市委报送相关文稿和加强党内规范性文件制定工作的通知
10月15日	兴委办发〔2018〕71号	全市各单位	关于印发《中央环保督察、国家海洋督察反馈意见整改调度推进工作落实方案》的通知
10月30日	兴委办发〔2018〕72号	全市各单位	关于印发《兴城市被巡视巡察党组织配合巡视巡察工作规定》的通知
10月30日	兴委办发〔2018〕73号	全市各单位	关于印发《进一步加强和改进巡视巡察整改工作的实施意见》的通知

续表

日期	发文字号	发送单位	文件标题
10月30日	兴委办发〔2018〕75号	全市各单位	关于印发《兴城市创建全国文明城市工作实施方案（2018—2020年）》的通知
11月1日	兴委办发〔2018〕76号	全市各单位	关于进一步加强省委巡视组巡视期间领导干部外出报备工作的通知
11月2日	兴委办发〔2018〕77号	全市各单位	关于印发《兴城市健康扶贫工作实施方案（2018—2020年）》的通知
11月6日	兴委办发〔2018〕79号	全市各单位	关于印发《兴城市新的社会阶层人士统战工作实施方案》的通知
11月7日	兴委办发〔2018〕80号	全市各单位	关于报送环境保护工作落实责任报告的通知
11月12日	兴委办发〔2018〕81号	全市各单位	关于印发《中央生态环境保护督察“回头看”兴城市迎检配合工作方案》的通知
11月13日	兴委办发〔2018〕82号	全市各单位	关于印发《兴城市“大棚房”问题专项清理整治行动工作方案》的通知
11月21日	兴委办发〔2018〕83号	全市各单位	关于做好2019年度党报党刊发行工作的通知
11月22日	兴委办发〔2018〕84号	全市各单位	关于印发《关于加快推进失信被执行人信用监督、警示和惩戒机制建设的实施意见》的通知
11月26日	兴委办发〔2018〕85号	全市各单位	关于印发《兴城市污染防治攻坚战三年专项行动工作任务分解方案（2018-2020年）》的通知
11月29日	兴委办发〔2018〕86号	全市各单位	关于印发《在全市公共安全领域开展隐患大排查大整治工作实施方案》的通知
11月29日	兴委办发〔2018〕87号	全市各单位	关于印发《推进城市安全发展的实施办法》的通知
12月8日	兴委办发〔2018〕88号	全市各单位	关于印发《关于开展作风突出问题集中整治行动的实施方案》的通知
12月8日	兴委办发〔2018〕89号	全市各单位	关于印发《关于规范农村操办婚丧喜庆事宜的意见》的通知
12月18日	兴委办发〔2018〕90号	全市各单位	关于印发《兴城市全面推行河长制考核办法》的通知
12月29日	兴委办发〔2018〕92号	全市各单位	关于转发《辽宁省委办公厅辽宁省人民政府办公厅 <关于切实做好2019年元旦春节期间有关工作的通知>》的通知

（王冬梅）

·组织工作·

【概况】2018年，中共兴城市委组织部以深入推进“两学一做”学习教育常态化制度化为重点，全面推进思想建设和作风建设；以提升高素质专业化为重点，全面推进干部队伍建设；以提升组织力创造力为重点，全面推进基层组织建设；以提升活力型实用性为重点，全面推进人才强市建设。继续发挥“兴城组工干部论坛”“兴城组工之家”微信公众平台作用，宣传党章党规党纪，强化对组工干部的日常教育引导。年内，全市有各级党代表2475名。

2018年入党积极分子培训

【中央巡视反馈意见整改】2018年，市委组织部在葫芦岛市组织系统整改动员会议后，第一时间成立整改工作领导小组，先后召开13次部务会和部长办公（扩大）会，传达学习习近平总书记关于巡视工作重要讲话精神，专题研究部署整改落实工作。研究制定“2+3”整改工作方案，梳理出38项重点整改任务，提出101条整改措施，建立18项长效管理机制，组建9个督查组，对各乡镇街道、市直部门进行3轮督查指导。建立限时整改制度、跟踪督查制度、整改情况通报制度，建立整改工作台账，加强整改留痕管理，确保整改工作有序进行。

【领导班子和干部队伍建设】2018年，市委组织部以政府换届和选派干部到乡村工作为契机，经5次市委常委会研究，任免党政领导干部153人。其中，提任正科级领导干部8人，提任副科级领导干部19人，平调交流重用42人，接收挂职干部和选派驻乡镇干部28人，免职30人，换届提名政府组成部门领导24人，晋升副主任科员2人。完成2017年度符合职级晋升条件人员审批工作，晋升副科级4人，晋升正科级21人，晋升副处级15人，晋升正处级1人。先后举办选派到乡村工作干部、政法系统干部、基层党组织书记等多个培训班次，累计培训干部1100余人次。协助上级组织部门调训各级领导干部累计110余人次。

兴城市科级干部理论考核测试

【干部监督】2018年，市委组织部整治“混岗”和“混基层经历”现象，清理混岗人员171名，安排到基层补充服务年限5名。不担当不作为和选人用人突出问题纳入领导班子、领导干部考核内容，推进经济责任审计党政同审和全覆盖，构建覆盖面广、方便快捷的干部监督信息网络，防止领导干部“带病提拔”。开展关键岗位中层领导干部交流轮岗制度执行情况检查，特别是做好机构改革期间干部交流轮岗工作。核查2016年5月1日至2018年6月30日期间有关问题，未发现“买官卖官”“跑官要官”等发生。执行干部选拔任用有关事项报告制度，对104名干部进行预审沟通。排查领导干部违规在企业兼职情况。

【人才工作】2018年，市委组织部加大人才引进力度。聘请原本钢集团第二监事会主席、辽宁省会计学会理事、高级会计师管春玲担任市投资集团副总经理。兴城玄宇食用菌野驯繁育有限公司建立辽宁农科院食用菌专家工作站，由辽宁农科院食用菌研究所研究员杨震、张敏等专家定期对食用菌种植户进行技术指导，实现专家入驻、人才兴企。邀请辽宁省农科院科技推广处处长王昕带领专家14人到旧门乡、红崖子镇、曹庄镇等地重点农业项目基地进行技术指导，对花生、大樱桃等作物种植加工进行现场答疑解惑。年内，将1688电子商务产业园和玄宇食用菌繁育有限公司打造成为兴城市泳装行业和兴城市农业技术人才实训基地。

【基层党组织建设】2018年，市委组织部提高基层党组织建设质量，在20个乡镇街道20个村试点推行“村事民商”主题日制度，各村每月确定1天召开村民议事会议，健全完善党组织领导下的自治、法治、德治“三治融合”协调发展体系。强化村党支部战斗堡垒作用，全市确定软弱涣散村党组织21个，年底前全部转化提升。停止3名涉黑涉恶村主任工作。提升村级集体经济“造血功能”，建立村级集体经济长效增长机制，转化“空壳村”106个，222个村实现集体经济收入。增强乡村振兴和脱贫攻坚工作力量，选派干部190名，其中14名到乡镇工作，176名到村任第一书记。将“扫黑除恶”专项斗争与基层组织建设相结合，中央第3督导组9条督办线索和省扫黑办1条督办线索全部查结。抓好党内关怀和激励表彰，增强党员凝聚力向心力。春节、“七一”走访困难党员群众2500余人次，表彰先进党组织50个，优秀共产党员名50名，优秀党务工作者30名。完善联审机制建设，严把换届入口关，坚决防止“村霸”、涉黑涉恶等人员插手基层事务。开展新时代

2018年兴城市
村（社区）党组织书记、主任培训班

党员群众讲习所工作，全市建立讲习所404个，覆盖机关、农村、社区、学校、非公有制企业和社会组织等各领域，开展宣讲700余次。

【“两新”组织党建工作】2018年，市委组织部对新经济组织和新社会组织提出“1252”工作思路。即突出1个引领（政治引领），扩大2个覆盖（“两新”组织党的组织覆盖和工作覆盖），狠抓5项举措（组织领导、示范带动、载体创新、工作保障、服务发展），打造2个品牌（园区党建品牌、智慧党建品牌）。按照“两新”组织经营运行情况清、职工队伍情况清、党员队伍情况清、建立党组织情况清和出资人情况清的“五个清”要求，更新完善“两新”组织党建工作台账。采取适度倾斜政策，着重在“两新”组织中层管理人员、生产经营一线职工和专业技术骨干中发展党员。开展“一走访两推动三解决”活动，帮助解决“两新”组织面临的发展问题、党建问题及党员群众反映的实际问题。通过党费返还、党费补助形式，为“两新”组织党组织开展党建工作提供经费支持。

非公企业天宠建筑公司讲党课

重点打造天宠建筑、红光锅炉、菊花女食品等8个党建活动阵地，形成示范带动、成片联动、整体推动“两新”组织党组织规范化建设格局。

【远程教育及电教工作】2018年，市委组织部加强远程教育终端站点规范化建设，制作人才工作纪实片《人才助力 促企业腾飞》，党员教育片《碾盘沟的倔书记》被中组部党员教育中心采用。组织党员利用远程教育平台收看学习“十九大精神辅导”“榜样”“我是党员”微记实等课件节目。全市站点累计点击学习32673次、总时长17189小时。拍摄党建视频素材11个容量达180G。

中共兴城市委组织部领导成员

部　长　李　肖

副部长　张守利（常务）　李爱华

　　　　郝志刚　金　勇（挂职）

党代表联络办公室

主　任　李爱华（兼）

副主任　金子璐

企工工委

书　记　郝志刚（兼）

（徐建军）

·宣传工作·

【概况】2018年，中共兴城市委宣传部围绕习近平新时代中国特色社会主义思想和党的十九大精神，组织市、乡、村三级宣讲团开展各级各类宣讲活动，明确党员干部学习方向。开展“扫黄打非”专项行动，维护国家文化安全和意识形态安全。提升主流媒体的新闻舆论传播力影响力，促进多方合作。组建网评员队伍，优化网络舆论生态。做实品牌“最美兴城人”项目，践行社会主义价值观。深化国防教育，庆祝改革开放40周年。

【宣传思想工作】2018年，市委宣传部把习近平新时代中国特色社会主义思想和党的十九大精神作为市委中心组学习的核心内容，集体学习21次，举办兴城大讲堂5期。不定期对全市各党委（党组）理论中心组学习情况进行随机抽查。组织市、乡、村三级宣讲团开展各级各类宣讲活动100余场次，以“掌上理论学堂”微信平台为依托，集纳转载中央和省级主要媒体重要理论文章100余篇。完成农民思想状况调研等省级调研3项，重大实践经验总结课题调研3项。

【新闻传播工作】2018年，市委宣传部组织媒体围绕“扫黑除恶”“中央环保督查”“营造营商环境”等市委、市政府中心工作，在电视重要时段和《兴城新闻》显著位置开辟专题专栏8个，播放专题新闻报道100余篇。投入970万元建成1300平方米融媒体中心，传统媒体与新兴媒体融合发展。发挥“微观兴城”“兴城广播电视台”等微信平台联动作用，发布权威新闻、主流热点、便民知识等各类信息5000余条。与中央和省级媒体合作交流，在中央电视台新闻频道直播“新春古城灯会”，在科教频道播出《中国影像方志·兴城篇》，协助拍摄专题片《老街》、电影《龙湾派出所》、电视剧《绿水青山》、大型真人秀《主播带你游家乡·兴城篇》。在沈阳机场高速、盛京医院LED屏播放兴城城市形象宣传片。在《今日头条》开辟特别宣传专栏，定向推送兴城旅游宣传片，精准分发“油菜花节”主题广告，在《参考消息》刊登城市宣传广告覆盖辽宁地区。

【网络综合治理】2018年，市委宣传部落实网络安全管理责任和主体责任，建立多级联动的全方位、立体式监测体系，确保监控全天候、全网络，保障全市网络安全。强化“两微一站”管理，清查全市各单位新媒体平台55个，排查互联网企业19个，依法撤销非法网站1个。

【践行社会主义核心价值观】2018年，市委宣传部出版《2013～2017“最美兴城人”先进事迹汇编》，利用微信公众平台开展“润德人心——道德模范在我身边”学习宣传活动。年内，兴城市有1人被推荐为全国诚实守信典型人物，1人被评为辽宁省道德模范，2人被评为辽宁好人，1人被评为辽宁省道德小模范，5人被评为葫芦岛市道德模范，2人被评为“葫芦岛好人·最美人物”，2人被评为“葫芦岛好人·身边好人”。1个家庭被评为葫芦岛市文明家庭标兵，9个家庭被评为葫芦岛市文明家庭。90个单位获得葫芦岛市级以上荣誉称号,4个单位被确定为葫芦岛市“文明优质服务示范窗口”，4人被评为葫芦岛市“文明优质服务标兵”。1篇作品获全国第七届优秀童谣一等奖，7人被评为葫芦岛市未成年人思想道德建设工作先进工作者。

【**群众精神文化活动**】2018年，市委宣传部利用春节、元宵节等传统节日，开展送戏下乡活动20余场。以全民读书节为依托，开展重点图书“七进”活动，向基层单位累计捐赠图书4000余册。举办庆祝改革开放40周年文艺晚会，展示兴城改革开放以来文化发展成果。全市建成基层综合性文化服务中心86个，实现社区（农家）书屋全覆盖。

中共兴城市委宣传部领导成员

部　长　郭荣新

副部长　韩　祎（女，常务）　金宝亮

（杜克）

·统战工作·

【**概况**】2018年，中共兴城市委统战部加强民主党派阵地建设，建成民革党员之家、民盟盟员之家、民进会员之家、农工党员之家、九三学社社员之家，实现基础建设标准化、工作制度规范化、实践经验创新化、展示效果形象化。全年，发展民主党派成员8人，其中民革3人，民进1人，农工党1人，九三学社3人。

【**精准扶贫**】2018年，市委统战部鼓励非公有制企业和所属商会结对帮扶贫困村和贫困学生工作。在药王乡杜屯村，市工商联会员企业流转土地15公顷用于中草药种植，打造中草药种植扶贫项目。指导工商联联合老科技工作者协会聘请科技专家到南大乡、药王乡开展送科技下乡扶贫活动。引导企业和商会到贫困村从事旅游开发、设施农业、生态工业、劳务基地建设等，帮助当地提升自我发展能力。组织会员为130名贫困中小学生现场捐助扶贫款6.5万元。

【**新社会阶层人士统战工作**】2018年12月10日,兴城市新的社会阶层人士联谊会(简称新联会）成立，并召开第一次会员大会暨一届一次理事会。有会员40名，其中会长1名，副会长3名，秘书长1名，理事11名。新联会是由兴城市新的社会阶层代表人士组成的具有统战性、联谊性、非营利性社会团体，由中共兴城市委统战部主管，接受兴城市委统战部业务指导。

2018年12月10日，
兴城市新的社会阶层人士联谊会成立

2018年8月7日，"中国华侨国际文化交流基地"挂牌

【党外干部队伍建设】截至2018年年末，兴城市委安排党外干部22人。其中，县处级5人，科级17人（正科级3人、副科级14人）。党外干部中妇女干部9人，少数民族干部9人，民主党派干部7人。市人民检察院、市人大、市政协均按要求配备党外干部。

【侨台海外统战工作】2018年，市委统战部接待归侨、侨眷来电来访10人次，走访慰问生活困难侨眷6户。在全市范围内开展侨情普查工作，全市有归侨侨眷1650户，5510人，侨胞457人。8月7日，在古城内游客中心广场举行"中国华侨国际文化交流基地"挂牌仪式。

中共兴城市委统战部领导成员

部　　长　马天峰

常务副部长　李文政（2018年2月离任）

　　　　　　韩忠民（2018年2月任职）

副 部 长　王晓峰

兴城市台湾工作办公室

主　任　张彦民

（刘佳佳）

·老干部工作·

【概况】2018年，中共兴城市委老干部局将老干部离休费、护理费、取暖费、特需费等待遇均按照标准发放，继续为老干部订阅《晚晴报》《中国老年报》《老同志之友》，为抗日离休干部增订《辽宁日报》。

【老干部日常管理】2018年，市委老干部局做好老干部来电来访工作，帮助解决老干部提出的意见和来访事项，做好疏导解释工作，消除不稳定因素，未出现越级上访事件。为去世老干部吊唁，为90岁以上老干部送生日蛋糕，重阳节发放礼品135件。全年走访慰问离休干部155名，发放慰问金15.5万元。

【**老干部大学建设**】2018年，老干部大学开设手风琴、电子琴、弹拨乐、声乐、素描、国画、书法等课程，招收学员180人。手风琴班在"第二届亚太手风琴艺术锦标赛"中获团体展演组金奖，5人获重奏组银奖，在"美视杯全国手风琴锦标赛"中获展演组银奖，在"国际手风琴联盟第一届键盘手风琴比赛"中获中老年重奏组第二名。

【**老干部活动中心**】2018年，市委老干部局继续为符合条件标准的老干部办理活动证，实行持证活动。活动中心管理规范，面向全市离退休干部开展"传承传统文化猜灯谜""感受家乡变化，老干部徒步大赛""营养保健、科学素质宣讲"等多项活动，丰富离退休干部晚年生活。

中共兴城市委老干部局领导成员

局　长　史秀艳（女）

副局长　马恩国　梁　婷（女）

（于飞跃）

·市直机关工委·

【**概况**】2018年，中共兴城市直属机关工作委员会学习宣传党的十九大精神，开展"党员进社区"等一系列活动，拓展学习活动内容，举办由68家单位参加党的十九大精神知识竞赛，激发党员干部学习热情。加强机关基层党组织建设，任免机关党支部（总支）书记4名，改选2个支部成员，所属党组织获先进党支部（总支）8个，优秀共产党员4名，优秀党务工作者5名。培训入党积极分子33名，发展新党员29名。

【**机关纪律作风建设**】2018年，市直机关工委下发《关于进一步严肃机关工作纪律的通知》，联合纪检委、市委督查室、市政府督查室成立市纪律作风检查组。检查组采取突击进入录像、检查签到制度、现场电话抽查公出人员、检查窗口单位服务态度等方式，重点针对工作秩序和工作纪律、在岗人员的工作状态和不在岗工作人员的去向、公车使用情况、工作人员仪容仪表以及工作时间上网聊天和手机游戏等方面进行检查。对个别单位出现的上述现象现场指出批评并要求立即整改。

【**机关文化活动**】2018年春节，市直机关工委和兴城市书法家协会在兴城人民会堂举办"迎新春，送春联"活动，现场送出春联600余幅。5月，举办徒步比赛活动，市直各单位1500名机关干部参与。7月，与市总工会、体育局联合举办篮球赛，22家单位报名参加。10月，举办登山比赛，1400名机关干部参加。

2018 年 5 月 12 日，举办“锦州银行杯”市直机关徒步比赛

中共兴城市直属机关工作委员会领导成员

书　记　毕　伟

副书记　郭　峰

（刘静）

·党校工作·

【概况】2018 年，中共兴城市委党校发挥理论宣讲主阵地作用，选派多名教师开展党的十九大精神、习近平新时代中国特色社会主义思想、开展“扫黑除恶”专项斗争、推动乡村振兴等主题宣讲活动 30 余场次，教育党员干部 3500 名。3 月，市委党校迁入兴城市龙兴北路新址办公。校园占地面积 11670.9 平方米，建有教学综合楼、服务楼、设备楼，总建筑面积 5362.81 平方米，校内报告厅、学员教室、研讨室、图书馆、阅览室、学员餐厅、学员宿舍、微机房等一应俱全。

【干部培训工作】2018 年，市委党校举办、承办要求入党积极分子培训班、非公有制经济组织和社会组织党组织书记培训班、政法系统干部培训班、统战系统培训班、

2018 年，兴城市
选派到乡村工作干部培训班

2018 年，中共兴城市委党校揭牌仪式

村（社区）党组织书记主任培训班等各类培训班 10 期，深入系统解析党的十九大精神和习近平新时代中国特色社会主义思想，培训党员干部 1600 人次。

【科研工作】2018 年，市委党校组织教师深入基层一线围绕"基层党组织建设""脱贫攻坚"等专题开展教学调研，将科研与教师评先评优相结合，鼓励教师参与理论征文及各类学术研讨活动。全年撰写党建、理论宣传文章 20 余篇，在《葫芦岛日报》《世纪之星》《中国市场》《现代国企研究》《社会科学》等省、市主流刊物上发表 10 篇。

【师资队伍建设】2018 年，市委党校采用读书汇报会和试讲等措施促使年轻教师尽快成长。要求每名教师在假期读 2 本好书，撰写读书笔记，为布置备课专题准备相关资料。开学后开展读书汇报交流会，谈心得体会，上台试讲，大家点评，以此提高教师讲课水平。

中共兴城市委党校领导成员

校　　长　李　肖
常务副校长　孟凡勇
副 校 长　曹志琴（女）

（丁春玲）

兴城市人民代表大会常务委员会

【概况】2018 年，兴城市人民代表大会常务委员会召开常委会会议 8 次、主任会议

8次，听取审议“一府两院”专项工作报告21个，作出决议、决定14项，发出审议意见、视察纪要9件，形成调研报告12篇，任免地方国家机关工作人员65人次。

【围绕中心抓大事】2018年，市人大常委会审查批准2017年市财政总决算与预算执行审计、2018年部门预算安排及调整等7个报告，并作出相应决议。围绕市政府关于滨海经济区和县乡财政体制改革进程，就国有资产划转、经济区改制等工作作出4项决议和2项审议意见。跟进全市重点项目建设进程，就徐大堡核电项目建设、有偿收回觉华岛部分出让土地、兴建立交工程等项目听取报告并作出相关决议。组织葫芦岛、兴城两级人大代表对生态环境保护工作开展调研，从基础建设、日常监管和法制宣传等方面指出存在问题，并听取市政府相关工作报告，作出审议意见。

【监督百姓热点】2018年，市人大常委会就全市2017年以来扶贫攻坚工作进行全面调研，并听取市政府相关工作报告，作出审议意见。协调人大常委会牵头联系44家对口帮扶单位，为药王乡投入扶贫资金和物资折款89万元。开展新型农村合作医疗运行情况调查，针对农村看病难看病贵等问题，作出审议意见，从3个方面提出10项建设性举措。开展职业教育工作调查，针对职业教育社会认可程度不高、基础设施薄弱、教师数量不足等问题，作出审议意见。

【法律监督工作】2018年，市人大常委会就全市贯彻实施《中华人民共和国义务教育法》《辽宁省机构和编制管理条例》《葫芦岛市饮用水水源地保护条例》和安全生产相关法律法规执行情况进行执法检查，逐一指出存在问题，并明确提出整改建议。重新修订《市人大常委会信访工作办法》，将人大常委会信访受理转办、回执督办、责任追究以及信访纪律等明确细化。全年，受理群众信访46件116人次。

【市八届人大二次会议】2018年12月26日，兴城市第八届人民代表大会第二次会议在兴城人民会堂召开。市八届人大代表共有237人，出席会议代表223人。列席大会的有市委、市政府、市政协、市人民武装部领导，退休老干部代表，驻军、驻在单位和民营企业代表，参加市政协八届二次会议全体政协委员，各乡镇、街道党委、人大常委会各机构和市直各部门、各单位负责人以及公民代表。市人大常委会主任赵家鹏主持大会。会议听取市长袁国相作《兴城市人民政府工作报告》，审议《兴城市2018年国民经济和社会发展计划执行情况与2019年国民经济和社会发展计划（草案）的报告》，审议《兴城市2018年财政预算执行情况与2019年财政预算（草案）的报告》，通过选举办法。

12月27日，217名代表出席大会。市人大常委会主任赵家鹏主持会议。市人

2018 年 12 月 27 日，兴城市第八届人民代表大会第二次会议召开

大常委会常务副主任韩维邦作《兴城市人民代表大会常务委员会工作报告》，市人民法院院长赵志刚作《兴城市人民法院工作报告》，市人民检察院检察长叶蓬作《兴城市人民检察院工作报告》。

12 月 28 日，217 名代表出席大会。市人大常委会主任赵家鹏主持会议。会议听取兴城市第八届人民代表大会第二次会议议案审查情况的报告。大会以无记名投票方式，选举付锦川、张立仁、颜志勇为兴城市第八届人大常委会委员。当选人举行就职宣誓仪式。代表投票表决通过关于《兴城市人民政府工作报告》的决议及其他各项报告的决议。

2018 年第八届人大常委会历次会议表

八届人大常委会	召开日期	议题
第二次会议	2 月 1 日	关于接受牛春伦等同志辞去兴城市第八届人民代表大会代表职务的决定；通过市人大常委会 2018 年工作要点；人事任免事项

续表

八届人大常委会	召开日期	议题
第三次会议	3 月 27 日	审查和批准市政府《关于兴城市 2017 年财政总决算情况的报告》；审查和批准市政府《关于兴城市 2018 年部门预算计划安排情况的报告》；审议市政府《关于兴城市改革县乡财政体制加强财源建设实施方案的报告》；审议市政府《关于成立兴城滨海投资集团有限责任公司实施方案的报告》；人事任免事项
第四次会议	5 月 4 日	听取和审议市政府《关于兴城市扶贫攻坚进展情况的报告》；听取和审议市政府《关于向兴城市投资有限公司划转部分国有资产的报告》；听取和审议市政府《关于兴城市新型农村合作医疗运行情况的报告》；听取和审议兴城市人民法院 2017 年执行工作报告；通过《兴城市人大常委会规范性文件备案审查办法》；通过兴城市人大常委会规范性文件备案审查委员会组成人员名单；通过调整兴城市人大常委会 2018 年工作要点；通过《兴城市人大常委会组成人员联系人大代表办法》；人事任免事项
第五次会议	7 月 27 日	听取和审议市政府《关于兴城市 2018 年上半年财政预算执行情况的报告》；听取和审议市政府《关于兴城市 2018 年上半年国民经济和社会发展计划执行情况的报告》；听取和审议市政府《关于兴城市 2017 年财政预算执行和其他财政收支情况的审计工作报告》；审议市政府《关于向兴城发展投资有限公司划转部分国有资产的报告》；审议市政府《关于有偿收回觉华岛部分出让土地的报告》；听取和审议市公安局《关于兴城市公安局涉案财物处理情况的报告》
第六次会议	9 月 29 日	人事任免事项；听取和审议市政府《关于兴城市 2017 年财政预算执行和其他财政收支审计有关问题整改情况的报告》；听取和审议市政府《关于兴城市生态环境保护情况的报告》；听取和审议市政府《关于兴城滨海经济区改制及其工作进展情况的报告》；听取和审议市政府《关于兴城市改革县乡财政体制加强财源建设落实情况的报告》；审议市政府《关于葫芦岛市兴建高速出口路与京哈公路立交新建工程项目的报告》；听取和审议市政府《关于兴城市职业教育工作情况的报告》

续表

八届人大常委会	召开日期	议题
第七次会议	11 月 26 日	审查和批准市政府《关于兴城市 2018 年预算调整情况的报告》；听取和审议市政府《关于兴城市 2018 年债务及需调整重点工作任务情况的报告》；听取和审议市政府《关于市八届人大一次会议人大代表建议办理情况的报告》；通过《兴城市人民代表大会常务委员会关于召开兴城市第八届人民代表大会第二次会议的决定》；通过《兴城市第八届人民代表大会常务委员会代表资格审查委员会成员名单》；通过《关于选举兴城市第八届人民代表大会代表的决定》；通过《兴城市人大常委会关于接受马艳莉、杨志勇辞职的决定》；人事任免事项
第八次会议	12 月 12 日	通过市八届人大二次会议主席团和秘书长建议名单；通过市八届人大二次会议议案审查委员会主任委员、副主任委员、委员建议名单；通过市八届人大二次会议关于代表变动情况和选举代表资格的审查报告；通过市八届人大二次会议关于列席人员的有关事项；通过市人大常委会工作报告；补选葫芦岛市第六届人民代表大会代表

兴城市第八届人大常委会组成人员

主　任　赵家鹏

副主任　韩维邦　吕　伟（女）　孙　伟　刘久生

委　员　马世宇　马　磊（女）　王永萍（女）　王艳霞（女）　王晓峰　王　娜（女）　邓微微（女）　田　莹　付锦川　刘凤涛　卢跃明（女）　孙敬民　李　君　李迎辉　杨德海　张卫星　张东元　张立仁　张守利　陆双玉　金　镝　息　毅　徐大治　徐宏伟　郭玉春　黄　微（女）　韩　英（女）　韩　祎（女）　颜志勇　魏冬娜（女）

·人大常委会工作机构·

办公室

主　任　许殿金（2018 年 2 月离任）
　　　　张立仁（2018 年 2 月任职）

副主任　曹东宁（女）　金　宁

研究室

主　任　金　镝

副主任　王宸熙

人事代表选举工作委员会

主　任　李　君

副主任　张红梅（女）

法制工作委员会

主　任　杨德海

副主任　程　宏（2018 年 9 月离任）

财政经济工作委员会

主　任　郭玉春

副主任　谭友顺

教科文卫工作委员会

主　任　韩　英（女）

副主任　王海斌

信访工作委员会

主　任　李迎辉

副主任　徐　铮（女）

老干部工作委员会

主　任　隋　伟

副主任　吴松涛

代表培训联络办公室

主　任　田赞喜

副主任　杨荣慧（女）

（陈云舟）

兴城市人民政府

【概况】2018年，兴城市人民政府做好中央巡视反馈意见整改工作，全力配合省委巡视。加快“放管服”改革，取消行政职权8项，完成社会组织清理工作。政务公共事业服务中心投入使用，加快登记制度改革，实行“32证合一”，增加市场主体7458户，增长14%。办理人大代表建议74件、政协委员提案154件。

全市地区生产总值实现124.3亿元，比上年增长4.4%；固定资产投资实现62.6亿元，比上年增长15.9%；规模以上工业增加值实现8.8亿元，比上年下降9.1%；一般公共预算收入实现12.74亿元，比上年增长14.2%；社会消费品零售总额实现94.2亿元，比上年增长6%；农村居民人均可支配收入实现12911元，比上年增长6.7%。

【工业经济优化升级】2018年，市政府完成中俄合作徐大堡核电3、4号机组项目签订框架协议。举办中国·国际泳装展等系列活动22项，“范德安”作为全省纺织服装业唯一品牌参展首届中国自主品牌博览会，兴城市被评为全国纺织行业创新示范集群。工业园区规模不断壮大，累计入驻工业项目82个，总投资95亿元，农产品加工集聚区成为省级农业科技园区。工业企业实力增强，增加红光锅炉等规模以上企业5家、粉末冶金等高新技术企业3家，完成科技成果转化项目5个。方得公司被评为省工业电子商务试点企业，菊花女食品公司入选全国轻工业百强企业。

【现代农业发展加快】2018年，市政府实施全国花生绿色高质高效创建县项目1.2万公顷，调减玉米种植面积1000公顷，新增设施农业面积333.33公顷，新栽果树120万株。改善农业生产条件，完成节水滴灌733.33公顷、千亿斤粮食田间工程666.67公顷、深松整地5333.33公顷。完成无公害农产品绿色食品认证4.67万公顷。南大满族乡被评为辽宁特产青椒之乡，红崖子镇成为国家产业兴村强县示范镇，“兴城蜂蜜”被评为国家农产品地理标志，“碱厂红南果”被评为国家地理标志保护产品。

【第三产业平稳发展】2018年，兴城市新增限上服务业企业10家，居然之家、辉煌泳装商贸城正式营业，邴家湾服务业新业态集聚区初具规模。馨予农产品公司被评为省特色电商平台和服务运营企业，兴城市作为全省唯一县域代表入选全国电商示范百佳县，名列第22位。欢乐龙湾温泉水乐园、丽汤温泉加勒比水乐园投入运营，海滨景区、红海滩景区改造升级，古城、觉华岛亮化完成，古城东门生态停车场二期工程竣工，建设旅游厕所60座、交通旅游导视牌90块。承办辽宁省海岛旅游节和第三届避暑纳凉节，海滨景区登上全国百佳候鸟避暑小镇榜。截至11月末，全市金融机构存款余额334.69亿元、贷款余额254.81亿元，存贷比达76%。

【城乡建设步伐加快】2018年，兴城市河东路大桥建成通车，高铁西客站站房建设完成。优化改造南关岗等重点交通路口11个，划定停车位6800个，铺设排水管线8.4公里，增加绿化面积7.4公顷。改造柳园小区等6个老旧弃管小区20万平方米，集中整治南关等4个农贸市场。兴城市成为全国文明城市提名城市，顺利通过国家卫生城市创建省级复核。修建“一事一议”村内道路160公里、农村公路78.5公里，完成农村公路大中修93.5公里，安装路灯798基，改造电力线路198公里。农村环境综合整治建制村57个，创建省级生态村2个，美丽乡村示范村16个。徐大堡镇被评为省级特色乡镇，碱厂满族乡获全国文明乡镇称号。

【生态环境逐步改善】2018年，市政府落实中央环保督察、国家海洋督察、水源地环境保护等问题整改，加快白塔老垃圾填埋场封场，红崖子新垃圾填埋场投入使用，对多宝鱼养殖、石材开采加工、散煤经营等一批问题进行专项整治。全面实施“河长制”，整治入河排污口，生态治理烟台河等主要河流5条，综合治理水土流失6666.67公顷。推进国家畜禽粪污资源化利用重点县项目，病死动物无害化处理中心建成使用。拆除10吨以下燃煤锅炉30台。完成造林绿化4400公顷，义务植树100万株。通过全国人大常委会海洋环境保护法执法检查。

【各项改革有序推进】2018年，市政府成立兴城发展投资集团，在葫芦岛市率先实行“管委会+公司”管理模式，推进园区改革。县、乡财政体制改革实现20个乡镇金库全覆盖，财政总收入超年初基数80个百分点，消灭空壳村25个，全省村级集体经济现场会在兴城市召开。启动经营性事业单位转企改制，公益性事业单位精减到23家，精简比例91.9%。

【民生保障持续加强】2018年，市政府实施产业扶贫项目33个，建设产业扶贫基地10个，实施健康精准扶贫27760人，改造农村危房1500户，实现贫困人口脱贫7000人、贫困村摘帽5个。碱厂乡获全国脱贫攻坚组织创新奖。完成1500户棚户区改造任务，实施城市供水管网改造3300户。新增实名制就业1100人，免费“两癌”筛查农村妇女12180人，城乡低保、农村“五保”标准均提高6%。居委会人员月工资提高1000元。

【社会事业全面进步】2018年，兴城高中异地新建工程主体完工，修建小学2所，职教中心实训基地投入使用。改造乡镇卫生院5家、标准化村卫生室4个，兴城市医院县乡分级诊疗协同平台开通。举办各类文化活动41场，文化馆、图书馆、市委党校投入使用。承办省级以上体育赛事11项，举办沙滩排球国际邀请赛、兴城海峡马拉松和第七届全民运动会。打掉恶势力集团1个、恶势力团伙2个。信访存量案件化解率46.6%。

兴城市人民政府领导成员

市　长　袁国相
副市长　刘晓军　丁淼鑫
　　　　刘　星　王月娟（女）　王代林
　　　　马艳莉（女，挂职2018年11月离任）
　　　　宋永刚（挂职）
　　　　杨志勇（挂职，2018年11月离任）
市长助理　闫忠军
市政府督学　李贵海

·办公室工作·

【概况】2018年，兴城市人民政府办公室就滨海经济区、滨海温泉新城、古城保护利用等全市重点工作深入开展调查研究，为市政府更好地实施重点项目建设提供建设性观点和建议。围绕土地经营权流转、城乡路网建设、环境保护、民生事业发展等问题进行深入调研，为领导决策提供重要依据。全年，完成各类调研、讲话、汇报材料起草工作，起草各类综合文稿1000余篇、近400万字。收到上级文件5000余份，制发各类文件340件，推送新闻240条，网站板块内容更新6000余条。

【营商环境建设】2018年，市政府办公室实现企业注册登记全程电子化，实行“三十二证合一”，企业办理登记业务只需填写“一张表格”，通过“一个窗口”提交“一套材料”。政务服务综合系统于6月27日上线运行，27家具有行政审批职能部门录入行政许可类事项共计220项，市民可通过网上系统对想要办理的行政审批事项进行在线申请。市政务公共事业服务中心、不动产登记中心大厅、市场注册登记行政审批服务大厅和税务办税服务厅、综合行政审批投入使用，企业审批更快捷。构建新型政商关系，帮助解决融资难题。为企业配备项目管家，对企业开办审批进行代办领办服务。审批过程中涉及事权范围内行政事业性收费和部门服务性收费不让企业缴纳，由政府财政承担。开展优化营商环境和“办事难”专项整治等行动，受理营商环境投诉案件 14 件，办结 12 件。

【政务督察】2018 年，市政府办公室组织开展护林防火、渔船越界捕捞、渔港、防汛工作、扶贫工作、假期值班值守、机关纪律、安全生产、环境保护、专项会议等政务督查工作。办结葫芦岛市及兴城市人大建议和政协提案 333 件，配合省、市、县三级人大和政协开展县域经济、县乡财政改革、扶贫攻坚、泳装产业集群发展、文化旅游产业发展、古城保护利用等调研视察 25 次。

【实绩考核工作】2018 年，市政府办公室协调各部门承接省市考核 158 项指标，组织完成葫芦岛市政府对兴城市政府工作实绩考核每月节点指标和全年指标任务完成情况的调度、自评自查、汇总、上报工作。完成承接省市指标证明材料整理收集工作。组织实施全市乡镇街道、园区和市直部门实绩考核工作。

【政府信息公开】2018 年，市政府办公室政府信息公开工作形成政府网站、档案馆、政府信息公开查阅点、新闻媒体、专家咨询、社会听证、农村基层政务公开栏等覆盖城乡、多层次、全方位的主动公开渠道。梳理编制完成包含政务事项分类、名称、办理主体、依据、公开内容、公开方式、公开时限的食品药品监管领域职权事项标准化目录 303 项，编制完成相关行政职权运行流程图。实施社会公益事业建设领域、公共资源配置领域、重大建设项目批准和实施等领域政府信息公开，组织全市第十二届“5·15 政务公开日”活动。加大政府信息公开回应社会关切力度，完善政务舆情回应机制和相关制度。

【依法行政】2018 年，市政府办公室将依法行政工作成效作为衡量领导班子和领导干部工作实绩的重要内容，聘请法律顾问、各类专业人士审查各类政策措施、重大项目和行政协议合同等 40 余件。制发《关于开展涉及产权保护的规章、规范性文件清理工作的通知》《关于开展行政规范性文件制定和监督管理自查自纠工作的通知》，经清理，年内新增规范性文件 1 件。针对全市 25 家涉企行政执法部门，在检查对象、内容、依据、时间、方式等方面均作出明确规定。改进行政复议和行政应诉制度，受理行政复议案件 4 件，以兴城市人民政府为被申请人复议案件 21 件。

【应急管理】2018 年，市政府办公室完善全市突发事件应急总指挥机构，完善预案体系建设，要求各相关单位及部门及时更新专项预案。组建以公安、交警、城建、海洋、卫计等职能部门骨干为应急救援专家队伍。全市有 37 个物资储备库，应急物资种类 237 项。建立起政府班子领导带队的三级值班制度，各乡镇、街道做到 24 小时值守。建立信息报告责任追究制度，强化应急宣传，组织应急管理知识培训。

【电子监察系统建设】2018年，兴城市行政审批电子监察系统对全市29家行政审批部门的205项审批事项进行监察，形成一套比较完善的网上监察体系，实现事前、事中、事后全程监察。实现网上受理业务1568笔，网上办结业务1555笔，在办业务13笔。有14个行政审批便民服务大厅纳入电子监察系统，市电子监察监控中心安装摄像头26个，发现问题7个，全部整改。

【网络诉求办理】2018年，市政府办公室网络诉求工作主要是办理民心网和"12345"政府服务热线网络诉求。兴城59家民心网联网平台接到群众诉求1031件（上年同期为483件），实际办结1060件（包括上年度未办结91件），评星646件。市"12345"政府服务热线三级平台单位46家，接到群众诉求2423件，办结2354件，评星1619件。

【外事工作】2018年，市政府办公室办理因公出国（境）审核报批2批、2人次，接待外宾访问团组5批次，美国、日本驻沈阳领事馆总领事应邀参加在兴城市举办的泳博会开幕式。对辖区内困难归侨侨眷再次进行普查，确定省级精准扶贫对象2人，争取省帮扶资金5387元。

兴城市人民政府办公室领导成员

主　任　李贵民

副主任　张志新　谭晓明　纪长生

　　　　赵　申　查恩博

营商局

局　长　纪长生（兼）

（孙佐强）

2018年兴城市人民政府发文目录

日期	发文字号	发送单位	文件标题
1月24日	兴政〔2018〕6号	市海洋与渔业局	关于同意汤爽等12宗海域使用权申请的批复
1月24日	兴政〔2018〕7号	市海洋与渔业局	关于同意李凤云等8宗海域使用权申请的批复
1月25日	兴政〔2018〕8号	市海洋与渔业局	关于同意张兴财1宗海域使用权面积变更和郭旺等30宗海域使用权续期的批复
1月26日	兴政〔2018〕9号	市安监局等25家单位	关于同意市安监局等25家单位行政执法检查年度计划的批复
1月30日	兴政〔2018〕10号	市规划局	关于同意兴城市河南片区控制性详细规划的批复
2月27日	兴政〔2018〕19号	市规划局	关于同意兴城市顺兴针织有限公司地块规划条件的批复
2月27日	兴政〔2018〕20号	市规划局	关于同意红崖子镇拣金村刘宝臣地块规划条件的批复

续表

日 期	发文字号	发送单位	文 件 标 题
2月27日	兴政〔2018〕21号	市规划局	关于同意沙后所镇闻家屯张庆良拟出让地块规划条件的批复
2月27日	兴政〔2018〕22号	市规划局	关于同意围屏乡围屏村原食品公司拟出让地块规划条件的批复
3月7日	兴政〔2018〕25号	市规划局	关于同意兴城市刘八斗村南侧片区控制性详细规划的批复
3月15日	兴政〔2018〕29号	市海洋与渔业局	关于同意李春海等2宗海域使用权续期的批复
3月15日	兴政〔2018〕30号	市水务局	关于同意兴城市河道建设管理处作为2018年兴城市河道治理及维修项目法人的批复
3月15日	兴政〔2018〕31号	市海洋与渔业局	关于同意赵野等4宗海域使用权申请的批复
4月11日	兴政〔2018〕40号	市规划局	关于同意兴城市钓鱼台片区（南侧）控制性详细规划的批复
4月22日	兴政〔2018〕41号	市规划局	关于同意兴城市卡蓝迪体育用品有限公司地块规划条件的批复
4月24日	兴政〔2018〕43号	市规划局	关于同意三道沟乡三道沟村王文铎地块规划条件的批复
4月24日	兴政〔2018〕44号	市防汛抗旱指挥部办公室	关于同意兴城市抗旱预案、兴城市山洪灾害防御预案的批复
5月2日	兴政〔2018〕47号	市海洋与渔业局	关于同意兴城市红海滩生态保护区管理处海域使用权申请的批复
5月10日	兴政〔2018〕50号	市规划局	关于同意兴城市辽工大西侧片区控制性详细规划的批复
5月10日	兴政〔2018〕51号	市规划局	关于同意望海乡曲河村李松地块规划条件的批复
5月10日	兴政〔2018〕52号	市国资局	关于同意向兴城市投资有限公司划转部分国有资产的批复
5月20日	兴政〔2018〕55号	市规划局	关于同意红崖子镇拣金村拟出让地块规划条件的批复
6月6日	兴政〔2018〕62号	市规划局	关于同意原辽宁格林蜂皇营养保健品公司拟出让地块规划条件的批复
6月13日	兴政〔2018〕68号	市水务局	关于同意兴城市防御洪水方案的批复
6月19日	兴政〔2018〕69号	市规划局	关于同意北关村外环北路北侧A–01、A–02、A–03、A–04、A–05号拟出让地块规划条件的批复
6月19日	兴政〔2018〕70号	市海洋与渔业局	关于同意白刚1宗海域使用权续期、变更和郭春林等6宗海域使用权续期的批复

续表

日期	发文字号	发送单位	文件标题
6月24日	兴政〔2018〕72号	市海洋与渔业局	关于同意王多等24宗海域使用权申请的批复
6月24日	兴政〔2018〕73号	市海洋与渔业局	关于同意周晓刚等6宗海域使用权申请的批复
6月24日	兴政〔2018〕74号	市海洋与渔业局	关于同意袁宝秋等10宗海域使用权申请的批复
6月24日	兴政〔2018〕75号	市交通局	关于同意对滨海经济区刘沟山体实施爆破取料的批复
7月11日	兴政〔2018〕84号	市海洋与渔业局	关于同意周晓刚等4宗海域使用权变更的批复
7月24日	兴政〔2018〕87号	市规划局	关于同意刘台子乡潘山村西侧拟出让地块规划条件的批复
7月25日	兴政〔2018〕92号	市规划局	关于同意曹庄镇后湖村东侧拟出让地块规划条件的批复
8月10日	兴政〔2018〕93号	市国资局	关于同意向兴城发展投资有限公司划转部分国有资产的批复
8月17日	兴政〔2018〕94号	觉华岛旅游度假区管委会	关于同意有偿收回觉华岛部分出让土地的批复
8月23日	兴政〔2018〕96号	向市国土局	关于同意刘台子满族乡和徐大堡镇土地开发项目等10个土地整理复垦、开发项目立项的批复
8月24日	兴政〔2018〕97号	市民政局	关于同意温泉街道办事处增设滨河社区居民委员会的批复
8月30日	兴政〔2018〕101号	市海洋与渔业局	关于同意李志永等20宗海域使用权申请的批复
8月30日	兴政〔2018〕102号	市海洋与渔业局	关于同意刘丽丽等20宗海域使用权申请的批复
9月22日	兴政〔2018〕107号	市海洋与渔业局	关于同意胡添水等47宗海域使用权申请的批复
9月29日	兴政〔2018〕111号	市规划局	关于同意旧门乡原旧门村小学拟出让地块规划条件的批复
9月30日	兴政〔2018〕112号	市规划局	关于同意原碱厂信用社拟出让地块规划条件的批复
11月5日	兴政〔2018〕122号	市规划局	关于同意望海乡曲河村102国道东南侧拟出让地块规划条件的批复
11月9日	兴政〔2018〕128号	市规划局	关于同意望海乡四方村102国道东南侧拟出让地块规划条件的批复
12月12日	兴政〔2018〕140号	市海洋与渔业局	关于同意江艳等13宗海域使用权申请（变更）的批复

续表

日期	发文字号	发送单位	文件标题
12月14日	兴政〔2018〕143号	东辛庄镇政府	关于同意兴城市东辛庄镇张虎村土地利用规划（2016～2020年）的批复
12月16日	兴政〔2018〕144号	市城乡规划建设局	关于同意兴城市海绵城市专项规划的批复
2月5日	兴政〔2018〕14号	各乡镇、街道及各部门	关于李宝文等同志职务任免的通知
4月5日	兴政〔2018〕39号	各乡镇、街道及各部门	关于孟宪利等同志职务任免的通知
9月25日	兴政〔2018〕108号	各乡镇、街道及各部门	关于免去李忠华等同志职务的通知
12月21日	兴政〔2018〕148号	各乡镇、街道及各部门	关于免去周勇等同志职务的通知
1月11日	兴政发〔2018〕1号	各乡镇、街道及有关部门	关于明确对房地产企业开发建设项目征收建筑安装企业养老保险费有关问题的通知
1月26日	兴政发〔2018〕2号	各乡镇、街道及有关部门	关于公布2018年度涉企行政执法检查计划的通知
3月5日	兴政发〔2018〕3号	各乡镇、街道及有关部门	关于印发兴城市改革县乡财政体制加强财源建设实施方案的通知
3月27日	兴政发〔2018〕4号	各乡镇、街道及有关部门	兴城市人民政府关于印发兴城市落实省、市政府“重实干强执行抓落实”专项行动实施方案的通知
5月10日	兴政发〔2018〕5号	各乡镇、街道及有关部门	兴城市人民政府关于落实国务院取消一批行政许可等事项加强事中事后监管的通知
5月26日	兴政发〔2018〕6号	各乡镇、街道及有关部门	关于印发落实2018年省政府工作报告任务分解和责任分工方案的通知
6月1日	兴政发〔2018〕7号	各乡镇、街道及有关部门	兴城市人民政府关于印发兴城市“十三五”期间深化医药卫生体制改革实施方案的通知
6月10日	兴政发〔2018〕8号	各乡镇、街道及有关部门	兴城市人民政府关于做好第四次全国经济普查工作的通知
6月18日	兴政发〔2018〕9号	各乡镇、街道及有关部门	关于印发《2018年国务院政府工作报告》相关任务分解和责任分工方案的通知
6月26日	兴政发〔2018〕10号	各乡镇、街道及有关部门	关于印发兴城市城区和建制镇（集镇）镇区基准地价标准的通知

续表

日期	发文字号	发送单位	文件标题
6月30日	兴政发〔2018〕11号	各乡镇、街道及有关部门	兴城市人民政府关于印发兴城市促进中医药发展实施方案（2018～2020年）的通知
7月25日	兴政发〔2018〕12号	各乡镇、街道及有关部门	关于明确市政府分管安全生产领导同志的通知
7月31日	兴政发〔2018〕13号	各乡镇、街道及有关部门	兴城市人民政府关于印发兴城市贯彻落实国家海洋督察组督察反馈意见整改方案的通知
10月9日	兴政发〔2018〕15号	各乡镇、街道及有关部门	关于印发兴城市非洲猪瘟防控工作实施方案的通知
10月9日	兴政发〔2018〕16号	各乡镇、街道及有关部门	关于印发兴城市非洲猪瘟紧急排查工作方案的通知
10月12日	兴政发〔2018〕17号	各乡镇、街道及有关部门	关于印发兴城市建立非洲猪瘟防控检查站实施方案的通知
11月6日	兴政发〔2018〕19号	各乡镇、街道及有关部门	关于印发兴城市农民工工资政府应急周转金使用暂行办法的通知
11月14日	兴政发〔2018〕20号	各乡镇、街道及有关部门	关于印发兴城市统筹整合资金支持打好脱贫攻坚战工作实施方案的通知
12月26日	兴政发〔2018〕21号	各乡镇、街道及有关部门	兴城市人民政府关于建立健全粮食安全省长责任制的实施意见
12月28日	兴政发〔2018〕20号	各乡镇、街道及有关部门	兴城市人民政府关于印发探索建立涉农资金统筹整合长效机制实施方案的通知

2018年兴城市人民政府办公室发文目录

日 期	发文字号	发送单位	文 件 标 题
1月15日	兴政办发〔2018〕1号	各乡镇、街道及有关部门	关于印发兴城市开展政务公开标准化规范化工作实施方案的通知
1月31日	兴政办发〔2018〕4号	各乡镇、街道及有关部门	关于印发兴城市贯彻落实《葫芦岛市2018年政府工作报告》任务分解方案的通知
2月11日	兴政办发〔2018〕5号	各乡镇、街道及有关部门	关于印发贯彻落实葫芦岛市委五届七次全体（扩大）会议暨经济工作会议精神任务分解方案的通知
2月27日	兴政办发〔2018〕6号	各乡镇、街道及有关部门	关于印发兴城市小型农田水利项目建设“先建后补”实施办法（试行）的通知
3月2日	兴政办发〔2018〕8号	各乡镇、街道及有关部门	关于印发兴城市国有企业监事会管理暂行办法的通知
3月12日	兴政办发〔2018〕9号	各乡镇、街道及有关部门	关于印发兴城市建立和完善政府法律顾问制度实施方案的通知

续表

日期	发文字号	发送单位	文件标题
3月27日	兴政办发〔2018〕10号	各乡镇、街道及有关部门	关于印发兴城市第二次全国污染源普查实施方案的通知
3月28日	兴政办发〔2018〕11号	各乡镇、街道及有关部门	关于成立兴城市海洋督察整改工作领导小组的通知
4月23日	兴政办发〔2018〕13号	各乡镇、街道及有关部门	关于开展全市“四上”企业统计执法检查的通知
4月26日	兴政办发〔2018〕14号	各乡镇、街道及有关部门	兴城市人民政府办公室关于印发兴城市遏制与防治艾滋病“十三五”规划的通知
4月26日	兴政办发〔2018〕15号	各乡镇、街道及有关部门	关于印发兴城市结核病防治“十三五”规划的通知
5月10日	兴政办发〔2018〕16号	各乡镇、街道及有关部门	关于进一步加强和规范货运车辆超限超载治理工作的通知
5月16日	兴政办发〔2018〕17号	各乡镇、街道及有关部门	兴城市人民政府办公室关于印发兴城市河库垃圾清理专项行动实施方案的通知
5月24日	兴政办发〔2018〕18号	各乡镇、街道及有关部门	关于转发兴城市“河长制”实施方案的通知
6月1日	兴政办发〔2018〕19号	各乡镇、街道及有关部门	兴城市人民政府办公室关于印发兴城市建立现代医院管理制度实施方案的通知
6月14日	兴政办发〔2018〕21号	各乡镇、街道及有关部门	关于印发兴城市2018年度地质灾害防治方案的通知
6月20日	兴政办发〔2018〕22号	各乡镇、街道及有关部门	转发关于提高城乡居民最低生活保障和特困人员救助供养标准的通知
6月22日	兴政办发〔2018〕23号	各乡镇、街道及有关部门	关于印发《兴城市乡镇政府、街道办事处耕地保护责任目标考核办法》的通知
6月25日	兴政办发〔2018〕24号	各乡镇、街道及有关部门	关于进一步加强文物保护工作的通知
6月29日	兴政办发〔2018〕25号	各乡镇、街道及有关部门	关于印发兴城市2018年政务公开工作要点的通知
7月2日	兴政办发〔2018〕27号	各乡镇、街道及有关部门	关于举办兴城市第七届全民运动会的通知
7月5日	兴政办发〔2018〕28号	各乡镇、街道及有关部门	关于印发兴城市国有企业公司制改革及僵尸企业处置工作实施方案的通知
7月6日	兴政办发〔2018〕29号	各乡镇、街道及有关部门	兴城市人民政府办公室关于印发兴城市政府外聘法律顾问管理办法的通知
7月20日	兴政办发〔2018〕30号	各乡镇、街道及有关部门	关于印发兴城市开展人居环境“五进院”专项整治行动实施方案的通知

续表

日期	发文字号	发送单位	文件标题
7月20日	兴政办发〔2018〕31号	各乡镇、街道及有关部门	关于处理政府信息依申请公开工作若干问题的通知
7月23日	兴政办发〔2018〕32号	各乡镇、街道及有关部门	关于印发兴城市殡葬领域突出问题专项整治工作方案的通知
8月22日	兴政办发〔2018〕33号	各乡镇、街道及有关部门	关于公布兴城市行政审批中介服务事项清单的通知
9月4日	兴政办发〔2018〕36号	各乡镇、街道及有关部门	关于印发兴城市2018年农村生活垃圾治理专项行动实施方案的通知
9月11日	兴政办发〔2018〕37号	各乡镇、街道及有关部门	关于对郭家镇陈家村三合屯疫区实行封锁的通知
9月16日	兴政办发〔2018〕40号	各乡镇、街道及有关部门	兴城市人民政府办公室印发兴城市推进公共资源配置领域政府信息公开实施方案的通知
9月17日	兴政办发〔2018〕42号	各乡镇、街道及有关部门	关于印发兴城市贯彻落实《葫芦岛市人民政府关于市委五届八次全会工作报告任务分解方案》的通知
9月21日	兴政办发〔2018〕43号	各乡镇、街道及有关部门	关于进一步规范兴城市医疗废物管理工作的通知
9月26日	兴政办发〔2018〕44号	各乡镇、街道及有关部门	关于对郭家镇陈家村三合屯疫区解除封锁的通知
9月27日	兴政办发〔2018〕45号	各乡镇、街道及有关部门	关于明确大菱鲆养殖区环境综合整治划区管理的通知
10月9日	兴政办发〔2018〕47号	各乡镇、街道及有关部门	关于印发兴城市退役军人和其他优抚对象信息采集工作实施方案的通知
10月9日	兴政办发〔2018〕48号	各乡镇、街道及有关部门	关于印发兴城市贯彻落实葫芦岛市第15次党组会议精神实施方案的通知
10月12日	兴政办发〔2018〕49号	各乡镇、街道及有关部门	关于加快推进农业供给侧结构性改革大力发展粮食产业经济的实施意见
10月12日	兴政办发〔2018〕50号	各乡镇、街道及有关部门	关于规范兴城市政务公共事业管理中心管理使用的通知
10月19日	兴政办发〔2018〕52号	各乡镇、街道及有关部门	关于加强全市2018年国家基本公共卫生服务项目工作的通知
10月19日	兴政办发〔2018〕53号	各乡镇、街道及有关部门	关于印发兴城市粮食生产功能区和重要农产品生态保护区划定实施方案的通知
10月29日	兴政办发〔2018〕54号	各乡镇、街道及有关部门	关于印发兴城市推进数字农业落地实施方案的通知

续表

日期	发文字号	发送单位	文件标题
11 月 6 日	兴政办发〔2018〕57 号	各乡镇、街道及有关部门	关于建立保护发展森林资源目标责任制的通知
11 月 8 日	兴政办发〔2018〕58 号	各乡镇、街道及有关部门	兴城市人民政府办公室关于印发兴城市利益相关方代表列席政府有关会议制度的通知
11 月 14 日	兴政办发〔2018〕59 号	各乡镇、街道及有关部门	关于印发兴城市非洲猪瘟防控期间猪肉收储方案的通知
11 月 14 日	兴政办发〔2018〕60 号	各乡镇、街道及有关部门	关于进一步规范公文报送和加强行政规范性文件制定管理工作的通知
11 月 23 日	兴政办发〔2018〕62 号	各乡镇、街道及有关部门	关于切实加强校园及周边安全管理工作的紧急通知
11 月 23 日	兴政办发〔2018〕63 号	各乡镇、街道及有关部门	关于印发 2019 年兴城市新型农村合作医疗参合缴费及登记录入工作实施意见的通知
12 月 7 日	兴政办发〔2018〕65 号	各乡镇、街道及有关部门	关于印发兴城市秸秆综合利用实施方案的通知

（石婷婷）

·人事工作·

【概况】2018 年，兴城市人事局对 23 家新组建事业单位进行“三定”方案拟定和法人登记工作，落实办公用房用车，调整规范各部门权责清单。全面完成 315 家事业单位报告公示和 18 家法人证书换发工作。全年，调出档案 183 份，接收档案 200 份，接收应届毕业生报到 98 人次，开具相关证明 128 次。安置及落户军转干部 10 人。

【公务员管理】2018 年，市人事局考核公务员 1324 人，考核事业单位管理人员 1411 人。专题培训机关事业干部 500 人。完成面向乡镇公益性事业单位工作人员参加公务员考试职位设置及参加考试人员资格审查、考核等相关工作，录用 16 人。

【科技干部服务】2018 年，市人事局为参加全国卫生技术资格考试合格人员发放护士专业技术职称证书 25 本，医师证书 99 本，卫生系列高中初级聘任 53 人。聘任教育系统 2008 ~ 2010 年取得一级、高级资格教师 590 人。聘任在乡村一线教学岗位上从教 30 年以上、任一级教师满 10 年以上高级原未聘教师 47 人。为粉末冶金厂引进外国专家 2 名。

【工资福利】2018 年，市人事局审批 2017 年机关事业单位在职人员年终一次性奖金

12200人，人均发放3102元。审批并发放2017年绩效奖金5360人，人均4871元。离休人员护理费人均发放1500元。

兴城市人事局领导成员

局　长　张雨新（2018年2月离任）
　　　　许殿金（2018年2月任职）
副局长　刘　敏　李冬梅（女）

（杨溢）

·信访工作·

【**概况**】2018年，兴城市信访局妥善处理来访问题，控制信访问题增量，避免人员越级上访。春节和“两会”期间，中央第六巡视组在辽宁巡视期间，“扫黑除恶”专项斗争中央第三督导组在辽督导期间，中央第一生态环境保护组在葫芦岛督查、涉军上访等敏感期间，开展矛盾纠纷排查及各类转交案件督查督办等工作，完成各个时期信访稳定工作目标。

【**案件办理**】2018年，市信访局接待群众来访676案5228人，批次同比下降6.63%，人次同比下降26.5%。其中，集体访230案4513人，占来访总量34%；个体访446案715人，占来访总量66%。上级部门转交来信64件，网上转交案件76件，全部转到相关有权处理机关处理。22位市领导接待群众来访258批。

【**“减存控增”攻坚行动**】2018年，市信访局根据《辽宁省“五级书记抓信访”推动信访矛盾减存控增三年攻坚计划》要求，对省信访工作联席会议办公室交办133件信访案件进行排查、筛重、判重，分别确认有权处理行政机关，建立信访矛盾减存控增三年攻坚台账，逐案落实副县级以上领导包案。全市存量案件133件（另有中省直案件7件），其中行政类案件98件，涉法涉诉类案件21件，涉公安类案件2件，涉纪检监察类案件12件。年末，化解案件62件，化解率46.62%。

兴城市信访局领导成员

局　长　孙　伟（2018年2月离任）
　　　　王　超（2018年2月任职）
副局长　杨景生　赵海伟　董绍壮

（管月华）

辽宁兴城经济开发区

【**概况**】2018年2月26日，辽宁省人民政府辽政〔2018〕51号文件，《关于同意兴城滨海经济区晋升为省级经济开发区的批复》，同意将兴城滨海经济区晋升为省级经济开发区，名称为辽宁兴城经济开发区，园区规划面积9.18平方公里。园区四至范围是：东至临海街道中兴村卧牛山，南至园区海锦路，西至临海街道老滩村南山，北至临海街道中兴村。园区重点发展泳装、新材料等产业。截至年末，辽宁兴城经济开发区规模以上工业总产值完成12亿元，同比增长40%；完成销售收入11亿元，同比增长57%；完成固定资产投资总额6.5

亿元，同比增长160%。一般公共预算收入完成16210万元，同比增长5%；完成出口交货值1.8亿元，同比增长73%。

【基础设施建设】2018年，辽宁兴城经济开发区主要完成7项基础设施工程。完成黄海大街污水管线576.6米及检查井升级改造工程，总投资110万元。完成海达路与海前路之间各街污水管线排查、修复，完善工作，总投资50万元。为新入驻企业辽宁华辰生物科技有限公司厂区回填提供开山料28630立方米，解决企业基础设施建设迫切需要，总投资14.18万元。为辽宁小松游艇完善生活给水管线580米长，总投资60万元，于7月中旬完工。完成上级交办工作，为辽宁省发展壮大村集体经济推进会在经济区内三奇泳装企业举办现场交流会，改善周边环境，对临街施工现场进行重新围护。新增2.4米高围挡500米，1.8米高围挡150米。兴城滨海经济区污水处理厂改造工程于10月初竣工，基本达到排放标准，运行情况稳定。修建供热二次管网4800米，总投资200多万元，满足入园企业配套设施需求。

【招商引资工作】2018年，辽宁兴城经济开发区签约项目4个，分别为北京宏升卓越工程机械有限公司升降移动机械生产项目、兴城市亿维食品有限公司食品加工项目、兴城天喜轮胎有限公司工业4.0全钢子午线轮胎和工程内胎项目、兴城天喜轮胎有限公司配套内胎生产项目。同时，正在跟踪和洽谈项目7个。氢燃料新能源汽车项目，项目总投资20亿元，占地面积70公顷；项目达产后，年生产销售氢燃料动力系统5000套，年产值50亿元，上缴利税5亿元。远期目标，年生产销售氢燃料动力系统10000套，年产值100亿元。废旧轮胎绿色生态循环利用工业4.0智能化工厂项目，项目总投资3亿元，占地面积13.33公顷；项目达产后，形成生产规模为年裂解废旧轮胎10万吨，年产值3.2亿元，上缴利税0.75亿元。传化集团公路港项目，项目一期总投资3亿元，占地面积20公顷，建设综合保税仓6000平方米，冷链物流仓4000平方米，恒温气调仓8000平方米，综合服务配套区10000平方米；项目达产后，可实现途径7000辆货车及驾驶人补给，年产值3.5亿元，上缴利税0.4亿元，带动500人就业。年产2000吨8-羟基喹啉项目，拟落户北港化工园区，项目总投资1.2亿元，占地面积3.33公顷;项目达产后,年产值3.5亿元，上缴利税0.7亿元。日本丰田氢能源汽车项目，与日本大使横井裕、经济参赞门胁、政务参赞野野村取得联系，争取日本丰田汽车氢能源电池技术引入园区，投资方为中铁投资集团，7月中下旬邀请日本大使、经济参赞、政务参赞到经济区实地考察。针对具有生产能力和技术且缺乏资金小微产业集群实际需求，提供厂房、场地等设施配套，采取宜租则租、宜售则售、租售并举方式引进项目，探讨经济区新的集群化招商模式。开展进出口贸易，根据推进中国（辽宁）自由贸易试验区与重点产业园区协同发展的指导意见，于4月成立兴城裕达贸易有限公司开展进出口贸易。年内，在南非成立办事处，开展红木（血檀）货物进口贸易；争取南非进口红酒（公爵、印迹等酒庄）国内独家代理权；与江苏海宁市皮革生产商达成对南非出口皮拖、皮具贸易；与菲律宾香蕉园园主进行对接，开展香蕉原产地进口订单贸易；对园区泳装企业符合出口质量库存泳衣对南非及东南亚开展出口业务。

【重点项目建设】2018年，辽宁兴城经济开发区农产品加工产业园作为经济区重点打造园中园，上年在建7个项目全部复工。其中，润泽农业、菲迪饲料、今日饲料、万德果蔬加工、弘发果脯等项目年内竣工投产，兴凯农业设施、旻源产品等项目年内完成主体工程施工。年内，海源二期、安迈二期、宏升卓越、华力新能源汽车、华辰兴业饲料等项目开工建设。

【盘活存量土地】2018年，辽宁兴城经济开发区整合对土地需求不大、有发展潜力小微企业，提高功能配置，强化配套服务。对未按合同约定完成建设项目，收回土地，回收三源项目土地，并采用对接项目方式引入新企业。对个别停产半停产项目，采取对接方式，帮助企业正常生产经营。

【经济区改制】2018年，葫芦岛和兴城两级市委、政府主要领导多次听取兴城经济开发区工作汇报，举行座谈会广泛征求意见建议，召开专题会议研究部署改制工作。经管委会多次研究讨论，形成改革方案讨论稿上报兴城市委、市政府。按照兴城市委、市政府提出先成立公司、后进行管委会改制“两步走”指导意见，公司设立方案经兴城市政府常务会和市委常委会研究通过后，上报葫芦岛市政府。3月9日，市长袁国相在园区召开专题会议，安排部署公司成立事宜。按照会议要求，经济区于3月15日完成公司注册，公司注册名称为兴城发展投资有限公司，公司法定代表人董玉明，注册资本金20亿元（其中货币出资0.2亿元，实物8亿元，土地使用权11.8亿元）。公司于3月16日召开第一次董事会，确定聘请公司总经理、常务副总经理、副总经理等公司高管团队成员。委托中科捷报管理咨询有限公司编制企业内部架构和内部管理系统及各相关规划，于3月末形成初步方案。3月初，经济区正县级领导干部1人、副县级领导干部1人、正科级领导干部5人、副科级领导干部2人及科员9人向市委递交辞职报告，自愿辞去现任职务，加盟到公司。研发中心划转到公司，供水、供暖、污水、临海街道办事处办公楼、管委会食堂等资产在办理相关产权证形成良性资产后陆续注入公司。爆破填海形成山石料厂土地约146.67公顷、102国道至滨海公路连接线两侧调规土地约240公顷、中兴村卧牛山附近土地约220公顷等资产将在政府审批后划转到公司。

中共辽宁兴城经济开发区工作委员会辽宁兴城经济开发区管理委员会领导成员

·中共辽宁兴城经济开发区工作委员会·

工 委 书 记　赵家鹏

工委副书记　袁国相

　　　　　　董玉明（2017 年 6 月任职）

工 会 主 席　闫忠军

·辽宁兴城经济开发区管理委员会·

主　　　任　袁国相

专职副主任　董玉明

副　主　任　闫忠军　刘　志　吴欣宝

综合办公室

主　任　（暂缺）

副主任　张建国

财政局

局　长　王　刚

副局长　李　强

经济发展局

局　长　赵福运

副局长　李守东　王继仁

规划建设局

局　长　周燕驰

副局长　赵明月　秦志国

服务局

局　长　陈晓艳（女）

副局长　王　冠　李　驰

招商局

局　长　（暂缺）

副局长　杨士凯

公共事业管理中心

主　任　王靖宇

副主任　刘　宇

（张建国）

觉华岛旅游度假区

【概况】2018 年，觉华岛旅游度假区管理委员会围绕年初确定工作任务和目标，团结务实，真抓实干。截至年末，全区固定资产投资累计完成 3520 万元，全区公共财政预算收入完成 1111 万元，其中税收完成 553 万元，非税收入完成 558 万元。

【基础设施建设】2018 年，觉华岛旅游度假区推进重点项目实施，开展 10 个项目建设，其中续建项目 3 个，新建项目 5 个，拟建项目 2 个，工程总投资 19984.8 万元。续建项目，实施觉华岛村屯管网工程，项目总投资 1700 万元。张家山岛整治修复与保护项目一标段码头建设工程，项目总投资 860 万元。实施杨家山岛保护与开发利用及觉华岛依托工程示范项目，总投资 9926 万元，年内完成投资 7923 万元。新建项目，实施觉华岛古营城岸线维修项目，总投资410万元。实施海岛亮化工程，年内在山脊线安装太阳能灯400盏，总投资1000万元。觉华岛陆岛交通码头二期疏浚、围堰及陆域回填工程，项目总投资650万元。觉华岛2017年海防基础设施建设工程，项目总投资567万元。兴城陆岛交通岛侧码头候乘长廊建设工程一标段，项目总投资98万元。

【海域管理和海洋督察整改】2018年，觉华岛旅游度假区为合理开发利用海洋资源，加强海洋生态环境保护，办理到期海域使用权续期30宗，海域使用权人变更32宗，完成用海申请受理上报审批工作70宗。累计发放不动产登记证82本，收缴海域使用金400余万元。完成自然资源部下达海岛开发利用现状调查工作，开展辖区内3个无居民海岛调查工作，并协助完成全市图斑绘制及整理工作。针对国家海洋督察提出整改问题，协助相关部门积极整改。先后多次前往大连、沈阳、青岛、北京汇报整改进展。根据省海洋督察整改小组要求，完成9月下旬至10月末整改进度每日汇报工作，对整改情况档案进行归档。

【旅游工作】2018年，觉华岛旅游度假区丰富旅游项目内涵，发展旅游新业态。继续深挖觉华岛旅游文化，加快旅游项目建设，做活旅游产业集聚文章。年内，举办2018年海岛文化旅游节，同时承办辽宁省旅游委首届海岛旅游节，开展举办赏槐花、品美食、观看古筝太极表演等活动。做好菩提树认养工作，利用专业团队进行管理。全年，全区接待上岛游客21.2万人次，实现旅游收入10600万元。

【景区管理】2018年，觉华岛旅游度假区加强景区管理，提高旅游服务水平。加强软环境建设，重点整顿旅游市场秩序和旅游交通秩序，打击饭托、欺客宰客以及无照经营、无照运营等违法违规行为。提升旅游环境，加快景区景点建设步伐。加大景区环境改造力度，增加服务设施，打造精品景区。加强旅游从业人员特别是导游员业务培训工作，提升旅游从业人员素质。加大对外宣传、营销力度，在主流媒体和主要客源地媒体投入广告宣传，出台相关政策激励旅行社为觉华岛输送客源。利用菩提文化博览会等节事活动宣传造势。合理规划安排旅游线路，科学设置站点，探索公交化运营模式，解决好运力不足问题。

中共觉华岛旅游度假区工作委员会觉华岛旅游度假区管理委员会领导成员

·中共觉华岛旅游度假区工作委员会·

工委书记　赵家鹏（兼）

工委副书记　袁国相

　　　　　　奚耀贵　琚荣兴（2018年10月离任）

·觉华岛旅游度假区管理委员会·

主　任　袁国相

专职副主任　奚耀贵
副主任　张　飒（2018年10月离任）　郭永泽
　　　　康化忠　韩树文

综合办公室
主　任　罗　军

经济发展局
局　长　（暂缺）

招商局
局　长　李志强

社会事业局
局　长　周风雷（兼）

财政局
局　长　杨兴周

交通局
局　长　崔连明

海洋与渔业局
局　长　杨文汇

规划建设环保局
局　长　王立东
副局长　蒋力伟　刘　峰　张　泽

旅游服务业局
局　长　王　超

（张笑）

中国人民政治协商会议兴城市委员会

【**概况**】2018年，中国人民政治协商会议兴城市委员会召开政协全会1次、常委会议4次，党组会议、主席办公会议15次。组织开展委员集中培训2次，专题研讨2次，开展调研、视察活动8次，提交委员提案199件，搜集整理社情民意信息234条。

【**开展调研视察**】2018年，市政协分别就脱贫攻坚工作、挖掘历史文化资源促进旅游业发展、残疾人事业发展和电子商务发展情况、安全生产工作、重点提案办理情况进行专题调研、视察，参与委员150人次。

【**强化民主监督**】2018年，市政协民主监督侧重于党政重视、群众关注的问题，寓民主监督于会议、视察、提案、反映社情民意等履职活动之中。成立17个民主监督小组，对执法执纪和事关民生的部门、单位进行长期民主监督。

【**反映社情民意**】2018年，市政协围绕经济社会高质量发展、脱贫攻坚、社会保障、教育医疗等方面工作，引导政协委员深入基层，了解实情，收集带有普遍性、倾向性的社情民意，并做好编审上报工作。全年收集、整理、上报社情民意信息234条，其中葫芦岛市政协采用28条，《委员信息交流》采用34条。

【政协兴城市八届二次会议】2018年12月25日上午，政协兴城市八届二次会议在兴城人民会堂第四会议室开幕。市委、市人大、市政府主要领导参加会议。各乡镇、街道、市直各部门、群团单位、部分驻兴单位不是本届政协委员的主要领导应邀列席会议。会议历时3天，听取并审议市政协八届委员会常务委员会工作报告；听取并审议市政协八届委员会常务委员会关于提案工作情况的报告；与会委员列席市人大八届二次会议，听取并协商政府工作报告和其他报告；听取市政协八届二次会议提案审查情况的报告；审议通过关于八届委员会常务委员会工作报告和关于提案工作报告的决议；市委书记赵家鹏讲话。

2018年政协兴城市第八届委员会历次常委会议表

八届常委会议	召开日期	议　题
第一次会议	3月1日	审议通过政协兴城市委员会常务委员会工作规则（草案）；审议通过兴城市政协常委会2018年工作要点；传达市政协八届委员会领导同志工作分工的通知；传达省委书记陈求发在省政协十二届一次会议第二次全体会议上的讲话精神；市政协主席李肖讲话

2018年12月26日，中国人民政治协商会议兴城市第八届委员会第二次会议召开

第二次会议	6月29日	审议通过《关于挖掘兴城历史文化资源、促进旅游业发展的调研报告（草案）》；审议通过《关于我市脱贫攻坚工作情况的调研报告（草案）》；审议通过《政协兴城市委员会民主监督员工作细则（草案）》《政协兴城市第八届委员会民主监督员分组名单（草案）》；审议通过《政协兴城市第八届委员会关于设置专门委员会的决定（草案）》《政协兴城市委员会专门委员会工作通则（草案）》；审议通过各专门委员会工作简则（草案）、组成人员名单（草案）；市政协党组书记、主席李肖讲话
第三次会议	9月29日	听取市政府关于全市经济和社会发展情况的通报；审议通过《关于我市残疾人事业发展情况的调研报告》；市政协党组通报深入开展习近平总书记关于加强和改进人民政协工作重要思想理论研讨活动情况；通过人事任免事项；市政协党组书记、主席李肖讲话
第四次会议	12月17日	一是听取市政府关于委员提案办理情况的通报。二是审议通过市政协八届二次会议相关文件，包括大会议程、日程；大会执行主席名单；大会秘书长、副秘书长名单；八届市政协常委会工作报告（征求意见稿）；八届市政协常委会提案工作情况报告（征求意见稿）。三是市政协党组书记、主席李肖讲话

政协兴城市第八届委员会常务委员会组成人员

主　席　李　肖

副主席　王晓章　王华松　郑艳春（女）　王振兴

秘书长　王晓章（兼）

常　委　于清勇　弓　箭　王　英（女）　王华松　王华静（女）　王宏伟　王学文　王振兴　王铁华　王晓曼（女）　王晓章　王晨宇（女）　石宏声　卢国境　任　磊（女）　刘彦芳　孙博怡（女）　纪红茹（女）　李　肖　李　岚（女）　李　娜（女）　李健夫　李晓伟（女）　李爱华　李淑彬（女）　杨　博　杨丽莉（女）　吴　健（女）　沈文辉（女）　沈朝新（女）　张　伟（女）　张大鹏　张丽娟（女）　陆丽君（女）　陈志强　陈晓雪（女）　金宝亮　郑艳春（女）　单　新　孟琳琳（女）　曹景阳　韩仁会　韩建军　韩雅楠（女）　程东浦　熊　楠（女）　熊波澎

·政协工作机构·

办公室

主　任　沈文辉（女）

副主任　杜立新

经科办

主　任　王振兴

副主任　李永生

提案办
主　任　弓　箭

宣教办
主　任　单　新
副主任　马恩伟（2018年9月离任）

委员联络办
主　任　孟琳琳（女）

学习文史办
主　任　于清勇

（马恩伟）

中国共产党兴城市纪律检查委员会 兴城市监察委员会

【**概况**】2018年，兴城市纪检监察机关围绕“三大攻坚战”“四个着力”“三个推进”开展监督检查，对中央环保督察、海洋督察、机关事业单位改革中发现的问题及时处置。制定纪委监委机关、派驻纪检监察组、派出纪工委监工委和乡镇（街道）纪（工）委4项考核管理办法，实施“周信息、月报告、季调度、半年述职、全年总结”工作制度。查处纪检监察干部违纪案件1件，党纪处分1人，组织处理8人。

【**纪检监察体制改革**】2018年，市纪委向全市28个乡镇（街道）统一派驻监察办公室，由乡镇（街道）纪（工）委书记任监察办主任，赋予乡镇（街道）纪（工）委监察权限，将制度优势转化为治理效能。推进派驻机构改革，原有5个乡镇街道纪工委监工委和7个市直派驻纪检监察组整合为5个纪检监察协作区。年内，对2名涉嫌职务违法犯罪人员立案调查，运用包括留置在内的10种调查措施，移送检察机关审查起诉，实现审查调查与司法程序顺畅对接。

【**日常监督**】2018年，市纪委推进纪律监督、监察监督、派驻监督、巡察监督协调衔接，推动日常监督全覆盖。向全市党员干部发送廉政短信1.06万条；开通“清廉兴城”微信公众号，畅通“四风”问题举报渠道。动态分析研判领导班子和领导干部廉政情况，回复党风廉政意见2734人次。全市纪检监察机关运用监督执纪“四种形态”处理594人，其中第一种形态334人，占56.2%；第二种形态212人，占35.7%；第三种形态20人，占3.4%；第四种形态28人，占4.7%。

【**巡视巡察工作**】2018年，市纪委22项中央巡视整改任务全部按期完成，3项专项整治行动取得成效。中央第六巡视组转办34件问题线索，办结率100%，给予党纪政务处分12人，组织处理9人；问题线索存量103件，办结率99%。接收省委第十二巡视组移交问题线索132件，全部展开调查核查。受理葫芦岛市委巡察组交办问题线索28件，立案结案17件，给予党纪政务处分29人，组织处理19人。兴城市委巡察组移交问题线索95件，立案结案13件，给予党纪政务处分10人，组织处理59人。

【监督执纪审查工作】2018年，市纪检监察机关共受理信访举报417件，立案结案254件、给予党纪政务处分260人，谈话函询75人，诫勉谈话67人次。查处大要案45件，处分乡科级干部25人，向检察机关移送职务违法犯罪案件1件2人。

【基层党风廉政建设】2018年，市纪委在全市268个行政村(社区)配备269名村(社区)纪检监察监督员。做实做细监督员年度考核工作，兑现奖励资金25.2万元，清退6人。对全市28个乡镇街道惠民政策项目资金落实情况进行“大起底”“大排查”，在19个乡镇和1个街道建设标准谈话室，实现纪检监察干部专职化、审查调查设施标准化、工作运行规范化目标。

【专项整治】2018年，市纪委查处扶贫领域腐败案件9件，处分9人，通报2次3起。查处群众身边不正之风和腐败问题73件、处分73人。开展“扫黑除恶”专项斗争，排查问题线索40个，发放宣传材料11万余份。排查2016年以来受理的信访举报和结案件，涉黑涉恶问题线索128件，立案13件，给予党纪政务处分8人，组织处理21人。其中，中央“扫黑除恶”第三督导组交办问题线索21件，立案5件，给予党纪政务处分3人，组织处理7人。

中共兴城市纪律检查委员会兴城市监察委员会组成人员

书　　记　王春颖(女)
副 书 记　苏文波　赵殿柱
常务委员　冯　欢(女)　王力群
　　　　　齐　兵　赵德付
委　　员　王力群　王永飞　王春颖(女)
　　　　　王维达　冯　欢(女)　毕　伟
　　　　　齐　兵　苏文波　李　杰(女)
　　　　　李爱华　杨明宇　杨德军
　　　　　赵志刚　赵殿柱　赵德付

兴城市监察委员会

主　任　王春颖(女)
副主任　苏文波(兼)　赵殿柱
委　员　冯　欢(女)　王力群
　　　　赵鹏飞(2018年2月任职)
　　　　张树礼(2018年3月任职)

(周新雨)

民主党派与群众团体

中国国民党革命委员会
葫芦岛市委员会兴城市支部

【概况】2018年，中国国民党革命委员会葫芦岛市委员会兴城市支部在兴城“两会”期间，党员政协委员提交集体提案2个、个人提案11个，其中2个提案被列为兴城市政协重点提案。向民革葫芦岛市委会提交关于兴城市新型农村合作医疗以及兴城市职业教育工作的调查报告2篇。收集编发反映社情民意信息20篇，工作信息6篇。

【社会活动】2018年，民革兴城支部跟踪帮扶郭家镇4户贫困农户、1户城内困难职工，提供帮扶资金6000元。支部企业家党员多次为养老院老人提供免费基础药品及诊治，为贫困户送米面油等生活用品。

中国国民党革命委员会葫芦岛市委员会兴城市支部领导成员

主　委　吕　伟（女）

副主委　卢国境　韩仁会　陈志强

（宋健）

中国民主同盟兴城市总支部委员会

【概况】2018年，中国民主同盟兴城市总支部委员会有盟员26人，其中有葫芦岛市政协委员1名、葫芦岛市人大代表1名；兴城市政协委员7名，其中3人为政协常委。全年召开3次专题会议，传达学习中共十九大、民盟十二大和中央、省市相关会议精神。参与盟省委组织的关于纪念改革开放40周年征文活动，创作征文1篇，撰写理论征文5篇，绘画作品2幅。

【社会服务活动】2018年2月11日，民盟兴城市总支部部分盟员到三道沟乡头道沟里村，为获得2017年“最美兴城人”称号的郑思雨送去慰问金3000元。6月24日，

2018年8月22日，民盟兴城总支部在城东街道办事处举行“盟员之家”揭牌仪式

在三道沟乡开展送医下乡义诊活动，免费体检、查治、解答咨询，接待就诊群众200余人次。8月29日，为中高考中取得优异成绩的碱厂乡10名贫困学生发放助学金。

【民盟二届五次会议】2018年3月22日，民盟兴城市总支部召开二届五次全体会议，传达《民盟葫芦岛市委关于表彰2017年参政议政先进个人的决定》《民盟葫芦岛市委关于表彰“我与民盟”征文获奖者的决定》《关于开展中共中央发布“五一口号”70周年纪念活动的通知》，学习全国“两会”精神，研究确定民盟兴城市总支部2018年工作要点。

中国民主同盟兴城市总支部委员会领导成员

主　委　王月娟（女）

副主委　郭海英　孟琳琳（女）

（程东浦）

中国民主促进会葫芦岛市兴城基层委员会

【概况】2018年，中国民主促进会葫芦岛市兴城基层委员会有会员20人，平均年龄43岁，其中政协委员12人。年内发展1名会员，5名积极分子。3人被评为民进省委参政议政工作先进个人，5人被评为民进省委反映社情民意信息优秀作者，1人被民进葫芦岛市委会评为参政议政工作先进个人一等奖。

【开展议政调研】2018年，民进兴城基层委员会围绕“兴城残疾人事业发展情况”“挖掘兴城历史文化资源，促进旅游业发展”“以疗养院资源为依托，打造兴城高端养老品牌”“我市农村土地托管工作现状”“关于加强基层食品药品监管队伍建设，构建完整、高效的监管体系的建议”等调研课题开展调查研究，形成调研材料转化为提案和社情民意信息上报省市。年内，提交提案19件，全部立案。递交社情民意信息27条，其中全国政协信息采用1条，《团结报》采用1条，辽宁政协信息采用2条，辽宁民进信息采用11条。

中国民主促进会葫芦岛市兴城基层委员会领导成员

主　委　纪红茹（女）

副主委　张　伟（女）　范国志

（纪红茹）

中国农工民主党兴城市支部委员会

【概况】2018年，中国农工民主党兴城市支部委员会有党员22人。其中，葫芦岛市人代表1名，政协委员3名；兴城市人大代表1名，政协委员8名。全年组织全体党员理论学习4次，参加各项政治活动10余次，上报社情民意信息37篇。

【社会服务】2018年，农工党兴城支部党员多次去药王乡杜屯、郭家镇张沈村，为贫困百姓送医、送药、送物资。为南大乡敬老院孤寡老人送米、油及药品，医疗界农工党员为老人们义诊。支部副主委王艳霞长期致力于农业新品种新技术引进示范推广，培训新型职业农民2000人次，调研报告《高油酸花生全产业链融合发展模式研究与应用》申报农业部丰收合作奖。

中国农工民主党兴城市支部委员会领导成员

主　任　李秋艳（女）

副主任　王艳霞（女）　刘彦芳

（任磊）

兴城市总工会

【概况】2018年，兴城市总工会实施“互联网+”行动，推动工会组织网上联通、信息网上推送，健全和完善“实名制建会，台账式管理”建会模式。年末，全市实名制工会组织662家，涵盖法人单位1227家，会员58675人，区域性工会28个，行业工会5个。全年收缴经费180万元，上缴经费54.5万元。

【组建基层工会】2018年，市总工会推进非公企业和区域性、行业性工会联合会二次覆盖。通过全方位排查摸底，与住建、运管、人社等部门联系、协调、沟通，确定重点行业、群体、单位，推进“八大群体”入会工作的全面开展。新建工会组织31家，换届129家。开展全市工会会员实名制基础数据采集工作，登记实名会员5.8万余人。

【健全职代会制度体系】2018年，市总工会健全以职代会为基本形式的企事业单位民主管理制度体系，全市有事业单位104家，建制率100%；国有企业及国有控股企业18家，建制率100%。25人以上非公企业需要建立职代会制度55家，建立完成职代会制度40家，建制率72.73%；国有及国有控股企业18家，建立厂务公开制度18家，建制率100%。

兴城市总工会领导成员

主　席　（暂缺）

副主席　佟德元　徐大志　王铁华

（刘一壮）

共青团兴城市委员会

【概况】2018年，共青团兴城市委员会推动共青团改革，实行编号制度和网上注册制度，按照初中毕业班团学比例不超过30%、高中毕业班团学比例不超过60%的比例发展团员。开展“智慧团建”系统录入，解决“失联团员”问题，录入60个团委、9个团工委、535个团总支、1684个团支部和7197个团员。深化青年交友工作站建设，为单身青年搭建交友服务平台。年内，兴城团市委被评为“葫芦岛市文明单位”。

【脱贫攻坚】2018 年，团市委开展农村电商知识初级培训班 6 次、中级班 1 次，累计培训城镇待业、失业青年、农村青年致富带头人、村淘合伙人、返乡大学生 2583 人次。选拔创业致富农村青年带头人，推荐李亮亮、曹德铎 2 名农村创业青年为葫芦岛市青联委员，推荐周秋明、杨勇等 6 名农村创业青年为葫芦岛市青企协会员。为贫困地区小学捐赠图书 2 万册，扶贫资金 10 万元，资助贫困学生 42 名。为兴城市自闭症儿童学校送去 60 件棉衣和学习用具。

【志愿服务】2018 年，团市委在“中国·兴城海峡杯”国际冬泳邀请赛和第八届中国（葫芦岛·兴城）国际沙滩·泳装文化博览会沙滩排球国际邀请赛活动中，组织 120 名青年志愿者提供场地引导、秩序维持、礼仪服务、成绩统计、选手服务等完善的后备资源志愿服务工作；在“兴城之夏”文化广场活动开幕式和闭幕式中，组织 100 余名青年志愿者为活动演出提供安全引导、文明劝导等志愿服务；在争创全国文明城市活动中，组织志愿者在市医院、南关交通岗等交通道口进行交通文明劝导志愿服务。

2018 年 3 月 2 日，志愿者服务元宵灯会

【搭建青年交友服务平台】2018 年，团市委以“陌上花开”“原来有你”“青春嘉年华”“往后余生就是你”“兴城市青年读书会”等主题开展青年交流活动 5 场，为 500 余名青年搭建联谊交流的平台。

【服务青少年健康成长】2018 年，团市委开展“法制进校园”“青少年自护教育”等法制宣传教育活动，发放宣传材料 5000 余份。深化“共青团与人大代表、政协委员面对面”活动，开展模拟法庭、“禁毒宣传”等青少年法制宣传教育活动 22 场次。

兴城市人民检察院“法制进校园”宣传活动

【基层团组织建设】2018 年，团市委在 9 个街道全部建立“青少年空间”，完成上级团委要求街道“青少年空间”建设覆盖率 100% 任务目标。其中兴城市青少年综合服务平台和兴城市青少年服务中心分别为团中央和团省委批准建立的省级示范性

青少年综合服务平台，可为全市各“小区域”青少年提供创业培训、志愿服务、交流娱乐、关爱帮扶等各项服务。

共青团兴城市委员会领导成员

书　记　马　磊（女）

副书记　张大鹏

（李硕）

兴城市妇女联合会

【概况】2018 年，兴城市妇女联合会聚焦妇女儿童和家庭，开展家庭教育、妇女维权、妇女创业就业、贫困妇女儿童关爱等工作，实现由“机关的妇联”向“群众的妇联”的转变。下辖乡镇妇联 19 个、街道妇联 9 个、社区妇联 31 个、村妇代会 237 个、市直机关妇委会 35 个、妇女之家 297 个。

【庆祝国际劳动妇女节】2018 年 3 月 8 日，市妇联举行“展巾帼风采 建和谐兴城”暨“三八”国际劳动妇女节庆祝大会。市妇联对红崖子镇樊荣海、佟艳君等 10 个“最美家庭”，兴城市人民医院神经内科一病区等 8 个“巾帼文明示范岗”进行表彰。邀请诗安国际讲师为妇联干部做女性健康知识讲座。

【引领妇女创业建功】2018 年，市妇联围绕扶贫帮困、创业增收实施技术帮扶、产业带动，帮助贫困妇女脱贫致富，带动妇女就业创收。在旧门乡隆裕果蔬专业合作

2018 年 3 月 8 日，“展巾帼风采 建和谐兴城”暨“三八”国际劳动妇女节庆祝大会

社创建省级巾帼示范基地，发展特色产业。结合“科普之冬”“送科技下乡”“三八维权周”等活动，发放宣传资料2000余份。组织各乡镇组织举办科技培训，培训妇女3000人次。组织巾帼志愿者义务植树300株。组织“春风行动”，为妇女就业送岗位、送政策、送服务，发放宣传资料1000余份。

【“最美家庭”评选活动】2018年，市妇联与各级基层妇联上下联动，依托“妇女之家”，通过自荐、互荐和组织推荐等方式，寻找身边“最美家庭”。举办“传家训、扬家风”最美家庭故事会。参选葫芦岛市妇联寻找“最美家庭”投票活动，推荐5组家庭感人故事，线下评选10组，用先进典型教育和激励广大妇女。

【“两癌”免费检查】2018年，市妇联制定《兴城市农村妇女“两癌”检查项目实施方案》，调整“两癌”检查项目工作领导小组和专家技术指导组，将初筛机构设在兴城市妇幼保健计划生育服务中心，由服务中心组成专家组深入到村、屯进行免费检查，复筛诊断机构由兴城市人民医院承担，负责病理诊断及复诊等。完成宫颈癌、乳腺癌检查12118人次。争取上级妇联救助资金84万元，救助患病妇女84人。

兴城市妇女联合会领导成员

主　席　魏冬娜（女，2018年3月离职）

副主席　杨丽莉（女）

（吴若梦）

兴城市科学技术协会

【概况】2018年，兴城市科学技术协会加快全市科普工作进程，团结动员广大科技工作者，调动社会各方面力量，弘扬科学精神，普及科学知识，宣传科学思想。争取到辽宁省科普专项资金20万元，其中涉及科普社区和科普校园各1个、农村科普基地2个，推动科普工作开展和普及。大力推动专家工作站建设，通过广泛联系专家，和农技协建立联系与协作，成立3家辽宁省专家工作站，并且全部通过专家评审，上报省科协审批。葫芦岛地区上报14家，通过专家评审7家。推动“科普中国”App项目落地，兴城“科普中国”注册科普员475人，分享文章8137篇。全面落实市委关于意识形态工作各项要求，全年讲课10余场、组织各种活动30余场、发放各类图书、手册3万余册、宣传手袋3000余条。完成意识形态分析研判季报4份、半年报1份，年报1份。

【全国科技周活动】2018年5月，市科协在全国科技科技周期间，针对“五大群体”开展丰富多彩科普活动。举办广场活动。在弘熙园广场组织大型广场活动，全市11个部门参与，近1000名市民参加。各部门根据自身工作性质以不同方式向市民普及科学知识，发放各类图书、宣传册、传单1万册，发放科普宣传手袋300个。健康知识讲座进社区。5月23日，科协聘请专家走进钓鱼台街道黎明社区，为辖区老人作健康知识讲座，发放科普书籍100本，科普宣传手袋60个。开展科技进农村活动。5月24日，科协组织专家走进兴城市果树种植协会，为果农讲授果树种植技术，传授病虫害预防知识，50余名种植户参加活动，发放科普书籍100本，科普宣传手袋120个。开展科技进校园活动。5月25日，科协走进曹庄小学，向广大师生普及地震知识和地震逃生疏散演练，全校2000多师生参与。

2018年5月24日，科技进三道沟乡

【全国科普日活动】2018年，市科协在全国科普日期间精心组织安排一系列有影响力科普活动，发动各方面力量广泛参与。联合徐大堡九年一贯制学校，共同举办全国科普日启动仪式，展示青少年科技教育成果，1000余人参加活动。科技书屋进企业。9月18日，科协到兴城市冶金粉末有限公司走访和慰问一线工人，送去科普图书，参观企业车间。送健康进老干部活动中心。9月19日，科协联合葫芦岛市科协在兴城市老干部局举办糖尿病讲座。邀请葫芦岛市营养学会会长路芬芬，从日常生活饮食入手，针对健康养生方面问题及误区进行详细认真讲解。送科技书屋进军营。9月19日下午，科协到91331部队和部分官兵就科普工作进行座谈和交流，为官兵购置100余本图书。食品安全进农村。9月21日，科协联合市市场监督管理局在羊安乡政府举行食品安全知识培训。为群众讲授食品安全方面知识，用故事和真实案例讲解日常生活中应该注意食品安全卫生方面的问题。

2018年9月17日，全国科普日活动启动仪式——徐大堡九年一贯制学校

【科普e站建设】2018年，市科协通过努力，开展建设省级科普e站。省科协在兴城市徐大堡九年一贯制学校进行“校园科普e站”试点建设工作，并且配备科普e站电子屏幕。有效利用科普资源，在青少年中广泛开展科普活动，激发学生学科学、爱科学、用科学热情，有力地推动科学技术在青少年中普及。年内，推动葫芦岛科普e站兴城落地建设，申报校园科普e站3个、社区科普e站2个、农村科普e站1个，6个科普e站全部通过审批，推进兴城科普网络化建设、现代化建设。

高家岭中心小学校园科普结硕果

【**省级科技大赛**】2018年，在“第33届辽宁省青少年科技创新大赛”中，辽宁省14个市10万余名青少年和教师参与，328个学生科技创新项目、科技创意项目入围终评。葫芦岛地区中小学入围24项，兴城市高家岭中心小学、高家岭初级中学、南一小学、市第二初级中学派出学生参加，有10人获得大奖。其中，高家岭小学入围8项，高家岭初中学生杜维康科技创意“安眠眼罩”获大赛金奖，并且入围国赛，为葫芦岛地区代表队唯一入围国赛项目。高家岭中心小学教师杜治利获“十佳科技教师”称号。在全省机器人、航模大赛中，徐大堡九年一贯制学校、高家岭中心小学派出学生参赛，徐大堡九年一贯制学校分别获得机器人、航模银奖。

【**科技下乡和公务员科普**】2018年，市科协全力推进送科技下乡系列活动，参与全市举办“放心农资下乡”“农技知识进农家”“科技三下乡”等大型送科技下乡活动。同时科协在全市范围内开展科普进集市活动，在集市上向群众赠派各类科普图书和宣传册7000余本，科普宣传手袋2000余个。年内，继续利用手机信息平台、微信公众平台和科协科普网站形式向公务员推送关于科普方面知识，向全市公务员普及科学知识。受众人数3000多人，浏览量75000人次。

【**“读书节”活动**】2018年，市科协根据市委、市政府相关要求，结合科技周、科技下乡、食品安全宣传周等活动，在全市范围内组织开展读书节系列主题活动，深入推进全民阅读，提高市民文化素质和文明素养。赠送图书8000余本，科普宣传手袋3000余个。

兴城市科学技术协会领导成员

主　席　李春生

副主席　高桂秋（女）

（李赛）

兴城市归国华侨联合会

【概况】2018年，兴城市归国华侨联合会秉承“参政议政、维护侨益、海外联谊、群众工作”原则，宣传《中华人民共和国归侨侨眷权益保护法》及其实施办法，主动开展为侨服务工作，创新工作理念。加强对广大归侨侨眷走访慰问工作，先后多次到归侨侨眷家中了解情况，帮助提供致富信息。全年接待归侨、侨眷来电来访10人次，走访慰问生活困难侨眷6户。

【为侨服务活动】2018年，市侨联依托“侨之家”开展一系列为侨服务活动。组织侨眷在“侨之家”进行学习党的十九大精神、“家风教育”讲座和侨法培训班等。利用“侨之家”平台开展侨情普查工作，将侨情普查工作延伸至社区。邀请侨眷参加社区圆梦艺术团和兴城春天艺术团。在“侨之家”等场所先后为开展学习党的十九大精神报告会、兴城市委统战部纪念“五一口号发布70周年”、兴城市侨联纪念改革开放40年和新中国成立69周年等进行多场演出，丰富广大归侨侨眷文化生活。9月29日，以“庆祝新中国成立69周年”为主题，在“侨之家”组织侨眷进行扑克、象棋、跳棋比赛和交流谈心等活动，增进侨眷之间沟通联系，为归侨侨眷助力兴城建设提供献计出力平台。建立以“兴城侨之家”命名信息平台微信群，增进与侨界群众、归侨侨眷之间沟通与联系。

【侨情普查】2018年，市侨联在全市范围内开展侨情普查工作。截至年末，普查到全市现有归侨侨眷1655户、5515人，侨胞457人。全市海外侨胞主要居住在美国、日本、英国、加拿大、新加坡、新西兰、澳大利亚、泰国、韩国、法国等国家。

【中国华侨国际文化交流基地挂牌】2018年，市侨联经过一年时间准备和申报，“兴城古城”被中国侨联批准为中国华侨国际文化交流基地，为葫芦岛地区首例。在辽宁省侨联、葫芦岛市侨联及兴城市委统战部参与和指导下，8月7日，在古城内游客中心广场举行中国华侨国际文化交流基地挂牌仪式。来自辽宁省侨联、葫芦岛市侨联及兴城市委统战部领导以及多个国家华裔青少年参加揭牌仪式。同时，市侨联按照《中国华侨国际文化交流基地管理办法（暂行）》相关要求，于9月20日在兴城海上海酒店组织开展“中国华侨国际文化交流基地·侨与中国梦‘亲情中华’主题文艺演出”活动。中共兴城市委统战部领导、市侨联领导及市侨联委员、归侨侨眷代表、海外留学回国人员代表等70余人参加。

兴城市归国华侨联合会领导成员

主　席　吕　英

副主席　赵月春

（赵月春）

兴城市工商业联合会

【概况】2018年，兴城市工商业联合会围绕市委、市政府中心工作，认真履职，发展和壮大非公有制经济代表人士队伍，发挥工商联在政治、经济和社会生活中作用，全面做好非公经济服务工作。3月23日组织70名执委举办以传达党的十九大，十九届二中、三中全会精神及习近平总书记系列重要讲话精神为重点的非公有制经济人士理想信念教育实践活动培训班。10月20日，组织企业家赴清华大学参加学习培训。引导非公经济人士深入系统地学习党中央各项精神和决策部署，了解当前形势和机遇，提升自身政治觉悟、参政议政能力、精神境界和社会责任感等综合素质。截至年末，工商联有乡镇商会2家、兴城经济开发区商会1家、小微企业商会1家，会员720人。

【实施精准扶贫】2018年，市工商联响应市委、市政府精准扶贫号召，依托会员企业在泳装、校服、中药材种植等方面优势，大力开展“千企联千村”精准帮扶活动。引导会员打造完成南大乡北英村校服扶贫工厂项目和药王乡杜屯村中药材种植项目。南大北英校服扶贫工厂于3月1日投产运营，投入资金100万元，设备60余台（套），解决当地村民就业60余人，年生产能力20余万套，工人平均工资2500元。药王杜屯中药材种植项目投入资金50余万元，种植药材面积220余亩。会员企业投资1000余万元在白塔乡上范村建立百亩生态农庄；会员企业兴城兴盛农业有限公司投资500余万元在南大乡陈胖村建立千亩中药材及经济作物种植基地，主要种植苍术、苦参等中药材和花生、油桃等经济作物，带动当地剩余劳动力就业和农村经济发展。开展捐资助学活动，2月14日，组织会员为全市130名贫困中小学生现场捐助6.5万元。

【助推民营经济发展】2018年，市工商联搭建交流平台，深挖资源，拓宽渠道，提升以商招商实际效果。开展“请进来”“走出去”活动。3月29日，成功接待朝阳市喀左县工商联组织考察团，并与其缔结为友好商会，订立友好商会合作协议。4月19日，组织兴城市校服产业企业家20余人赴上海参加第五届国际校服展，与浙江、福建、江苏等地相关企业进行交流，同时组织考察缝纫机、吊挂设备、自动化设备生产研发企业上海东铸科技公司。组织20多家服装企业法人参加8月16日举行的泳装博览会，与生产设备生产商广泛接触，达成采购缝纫特种机、自动化裁剪设备等协议，协议金额100余万元。6月27日，组织企业家参加省联、省贸促会举办“2018一带一路市场拓展新模式分析大会”。6月29日，组织企业家参加省委统战部、省工商联举办第三期非公经济大讲堂活动。8月3日，组织企业家参加西藏那曲招商（沈阳）推荐会。8月18日，组织企业家参加葫芦岛市工商联、葫芦岛高新园区举办“非公大讲堂活动”。8月29日，组织企业家参加全国工商联、辽宁省政府联合举办“全国民营企业500强沈阳峰会”。8月31日，组织企业家参加辽商总会成立大会。9月21日，组织企业参加沈阳葡语国家产品展。10月12日，组织会员参加省委统战部、省工商联在辽宁大学举办涉及税改和避免税务风险等问题培训班。组织民营企业参与葫芦岛市政府倡导全市产教融合校企合作对接活动。

【**服务扶持非公企业**】2018年，市工商联继续完善“组团进企”服务方式，深入企业50余次，进行多元化、精细化、个性化服务。4月，协调中信银行、葫芦岛银行和农商银行等多家金融机构，帮助信豪地产、天福商城、达远商贸、火力速旋等20余家企业解决融资问题。6月，协助多宝鱼养殖协会、菊花女食品、新河水产等多家企业与北京盒马鲜生对接，签订供应合作协议。12月14日，联合邮政储蓄银行兴城支行开展“万户送贷行动”，帮助全市小微企业、个体工商户解决企业融资难、融资贵问题，启动仪式暨动员部署会议现场签订贷款协议金额1000余万元。协助小微企业商会完善办公地点，新吸收会员30余人，为兴城各行各业非公企业和非公经济人士搭建联谊交流、抱团发展有效载体。

兴城市工商业联合会领导成员

主　席　李秋艳（女）

党组书记　李文政（兼，2018年2月离任）

　　　　　韩忠民（兼，2018年2月任职）

专职副主席　石宏声

秘 书 长　于　帅

（于帅）

兴城市文学艺术界联合会

【**概况**】2018年，兴城市文学艺术界联合会认真履行职能，团结引导各协（学）会策划、组织开展各种文学艺术活动，创作文学艺术产品，实施交流联动工程，不断提升文艺影响力。文联机关深入基层，打造文化亮点。承办2018年春节联欢晚会，完成兴城市2018“送科技、送文化、送卫生”三下乡活动。举办兴城市第十一届摄影艺术展览，“五一”组织市文艺骨干到碱厂乡泳装厂进行慰问演出。举办“兴城大红门杯”第三届青少年才艺大赛，在银象宁远城举办2018年“大红门物流杯”城乡文艺会演。协办以“放歌新时代”为主题文艺晚会庆祝改革开放40周年。出版完

2018 年 9 月 27 日，2018 年“大红门物流杯”乡镇文艺汇演决赛

成 3 期《古城文艺》期刊。

【舞蹈家协会】2018 年，市舞蹈家协会在兴城人民会堂举办迎新春联欢晚会汇报演出。参加 2018 年“兴城之夏”文化广场活动开幕式，数百名广场舞爱好者参与活动，为市民奉献精彩广场舞展演。市舞蹈家协会燕子艺术团参加辽宁省第九届少数民族传统体育运动会和 2018 年辽宁省广场舞大赛。市舞蹈家协会 1000 人在兴城市第七届全民运动会上展示千人团体操。

【书法家协会】2018 年，市书法家协会举办学习贯彻中共十九大精神主题书法展，展出作品 46 件，以书法作品宣传贯彻中共十九大精神。春节前夕，骨干会员为机关工委干部义务写春联 300 余幅。魏春雷 2 件书法作品参加“中国书法媒体大展”。举办赵序初先生百岁书法展，其中评委特邀作品 10 件，评出优秀奖作品 22 件，入展作品 40 件，作品图录在《古城书苑》印发。举办国家级书协会员马云鹏书法展览。

【作家协会】2018 年，市作家协会举办首届《兴城・宁远古城杯》诗歌创作大奖赛活动。省作协兴城创作基地在宁远驿馆揭牌。高永顺新书《与共和国同行》出版。市青年作家、国学青年讲师单德强继《祖母的历程》出版之后，又一力作《经典品读》与读者见面。

【诗词楹联学会】2018年，市诗词楹联学会组织作家到四家村开展文化采风活动。学会刊物《魁星楼》（2018）出版。诗人张志友、陆兴志、刘抚兴在“辽宁新诗意我们的家园”第三届辽宁诗歌春晚上朗诵代表作。年内，由兴城市人民政府、“兴城·宁远古城杯”全国诗歌大赛组委会主办的“兴城·宁远古城杯”全国诗歌大赛颁奖典礼在兴城人民会堂举行，大赛收到征稿662件，近4000首诗歌，经初评、终评，有48人创作263首新诗和散文诗获奖。

【摄影家协会】2018年，市摄影家协会举办辽宁兴城农商银行杯“美丽兴城”摄影大赛和“我眼中的华联”摄影大赛。为庆祝改革开放40周年，展示大美兴城40年变迁和兴城风光，摄影家协会赴山西参加平遥世界摄影展，100多幅兴城风光照片参展，宣传兴城市对外形象。举办兴城市第十一届摄影艺术展览，经原中国摄影家协会副主席邓维，中国摄影家协会副主席、辽宁省摄影家协会主席线云强，辽宁省摄影家协会副主席、秘书长鲁文组成评委会进行多轮评选，评出获奖作品100幅，20幅分获记录类、艺术类金银铜奖，80幅获优秀奖。

【历史文化学会】2018年，市历史文化学会主办“纪念解放兴城70周年”座谈会，与会者观看《辽沈战役——东北解放军攻打兴城》纪实片，回顾解放兴城历史及其重大战略意义。学会会员石瑞良新著《咏叹袁崇焕诗鉴赏》出版发行。

【手风琴学会】2018年，市手风琴学会在兴城海滨公园举办纪念建党97周年专场文艺演出。以手风琴合奏、独奏、集体表演唱、独唱舞蹈等多种形式，讴歌对党的热爱。

【美术家协会】2018年，市美术家协会为庆祝改革开放40周年，走进三道沟乡集体写生。王晓平、张坚石美术作品《金色年轮》写生展览。协会15名画家参加“纪念改革开放40周年——辽宁省千名画家共绘新辽宁”活动。

【文化交流活动】2018年，市文联开启冬季之旅，相约大美兴城系列活动。中国煤矿文工团在著名男高音演唱家、团长牟玄甫带领下到兴演出。在海上海酒店演艺大厅表演精彩文艺节目，来自外地游客和全市部分机关干部观看演出。中国书画宝库书画家到兴创作交流；书协举办书法作品观摩会。第七届“红楼梦奖”获奖作品《唇典》作品研讨会在兴城召开。市骨干作家盖尚铎、张志友、陆兴志、高明明参加葫芦岛市作家调研会。辽宁省作家协会兴城创作基地在宁远驿馆揭牌。

兴城市文学艺术界联合会领导成员

主　席　李　丹

副主席　赵　嵩

秘书长　魏　民

（潘丽丽）

兴城市残疾人联合会

【概况】2018年，兴城市残疾人联合会履行“代表、服务、管理”职能，围绕工作重点，提升队伍素质，强化精准理念，聚焦补齐短板，加大建档立卡残疾人兜底保障力度，在基本生活保障、就业创业、医疗康复、教育助学等方面增加工作强度、提高工作效率。截至年末，全市办理二代残疾人证残疾人总数9271人，其中视力残疾982人，听力残疾693人，言语残疾71人，肢体残疾5230人，智力残疾1077人，精神残疾1088人，多重残疾130人。全年通过残疾人基本服务状况和需求数据动态更新工作查出死亡残疾人205人，全部注销，新办理残疾人证608人。

【贫困残疾人家庭无障碍改造】2018年，市残联针对葫芦岛市下发给兴城市残疾人家庭无障碍改造任务286户情况，与市财政、审计、检察等有关部门协调配合，经过招投标确定乙方，与市财政局、市审计局、市人民检察院、市监理所共同检查验收。在验收时，每个被确定改造对象均有由残联干部、监理、施工方和残疾户四方共同签字验收单，所有享受无障碍工程改造残疾户正常使用改造后设施。

【残疾人就业和培训】2018年，市残联残疾人就业培训基地中，5万元培训基地2个，分别是兴城市巨峰石材厂和兴城市宏通嘉益农场有限公司；3万元就业培训基地2个，分别是兴城市合兴养羊专业合作社和兴城市德辉物资经销处，年内两项基地补助金额16万元拨付完成。对于持有第二代残疾人证、在法定就业年龄段、在当地从事生产经营活动、有接受扶持愿望个体就业残疾人实行个体就业补助，年内残疾人个体就业补助任务数140个，补助金额28万元拨付完成。举办残疾人职业技能（电商淘宝）培训班1期，培训学员47人。完成残疾人就业保障金年审工作。完成残疾人就业数据录入和培训数据录入工作。

【“两项补贴”和扶贫救助】2018年，市残联将残疾人“两项补贴”发放工作作为全面推进残疾人小康进程建设重要内容，按照“个人申请、乡镇初审、县残联审核、民政局审定”工作程序，开展审核工作。全市有4462名残疾人享受补贴待遇暨生活补贴每月70元，护理补贴每月55元。开展产业扶贫到户，向上级争取资金29.7万元，按每户3000元标准，扶持建档立卡贫困残疾户99户，通过政府采购方式向贫困残疾人发放优质种羊。市财政、检察、审计部门全程监督采购发放过程。精神、智力、重度肢体残疾人托养服务即“阳光家园”居家托养项目年内任务数107人，12月初完成数据电脑录入。资助残疾人大学生3人，残疾人子女大学生2人。残疾人机动轮椅车燃油补助104人，每人补贴260元。对家庭贫困38名义务教育阶段学生给予生活和学习补贴38000元。残疾儿童学前教育训练和生活补贴任务数10人，按每人补贴3000元标准，专项用于家庭经济困难残疾儿童学前教育训练和生活费用补助。

【残疾人康复和辅助用具发放】2018年，市残联出台《兴城市残疾人精准康复服务行动实施方案》，明确各基层卫生机构以及有关医疗机构具体分工。全市全面开展家庭医生签约服务，各个街道社区卫生院医生通过全民健康体检、上门服务等方式对辖区残疾人进行调查摸底，掌握残疾人需求信息。市残联委托温泉社区卫生服务中心为残疾人进行精准康复服务，为150余名残疾人进行精准康复服务。截至11月9日，发放213件辅助器具（以肢体辅助器具为主）。其中，轮椅101台，护理床10张，浴凳4个，坐便椅7个，手杖14根，褥疮床垫9个，腋拐24副，助行器15个，站立架2个，坐姿椅2个；视力残疾人辅助器具包括盲杖4根，盲文电磁炉2个，语音盲文电饭煲4个，语音血压计5个；听力残疾人辅助器具包括助听器2个。

【宣传活动】2018年，市残联在残疾人各个节日开展庆祝活动，围绕残疾人就业、就学、就医、手语、无障碍建设及社会保障等方面进行宣传。3月3日，根据关于开展“爱耳日”宣传教育活动通知精神，结合实际，围绕活动主题制作宣传标语，进行张贴宣传。8月25日“残疾预防日”，市残联与温泉社区卫生服务中心联合进行宣传活动，累计发放宣传单500余张，并举行义诊、咨询等服务活动。4月2日世界孤独症日，市残联与手拉手爱心团孤独症康复学校一起组织80位孤独症孩子参观家乡重点建设项目，去高家岭汤上温泉感受家乡变化。8月11日，在全国肢残人活动日当天，肢残人协会组织肢残人参观兴城重点景区，召开座谈会，畅谈改革开放40年家乡生活的变化。9月第四个星期日是国际聋人节，聋人协会组织部分听力和言语残疾人结合聋人节推广手语主题，走上街头发放手语推广宣传单和知识手册。10月10日世界精神卫生日，兴城市精神残疾人亲友协会邀请康宁医院保健科科长张健医生为广大精神残疾人家属和部分残疾人工作者开展精神保健和预防及护理方面知识讲座。10月15日国际盲人节，主题“走近盲人世界，沟通爱心开始”。盲人协会与市残联人员一起走上街头，深入到敬老院免费为老人义诊，为盲人发放盲杖。

兴城市残疾人联合会领导成员

理 事 长　陈维政

副理事长　王　辉

（王丽萍）

兴城市红十字会

【概况】2018年，兴城市红十字会在基层红十字会工作者、会员、志愿者共同努力下，发扬“人道、博爱、奉献”红十字精神，攻坚克难，有序推进各项工作。“博爱送万家”活动争取上级红十字会配发和地方配套自筹530袋大米、530桶食用油，年初分别下发给28个乡镇、街道530户生活比较困难群众和自闭症学校、2个敬老院，受益百姓1590人。10月16日，市红十字会组织10名红十字志愿者到曜阳养老院——兴城市城区中心敬老院开展重阳慰问活动，为老人带去大米和豆油，海潮发廊志愿者为10多位老人理发，兴城高中、二高中志愿者为老人演唱歌曲。12月1日是第31个“世界艾滋病日”，为贯彻落实葫芦岛市红十字会《关于做好2018年“世界艾滋病日”宣传活动的通知》精神，联合市疾病预防控制中心，在渤海船舶职业学院举办主题“主动检测，知艾防艾，共享健康”艾滋病预防交流活动。

【捐赠和助学】2018年，市红十字会开展“定向捐赠”和“爱心助学”活动。中国红十字基金会“六个核桃读书慧公益基金书库”申请成功，并落户三道沟满族乡东门小学（宝田希望小学），受赠书架2套，图书1119册。爱心企业中国石油天然气股份有限公司抚顺石化分公司、绥中发电有限责任公司定向捐赠药王乡23万元。接收爱心人士捐款2000元，资助2名兴城高中贫困学生。

【红十字宣传】2018年，市红十字会借助“世界红十字日”“国家防灾减灾日”“世界献血日”等纪念日开展宣传活动。5月8日，组织红十字志愿者并联合心连心爱心协会、葫芦岛何氏眼科100余人在兴隆大家庭门前开展“人道——为了你的微笑”主题活动。5月14日，联合市民政局围绕“行动起来，减轻身边的灾害风险”宣传主题，在民政局门前开展防灾减灾宣传活动。5月21日，在市中心广场宣传红十字精神。6月12日，在辽宁工程技术大校园内开展“为他人着想 捐献热血 分享生命”为主题无偿献血宣传活动。各红十字家园在当地适时开展新红十字法、献血法等有关法律法规、无偿献血、器官捐献、防灾避险等知识普及宣传活动。据葫芦岛血站不完全统计，截至10月18日，兴城市无偿献血2177人次，献血量772350毫升。2名红十字志愿者——兴城市手拉手爱心团特殊教育培训学校校长李春良、温泉街道首阳社区书记李培超荣获“中国红十字四星级志愿者”称号。

【青少年红十字活动】2018年，市红十字会携手教育系统，开展学校青少年红十字活动。3月25日，组织辽宁工程技术大学红十字志愿者在行政楼808教室举办“应急救护进校园”活动。特邀兴城市医院急救中心主任金继武就心肺复苏、异物取出等应急救护知识进行培训。学校红十字会开展“红十字不仅是一种精神，更是一面旗帜”主题活动。组织中小学生通过主题班队会学习习近平总书记在中国红十字会第十次全国会员代表大会上的重要讲话及新修订《中华人民共和国红十字会法》《中国红十字会章程》、国际红十字运动及中国红十字事业等相关知识。举办卫生知识和救护知识讲座，5月25日联合市科技局、市科协等多家单位，在曹庄小学组织全校师生开展地震应急疏散演练活动。为纪念四川汶川特大地震十周年，并配合全国“防灾减灾日”宣传，联合市教育局于5月11日在全市中、小学范围内举办2018年全国红十字防灾避险知识竞赛，1.5万名学生参加活动。市红十字会、教育局等10家单位获得中国红十字总会颁发组织一等奖，宁远小学等8个单位获得组织二等奖，南大满族乡中心小学等10个单位获得组织三等奖。年内，分别在兴城高中、二高中、职教中心开展应急救护培训进校园活动，培训学生3128人。

【红十字特色服务平台】2018年，红十字会充分利用市医院、省核工业总医院2家红十字冠名医疗机构和北斗救援队优质资源服务百姓。医务志愿者多次走进街道社区、乡镇村屯、敬老院、自闭症学校为百姓义诊送健康。6月19日至8月31日，红十字北斗救援队进行夏季海边值守；参与大型安保（2018中国·兴城海峡马拉松比赛、“兴城之夏”文化广场活动开幕式等）6次；参与救援活动5次（海滨景区、碱厂水库、南河、绥中垂钓园等地抢救溺水者、打捞尸体）。各红十字家园发挥阵地作用，利用物资资源开展活动，全力搭建红十字特色服务平台，创新高效服务基层百姓。截至年末，红十字活动信息被兴城市电视台新闻报道6次，《葫芦岛日报·兴城新闻》报道7篇，兴城政府网站采稿17条，葫芦岛市红十字会微信公众号播发2条。

兴城市红十字会领导成员

会　　长　王月娟（女）
常务副会长　纪红茹（女）
秘 书 长　田俊仁

（张丽君）

军 事

人民武装

【概况】2018年，兴城市人民武装部全年开展“传承红色基因、担当强军重任”主题教育，做到教育结合实际，开展各类配合活动。在人员管理上，加强对休假人员和8小时以外人员管理，在车辆管控上，严格执行车辆管理“八条禁令”。各基层武装部长全部落实进同级党委、享受实职副科级待遇，每个乡镇专项武装工作经费1.2万元。

【基层民兵建设】2018年，市人武部协调市政府出资50万元，为28个乡镇、街道完成民兵营连部“一室一图一库”建设，分别购买指挥、扑火、防汛、抗震和防爆5类500余件物资器材，为基层民兵营连执行应急应战任务创造条件。

【军事训练】2018年，市人武部按计划完成5个分队391人的民兵训练和军事训练建档工作，双37高炮操作使用、步枪射击、战伤救护、海上舰艇逃生、应急抢险和体能科目训练得到加强，单科目及格率97.6%，优秀率50.83%。平均参训率91.25%，民兵综合能力稳步上升。

【双拥共建】2018年，市人武部为三道沟乡汪家村、黄埃子村贫困户和低保户多次送去温暖，累计钱物1200元。葫芦岛南票区发生山火，组织50余人次民兵应急队伍参加扑火救灾。

兴城市人民武装部领导成员

党委第一书记　赵家鹏（市委书记兼）
部　　长　于海峰
政治委员　孟凡华
副 部 长　陈　刚

（陈诗宇）

人民防空

【概况】2018年，兴城市人防局落实兴城市政府《关于加强人民防空专业队伍建设的意见》，完善群众防控组织，完成人防七种专业队伍整组工作，完成人防通信警报安装改造工程，完成《兴城市城市地下空间开发利用规划》《人防工程建设规划》资料收集。

【行政执法工作】2018年，市人防局采取多种形式、多渠道宣传《中华人民共和国人民防空法》有关内容和具体政策、标准与要求，让人防知识逐步普及。组织中学生902人进行民防知识考试，对3家开发企业未批先建行为进行行政处罚，促使开发企业开发过程中遵守《中华人民共和国人民防空法》。

【人防工程安全管理】2018年，市人防局开展对全市人防工程安全管理工作，收集人防工程日常管理备案材料，与管理使用单位签订安全生产目标责任书，结合人防工程年检，对设备房是否住人、电线是否私拉乱接、是否堆放易燃易爆有毒有害物品、消防设备设施是否完好可用等方面进行检查。对3项完工人防工程安全检查10次，发现存在问题，及时反馈整改。对在建工程首山湖度假村项目实行不定期检查，全年未发生安全事故。

兴城市民防局领导成员

局　长　王光辉

副局长　裴文海　王　峰

（刘敬）

·小资料·

兴城温泉

据史料记载，自辽代以来，兴城的温泉水就被广为利用，人们在这里建有致爽亭、汤泉寺。1926年，北宁铁路局局长为讨好奉系军阀张作霖，在汤泉寺旧址修建一座别墅，被称作“张作霖别墅”。该别墅建筑风格典雅，工艺精萃，院内草木扶疏，古树参天，兴城最早的一口温泉水井就开在这里。

兴城温泉，古称“汤泉”，位于古城和海滨之间。温泉是因地下溶岩的作用而形成的天然矿泉。泉水清澈透明，无色无臭，水温67℃左右，酸碱度为7.4，泉水比重为1.006，属于高温弱碱性食盐矿泉。泉水中含有钾、钠、钙、铵、镁等多种矿物质，还含有一定数量的放射性元素氡和镭。泉水可以口服、冲洗和浸浴。对风湿性关节炎、大骨节病、神经衰弱、高血压、皮肤病和慢性妇科病以及外科手术后恢复，均有显著的疗效。健康人沐浴温泉，可以爽身提神，解除疲劳。

兴城温泉疗养区不仅有充足的温泉水，而且风景十分秀丽，北靠挺拔峻秀的首山，东临烟波浩渺的渤海，西望雄伟壮观的古城。温泉疗养区现已发展到床位2万张，成为全国最大的海滨温泉疗养区。

八十年代以来，各地慕名而来的疗养者和沐浴者与日俱增。把温泉水视为“圣水”的蒙古族兄弟，每逢端午节前后便结伴而来，少则几天，多则月余，以领略温泉水的神奇。

法 治

政法委及综治

【概况】2018年，中共兴城市委政法委员会在全市政法机关开展“忠诚、干净、担当”实践活动，评选人民满意政法单位、政法干警，发布全市政法工作动态，宣传政法、综治、维稳、国安、反邪教、“扫黑除恶”等信息，规范司法执法行为，查处8起政法系统违纪违法案件。

【矛盾纠纷排查化解】2018年，市委政法委制定下发《兴城市社会矛盾纠纷排查化解专项行动方案》《社会矛盾纠纷排查化解专项行动督导工作方案》，对全市各类矛盾纠纷和苗头性隐患拉网式大排查，逐案落实责任单位和责任人，制定化解方案。推进“一村一社区一法律顾问”工作，完成16名职业律师和27名法律服务工作者与村、社区对接。全年梳理各类矛盾纠纷170件，全部化解。

【“扫黑除恶”专项斗争】2018年，市委政法委利用电视、报纸、网络、电子屏、宣传车等载体，广泛宣传报道“扫黑除恶”专项斗争，电视台24小时整点播放宣传标语及举报方式，《葫芦岛日报·兴城新闻》整版宣传，机关单位、商户LED电子显示屏、客运车辆实时滚动播出宣传标语，确保“扫黑除恶”专项斗争人人皆知。设立举报信箱280个，接收各类举报线索98条，各部门移送线索108条，公安局报备线索29条，中央级受理反馈线索13条，并案后235条线索。集中优势兵力对重点案件专案专办，打掉1个恶势力集团，2个恶势力团伙，依据线索破获各类案件32件，提请批准逮捕、行政拘留44人。

【安保维稳工作】2018年，市委政法委在全国“两会”期间，召开形势研判会21次，形成研判报告21份，提出预警信息2条，办理上级交办任务2项，下发部署全国“两会”维稳安保工作的通知3份，形成各种汇报材料初稿3份。

【“平安兴城”建设】2018年，市委政法委在237个村、29个社区全部建立综治工作站，在驻在单位辽宁省核工业总医院、中核辽宁核电有限公司设立综治办，形成综治工作全社会齐抓共管局面。巡特警队伍全天24小时不间断巡逻，及时有效处置突发事件，安装高清探头1015个，做到“城市外围无露点，重点部位全覆盖”；城区15个社区全部建立警务室，15名正式警察及30名辅警长驻办公，负责社区内基础信息采集、矛盾纠纷调处及各类场所治安防范。对排查出1152名疑似严重精神障碍患者逐一进行诊断及危险性评估，评出危险性三级以上125人，落实“四位一体”包保责任制，加强日常监管。

中共兴城市委政法委员会领导成员

书　记　佟佰钟
副书记　万国春（常务）
　　　　冯　刚（2018年9月离任）
　　　　赵友谊（2018年2月离任）
　　　　付锦川（2018年2月任职）
　　　　明志旭

社会管理综合治理委员会办公室

主　任　赵友谊（兼，2018年2月离任）
　　　　张雨新（2018年2月任职）
副主任　曹旭东

维护社会稳定工作领导小组办公室

主　任　陈志成
副主任　张世文

国安办公室

主　任　明志旭（兼）

（张树栋）

公安

【概况】2018年，兴城市公安局始终保持严打高压态势，集中开展一系列专项打击行动。全市发刑事案件1014起，破案543起；抓获网上逃犯69人；刑事拘留342人，治安拘留994人。

【社会治安防控体系建设】2018年，市公安局出动24小时专业化武装巡逻警力1023人次，车辆270台次，接处警213余次；出动城区专业化巡逻警力（城区派出所、交警、巡特警、机关各部门和警种）8423余人次，车辆2765余台次，服务群众210余次。出动夜间巡逻警力2921余人次，出动巡逻车辆810余辆次，救助群众140余次，消除各类安全隐患50余起。

【治安管理】2018年，市公安局收缴枪支5支、各类枪支配件4件、子弹1965发、炸药816公斤、制式和非制式雷管1094枚。检查宾馆5165余家次，洗浴、足疗287余家次，歌舞等娱乐场所581余家次，发现隐患183处，整改隐患183处，罚款3.28万元，停业整顿15家。

【交通管理】2018年，市公安局为保障全市交通秩序，投入警力26790人次，警车8965台次。查处各类交通违法行为25026起，其中醉酒驾驶32起，与上年同期相比上升7%；饮酒驾驶131起，与上年同期相比上升29%；涉牌涉证276起，与上年同期相比上升13%；无证驾驶99起，与上年同期相比上升102%；暂扣驾驶证59本，与上年同期相比减少5%；吊销驾驶证57本，与上年同期相比上升148%。发生道路交通事故812起，与上年同期相比上升26.88%；死亡40人，与上年同期相比上升21.21%。

【**消防管理**】2018年，市公安局救火灾431起，抢险救援76起，社会救助45起，抢救、疏散群众54人，火灾伤亡人数为零。检查单位19446家，督促整改火灾隐患或违法行为1250项，下发《责令改正通知书》350份，行政拘留1人，警告2人，罚款8500元，下发《临时查封决定书》5份。

【**边防管理**】2018年，市公安局累计开展渔船民组教活动16次，走访渔船民2000余人次，发放宣传单1500余份，悬挂宣传条幅23个。出动警力3000人次，排查各类场所1100余家，检查出租房屋490余个，清查暂住人口200余人，未发生“三非”外国人、越捕、走私案事件。

【**校园安全管理**】2018年，市公安局由巡特警大队及派出所民警定责分包16所城区学校和幼儿园，返聘10名退休民警驻校警务室、巡特警分段巡逻守护、交警设岗疏导交通的工作模式，合力开展校园安全勤务工作。交警大队每天在学生上下学高峰时段派出民警和辅警，到学校门口和周边道路站岗和巡逻管理。校园门前驻守及周边安全巡逻防范工作，保证校园门前“白天见警察，晚上见警灯”。

兴城市公安局领导成员

局　　长　张月林
政　　委　包中州
副 局 长　赵志刚
纪检书记　赵志成
副 局 长　安　宝　李洪刚
　　　　　张　伟　李一强（2018年5月离任）

（商航）

检　察

【**概况**】2018年，兴城市人民检察院规范检察法律文书、口头说理能力，提高为群众释疑解惑的能力和水平。成立兴城法律援助中心驻检察院工作站，摸索开展检察院和律师共同进行释法说理。制定“青年干警轮流接访制”“业务骨干轮岗制”“一人多岗制”“案审小组”等多项制度，开展旁听庭审、辩论赛、法律文书评审等多项活动，强化队伍职业素能。

2018年7月19日，组织政法理论知识考评测试

【刑事案件办理】2018年，市人民检察院批准逮捕200件267人，提起公诉289件320人。“扫黑除恶”专项斗争中依法批捕起诉涉恶案件4件11人。贯彻宽严相济刑事政策，依法不逮捕83人、不起诉11人，批捕环节办理刑事和解21件25人。办理未成年人刑事批捕13件19人，不捕5件8人；起诉18件29人，相对不起诉1件1人。

【立案和审判监督】2018年，市人民检察院要求侦查机关说明不立案理由6份，向侦查机关发出《纠正违法通知书》1份、《检察建议书》2份、《应当逮捕犯罪嫌疑人建议书》3份。适时提前介入侦查机关的侦查活动15次，向公安机关发出《要求说明不立案理由通知书》6份，追捕3人，追诉5人。提起抗诉案件5件，改判1件。

【执行和监管审查】2018年，市人民检察院每半年开展一次监外执行和社区矫正专项检查，及时掌握监外执行情况动态。纠正各类违法活动7件，受理羁押必要性审查案件14件，提出释放或变更强制措施建议并被采纳11件。其中卢某羁押必要性审查案件被评为全省检察机关优秀案件。

【民事行政执行监督】2018年，市人民检察院审查民事卷宗29件，发出检察建议1件；完成上级院交办民事案件申诉案件5件，依法对当事人提起民事法律监督案件审查。完成行政公益诉讼案件调查18件，发现严重损害环境和社会公共利益的线索8件，立案8件，向相关行政机关发出诉前检察建议7份。

【完善检察权运行机制】2018年，市人民检察院召开检察官联席会议25次，讨论各类案件议题30项。统一受理各类案件542件，审查卷宗952册。召开检委会22次，审议议题55件。公开程序性信息617条，公开法律文书350份，发布重大案件信息1条，推行律师阅卷“一站式”服务。

兴城市人民检察院领导成员

检 察 长　叶　蓬
副检察长　李　杰（女）　闻志刚
　　　　　黄　勇　毕姗姗（女）
　　　　　阮云霆（女，2018年4月挂职）
纪检组长　王　琰（2018年11月离任）

（刘欢）

法　院

【概况】2018年，兴城市人民法院致力于诉讼服务提升，为群众提供立案咨询、材料收转、信访接待等服务2万余人次，实现立案登记制100%。全年受理各类案件8840件，结案8239件，息诉服判率91.39%。公开庭审直播19次、互联网公布裁判文书8239份，

【审判工作】2018年，市人民法院受理刑事案件382件，审结354件。判处刑罚

403人，其中判处10年以上有期徒刑10人，3年以上10年以下有期徒刑58人，3年以下有期徒刑、拘役、管制335人。附加判处财产刑179人。对181人适用缓刑，5人免予刑事处罚，3人依法宣告无罪。

【“扫黑除恶”专项斗争】2018年，市人民法院制定《开展“扫黑除恶”专项斗争实施方案》《专项斗争期间适用取保候审强制措施的规定》《专项斗争期间案件会商制度》和《涉黑涉恶案件证据收集指引》等文件30余件，对2013年至2018年审执结的各类案件进行全面梳理，排查涉黑涉恶违法犯罪线索，重点对寻衅滋事罪、聚众斗殴罪、拒不履行判决、裁定罪等相关案件进行审查，将发现的问题线索移送有关部门。受理3起恶势力犯罪案件，依法快速审结，对10名被告人分别判处13年、4年8个月、3年6个月不等的有期徒刑。

【执行工作】2018年，市人民法院受理3005件执行案件，执结2751件，执行到位金额1.7495亿元。对拒不履行生效法律文书的被执行人司法拘留170人次，罚款3人次，限制高消费2465人次，向社会公布失信被执行人名单784人次。移送公安机关拒执犯罪嫌疑人5人。

【信访案件化解】2018年，市人民法院采取“员额法官负责、合议庭评查、院庭长包案、审委会集体研究”信访化解工作模式，对21件信访案件集中清理。司法救助1件、息访终结5件、执行化解2件，呈报省信访联席会议3件，经省审核视为全部化解，化解率52.38%。中央第六巡视组移交7件信访案件，在规定时间内全部予以办结。

【落实司法责任制】2018年，市人民法院制定审判管理制度17项，实现立案、分案、审判、案件归档各个环节全流程动态监控。每半月实行1次审判调度，每个月通报1次办案情况，每季度发布1次审判通报。召开专业法官会议67次，人民陪审员参加审理案件1796件。34名员额法官人均结案242件。按照“让审理者裁判、由裁判者负责”要求,院庭长办案4168件，占全院案件总量47.15%。

兴城市人民法院领导成员

院　长　赵志刚

副院长　汪希林　杨明宇

纪检组长　毕晓秋（女，2018年11月离任）

（张彬）

司法行政

【概况】2018年，兴城市司法局全面整合法律服务职能和服务资源，构建覆盖城乡的公共法律服务体系。发挥基层人民调解在化解矛盾纠纷中的主渠道作用，开展矛盾纠纷排查化解专项行动。推进“七五”普法、社区矫正工作，做好便民惠民工作。

兴城市司法局召开“2018年司法行政工作会议”

年内，该局被辽宁省司法厅授予“忠诚、干净、担当主题实践活动先进集体”称号。

【人民调解】2018年，市司法局加强基层调委会规范化建设，市、乡、村三级调解组织297个，有行业性专业调委会2个，调解员1319人，构建横向到边、纵向到底、遍布城乡的调解组织网络。全市267个村、社区配备法律顾问，实现“一村、一社区一法律顾问”全覆盖。全年调解1018件，成功调解1009件，排查纠纷161件，预防纠纷161件，涉及金额6872万元。

【“七五”普法】2018年，市司法局构建全市“上下联动、部门联动、全社会共同参与”大普法格局。打造首山路法治文化一条街、元台子乡姜女村法治文化广场，建设南一小学青少年法治宣传教育基地，乡镇、街道和村、社区建立“法治大讲堂”和“法律图书室”，设立法治橱窗，免费赠送宪法书籍。组织全市56家机关单位和乡镇街道干部参加在线普法考试。全年开展法治宣传活动68次，发放各类传单6000余份，宣传手册1500余份，悬挂宣传标语68幅，接受群众咨询500余人次。

【社区矫正】2018年，市司法局运用GPS手机定位系统和远程视频等新型信息化设备，搭建起现代化智能监管平台，形成多层次、立体化、管防一体的社区矫正监管网络。推动社区矫正工作步入信息化、制度化、规范化轨道。开展审前社会调查案件251件，给予警告19人次，接收社区服刑人员165人，解除229人。截至年末，全市接收社区服刑人员1925人，解除1644人。矫正中281人，其中宣告缓刑272人，裁定假释2人，暂予监外执行4人，管制3人。

市公共法律服务中心值班律师为群众义务解答法律问题

【公证业务】2018年，市司法局在基层司法所设立公示板，公开公证事项、办理流程、收费标准、服务咨询电话以及包村、社区公证员联系方式，群众有需求时候可以随时拨打电话咨询。实行双休日无休窗口值班制度，为政府相关重点工程建设提供全程公证法律服务，主动帮助企业规避经营风险。全年，办理公证案件4820件，其中民事案件422件，涉外案件162件，经济类案件2329件。

兴城市司法局领导成员

局　长　丁桂清（女）

副局长　苏玉国　张雪松　刘富强

（余海诺）

·小资料·

兴城温泉——汤上温泉

汤上温泉位于兴城市高家岭镇汤上村，于明代万历年间被开发利用，当时称“热水汤”，清康熙二十五年（1686）改称汤上温泉。乾隆五年（1740）于此创建汤泉寺一座，并用花岗岩条石砌成泉井和浴池。

汤上温泉蕴藏量十分丰富，水温在52℃—54℃，属偏碱型，透明、无色、无味，不含硫化物，水中含15种人体需要的矿物质，属优质矿泉水。近年来，这一宝贵资源逐渐被重视起来，得到了很好的开发，现在汤上村不仅利用温泉水发展旅游疗养事业，而且利用温泉水养殖罗非鱼，效益良好。汤上温泉已逐渐成为吸引游人趋之若鹜的又一旅游景点。

旅　　游

旅游开发

【概况】2018年，兴城市以重点项目、宣传促销、行业管理等为抓手，扎实开展各项工作，全年A级景区接待游客380万人次。欢乐龙湾温泉水乐园、丽汤温泉加勒比水乐园投入运营，海滨景区、红海滩景区改造升级，古城、觉华岛亮化完成，古城东门生态停车场二期工程竣工，建设旅游厕所60座、交通旅游导视牌90块。承办辽宁省海岛旅游节和第三届避暑纳凉节，海滨景区荣登全国百佳候鸟避暑小镇榜。

2018年6月9日，辽宁省海岛旅游节暨觉华岛第四届文化旅游节开幕

【旅游重点项目】2018年，市旅游局加强对各景区监督指导和新建旅游重点项目宣传，吸引更多游客。同时，针对被列入国家首批全域旅游示范区创建单位，建立组织机制，统筹谋划、部署，推动创建工作。年内，全市全域旅游创建实施方案草案完成。总体规划编制进入专家评审阶段，按照国务院促进全域指导意见和全域导则，对全域旅游总体规划进行修改和完善。不断加大旅游厕所建设力度，全市计划建设旅游厕所56座，录入国家厕所项目库，建成60座。推进富都·欢乐龙湾、丽汤·加勒比海盗等旅游项目及“六个一”工程项目建设。富都·欢乐龙湾6月30日开业；丽汤·加勒比海盗7月30日试营业；四家博物馆、药王天逸山庄、南大休闲观光园、汤上温泉小镇、和润德尊者小镇等旅游项目建设按计划有序进行。提升景区质量，全面启动城市交通旅游导视系统建设，在市区建设导视牌90块；古城景区完成标志标牌两种以上文字工作。发展乡村旅游，制定乡村旅游线路及完成乡村旅游情况报告。

【旅游宣传促销】2018年，市旅游局举办“请进来”旅游推介会。按照葫芦岛市“推进对接京津冀协同发展旅游先行区建设”部署要求，年初紧盯旅游目标客源地，召开有200家涉旅企业参加大型推介会；先后到张家口、呼和浩特、大同、天津、保定、石家庄、北京顺义等地推介宣传旅游产品和资源。联合欢乐龙湾温泉水乐园举办2018“消夏避暑辽宁行”暨辽宁省第三届避暑纳凉节，邀请主要客源地旅游行业代表参加开幕式。聘请程野为兴城市旅游形象大使，拍摄完成《程野带你游兴城》视频宣传片，涵盖兴城主要景区，用于微信和自媒体播放，方便更多游客了解兴城旅游产品。签订中国联合网络通信有限公司葫芦岛市分公司大数据“情景短信”产品及客流统计服务合同，指导和促进旅游客流大数据分析、统计和城市形象宣传。

旅游服务

【**概况**】2018年，兴城市旅游局强化旅游安全责任意识，召开涉旅企业旅游安全生产暨学习培训会议，与涉旅企业签订安全生产责任书、防火责任书、防汛责任书、旅游包车责任书。对全市所有旅行社责任险情况进行监督检查，投保率100%。组织全市涉旅企业参加葫芦岛市消防知识及消防演练活动。加强旅游安全监管工作，“五一”“十一”期间联合公安、市场监督管理、物价、消防等相关单位，对各景区景点、星级酒店、旅游社、临街商铺等涉

2018年6月30日，富都·欢乐龙湾水上乐园开业

旅企业进行安全生产大检查。开展安全生产“七问”大讨论和“回头看”活动。配合葫芦岛市旅发委开展异地安全生产大检查。配合省旅发委和葫芦岛市旅发委对涉旅企业进行安全大检查。加大旅游市场稽查力度，全年检查团队1800余个，接到投诉20起，投诉结案率100%，满意率100%，上三级投诉为零。

【旅游市场整治】2018年年初，市旅游局受理、上级转办交办旅游投诉，涉及餐饮、收费等问题。坚持问题导向，围绕旅游市场投诉线索，联合有关部门开展综合执法，组成2支专门队伍深入景区、涉旅企业开展排查分析，努力做到底数清、情况明。重点开展“九查”,即查不合理低价游、查虚假宣传、查强制消费购物、查黑车黑导黑社、查游客保险情况、查行程是否有变更情况、查景区停车场收费情况、查景区安全设施和其他基础设施是否完善、查景区周边宾馆、饭店强行拉客影响交通秩序情况。年内，“扫黑除恶”专项斗争开展以来，围绕政治站位、依法严惩、综合治理、深挖彻查、组织领导、组织建设等项重点，不断加大宣传发动和线索排查工作力度。先后6次召开党组会、领导小组会、机关干部会，制定《兴城市旅游行业扫黑除恶专项斗争实施方案》，成立由局长任组长，副局长为副组长，各科室负责人为成员扫黑除恶专项斗争领导小组。指定扫黑除恶工作制度、联络员制度、信息报送制度、宣传制度，形成部门协调配合、上下通力合作、从业人员大力支持强大工作合力。始终保持对旅游行业出现欺客宰客、强买强卖等违法行为以及黑车黑导黑店，采取露头就打高压态势，不间断地开展春雷、蓝盾、飓风、利剑等一系列专项整治行动，联合公安、市场等有关部门综合执法，重拳出击。

【旅游培训和宣传】2018年，市旅游局召开涉旅企业培训动员专题会议，传达习近平总书记以及省市领导批示指示精神，讲清专项斗争重大意义、政治意义和现实意义，讲清专项斗争时间、目标、原则以及黑恶势力特征，明确10类打击重点以及旅游行业整治重点，发布各级投诉举报电话，着力解决涉旅企业不知、不懂、不会问题。与旅行社签订不参与涉黑涉恶承诺书，并明确要求要在门店悬挂滚动播出扫黑除恶宣传传标语。在景区周边悬挂宣传标语30条，大型宣传板2块，涉旅企业电子屏不间断滚动播出“扫黑除恶”标语，在古城等景区发放“扫黑除恶”和旅游宣传资料1000余份。创新宣传方式，利用

2018年1月31日，兴城市举办2018辽宁·兴城旅游推介会

2018 年 2 月 10 日，“全国冬泳日”系列示范活动（兴城站）暨“中国·兴城海峡杯”国际冬泳邀请赛在兴城海滨举行

旅游公众平台、订制情景短信方式加大宣传力度，公布举报投诉电话，倡导文明旅游、平安旅游，引导广大游客参与扫黑除恶专项斗争中，监督旅游市场和服务环境。

【旅游推介会】2018 年 1 月 30 至 2 月 1 日，兴城市举办 2018 辽宁·兴城旅游推介会。推介会吸引来自北京、天津、通辽、大连、抚顺、盘锦、朝阳、阜新、阜蒙、淄博、嘉善、喀左、清原、岫岩、黑山、新宾、铁岭、庄河、北票、葫芦岛各县区及环渤海旅游联盟、目的地旅业联盟各省市成员单位等旅游界人士及新闻媒体，亲身感受到兴城城、泉、山、海、岛、河独特旅游资源和风光秀美景色，宣传兴城美丽风光和优质服务，吸引更多客人到兴城观光考察、旅游度假。嘉宾亲身体验兴城温泉独特魅力，实地考察兴城古城、海滨龙回头、红海滩栈道、张作霖别墅等景区。

兴城市旅游局领导成员

局　长　王维达

副局长　范越博　张晓克　邢宝臣

　　　　周大伟（挂职）

（张虹）

风景区管理

【概况】2018 年，兴城市风景区管理局以“重实干，强执行，抓落实”专项行动任务为重点，以安全生产为着力点，以景区严格规范管理为落脚点开展工作，着力治理硬环境，提升软环境服务水平。全年，景区接待游客量103.8万人次。

【软环境建设】2018年，市风景区管理局以党建工作为抓手，坚持推进全面从严治党，努力全面提高党员政治素质。全体党员认真学习贯彻落实党的十九大精神，教育党员严格遵守政治纪律和政治规矩，不断增强全体党员“四个意识”坚定不移维护党中央权威和党中央集中统一领导，充分发挥党员先锋模范作用，营造风清气正政治氛围。坚持依法治国理念，加强职工法制建设教育培训工作，努力提高职工业务素质，并充分发挥景区综合执法大队职能作用，进行景区环境综合整治，为游客提供一个宜居、宜游、宜购旅游环境。

【硬环境建设】2018年，市风景区管理局完成市政府制定重点工作任务。完善海滨景区配套功能设施，建立智能车辆管理系统；顺利通过电气设备安装、调试。截至5月1日，工程全部完工并投入使用。通过5月至10月旅游旺季高峰实践检验，解决景区“车辆拥堵、交通不畅”问题。海滨景区内更换6盏高杆灯，将原有耗电量大、寿命短卤素灯全部更换为LED节能灯。重新规划景区停车位241个。翻建海滨景区三礁揽胜停车场面积630平方米。景区利用浴场宜游宜浴亲水亲海得天独厚自然条件，精心打造以兴海公园为主体的健康主题公园，制作平面示意图标牌1个。做好龙回头亮化维修斜拉索桥评估维修工作。在游客服务中心利用现有空间建立使用面积16平方米独立哺乳室，并配备基本设施。针对景区智能车辆管理系统运行，进行景区VI系统规划设计，为景区游客进行交通指引。年内所辖景区全线木栈道进行1次油漆粉刷。

【平安景区建设】2018年，市风景区管理局以“扫黑除恶”专项斗争为重点，抓好综治工作，建设平安景区。从政治高度深刻领会专项斗争重要意义，根据“扫黑除恶”基本原则，有黑扫黑、无黑除恶、无恶治乱。认真开展宣传工作，制作20余张条幅悬挂在景区醒目之处，景区中心位置大屏幕循环播放“扫黑除恶”内容，并设置2个举报箱，印发扫黑除恶宣传手册300份，各宾馆饭店屏幕滚动播出“扫黑除恶”内容标语。配合市民宗委做好宗教工作，整治龙回头处龙王庙“两乱”场所，整顿福乐园。在景区内集中宣传国家安全、消防安全、生产安全、食品安全等与群众自身利益相关法律法规。12月初，组织职工学习宪法并进行网上答题，努力形成自觉守法用法社会氛围。认真做好信访工作，加大维稳工作力度，认真做好重要时间节点安全综治工作。

【景区安全】2018年，市风景区管理局以安全生产为着力点，为保护景区资源和群众生命财产提供安全保障。始终保持安全生产高压态势，旅游旺季安全生产工作严格执行涉旅行业备案督查制度，业主取得相关部门许可，到局备案方可投入运营。狠抓消防安全，时刻排查隐患，重点是用电用气，避免火灾发生。根据单位具体情况，将护林防火工作作为第一要务，始终坚持执行全员上岗护林防火制度，不懈怠、不松扣，严格执行《护林防火方案》。领导高度重视，勤于检查，工作人员、护林员恪尽职守，增加巡查、排查频次，确保林区安全。在春节期间、“两会”期间、“五一”“十一”期间均严格加强安全工作，开展生产安全隐患大排查大整治等活动。全年，分别开展“春雷行动”“蓝盾行动”“飓风行动”，有方案、有措施、有检查、有总结。结合各项活动，在消防领域、水上运营、景区旅游交通等方面工作中，反复多次排查隐患、整治坚决，安全生产日常化、常态化。

【**景区管理**】2018年，市风景区管理局以景区规范管理为落脚点，切实履行管理职责，提升景区品位。以海滨浴场规范车辆管理为切入点，加强景区规范管理，认真制定车辆管理实施方案。对工作人员进行合理安排，景区秩序良好。发挥综合执法大队职能作用，依法管理、集中整治，优化景区旅游环境。加强和完善游客中心、投诉中心工作，切实做到“管理就是服务”，为游客排忧解难。

兴城市风景区管理局领导成员

局　长　陈晓东（2018年2月离任）

　　　　李宝文（2018年2月任职）

副局长　吕　佳　李占东

（陈德刚）

经济管理与监督

发展和改革

【**概况**】2018年，兴城市发展和改革局全力推进创业兴城、宜居兴城、文化兴城、活力兴城、幸福兴城建设，编制完成《兴城市实施乡村振兴战略三年行动计划（2018～2020年）（初稿）》《兴城市沿海经济带三年攻坚计划(2018～2020年)》《兴城市推进县域经济发展 全面建成小康社会三年行动计划(2018～2020年)》《兴城市一二三产业产业链连接计划》《兴城市项目建设三年行动计划（2018～2020年）（初稿）》《兴城市项目建设2018年工作计划》《2018年兴城市与常州对口合作行动计划》（初稿）《兴城市实施乡村振兴战略示范试点行动方案(2018～2020)》《贯彻落实唐一军省长在葫调研重要讲话精神 发挥资源优势 加快构筑特色发展新高地实施意见（初稿）》《兴城市经营性事业单位转企改制组建企业集团方案》和《兴城市加快建设连接京津冀协同发展桥头堡实施意见》等10余项重大政策实施方案（意见）。核准招标项目14个，招标公告审查项目75个。年末，全市GDP完成122.9亿元，同比增长4.5%。

【**资金争取**】2018年，市发改局同上级部门对接30余次，申请中央预算内投资项目8个，申请金额4941万元。主要包括葫芦岛市思科塞斯高铁配件项目、新增千亿斤粮食产能规划田间工程建设项目、农村饮水安全巩固提升项目、林业有害生物防治能力提升项目、兴城市新增千亿斤粮食产能规划田间工程建设项目1200万元，兴城市农村饮水安全巩固提升工程130万元和兴城市沿海防护林工程800万元等。

【**项目审批**】2018年，市发改局权限内审批项目87个，总投资47.91亿元。其中，审批类项目39个，总投资12.2亿元，包括投资3.8亿元高速铁路兴城西站配套公路项目、投资2.6亿元兴城市高级中学异地新建项目、投资1.22亿元葫芦岛市兴建高速出口路与京哈公路立交新建工程项目和投资1.22亿元兴城市2018交通工程项目。备案项目48个，总投资35.71亿元，包括投资10亿元星河·清华园、投资6亿元兴城斯达威泳装超级产业园项目、投资5.4亿元和润德阳光健康城项目及投资2.04亿元华山食用菌乡村游扶贫项目等。

【**重点项目推进**】2018年，市发改局推进重点项目开、复工，抢抓项目建设黄金期，启动重点项目集中“复工周”“开工月”，全力推进重点项目建设。实施“项目月调度制度”，及时掌握项目形象进度，调查了解项目建设过程中出现问题与困难，沟通协调有关部门加以解决。年内，全市投资亿元以上项目33个，总投资545.4亿元。其中，续建项目19个，总投资467.5亿元；新建项目14个，总投资77.9亿元。

【事业转企改革】2018年，市发改局编制完成《兴城市经营性事业单位转企改制组建企业集团方案》及各企业集团组建实施方案，并向涉改单位印发《兴城市事业单位转企改制人员安置意见》，确保转企工作顺利进行。全市经营性事业单位涉改22家，涉改人员3405人，其中在编663人，离退休650人，外聘2092人。改革后，全市新成立兴城市建交集团、水务集团和投资集团，兴城市热电有限公司实现重组，兴城市殡仪馆转企改制。

【绩效考核】2018年，市发改局承担全市市直部门专项行动绩效考核指标8项，全年GDP完成122.9亿元，增幅4.5%；固定资产投资61.6亿元，增幅14%；单位地区生产总值能耗降低3.2%；单位地区生产总值二氧化碳排放降低3.89%。推进与常州市两地项目及企业对接，完成《兴城市对口江苏合作实施方案》制定，洽谈对接北京、常州等地企业6家；全市33个亿元以上重点项目全部实现开复工。

【公务车改革】2018年，全市党政机关、参公单位车改后享受车补2273人，保留公务用车323辆。其中，喷涂标识车辆155辆，标识率100%；按照葫芦岛市《关于转发省机关事务管理局<关于全省保留一般公务用车统一加装定位系统的通知>的通知》要求，改加装定位系统车辆175辆，加装率100%。公务用车管理平台纳入车辆11台。

兴城市发展和改革局领导成员

局　长　张晓坤

副局长　许佳成　李向荣

　　　　宋　英（女，2018年9月离任）

（哈光峪）

统　计

【概况】2018年，兴城市统计局发挥统计工作三大职能，为全市经济健康稳定发展提供统计保障。发布《2017年统计公报》，编印兴城市主要经济指标手册4册，对接各部门报表审核，确保统计数据质量。组织开展统计人员业务培训6次。清查业务培训1次2期，参加培训320人；数据处理培训2次，参加培训120人。撰写统计分析信息14篇。

【联网直报】2018年，市统计局做好工业、能源、服务业、投资、建筑业等常规统计专业2017年年报及2018年定报工作，纳入全国“企业一套表”联网直报平台，“四上”企业联网直报率100%。年内，新增“四上企业”15家，其中房地产企业1家，固定资产投资企业6家，工业企业5家，餐饮业1家，零售业2家。

【更新名录库】2018年，全市单位总数7743个，其中法人单位6896个，产业活动单位847个。维护更新法人单位4341个，占法人单位总数62.95%；维护更新产业活动单位491家，占产业活动单位总数57.97%。

【统计调查】2018年，市统计局在全市普查葫芦岛市文化创意产业，核实摸底统计企业402家，个体户1108家。选取样本抽样115家。同时，纳入农家乐、渔家乐、采摘园、垂钓园普查范围257家。

【经济普查】2018年，市统计局把全国第四次经济普查作为工作重点，组建普查机构，选调普查员、指导员，并培训业务，录入PAD数据，审核数据处理平台赋码等。年末，单位清查数据处理平台汇总结果显示，兴城市核查单位个数12459家，核查率100%；核查个体工商户38237家，核查率100%。

【统计执法】2018年，市统计局规范统计执法制度，发挥统计法律法规监督作用。统计基础执法检查企业17家，通报批评6家，整改立案6件，结案6件。立案归档，建立规章制度11项。

兴城市统计局领导成员

局　长　韩铁征

副局长　马　永　肖兴海

（赵娣）

招　商

【概况】2018年，兴城市招商局完成省外内资18.32亿元，其中市本级完成17.57亿元，园区完成0.75亿元；引进外资509万美元。完成外贸进口443万元，占全市进口总量13%，其中市本级完成207万元，占全市进口总量0.06%，园区完成236万元，占全市进口总量0.07%。完成外贸出口64749万元，占全市出口总量21.87%。其中，市本级完成47576万元，占全市出口总量16.074%，园区完成17173万元，占全市出口总量5.8%。

【招商引资】2018年，市招商局分别到长三角的宁波、上海、杭州、嘉兴、常州、南京及珠三角深圳、广州及京津冀地区“走出去”招商16次，“请进来”招商20次。签约及落地项目有北京天润新能投资有限公司（金风科技集团，国内第一家香港H股及深圳A股上市公司），项目投资15亿元。3家雄安新区企业引进兴城经济开发区试生产。红星美凯龙家居（集团）股份有限公司与兴城天顺房地产有限公司综合开发项目，总投资80亿元，占地100公顷，地点在红海开发区，项目包含红星美凯龙家居广场、爱琴海商场、大健康医疗养老、文化旅游及房地产开发项目。日本AC日式康养及养老项目，用地4.9公顷；滨海服务业新业态集聚区，规划建筑面积7万平方米。日本JBC日式民宿项目合资公司兴城市云栖谷旅游开发有限公司注册成立，注册资本8000万元。

【乡镇招商】2018年，兴城市“飞地招商”政策出台后，乡镇招商引资工作取得新进展，在谈项目6个。其中，碱厂乡在谈项目3个，元台子乡在谈项目2个，药王乡在谈项目1个。新签约项目7个，分别为兴城市福民热力有限公司项目、晨曦生态农业园项目、夕阳红养老院项目、兴城市味之正食品加工项目、花生米精选项目和老付马乡村旅游项目、刘台子乡旅游开发项目，签约项目总金额4.57亿元。

兴城市招商局领导成员

局　长　郜永刚

副局长　潘国良　刘君一（女）

（鲁雨欣）

物　价

【概况】2018年，兴城市物价局围绕“稳价格、惠民生、促增长、保和谐”理念，履行价格管理职能，加强市场监督检查，规范市场价格秩序，做好为民价格服务，有效化解社会价格矛盾，全力维护价格水平稳定。

【价格管理】2018年，市物价局规范景区、交通、餐饮等窗口价格秩序，打击各种扰乱市场价格行为。做到上报数字资料真实可靠，原因分析清晰详尽。围绕“价格服务进万家”，推进收费和价格公示制度，增强收费透明度。将公示制发展到社区，更贴近群众生活，让群众明明白白缴费。调整和批复兴城海滨内外停车场和红海滩停车场收费标准，公示率100%。国庆节期间觉华岛景区实现惠民17万元，古城景区实现惠民2万余元。

【价格举报】2018年，市物价局受理价格举报案件130起。其中，全国“12358”价格监管举报平台16起，省政府民心网56起，葫芦岛“12345”热线58起。回复办结率100%，群众满意率100%。

【市场监测调控】2018年，市物价局按照市场经济规律和有利于经济发展原则，做好市场价格监测和预警预报。调研市场价格风险预警，采集市场主要农副产品价格。在南关农贸市场和温馨家园市场建成监测点6个。设立粮、油、肉、蛋、禽、菜、海鲜和水果等八大类51个监测品种。跟踪市场价格动态，分析预测价格走势。发送价格监测数据45次。

2018年兴城市物价局领导成员

局　长　邓育先

副局长　于立群（2018年2月离任）

　　　　寇文会　王长军

（靳雯越）

市场监督管理

【概况】2018年，兴城市市场监督管理局开展“纠四风”“办事难”专项整治，守住食品、药品、特种设备、农资四大“安全”底线。全年查办各类案件290件（一般案件72件，简易案件218件），万元以上案件3件，处理疑似食品安全事故21件，处理食品药品投诉举报案件44件，其中食品投诉举报案件34件，药械类投诉举报案件10件，办结率100%。年内，该局先后被评为葫芦岛市“文明单位标兵”、葫芦岛质监系统“质量工作优秀单位”、兴城市“平安兴城”建设“平安示范单位”“党的十九大维稳安保工作集体三等功”。

【市场监督治理】2018年，市市场监督局开展“两节”“两会”食品、保健食品欺诈和虚假宣传，学校校园及周边食品、成人用品、食品添加剂、酒类产品、食用植物油塑化剂、白酒塑化剂、非洲猪瘟防控等各类食品专项整治16次，出动执法人员8932人次，检查各类市场主体9117户，发现问题221处，下达责令整改221份，立案4件。强化“三小”治理，出动执法人员232人次，检查食品生产加工小作坊243户次，发现问题72个，下达责令改正通知书72份。督导检查6次，检查小作坊20户，下达督导检查建议8份。强化基层食品监管机制建设，按照每村（社区）1名协管员标准，聘任食品安全协管员268名。开展食品网格化监管，划定一级网格11个、二级网格28个、三级网格268个，确保食品安全监管全覆盖。开展非洲猪瘟防控，检查各类集贸市场33家（累计267家次），农村集市18个，早市2个，猪肉摊位4769户次，餐饮服务单位2494家次，企业4家，小作坊420家，下达责令整改通知书12份，发放告知书453份。

【登记制度改革】2018年，市市场监督局以实施“三十二证合一”登记制度改革为切入点，释放改革红利。全市新增各类市场主体7534户，受理全程电子化业务700笔，办理“个转企”152户。推进企业、个体工商户年报，全市参加年报企业5622户，年报率91.79%。年报个体工商户16694户，年报率53.1%；年报农民专业合作社776户，年报率82.61%。开展涉企信息归集，全市18家政府部门公示信息211042条，实现全市涉企信息归集全覆盖。

【优化营商环境】2018年，市市场监督局通过启用全国市场监管动产抵押登记业务系统，实现企业办事“零跑腿”。年内办理动产抵押登记38份，为企业融资2.3848亿元；办理股权出质登记2笔，出质股权金额3000万元，被担保债权金额8000万元，助企解决融资难题。开展食品药品监管政务公开标准化规范化试点，确保群众及时知晓食品药品监管信息真实内容，在政府网站公示各类信息529条，在省政务网站公示各类食品行政许可1218户；编制食品药品监管政务公开事项目录。取消或调整行政职权441项，新增83项，调整后行政职权（不计子项）870项。

【培育商标名牌】2018年，市市场监督局上报商标注册梯队4户，受理各类商标问题咨询126人次，办理商标侵权案件1件；申报辽宁省名牌产品企业5家，全部通过评审。年内，全市省名牌企业13家，葫芦岛市名牌企业8家。指导红崖子镇人民政府申报“兴城市红崖子花生产业示范区”，动员名牌企业参与企业品牌价值评价，8户通过。在《兴城新闻》栏目中推出《品牌兴城》专栏，对获得省、市名牌10余家企业进行主题系列宣传报道，打响城市名片。

【标准化计量】2018年，市市场监督局开展地理标志产品保护及标准立项工作，提高计量服务水平。碱厂红南果喜获国家地理标志产品保护称号，获辽宁省地方标准，并取得省市场监督管理局立项。新注册标准化条码3家，续展1家，新增项45个。完成强制检定器具9300台件，非强检计量器具1500台件。

【行政审批】2018年，市市场监督局清理中介服务事项清单2次。清理后，行政审批事项由34项减少到24项，主管部门由15家减少到12家。编制《兴城市行政审批中介服务事项清单》向社会公开发布。建立行政审批中介服务机构名录台账，全市行政审批中介服务机构4家。年内，推进行政审批职能，严格市场准入，新设立各类许可1311户、变更各类许可75户、注销各类许可63户，延续各类许可5户。新发放食品经营许可证917家,变更71家，注销85家，延续8家；新发放生产许可证7家，变更3家，注销3家，延续5家;新办理小作坊许可证80家，注销1家；新办理小餐饮307家,变更1家,注销4家。

【消费维权】2018年，市市场监督局受理转办各类投诉举报796件，按时办结率100%，诉求人满意率100%，为消费者挽回经济损失41.37万元（含77人群体投诉事件1件，案值40余万元）；解答群众咨询160余次,诉转案2件。开展“纪念3·15国际消费者权益日”主题宣传活动，发放宣传单1500份、宣传册9800份，受理咨询65余人次。办理葫芦岛市、兴城市两级人大代表建议、政协提案15件。新建消费维权服务站1个。

【“扫黑除恶”工作】2018年，市市场监督局立足市场监管职能，对商贸集市、批发市场开展全覆盖、集中滚动排查，排查举报和信访案件1545件。摸排集贸市场31个，上报“扫黑除恶”案件线索1条。开展“扫黑除恶”斗争无证无照经营查处专项行动，查处有照无证、无照无证、无照经营户83户，引导办证4户，引导办照53户。张贴摸排公告1100份，发放《致广大经营者的一封信》21100张，悬挂“扫黑除恶”口号48幅（次），万人签字条幅31幅。

【食品安全监管】2018年，市市场监督局集中培训企业2次，分散式培训118家次，培训企业63家，培训人员322人次，发放宣传、培训材料630份，培训40学时。按照“四重”清单、“一品一策”和“一企一策”靶向目标重点监管检查食品生产企业109家次，发现问题92个，下达责令改正通知书80份。完成大型、特大型

葫芦岛市创建食品安全示范城市宣传活动启动仪式

餐饮服务单位改造35户，明厨亮灶率达到73%，学校食堂、托幼机构103户全部完成，明厨亮灶率100%。全年，完成生产环节企业风险划定62家，其中A级8家、B级18家、C级20家、D级16家；流通环节食品销售者信用等级划定2853家，其中A级1757家、B级953家、C级142家、D级1家。落实餐饮环节“量化分级管理”，完成餐饮服务单位量化分级945家，其中19家被评为A级，483家被评为B级，385家被评为C级，未评定58家，总体量化分级管理评定率100%。完成市场监管领域食品安全抽检2260个批次，其中食用农产品抽检1850批次，生产环节抽检87批次，流通环节抽检120批次，餐饮环节抽检203批次。全年为重大会议和活动赛事提供食品安全保障20次，出动执法人员122人次，保障天数48天，保障人数近1.5万人次。全市有食品企业4954家，其中食品流通经营单位3136户，食品餐饮服务单位1660户，食品生产企业62户，食品生产加工小作坊96户。

食品安全周宣传培训

【药品监管】2018年，全市有医疗机构479家（其中市直医院4家，乡镇卫生院22家，农村卫生室318家，驻在单位9家，门诊126家），药品经营企业151家（其中市内84家，农村67家）；抽验70批次。年内，开展药品、医疗器械流通领域专项整治7次，检查药品、医疗器械等经营单位718家次，立案214件，下达责令改正通知书206份，警告140家次。开展药品、化妆品流通环节、医疗器械经营和使用环节质量安全隐患排查治理3次，排查各类使用

单位83家，经营企业140家，下达责令改正通知书19份，警告19份，上报自查报告24份。召开药品、医疗器械流通监管会议，发放学习材料200余份，签订《药品经营企业诚信经营承诺书》145份并公示，接受社会监督。

【农资安全监管】2018年，市市场监督局为防止不合格化肥坑农害农，从源头上加强化肥市场监督管理，组织开展肥料质量抽检。协助省工商局抽检5家经营单位5个批次化肥品种，其中有3个批次不合格，涉及质量、标志，全部立案查处。

【特种设备安全监管】2018年，市市场监督局开展特种设备告知、注册工作，受理审批特种设备安装告知95批次，审核、发放气瓶充装单位许可证5家，登记注册特种设备239台，登记注册民用气瓶1批次。检查各类特种设备生产、使用单位、气体充装单位462家次，检查各类特种设备2120余台（部、只），检查特种设备作业人员持证上岗情况160余人次，下达特种设备安全监察指令书8份，责令整改问题3类9项。开展特种设备专项整治4次，检查企业78家，检查各类特种设备163台。注销燃煤锅炉15台，通过电梯监管平台处理事故应急事件40余件。

【质量监管】2018年，市市场监督局专项检查水泥获证生产企业3家。与经信局、发改局等组成联合检查组对兴城市10余家使用中（工）频炉的工业企业开展拉网式检查，检查企业6家，拆除中频炉2家。检查危险化学品、电线电缆、食品相关产品企业7家，督促落实产品质量安全主体责任，保障消费者生命财产安全。开展获证企业分类监管，确立13家生产许可证企业分类等级均为B级。依托质检所开展委托检验，与90余家生产企业签订委托检验合同，泳装（服装）检验153批次，建材化工检验16批次。指导泳装企业标志合格性90多家，提高标识合格率，为企业提供最新标准30余份。

【旅游市场监管】2018年，市市场监督局结合旅游旺季特点开展涉旅行业巡查，检查旅游市场主体117户，下达责令改正通知书4份。加强旅游景区及周边餐饮服务食品安全监管，与餐饮单位签订《食品安全责任书》并在店内公示。对旅游景区及周边餐饮单位进行专项检查，检查餐饮服务单位318户，下达监督意见书23份，下达责令改正通知书97份。

【商标广告监管】2018年，市市场监督局严厉打击违法广告行为，受理各类违法广告投诉270件，下达责令改正通知书3份。针对中国移动、中国联通、中国电信3家移动通信运营商宣传“流量不限量”广告虚假用语行为进行约谈，促使其改正违法行为。开展互联网违法广告、非法集资广告整治工作，针对网络违法广告投诉多情况，联系市泳装协会，商讨解决办法，在全市泳装微信群中发布警示信息，提醒广大经营业者规范守法经营。对兴城广播电视台、中国农业科学院果树研究所等3户事业单位开展广告发布登记。加强广告市场监管，受理各类商标问题咨询126人次，办理商标侵权案件1件。

【网络市场监管】2018年，市市场监督局加强与发改局、公安局、服务业局、网信办等部门沟通协调，立足市场监管职能，集中开展2018网络市场监管专项行动，规范网络市场经营秩序。完善网络经营主体数据库，确保入库数据完整性。立足辖区实际情况，在国庆节、“双十一”期间，重点对宾馆、泳装网络销售企业集中监测，排查网络销售泳装企业26户，宾馆16户，检查网站、网店155户次。

【整治不正当竞争】2018年，市市场监督局制定《兴城市不正当竞争突出问题工作方案》，检查医药购销、工程建设、通信服务，教育服务等领域商业贿赂行为。查办家电、农资，汽车配件、建材等行业中引人误解虚假宣传行为。查办利用互联网电商平台等实施侵害知识产权，虚假宣传和不正当有奖销售行为。参加省、市组织的《中华人民共和国反不正当竞争法》培训，并按照政府工作部门网站调整权责清单要求，修改8项，新增2项，删除5项。规范殡葬行业管理，召开殡葬行业约谈会，检查殡仪馆2家，解决殡葬领域群众反映强烈突出问题。

【打击传销】2018年，市市场监督局成立打击传销领导小组，召开打击和防范传销工作和联席会议，落实创建“无传销社区（村）”活动各项政策措施。建立打击和防范传销工作责任制，继续保持高压态势，遏制传销活动回流和反复，保持“无传销市”局面。组织开展全方位、立体式打击传销宣传教育活动，在社区、学校等群众集散地及传销易发地悬挂宣传口号条幅，张贴宣传海报，制作宣传栏。向群众派发宣传单，公布打击传销举报电话。利用发送手机信息覆盖面广、传播速度快优势，以打传办名义向辖区内手机用户，特别是外地人员较多集团用户发送打击传销短信。

【宣传和培训】2018年，市市场监督局组织政府机关代表25家、企业代表30余家、社区代表4家、群众代表150余名，在银象宁远城开展“创建食品安全示范城市”宣传启动仪式，发放创城宣传材料3000余份。新创建科普宣传站5家，发放电视5台、移动硬盘5个、档案柜5个，制作宣传板36块，发放宣传海报6000余张。组织人员参加国家、省、市局网络和业务培训，举办局内相关业务培训10余期，参训人员400余人。组织干部职工参加公务员在线学习、专业技术人员在线学习、国务院政府工作报告测试、科级干部政治理论测试等各项学习活动。

兴城市市场监督管理局领导成员

局　长　崔作军

副局长　王育斌　邹宝明

梁　军　凌　源

雷　凯　龚　健

沈国靖　朱晓松

（王鑫）

国土资源管理

【**概况**】2018年，兴城市国土资源局土地规划稳步开展，永久基本农田保护逐渐完善，土地变更调查及土地整理整体推进，深化矿政管理，打造土地市场，服务城乡建设。年内，省政府批复用地13个批次，面积111.2715公顷；修改城东街道规划规模4.5454公顷，旧门乡规划规模0.9538公顷；新建永久基本农田保护碑10块，维修永久基本农田保护碑57块；编制完成《兴城市“十三五”土地整治规划》。与全市乡镇、街道签订耕地保护责任书28份，乡镇、街道与所辖行政村签订永久基本农田保护责任书224份。

【**土地利用**】2018年，市国土资源局办理出让用地手续58宗，面积117.34公顷，收取土地出让金138177万元。收储曹庄镇大海口村、城东街道南辛庄村、羊安满族乡刘八斗村等区域土地150.6667公顷，支付征地补偿费30969万元。完成出让土地测绘64宗，测绘面积143公顷；呈报18个批次用地，测绘面积194.69公顷；勘测定界图58宗，测绘面积11余公顷，录入2018年度《测绘资质》复审换证信息、编制《测绘资质申请表》，测绘收费266万元。无土地权属来源宅基地土地确权21宗，面积6519.92平方米。

【**矿政管理**】2018年，市国土资源局完成《2016 ~ 2020年兴城市矿产资源总体规划》补充，落实各级各类自然保护区矿权清理与退出工作，清理探矿权2家、采矿权2家，吊销采矿许可证1家。完成全市20家23项探矿权采矿权划定、延续、变更、转让，收缴采矿权价款125.39万元，采矿权使用费0.9万元。

【**执法监察**】2018年，市国土资源局加强联合执法机制建设，与公安、安监、市场监督及乡镇、街道联合执法、检查。查处媒体曝光和群众举报国土资源违法行为。全年，受理各类信访事项20件次，接待上访人员50余人次；受理民心网21件，“12345”热线33件，上级转办事项11件。查处国土资源违法案件139宗，全部申请兴城市人民法院强制执行。调查土地卫片监测图斑679宗，其中合法图斑60宗，其他图斑460宗，违法用地图斑159宗，违法图斑立案查处并通过内网上报。调查矿产疑似违法图斑点26个，其中合法图斑点7个，伪变化图斑点18个，违法图斑点（越界开采）1个，有关举证材料全部上报省厅，违法图斑立案查处并通过内网上报。

【普法宣传】2018年，市国土资源局加强土地法制教育，服务经济社会发展。开展第27个全国土地日宣传，发放国土资源法律宣传单、宣传手册1.8万份，悬挂宣传条幅40条。参加省民心网操作培训，强化民心网相关业务熟练度。配合“扫黑除恶”工作，做好专项斗争法制宣传。

【不动产登记】2018年，市国土资源局为方便申请人办理不动产登记，实行引领员“手牵手”引导、窗口“一站式”服务、服务区“休闲式”等候、发证员“礼貌”发证服务流程。落实首问负责制、首办责任制、一次告知制，AB岗服务制。做到“六公开”，即公开服务内容、公开申报材料、公开受理条件、公开收费标准及依据、公开承诺时限和办事程序。打破“八小时”常规工作制，实行午间、晚间延时服务。为不能到现场办理业务特殊人群上门服务。为老、弱、病、残、现役军人等提供“绿色通道”，申请人无须叫号，全程由引导员提供无障碍服务。对重大项目和重点企业全程跟踪服务，指派专人负责。全年，受理各类登记业务37972件，发放不动产权利证书23007本，他项证明12228份。实现“登记受理一张表、串联审核一张网、产权保障一个证、权籍管理一张图、信息共享一个库”高效不动产登记模式。

兴城市国土资源局领导成员

局　长　沈朝辉

副局长　陈晓峰　彭　程（2018年5月离任）

　　　　张福贵　王爱兵

（刘男）

农 村 经 济

农 业

【概况】2018 年，兴城市继续调整农业种植结构，深化农业供给侧结构性改革，加强农业生产能力建设，打造农业特色品牌，推进农产品产地加工项目，加快发展现代农业。争取上级各类惠农项目 23 个，重点项目 12 个，项目资金 6110 万元。实现农业总产值 218688 万元，增长 18.9%。全年粮食种植面积 33147 公顷，粮食总产量 152574 吨，同比下降 12.8%；油料作物总产量 108841 吨，同比增长 3.2%；蔬菜总产量 294269 吨，同比下降 1.8%；水果总产量 60236 吨，同比下降 4.7%；肉蛋奶总产量 103748 吨，同比增长 4.1%；水产品总产量 192212 吨，同比下降 3.9%。全年化肥使用量 5.55 万吨，比上年增长 1.2%。南大乡被评为辽宁特产青椒之乡，红崖子镇成为国家产业兴村强县示范镇，“兴城蜂蜜”被评为国家农产品地理标志，“碱厂红南果”被评为国家地理标志保护产品。

【产业结构调整】2018 年，兴城市实施全国花生绿色高质高效创建县项目 1.2 万公顷，调减玉米种植面积 1000 公顷，新增设施农业面积 333.33 公顷，新栽果树 120 万株。改善农业生产条件，完成节水滴灌 733.33 公顷、千亿斤粮食田间工程 666.67 公顷、深松整地 5333.33 公顷。完成无公害农产品绿色食品认证 4.67 万公顷。

【供给侧改革】2018 年，兴城市继续调整农业种植结构，全市播种面积 82733.33 公顷，玉米作物种植面积 25666.67 公顷，调减玉米面积 1000 公顷，优质花生种植面积 46666.67 公顷。启动粮食生产功能区和重要农产品保护区划定工作，兴城市“两区”划定任务 35666.67 公顷,完成“两区”划定基础信息填报，制定“两区”划定实施方案，完成大豆、水稻划定上图入库工作。

【生产能力建设】2018 年，全市实施新增千亿斤粮食生产能力规划田间工程建设项目，建设高标准农田 666.67 公顷，完成工程总投资 72%。深松整地作业补助面积 5333.33 公顷。开展拖拉机驾驶员安全技术培训 520 人次、机械深松技术培训 80 人次、精量播种技术培训演示现场会 3 场。实施农业部果菜茶有机肥替代化肥项目，完成肥料肥效试验示范区 7 个。

【品牌建设】2018年，全市新栽植各种果树1000公顷、120.76万株，完成葫芦岛市高效精品科技示范园10个，全市水果产量13.5万吨，产值3.5亿元。完成无公害农产品绿色食品认证面积46666.67公顷。推进农产品基地建设和“三品一标”申报，完成4家绿色食品企业申报。成功申报辽宁特产之乡——兴城市南大青椒特产之乡，辽宁名牌农产品——兴城市希林果蔬种植专业合作社老黄顶牌苹果和辽宁农产品百强品牌。

【农产品产地加工】2018年，全市初加工项目建设苹果、蔬菜、马铃薯冷库38座，投资400万元。成功申报红崖子镇农业产业强镇项目，项目资金1250万元。完成花生出口总额1267万美元。推进“互联网+农业”，完成益农信息社验收，上报3家优秀益农信息社参加全省百佳益农信息社评选活动。

【分置改革】2018年，市农发局完成确权数据库部级质检，全面启动颁发土地承包经营权证书。全市土地流转面积20666.67公顷，新增土地流转面积1333.33公顷，印制流转合同4万份。实施农业生产社会化服务项目，发放引导小农户农业生产“托管”补助资金1120万元。

【培育经营主体】2018年，市农发局鼓励支持龙头企业、家庭农场及农民专业合作社发展，申报省级龙头企业2个、市级龙头企业2个，规范指导市级示范社7家，备案家庭农场137家。加强农科教产学研联盟，建立高油酸花生、红薯、碱地柿子、果树套种中草药试验示范基地，农业科技示范主体培训400人，落实基层农技推广补助项目资金150万元。建立新型职业农民网站，完成新型职业农民创新创业路演，培育新型职业农民750人，新型职业农民项目资金225万元。

【农机购置补贴】2018年，市农发局落实中央农机购置补贴资金1676.672万元，扶持购置先进适用补贴机具1099户。发放耕地地力保护补贴资金5654.94万元，涉及农户11万户。申报玉米生产者补贴面积21066.67公顷，涉及农户5.7万户；大豆生产者补贴面积800公顷，涉及农户0.26万户。

兴城市农村经济发展局领导成员

局　长　闫守庆（2018年2月离任）
　　　　牛春伦（2018年2月任职）
副局长　王建海（2018年3月离任）
　　　　陈井军　李贵军

（孙柳）

扶　贫

【概况】2018年，兴城市围绕“五个精准”“六个一批”实施“33466”工程，投入扶贫专项资金5315万元，推进产业项目、行业和社会帮扶，实现8122人脱贫，

5个贫困村销号。3月，全省产业扶贫现场会在兴城召开；6月，兴城市扶贫办被葫芦岛市委、市政府评为“文明单位”；10月，碱厂满族乡获得全国脱贫攻坚组织创新奖；11月，兴城市通过省第三方评估和扶贫审计。

【泳装产业扶贫】2018年，兴城市针对城内企业用工难、农村劳动力就业难、村集体经济发展难、贫困人口脱贫难“四难”问题，探索出4种泳装扶贫模式。分别为村集体独资建厂，贫困户入股分红；集体闲置校舍、厂房、村部入股或出租等方式与企业合作，实现村集体收益；向小微企业注入扶贫贷款方式吸引企业下乡，促进贫困人口就业增收；企业独资建厂，解决困难群众就业。年内，建成农村泳装扶贫加工厂、加工点432家，带动贫困户脱贫3100户。

【电商产业扶贫】2018年，兴城市以泳装为依托的电子商务发展迅猛，全市有电商3.5万家，带动就业近8万人。年内，主要分三步开展电商产业扶贫。第一步布网络，与阿里巴巴合作在农村建立网点90个，乡镇覆盖率95%。第二步育产品，成功打造红崖子花生、兴城多宝鱼、SOD苹果、菊花女海鲜饺子、食用菌、荞麦面等农特产品品牌。第三步促上行，与淘宝、京东合作推出上行产品，全年全市农副产品上行销售总额实现3560万元。

【花生产业扶贫】2018年，市扶贫办通过抓质量、抓品牌、抓市场、抓规模，以到户扶贫为基础，完成花生良种、庭院养殖、果树种植、玉米良种4个到户扶贫项目，扶持贫困户24128人。推广“党建+”模式，建成产业项目17个，在建项目12个。与辽宁省农业科学院联合开展科技扶贫引导示范项目，围绕设施花卉、果树、食用菌、花生4个基础产业，在旧门乡、碱厂乡、刘台子乡、红崖子镇、华山街道建立科技扶贫示范基地6个。建立“花生协会+合作社+农户”模式，花生产业扶贫覆盖18个乡镇、2.7万建档立卡户，覆盖率75%，1300多个贫困户稳定脱贫。

【精品果业扶贫】2018年，全市通过发展精品果业和扩大种植规模，新建高标准果园1000公顷，改造低产果园4000公顷，引进新品种果树115万株，覆盖贫困人口1.5万人。

【设施农业扶贫】2018年，全市设施农业发展较快，食用菌、蓝莓、菊花、大樱桃等10余个品类特色精品农业形成规模，拉动贫困人口增收。通过流转土地、就业、参与生产受益，带动建档立卡户1300个，脱贫人口3000人。

【移民扶贫】2018年，市扶贫办根据贫困地区人居条件和乡村发展规划，制定《2018年兴城市危房改造工作实施方案》和《关于2018年兴城市D级危房改造任务分解的通知》，对1377户贫困户D级危房进行认定和评定，全部纳入国家农村危房改造信息系统。870户任务指标精准落实到户。

【教育扶贫】2018年，市扶贫办投入专项资金210万元，对建档立卡贫困户中义务教育、高中教育、职业教育、高等教育阶段的学生进行助学补助。投入专项资金532万元，对建档立卡贫困户新农合个人缴费部分进行全额补贴。与中国人寿保险股份有限公司洽谈，投入专项资金290万元，建立扶贫无忧保险工程与新农合制度衔接的大病保险制度和救助机制，实现保障受益全覆盖。

【产业项目扶贫】2018年，全市投入扶贫资金1393万元，实施玉米种植、庭院养殖、果树、绒山羊、花生种植5个项目，到户项目覆盖18个乡镇，带动贫困户25126人，人均增收500元至700元。实施产业项目29个，使用扶贫资金763万元。涉及15个乡镇，带动贫困户16000人，每户平均增加收益800元至1000元。

【社会帮扶】2018年，辽宁省人大常委会牵头协调，中国南方航空北方分公司、辽宁城乡建设集团、中国石油抚顺石化公司3家定点帮扶单位主动对接。中国南方航空北方分公司投入资金130万元，建设菊花大棚项目；投入资金30万元，打水井6眼；投入资金30万元，帮扶危房改造10户。辽宁城乡建设集团投入资金10万元，支持改建泳装加工厂。中国石油抚顺石化公司投入资金25万元，开展养牛项目。

兴城市扶贫办领导成员

主　任　朱庆贵

副主任　安景强　马志壮

（康丽丽）

移民安置

【概况】2018年，青山水库兴城市移民安置工作领导小组办公室签订移民安置协议2户，完成签订移民安置补偿协议3133户，占移民总户数98.8%，签订协议移民个人补偿费全部发放到位。库区房屋全部拆除，移民全部迁出库区，有37户未签订协议。年内，解决李克军石材加工厂补偿等遗留问题6件。

【基础设施建设】2018年，市移民办负责兴西线改线和头道沟里村至坝址左岸通行路2项工程招投标和工程管理，实施头道沟里村护坡等后期扶持项目4项，总投资124.5万元，全部竣工并申请审计决算。其中，兴西线改线工程完成决算审计。为改善移民居住环境，实施后靠安置点基础设施完善工程，巷路硬化、增设排水沟等，均投入使用。

【资金发放】2018年，全市发放资金3811万元。其中，基础设施建设资金1601万元，长效补偿资金1390万元，移民个人和集体安置补偿资金282万元，库区遗留问题补偿资金29万元，移民后期扶持直补资金509万元。拨付扶贫工程款12万元，其中头道沟里村公厕工程7万元，碱厂乡四间村漫水桥及路基改造工程款5万元。

青山水库兴城市移民安置工作领导小组办公室领导成员

主　任　刘振兴（兼）

副主任　金　锋　王　迎

（金锋）

林　业

【**概况**】2018年，兴城市造林绿化4420公顷。其中，人工造林666.67公顷，封山育林3066.67公顷，退化林分修复666.67公顷,迹地更新20公顷。义务植树100万株，查处涉林违法案件43起，打击处理违法行为人61人次。栽植经济林66.67公顷，其中苹果56.67公顷、梨10公顷。

【**森林防火**】2018年，全市出动防火巡逻车205台，落实护林员410人，24小时全天候巡逻。加强首山森林公园、国有林场、龙回头景区等重点部位火源隐患排查，做到横向到边、纵向到底，不留死角、不留盲区。新增专业消防队员20人，全市有专业森林消防队5支，队员83人；半专业森林消防队伍31支，队员465人。悬挂宣传横幅5000条、防火旗2万面，发放宣传单15万份，出动宣传车2000台次。市防火办成立4个督查组，每天对各乡镇明察暗访。首山周边街道设立防火检查站6个。

【**退耕还林**】2018年，市林业局对上年退耕地补助资金“一卡通”进行验收，核对全市退耕地农户合格面积、发放金额及“一卡通”信息，退耕地合格面积460公顷，发放退耕地补助资金62.12691万元。

【**森林有害生物防治**】2018年，市林业局为有效防范森林病虫害发生，保障森林绿化成果安全，保护森林资源不受侵害，组织工作人员60余名，对首山景区66.67公顷林地内病死油松进行人工清理。森防站雇用直升飞机对首山国家级森林公园、郦家、龙回头、海边、建兴高速药王段等地区展开林业有害生物防治作业。全市林业有害生物发生面积9333.33公顷，防治面积9333.33公顷，防治率100%。检疫全市22家林木种苗繁育单位，建立信息档案。完成林木种苗产地检疫面积155.07公顷，检疫各类苗木163万株，产地检疫率98%。

【**生态公益林建设**】2018年，全市国家公益林面积5134.2公顷，其中国有林面积3617.3公顷，集体和个人所有林面积1516.9公顷。国家公益林直补资金467326.5元,其中国有直补资金217038元,集体和个人所有直补资金250288.5元。全市省级公益林面积19333.33公顷，其中国有林面积5600公顷，集体和个人所有林面积13733.33公顷。省级公益林直补资金804500元，其中国有直补资金84000元，集体和个人所有直补资金720500元。新聘任公益林监管员13人，替换护林员11人。

【林政工作】2018年，全市完成中央补贴森林抚育项目266.67公顷。新成立家庭林场6个。完成集体森林经营采伐蓄积量2351.525立方米,采伐面积114.5875公顷。完成森林保险参保面积9429.93公顷，其中公益林面积9385.33公顷，商品林面积44.6公顷。审核上报不动产权登记证5份，面积110.06公顷。完成兴城市天逸山庄旅游服务中心、兴城弘晟新能源有限公司小榆沟50万光伏发电项目使用林地组卷。

兴城市林业局领导成员

局　　长　闫久利（2018年2月离任）
　　　　　王华日（2018年2月任职）
副 局 长　陈云峰　李荣臣
总工程师　马志宇

（徐岩）

动物卫生监督

【概况】2018年，兴城市动物卫生监督管理局坚持绿色发展、改革创新，以发展现代畜牧业、振兴农村经济、增加农民收入为目标，围绕确保畜产品市场供给、确保无重大动物疫情、确保畜产品安全，发展规模化、标准化养殖，强化动物疫病防控，做大做强畜牧产业，确保全市畜牧业持续、健康、稳定发展，新建标准化养殖小区10个。全年生猪饲养量93万头，其中存栏31万头，出栏62万头；牛饲养量2万头，其中存栏1.5万头，出栏0.5万头；羊饲养量38.2万只，其中存栏22.5万只，出栏15.7万只；家禽饲养量1830万只，其中存栏315万只，出栏1515万只。肉产量达到8.75万吨。

【畜禽养殖资源化利用】2018年，市动监局制定畜禽养殖粪污资源化利用实施方案，技术指导和服务自建废弃物处理设施养殖场。建设田间储粪场项目15个，有机肥场项目5个，养殖密集区27个，规模场60个。畜禽规模养殖场废弃处理设施装备配套率100%，畜禽粪污综合利用率72%。全面完成国家畜禽粪污资源化利用重点县项目主体工程。

【技术推广】2018年，市动监局推广实施生猪健康养殖综合配套技术50万头，肉牛快速育肥综合配套技术0.5万头，蛋鸡高产综合配套技术60万只，肉鸡高产综合配套技术500万只，绵羊、绒山羊改良综合配套技术5万只，秸秆微贮、青贮技术推广0.2万吨。

【畜牧养殖保险】2018年，市动监局为做好养殖保险，广泛宣传，召开会议专题部署，确保国家惠农政策落实到位。全年参保牲畜16.4043万头，收缴保费544.86万元。其中，育肥猪15.1782万头，能繁母猪1.1818万头，奶牛443头，理赔金额452.75万元，减少养殖户经济损失。

【非洲猪瘟防控】2018年，市动监局制定《兴城市非洲猪瘟疫情应急实施方案》《兴城市非洲猪瘟疫情排查方案》，提高非洲猪瘟防控效果。排查养殖场户147840户、猪存栏数700.63万头次、屠宰场1098次、猪存栏数2万头次、无害化处理场69次、病死猪2428头，做到乡不漏村、村不漏户、户不漏猪。

【检疫监督】2018年，市动监局注重坚持待宰六小时制度、凭“瘦肉精”检测报告开具检疫证明制度、出证和检测同步进行制度、规范出证制度，对屠宰检疫动物，增加“瘦肉精”抽检记录。产地检疫生猪15.87万头，禽1756.5万只，屠宰检疫猪肉产品259万公斤，禽肉产品12264万公斤；排查处理乱丢乱弃死猪103头，畜禽312只。打击经营病死动物“蓝盾行动”，开展巡查排查32次，无害化处理死因不明动物435头（只）。

【动物卫生监督】2018年，市动监局开展外引动物及动物产品监管宣传，发放、张贴宣传单1800余份，悬挂宣传条幅40余幅，出动检查车辆210余次、500余人。加强饲养场监管，强化消毒、无害化处理设施建设，建立健全消毒、免疫、无害化处理、检疫申报等制度，建立完善饲养场养殖档案记录。

【案件查处】2018年，市动监局对兽药经营企业、饲料经营企业、生鲜乳收购站屠宰环节监督执法，签订承诺书、保证书等310份。“瘦肉精”监测试纸条检测，其中莱克多巴胺16000批次，沙丁胺醇16000批次，克伦特罗16000批次；奶站快速检测卡40批次（其中包含β-内酰胺酶、氟喹诺酮类、三聚氰胺、黄曲霉毒素M1）确保全市畜产品质量安全。制定《2018年畜产品安全工作监管要点》《2018年畜产品“瘦肉精”专项监测计划》，开展禁用兽药大整治、“3·15”打假月等活动，出动执法检查136人次，发放宣传手册1000余份。开展安全生产宣传教育“进农村”活动，出动执法车辆36次，执法人员96人次，悬挂宣传条幅248条，发放宣传手册3000本、宣传粘贴纸100份。全面提升化验室检化验工作，化验室面积120平方米，检测人员7人。“瘦肉精”案件查处率、畜产品安全监督执法监督检查覆盖面、违法案件查处率均为100%。

【动物防疫检疫】2018年，市动监局全力做好春、秋两季重大动物疫病强制免疫，做到应免尽免，确保不发生重大动物疫情。免疫率、耳标佩戴率、免疫卡发放率、免疫档案填写合格率均100%。开展疫情排查和抗体监测流行病学调查，做好牛羊布病监测和无害化处理，采用送血和随机抽样方式进行监测，平均抗体70%以上。建成并启用病死动物无害化处理中心，处理病死猪2万头。

兴城市动物卫生监督管理局领导成员

局　长　崔俊海

副局长　韩玉祥　王志强　张志学

（付娇）

海洋与渔业

【**概况**】2018年，兴城市海洋与渔业局持续推进海洋环境修复整治，对兴城河口湿地与红海滩生态环境综合整治工程翅碱蓬自然衰减区域二次种植修复，种植维护翅碱蓬27公顷，增殖放流沙蚕1500公斤，升级改造渔港3个。申报国家级项目1家，农业部水产健康养殖示范场3家。新挂牌“农业部水产健康养殖示范场”2家，建立海洋渔业项目库。全市渔业经济总产值完成25亿元，水产品总产量20万吨，其中海洋捕捞5万吨，养殖产量15万吨。

【**渔业生产**】2018年，全市成立渔业安全生产组织36个，其中县级1个，乡镇8个，村屯23个，渔港5个。市政府与沿海乡（镇）街道、沿海乡（镇）街道与主要渔业村、渔船船主自上而下逐级层层签订渔业安全生产责任书，签订率100%。建立海洋渔业抢险救助船队25个，其中县级1个，乡镇8个，村屯16个，有40条渔船参加抢险救助船队。日常生产中坚持编组生产作业。出动安全生产检查组10组，执法人员50人次，发现一般隐患8个，现场整改8个。受理水域滩涂养殖证申请38宗。

【**渔业环境整治**】2018年，市海洋渔业局与市城建局、交通局、沿海乡镇等多部门联动，开展渔业园区环境整治。维修道路9.84公里，集中清理垃圾2195立方米，治理养殖尾水排放448户。拆除多宝鱼养殖区临沟、临渠、临坑茅坑式厕所106个，原址改造厕所127个，购置环保厕所64个，另址新建厕所151个，投放垃圾桶193个，整治养殖户448户。采用过滤网和三级沉降结合方式拦截处理养殖尾水。

【**海域管理**】2018年，市海洋与渔业局开展海洋防灾减灾宣传，制定海洋与渔业环境事件应急管理制度，完善风暴潮、海冰、海啸、赤潮等海洋灾害应急预案，坚持陆路、海域定期巡查。定期执法检查78次，不定期执法检查62次，累计派出检查车辆140台次，参检人员430人次，行程2万多公里。检查范围涉及8个乡镇118公里海岸线，用海项目检查覆盖率100%，收缴海域使用金1500万元。

【**渔政管理**】2018年，市海洋与渔业局陆地、海上执法密切配合，出动执法船100多艘次，航程2000余海里，陆地执法车800余台次，人员8000余人次，张贴宣传条幅200余幅，发放宣传单800余份，检查和处理违规渔船 347 艘。清理禁用网具出动执法船（艇）50 多艘次，执法车辆 200 余台次，人员 1500 余人次，张贴宣传条幅 80 余幅，发放宣传单 100 余份。清理禁用渔具（梁子网）30 多盘，销毁小拖网、地笼等 1000 多笼。与 120 艘具有越捕能力船舶签订不非法越界捕捞保证书，每日保持与船长通话 1 次，确保渔船不失联、不失管。

兴城市海洋与渔业局领导成员

局　长　张曼颖

副局长　李健伟　范越宁

　　　　李学东　李宝东

（卢玉杰）

水　务

【**概况**】2018 年，市水务局投入资金 280 万元，完成水毁修复工程 13 处。中央特大防汛抗旱补助资金项目 30 万元，建设东沙河支流护城河城内村段水毁修复工程。实施监督水利工程 12 个，完工 9 个，在建施工项目 3 个。中央投入维修工程资金 204 万元，确定维修工程 20 项，其中水保工程 2 项，水源工程（方塘、塘坝、大口井）8 项，堤防工程 8 项，渠道清淤工程 1 项（海滨灌区渠道通水前维修、清理），水库溢洪道工程 1 项。动用土方 1.0 万立方米，石方 0.2 万立方米，混凝土 0.02 万立方米。年内，该局获全省农村水利管理绩效考核先进县区称号。

【**水土流失治理**】2018 年，市水务局治理水土流失面积 6666.67 公顷，分布在山区、丘陵区乡镇街道 15 个。实施国家农业综合开发水土保持项目治理水土流失面积 4500 公顷，投资 2025 万元。其中，中央投资 1350 万元，省投资 608 万元，葫芦岛市配套资金 67 万元。其他部门及农民自筹资金治理水土流失面积 2166.67 公顷。上年 2 个水土保持项目、中央财政项目、农业综合开发项目全部完成并通过市级竣工验收。

【**监督执法**】2018 年，市水务局落实开发建设项目水土保持方案编报制度和水土保持“三同时”制度。全面检查生产建设单位 2 次，对未实施水土保持工程生产建设单位提出整改意见，对未编报水土保持方案生产建设单位责令限期编报，做到谁破坏谁治理，达到水土保持“三同时”，消除人为水土流失危害。全年征收水土流失补偿费 38.6 万元。

【**抗旱防汛**】2018 年，全市遭遇严重旱灾，5 月降水量仅为 4.1 毫米，6 月 5 日全市启动抗旱预警四级响应，安排部署抗旱工作。拨付抗旱资金 300 万元，农民自筹资金 1104 万元，投入抗旱人员 8.96 万人，车辆 6400 台、设备 1.26 万台（套）、管带 3 万米、柴油 256 吨，抗旱灌溉面积 16933.33 公顷。年内，投入 30 万元补充防汛物资，采购编织袋 11 万条、救生衣 2200 件、土工布 2 万平方米、发电机组 9

台、电缆线1460米。抢险医疗队30人，组织警察、民兵等临时抢险人员1895名，市交通局、城建局、海洋与渔业局准备自卸翻斗车5台、挖掘机7台、铲车13台、运输车48辆、抢险船只22条。

【地质灾害排查】2018年，市水务局排查尾矿库14座，未发现安全隐患9座，停产2座，落实停产后主体责任及管理单位和管护人员，无任何防护措施尾矿库3座，提请市政府建议闭库治理。排查地质灾害隐患点37处。确定重要地质灾害隐患点12处，编制地质灾害防治预案，落实监测人和防守责任人，做到及时预测预报，及时提醒群众安全转移。

【河道清障】2018年，兴城市自筹资金123万元，动用工程机械2241班次，运输车辆2426台次，组织人员2633人次，清运垃圾1.7万立方米，阻水林木0.4万株，拆除违建房屋15间、厕所1座。

【安全生产】2018年，市水务局出动安全生产检查组147次，排查点位402处，排除安全隐患23处，整改合格率100%。同时，做到质量安全检查与防汛检查，病险水库、塘坝建设专项检查等相结合。在各单位自查基础上，对各单位辖区内水库大坝、水闸按不少于30%比例进行抽查。按照“四不放过”要求，100%逐处落实。

【水政监察】2018年，市水务局立案54起，结案49起。其中，违法采沙案49起，盗采地下水资源案5起（未结案），上缴财政罚款42.3万元，5家盗采地下水罚款25万元，申请法院执行。与红崖子镇派出所联合执法8次，查获违法运沙车辆10台，昼夜巡查河道273余人次。行政处罚擅自凿井取水出售5家，依法关闭水源。

【河道管理】2018年，市水务局办理采砂许可证18张，其中葫芦岛市水利局批准六股河砂场5张，兴城市水务局批准兴城市境内砂场13张；批准采砂方量33.1185万立方米，收缴采砂出让价款331.185万元，全部纳入财政预算管理。

【“河长制”工作】2018年，市水务局县级河长分别对六股河、兴城河、烟台河、东沙河、曲河、贾河巡河巡查541人次。提出包括采砂管理、水毁工程修复、污染治理等整改问题117项，全部整改。投资98.5万元编制完成县级“一河一策”治理及管理保护方案。投入47.8万元，在全市流域面积10平方公里以上河流沿河以行政村为单位设立“河长制”公示牌200块。在全国“河长制”“湖长制”管理信息系统填报全市河流基础数据。7月，市河长制办公室对28个乡镇、街道乡村级河长、水利站长和水管员培训8天，人员704人。

【河道整治】2018年，市水务局制定《兴城市春季河道垃圾清理专项行动方案》，下发《关于河道清障的通知》。投入资金123万元，动用铲车、运输车等1948车次，组织人员2633人次，清理河道生活垃圾1.4万立方米、建筑垃圾0.85万立方米，河道清淤1.18万立方米，清除阻水林木3845株、违建房屋15间、厕所1座。

【河道工程】2018年，市水务局投资1272万元，治理大寨乡花营河和沙后所镇东沙河河流2条，修建河道石笼护岸7.66公里。兴城市中小河流治理重点县综合整治及水系连通工程围屏乡、大寨乡、沙后所镇项目区，批复投资1747万元，治理岸坡8.736公里。治理烟台河高铁桥至二道河子段河道工程17.176公里，省以上投资4522万元。投资100万元，修建女儿河杜屯村段河道岸坡防护700米。

【节水灌溉】2018年，市水务局投资1035万元，完成高效节水灌溉工程766.67公顷。投资325万元，完成小型农田水利项目工程。投资156万元完成饮水安全巩固提升工程，其中省以上资金130万元、兴城市地方配套资金26万元，项目分布在2个乡镇、13个行政村、22个自然屯，建成水源井1眼，井房1座，安装潜水泵1台套，供水微机1台（套），架设低压线路0.3公里，埋设主管路7.569公里，支管路及入户13.987公里；更换水表2101组，改造户外水表箱98座。解决农村饮水安全9493人。

兴城市水务局领导成员

局　长　程树志

副局长　杨春成　陆　宏

翟玉光（2018年9月离任）

郑永福

（潘玥）

气　象

【概况】2018年，兴城市气象局按照“全覆盖、零容忍、严执法、重实效”要求，对全市辖区内20处有防雷装置建筑进行防雷检测，出具报告36份。检测易燃易爆场所91处，出具报告182份。对手续不健全、存在安全隐患单位下达整改通知书，确保防雷安全。开展行政执法检查24次，其中，施放气球行政执法检查4次，防雷行政执法20次。全市爆炸和火灾危险环境场所防雷执法监督到位率100%。

【气象与农业】2018年，兴城气候特点降水偏少，气温正常，日照正常。春播期出现干旱，第一场透雨出现在6月7日，平均降水量22.1毫米。汛期天气复杂，陆续出现高温、干旱、暴雨天气，其中7月28日到8月4日出现35℃以上高温天气，个别乡镇气温达到40℃以上。7月下旬至8月上旬降水仅11.3毫米，不足常年138毫米的一成，突破1951年有气象记录以来最低值。8月13日到15日，全市降暴雨到大暴雨，个别乡镇降特大暴雨，出现旱涝急转，大田作物产量受到极大影响。

【人工增雨】2018年，兴城市气象局抓住有利天气时机，开展兴城辖区内人工增雨抗旱作业。组织火箭人工增雨作业17次，出动车辆25台次，出动作业人员80人次。成功实施火箭人工增雨作业9次，发射火箭弹117枚（WR-98型火箭弹50枚，BL-1A型火箭弹67枚）。全年无安全事故发生。缓解全市旱情，降低森林火险等级，促进春耕春种生产。

【气象服务】2018年，市气象局针对全市陆续出现高温、干旱、暴雨天气，开展天气会商，做好研判，制作发布高温天气决策服务材料1期，高温黄色预警信号3期，橙色预警信号2期，滚动发布高温天气预报及气温实况5天。组织开展旱情调研2次，制作发布旱情监测报告2期。在8月13日到15日大暴雨中，累计发布雨情短信30余条，发布雷电、暴雨等预警信号17期，制作决策服务材料105期；制作一周天气趋势预测、重大天气过程预报、雨情实况等决策短信801条，累计发送19.86万人次。全年发布官方微博338条、官方微信338条。通过手机短信、预警大喇叭、电子显示屏发布各类服务短信32条，转发和制作预警信号14条，做到预报预警信息全覆盖。

兴城市气象局领导成员

局　长　孔令军

副局长　朱苗苗（女，2018年12月离任）

　　　　于志东（2018年2月离任）

　　　　杨世昌（2018年2月任职）

（苏婉　唐帅）

工 业

经济信息化

【概况】2018 年，兴城市经济和信息化局围绕“重实干、强执行、抓落实”专项行动，创新工作思路，强化服务意识，力促工业经济平稳健康发展。年内，全市 80 户规模以上工业企业完成工业总产值 51.7 亿元，产品销售收入 51.3 亿元，工业增加值 8.8 亿元。全年实现“小升规”企业 5 户。

【民营企业】2018 年，兴城市思科赛斯、润泽农业、弘发食品等一批民营项目建成投产，万德食品、旻源水产、安迈汽车等项目进展顺利。全市民营企业建成省级技术中心 7 个，被评为“辽宁省创新型中小企业”5 户，辽宁省中小企业“专精特新”产品（技术）22 个，列入辽宁省推广应用当地工业产品目录民营企业 12 个。辽宁方得技术有限公司被确认为辽宁省工业电子商务试点企业，菊花女食品公司入选全国轻工业百强企业，“范德安”作为全省纺织服装业唯一品牌参展首届中国自主品牌博览会。

【企业减负】2018 年，兴城市制定《兴城市减轻企业负担工作实施方案》，开展年用电量 100 万千瓦时以上企业电力市场化交易备选调查。多渠道、多口径调研，筛选符合标准企业，享受电力市场化改革优惠条件。九股河食品、葫芦岛泵业、安迈汽车、菊花女食品等 20 余户企业完成第一次双边交易，节约降低成本 80 万元。

【项目建设】2018 年，兴城市经信局推进重大工业项目建设，协调葫芦岛银行等金融机构，帮助思科赛斯协调解决供电需求。推进安迈汽车年产 40 万套重载刹车毂生产及弘发食品、万德食品、旻源水产、菲迪饲料等企业项目，促进竣工投产，提升工业总量。年末，菲迪饲料厂、旻源水产厂投产，万德食品、海威水产等厂房主体建设中。

兴城市经济和信息化局领导成员

局　长　李旭明

副局长　张立松　巩常军

（王欢）

工业管理

【概况】2018 年，兴城市工业局多方疏理下岗职工党组织关系，对局属国有、集体企业尚未改制以及职工“空买断”情况进行专题调查。并深入相关主管部门、企业，通过座谈、查阅档案资料等形式，对局属相关企业改制情况摸底调查。年内，完成局所属企业120名下岗党员分流后组织关系归属问题，有效安置解决下岗企业分流和离退休党员无组织管理、无活动经费、不过组织生活、不交纳党费“两无、两不”问题。

【企业改制情况】2018年，市工业局有待改制国有企业1家（租赁中），集体企业13家。其中，有资产企业1家（租赁中），无资产企业12家(以上均无医保缴纳账户名头)。有职工353名。其中，在职职工259名（在职个人参保167人，未参保92人），退休人员94人（已参保92人，低保2人），企业空解除身份职工167人（个人垫付养老保险金）。

【工伤安置】2018年，市工业局退休安置企业改制遗留23年工伤职工4名。其中，伤残五级2人，伤残八级1人，长年住院治疗、重度“伤残三级”火烧职工1人，保障工伤职工合法权益。

【破产安置】2018年，市工业局所属原辽宁格林蜂皇保健品公司企业职工频繁上访，要求解决职工所垫付养老保险、经济补偿金、拖欠职工工资及职工所垫付债权、支付相应利息、偿还企业债务等问题。该企业经兴城市人民法院依法第二次拍卖流拍后变卖成交，变卖成交价款2310992.8元，支付安置大部分职工。其共益企业债务及信访债务不足部分向辽宁省巡视组反映，得到全部解决。

【精准扶贫】2018年，市工业局聘请山东技术人员，结合局扶贫村凉水泉村种植结构，引进黄桃苗种1.4万余棵，种植面积6.67公顷（不包括因季节变化所损耗部分),配套种植油用牡丹,形成“花海观赏”，带动地方区域旅游，增加农民收入。

【招商引资】2018年，市工业局招商注册的辽宁品缘食品有限公司，在徐大堡镇海滨村完成流转土地承包面积33.33公顷，签订土地流转合同15年，全部移植芦笋苗种，并注册成立兴城市“品之品缘芦笋专业种植合作社”组织。

兴城市工业局领导成员

局　长　王　立

副局长　刘　华　陈洪山

（任辉）

安全生产监督

【概况】2018年，兴城市安全生产监督管理局创新社会管理、规范安全秩序、提升监管水平，维护人民群众生命财产安全。针对全市高危行业多、易发生事故特点，开展安全生产专项整治。治理整顿建筑施工领域、水泥制造和石材加工企业粉尘危害、人员密集场所、起重机械安全、校园安全、道路交通、烟花爆竹、非煤矿山和尾矿库，出动检查组258组次，检查企业或场所378家，参检人员485人次，报送各类信息30余条。配合相关部门参加检查35次，解答群众安全隐患举报电话9次。全年未发生安全生产事故。

【**特种行业监管**】2018年，市安监局根据全市行业规模和生产特点，有针对性部署监管力量，做到哪里存在危险系数高，监管触角就延伸到哪里。组织聘请专家对提出复产申请10家非煤井工矿山企业复产验收，恢复生产。全市露天采石场25家，其中安全生产许可证有效限期内9家，全部建立监督管理档案，一企一档；露天采石场复产复工验收合格7家。印制悬挂标语横幅20条、印发《中华人民共和国职业病防治法》宣传单3000张，宣传册3500本，安全知识4500份。制作播放专题宣传片8个，出动宣传人员45人次，出动安全生产宣传车5次。全面检查烟花爆竹销售企业，发放爆竹经营许可证114个（零售许可证），其中市内74个，乡镇40个。排查重大事故隐患10项，发现问题2项，完成整改1项。

【**信息化建设**】2018年，市安监局加快安全生产信息化建设，推动企业落实安全生产主体责任，实现安全生产综合监管平台建设提档升级。按照“一企业一标准、一岗位一清单”要求，督促平台企业每月按时上报数据，做好安全生产隐患自查、自报、自改，实现对隐患排查、登记、整治、监督、验收、销号全过程闭环管理。年内，全市入驻安全生产综合监管平台企业478家，视频监控企业120家。开展网上自查自报自改重点企业220家，整改率100%。

【**安全生产宣传**】2018年，市安监局开展“安全生产月”和“安全生产古城行”活动，出动人员1200人，展出安全生产宣传展板280块，悬挂宣传条幅168条，宣传册4500册，宣传单1.5万张，印制《安监动态》（安全生产重点工作实录专刊）50本。推动应急与安全科技创新成果，发放应急宣传手册1500余册，发放安全知识宣传单2000张，现场解答咨询服务50余人次。出动宣传车5台次，循环播放安全生产应急警示教育片10余次。印制安全生产宣传图片挂图40张，悬挂宣传条幅18条，公民安全生产应急处置能力大幅度提升。

兴城市安全生产监督管理局领导成员

局　长　王华日（2018年2月离任）
　　　　王铁军（2018年2月任职）
副局长　张东兴　张汝生　李长军

（王博）

热　电

【**概况**】2018年，兴城热电有限公司以保障供热质量为宗旨，以外网建设项目为重点，以安全生产为抓手，以用户满意为目标，安全经济平稳运行。实现供暖面积310万平方米，安全生产151天。发电量908.44万千瓦时，厂用电量630万千瓦时，上网电量414.5万千瓦时。总耗煤量15.6万吨，其中公司耗煤12万吨，铁西耗煤2万吨，园区耗煤1.6万吨。耗酸6.24吨，耗碱5.28吨。

【冬季运行】2018年，热电公司加强设备巡视检查，发现问题，及时解决。运行期处理二环漏点27处，三环漏点315处，换管焊接37处，更换锁阀253台，铁球阀、放风阀146台，清二、三环除污器50余台次，洗换热器8台，加装交换器1台，更换维修站内循环泵、补水泵30余台，更换机封18套。更换电机轴承24架，更换接触器1个，控制面板1个。

【扩网工程】2018年，热电公司管网改造东山市场、绿园小区、资产局、煤炭部疗养院、东华宅、7019宅、福康圆小区2726户，面积24.3万平方米，管线1.2万延长米。入网改造星河小镇、滨河御景、大红门、斯克赛斯、乾和红木等小区，面积41.7万平方米。铺设一网管线0.78万米，二网管线2.2万米，安装换热站5座。改造公司总站循环泵1台，铁西总站改造循环泵1台。

【夏季检修】2018年5月，热电公司根据运行中发现问题，制定详细检修计划和工作进度，并提前准备各种所需配件。公司职工日夜奋战，加班加点，对所管辖自管站56家、运行设备240台、热交换器161台、8个系统、115个项目、356台件设备进行全面检修，保证供暖发电运行平稳。

兴城热电有限公司领导成员

书记、总经理　马　春

（王芳）

城建·环保

城乡建设

【概况】2018年，兴城市城乡规划建设局按照建设“五个兴城”目标,全面实施“六大建设”“五项改造”，突出“四项推进”战略，开展民生重点工程及城市基础设施建设。年内，该局被辽宁省精神文明建设指导委员会评为文明单位，被中共兴城市委评为先进党委。

【市政建设】2018年，兴城市新建魁星楼、首山东路、文图馆、滨海温泉新城排水8400米，投资420万元；新建魁星楼道路、首山东路、图文馆沥青混凝土道路、绿园小区和11个乡镇混凝土路面79.2万平方米，投资2980万元；建设兴建高速、东河南段河畔游园、滨海温泉新城道路、兴城河南岸等园林绿化工程，总面积19.85万平方米,投资3720万元;铺装工程15000平方米，投资350万元。交通岗道路右转弯道路铺建投资460万元；铺建滨海温泉新城停车场投资160万元。新建路灯228基,投资148万元。兴城市红海滩栈道亮化工程，投资444.6万元；城区污水处理厂提标工程，投资4000万元；日处理污水能力提高到6万吨，达到国家一级A排放标准。年内，该局被辽宁省精神文明建设指导委员会评为文明单位，被中共兴城市委评为先进党委。

【城乡改造】2018年，市城建局改造棚户区1579户，占地面积50公顷，发放补偿款10.6亿元;改造农村危房（D级翻建房）870户，投资2610万元；改造宁远中心广场4万平方米，投资1000万元；改造6个老旧小区24万平方米，投资500万元。改造老旧小区供热管网14.2公里，投资1070万元。改造红崖子镇磨石沟垃圾填埋场，投资3000万元，垃圾场总容量73万立方米，使用期15年。

【环境整治】2018年，市城建局以高家岭、徐大堡特色小镇建设为牵引，以村容村貌、宅间路、农村垃圾处理为重点，试点示范，全面推进“五进院”，改善农村人居环境。推进垃圾分类试点，改造城区内垃圾箱，更新老旧垃圾运输车辆，配备密封性好、标志明显、节能环保专用收运车辆，建城区机械化清扫率40%。

【城市管理】2018年，市城建局集中整治私搭乱建、打井、种树、各露天市场周边、南关交通岗路段、古城西门沿街路段、城区静态车辆停放违法违规行为。规范全市灯箱广告、牌匾条幅，与商铺签订“门前五包”责任书。对账销号国家环保督察“回头看”案件，开展“问题大排查、规划大比武、环境大整治、卫生大创建、秩序大规范、行动大宣传”六大行动，实施两轮“道乱占”“车乱停”“乱堆物”“乱摆摊”“乱倒垃圾”“乱倒脏水”等专项治理，整治各类问题223个，整治农贸市场7个，治理“六乱”点位654处，城市环境明显改观。

【房地产开发】2018年，全市有房地产开发项目27个，施工面积165万平方米，投资32.43亿元；开发项目验收17个，面积58.93万平方米。商品房销售面积61.84万平方米，销售额33.13亿元，库存面积123万平方米，住宅去化周期14个月。年内，销售面积65万平方米，销售额34.5亿元。

兴城市城乡规划建设局领导成员

局　长　李宏伟

副局长　计旭鸿　张　良　孟宪利

（周世文）

城乡规划

【概况】2018年，兴城市城乡规划局城市总体规划修编取得阶段性进展。现行《兴城市城市总体规划（2009 ~ 2030）》实施评估报告及强制性内容修改专题论证报告完成编制，顺利通过专家评审并获取省住建厅批复。完成《兴城市河南片区控制性详细规划》《兴城市刘八斗村南侧片区控制性详细规划》《兴城市钓鱼台片区（南侧）片区控制性详细规划》和《兴城市辽工大西侧片区控制性详细规划》4项控规编制和报批，规划总面积504.62公顷。制定《兴城市2018 ~ 2020年乡村规划编制工作计划》，其中徐大堡镇总体规划在结合核电项目要求前提下开始重新编制，在空间布局、产业发展等方面重新调整，完成规划初稿。

【出让地块规划】2018年，市规划局提供出让地块规划条件41项，总用地面积139.53公顷。其中，居住及商业用地面积81.69公顷，工业用地面积57.84公顷。根据建设单位申请，并依照法定程序，完成项目用地规划条件变更2项。

【修建性规划】2018年，市规划局核发《建设项目选址意见书》35件。包括兴城市高铁西客站服务楼项目、环河路道路工程项目、兴城市高级中学异地新建项目，办理建设用地规划许可证32件。总用地面积953864.37平方米，其中兴城斯达威泳装超级产业园用地面积185574.07平方米，星河·清华园用地面积53343.52平方米，世纪华府住宅小区用地面积34910.44平方米。办理建设工程规划许可证42件，总建筑面积427460.06平方米，包括星河·清华园建设规模95077.73平方米，兴城斯达威泳装超级产业园建设规模 195808.13 平方米，和润德尊者小镇 1#、2# 建设规模 182827.6 平方米。办理个人规划许可证 2 件，总建筑面积 113.8 平方米。

【控制性规划】2018 年，市规划局完成控制性详细规划 4 项。分别是《兴城市滨海温泉新城控制性详细规划（修编）》《兴城市辽工大西侧控制性详细规划》《兴城市钓鱼台片区（南侧）控制性详细规划》《兴城市刘八斗村南侧控制性详细规划》。

【项目规划】2018 年，市规划局编制城市规划区内重点项目、道路、各市政单项工程规划。完成葫芦岛市兴建高速出口路与京哈公路立交新建工程（全长 1.83 公里）、2018 年交通项目全长 3.783 公里。完成首山东路（兴海北街至兴海中街段）、泉海街西延（龙兴路至山海文苑段）、宁海街、世纪华府小区西南侧规划路、兴海中街等 11 个道路专项规划。完成兴城市红海滩栈道亮化工程规划编制、欢乐龙湾水上乐园市政中压燃气配套工程（全长 710.4 米），兴城首山湖中、低压过路工程，兴海北街传输楼散户过路工程 3 项燃气专项规划。完成七五零搅拌站专项供电工程、临河大街世纪华府段截污管网专项规划（全长 792.9 米）。

【来信来访处理】2018 年，市规划局接待上访群众 500 人次，接到民心网联网平台案件 9 起，成功处理 9 起，参与评星案件 2 起。其中，受理编号 1405141 信访人咨询关于兴城河南片区 A-01 号地块规划问题得到五星好评。接到信访网案件 4 起，成功处理 4 起。接到葫芦岛“12345”热线案件 6 起，成功处理 6 起。其中，受理编号 1017683 信访人反映某小区规划问题得到五星好评。处理行政诉讼案件 2 起。

【测绘工作】2018 年，市规划局完成勘测定界图 42 幅，面积 1690957.64 平方米；完成用地条件图 49 幅，拟出让用地面积 1362942.42 平方米。完成 3 家放线工程，其中俊安发展（兴城）有限公司开发建设的全海御龙湾三期总建筑面积 84222.7 平方米，兴城市万德食品有限公司开发建设生产综合楼，经营管理综合楼建筑面积 10737.97 平方米。完成竣工项目 6 家，其中温馨家园市场竣工面积 11541.74 平方米，核电兴海湾 6# 楼、幼儿园、会所竣工面积 19933 平方米，辽宁财贸学院科技园 1#—11# 工程竣工面积 45904 平方米，辽宁财贸学院教学楼扩建工程面积 20198.45 平方米，兴城市大红门商贸物流有限公司工程竣工面积 30318.08 平方米，兴城四家宏业房地产开发有限公司弘福家园 2#、3#、4#、5# 楼竣工面积 11453.6 平方米。

【公民建规划】2018 年，市规划局公建规划核实 51 件，建筑面积 1523959.33 平方米。民建规划核实 74 件，建筑面积 5908.692 平方米。规划放线项目 7 个，建筑面积351319.84平方米。在建项目40个，建筑面积1441911.28平方米。

【档案管理】2018年，市规划局贯彻执行城建档案“一书两证”制度，与开发、建设单位签订《报送建设工程竣工档案责任书》8份，签发建设工程竣工档案初验合格证44份（30家），核发建设工程档案合格证10份（9家）。实行建设工程竣工档案预验收制度和“一书两证”制度，保证工程竣工档案报送质量和数量。工程竣工档案收集纳入法制化管理轨道，确保工程竣工档案移交进馆率。

兴城市城乡规划局领导成员

局　长　赵更民

副局长　周　莉（女）　韩　冲

姜笑海

（张轩瑞）

滨海温泉新城开发建设管理

【概况】2018年，兴城市滨海温泉新城开发建设管理办公室落实中央、省、市重大决策部署，做好滨海温泉新城比基尼广场维修和会展期间保障工作。为保证比基尼广场各项会展活动正常使用，负责对广场空调、消防系统、台阶石、地面、亮化及绿化等进行维修，并于房交会前完成。在房交会和泳装节、泳博会期间，组织管理人员和专技人员对场内基础设施进行全天候保障，确保设施正常运行和出现故障时及时维修。邴家村排水整治工程为环保督察安排项目。一期完成2个河道治理及明排污水收集，并输送到比基尼广场排水提升泵站，11月20日前完成。安排设计部门编制邴家村综合整治三年规划方案（2019～2021），利用三年时间对邴家村整个环境及设施进行全面整治，打造成为环境优美、设施齐备、秩序井然现代化渔民新村。

【基础设施建设】2018年3月末至5月初，市滨海温泉新城办现场调研并与基础设施施工单位联系，于5月7日制定滨海温泉新城2018年基础设施计划。5月15日召开关于滨海温泉新城基础设施建设事宜会议，向各施工单位布置任务，并对施工单位、管理单位等参与部门提出具体要求。道路工程完成16号路（龙兴路–1号路）、14号路（龙兴路–1号路）、26号路（16号路–12号路）、泉海街，总长度6580米，总造价2585.4万元。排水工程完成首山湖周边及四家河排水、16号路（龙兴路–1号路）雨水及污水、14号路（龙兴路–1号路）雨水及污水、26号路（16号路–12号路）雨水及污水、泉海街雨水，总长度16033米，总造价1551万元。给水工程完成14、16、26号路给水、龙兴路（9号路–16号路）给水，总长度7642米，总造价864万元。年内，道路工程完成16号路、泉海街施工。排水工程完成16号路、泉海街排水；26号路排水11月末完成16号路至14号路段；首山湖周边及四家河排水11月末完成。给水工程完成16号路（2

号路--1号路)和配水厂---龙兴路段(11月末完成)。学欢线10千伏供电工程(欢乐龙湾供电工程)于5月初招标完成并开工建设,6月14日全部完工,并投入运营。新建配水厂10千伏供电工程,11月末完工。滨海温泉新城中心公园方案设计完成。

【项目服务】2018年,市滨海温泉新城办逐个走访滨海温泉新城各项目单位,详细了解各项目单位实际情况及困难和需要,配合各项目单位建设,解决实际困难。年内,滨海温泉新城区域内在建项目包括首山湖温泉度假区、和润德·尊者小镇项目、泳装运营基地、比基尼会展中心、俊安商业综合体、欢乐龙湾水乐园。拟建项目包括海上海度假小镇、富都集团兴海花园、华新世纪文化产业园、天诚泳业康养项目、辽宁财贸学院文化交流中心项目、和润德医养干细胞项目等。欢乐龙湾水上乐园一期完工,6月30日开始正式营业。兴宫·首山湖12.8万平方米溪溪里项目6栋住宅封顶,外立面装修;30栋别墅封顶,外立面装修;竖向及周边绿化(环湖景观带)同步进行;办公楼(旅游接待中心)主体完成,内部装修;外管网施工中。和润德·尊者小镇A区边坡支护;D区主体施工到地上4层;F区基础施工。泉海·御龙湾一期完工;二期开槽完工,基础施工中完成三分之一;三期13#、14#外立面装修;别墅区主体施工。比基尼博览中心电子商务soho项目3栋楼(其中2栋32层、1栋26层)封顶,外立面装修,内部装修。

【邴家湾小区物业管理】2018年,市滨海温泉新城办做好滨海温泉新城邴家湾小区物业管理工作。根据物业管理条例,通过招标方式聘用物业公司,专业管理邴家湾小区物业管理工作,并加强日常监管,保证物业管理高水准、上档次,为入住业主服好务。截至年末,邴家湾小区回迁户办理回迁入住手续164户,818户住宅房产证办理完成,54户商业房产证移交给兴城投资集团。

兴城市滨海温泉新城开发建设管理办公室领导成员

主　任　蒋继友(2018年2月离任)
　　　　田明亮(2018年3月任职)
副主任　李绍中

(宫君)

环境保护

【概况】2018年,兴城市环保局整改落实中央环保督察和国家海洋督察反馈意见,补齐生态环境短板,改善生态环境质量,

中央生态环境保护督察"回头看"兴城市工作协调组会议

制定《中央环保督察、国家海洋督察反馈意见整改调度推进工作落实方案》，成立领导小组。受理中央环保案件51件，办结33件，其余18件在推进中。严格水源地管理保护，推进全覆盖拉网式农村环境综合整治。完成徐大堡镇方安村、高家岭镇西边和宋斗村、曹庄镇后湖村农村生活污水集中收集处理设施建设项目。

【大气污染治理】2018年，市环境保护局建立三级秸秆焚烧责任制，成立秸秆焚烧巡查小组，在全市范围内实行网格化管理。与28个乡镇、街道签订禁烧目标责任状，加强对全市秸秆禁烧现场检查和管控，把秸秆禁烧管控工作纳入政府对乡镇环保绩效考核中。为控制主要污染物排放，淘汰建成区和工业区10吨以下燃煤锅炉30台，改造完成渤海热电80吨脱硫塔。加强机动车尾气污染防治，实施扬尘综合治理。主要污染物排放量继续下降，其中化学需氧量、氨氮下降2%，二氧化硫、氮氧化物下降3%。年内，兴城市空气质量达标率72.6%，PM2.5平均浓度达45微克/立方米，3月空气质量监测报告中PM2.5超标，实测值57微克/立方米，其他月份均未超标。

【水源地保护】2018年，市环保局对全市3个集中式饮用水水源地环境保护专项排查，并逐一核实水源地基本信息，查清水源保护区划定、边界设立及违法建设项目等违法行为并建立问题清单。对饮用水水源地网格化管理，以兴城市行政区域为网格基础，划分二级网格1个、三级网格28个，明确各级政府为环境监管网格责任主体，属地行政负责人为第一责任人。取消三合水库一级水源地内农业种植用地1公顷，二级水源地内农业种植用地12.4公顷，全面控制农业面源污染；并在道路穿越区域设立警示标识。根据监测报告，兴城饮用水水质较好，没有指标超标情况。全市河流水质优良比例达50%以上。

【生态建设保护】2018年，市环保局加强自然资源资产管理，强化生态功能区保护，完成生态保护红线划定工作。全市水土保持功能生态保护红线区总面积194.95平方公里，占全市国土面积9.28%；水源涵养功能生态保护红线区，总面积156.22平方公里，占全市国土面积7.43%；生态系统服务功能面积（生态保护红线面积）351.17平方公里，占全市国土面积16.71%。年内，全市创建省级生态村2个。

【污染源普查】2018年，市环保局清查出生活源锅炉156台，工业污染源清查对象2725家。工作人员将清查对象按普查单元下发到各普查员邮箱，各普查员逐户清查，确认兴城境内工业污染源973家。

兴城市环境保护局领导成员

局　长　张永强

副局长　韩继成　李　宇　张玉岐

（佟雨）

交通运输

公　路

【概况】2018年，兴城市交通局加强县乡道路养护及交通工程建设，完善客货运输基础设施建设，推进行业服务能力。高铁兴城西站配套公路工程全长6.1公里，完成工程量40%；配套建设河东路大桥工程，全长324.4米，总投资4115.2万元，5月5日建成通车。兴建高速出口路与京哈公路立交新建工程，提升高速出口路通行能力，将路口原有平交方式改造为公公分离方式，全长1.8公里，总投资1.2亿元。11月初进场施工，完成工程量10%。水毁修复路面工程290米、桥梁工程149米/7座、涵洞工程14道，过水路面修复1330米/17座，总投资717.6万元。

道路施工现场

【新改建工程】2018年，兴城市高标准完成农村公路新改建道路50条78.5公里，总投资3045.2万元。完成连通村部及学校“最后一公里”工程21.9公里，线路26条，总投资854.5万元。通乡镇和建制村道路“畅返不畅”改造工程17.7公里，线路8条，总投资653.3万元。

【道路维修改造】2018年，市交通局国省道维修改造工程58.9公里，总投资8060万元，全部为省投资。中修京抚线（102国道）23.3公里，总投资3182.7万元。农村公路维修改造工程93.5公里，总投资3740万元。其中，县级公路大修8公里，中修13公里。乡村级公路大修9.4公里，中修63.1公里。危桥改造12座，桥梁全长199.8米，总投资556.2764万元。

【农村公路养护】2018年，市交通局开展农村公路春季道路养护会战。完成乡村道路整修839.9公里，清理边沟727.1公里。处置路面翻浆13735平米，补修坑槽26470平米。清运废方3510立方米，清理村屯堆占612余处。定期排查道路安全隐患以及路面病害，发现险桥及时维修，保证行人车辆通行安全。

【养护美化】2018年，市交通局对国省干线路面病害处理及预防性养护，完成102线坑槽3190平方米，预防性养护表处8512平方米；丹东线坑槽3800平方米，预防养护表处12776平方米；坑槽凌兴线320平方米，兴西线1600平方米，沙上线1430平方米，老杨线23000平方米，汤李线处理桥头跳车2处。路面灌缝完成102线3960米，丹东线7580米，凌兴线3485米。清运各线垃圾2.5万余立方米。路基整修102线45公里，丹东线51公里，凌兴线41公里，县级公路沙上线41公里，兴西线50公里，汤李线18公里，老杨线13公里。春季绿化、美化102线补植柳树380棵，花灌木4362棵，桧柏250棵，栽花4.5万余株；丹东线栽花2.2万余株，火炬树2500棵，花灌木2510棵，紫穗槐10万株；沙上线补植柳树500棵，栽花1.5万余株，火炬树1000棵；兴西线补栽柳树1200棵，火炬树1000棵；汤李线补栽柳树250棵，花灌木600棵；凌兴线补植柳树340棵，花灌木5800棵，火炬树10500棵，云杉20棵，柏树50棵。

【运输服务】2018年，市交通局与河南郑州宇通客车股份公司签订60辆新能源车（纯电动）购车合同，总投资2712万元，新购置车辆分别投入到城区内主干线路1路、2路、3路、4路、12路，基本完成对传统老旧燃油车更新、更换。为满足新能源（纯电动）公交车能源供给，经发改委调研、立项、招标审核，开工建设纯电动公交车充电站项目。总投资404万元(兴城市财政拨款230万元，葫芦岛市运管处

新建新能源纯电动公交车充电站

充电桩建设退坡资金 174 万元），新建新能源纯电动公交车充电站 2 座，同时实现为 46 台新能源纯电动公交车充电。9 月 29 日，60 辆新能源车全部上线运营。年内，实现生产产值 1012 万元，营运里程 1083 万公里，客运量 1012 万人次，车厢服务合格率 98.5 %，乘客满意率 98 %。新增货运车辆 610 台，转出车辆 273 台，注销车辆 120 台，年审车辆 3300 台。

【线路客运】2018 年，客运站发送班次 24.04 万个，完成客运量 221.6 万人次，周转量 14404 万人 / 公里，客运站收入 125 万元。客运公司有线路客运班车 101 台，其中旅游包车 8 台，营运线路客车完成承包管理费 200 万元；收取中华出租车承包费 181 万元，收取挂靠出租车服务费 19.62 元，收入总计 525.62 万元，累计支出 756 万元。春运期间安全运送旅客 29.01 万人次，发送客运车辆 14958 班次，增加 72 班次。检查车辆 215 台。全年无安全责任生产事故发生。客运办理更新车辆 5 台，年审车辆 127 台，审证 158 台，行政许可审批 1 个，更新出租车 100 台。

【热线投诉】2018 年，市交通局受理“民心网”投诉 62 件，办结率 100%，群众满意度 100%。政民互动 9 件，全部办结。受理葫芦岛“12345”政府服务热线投诉 80 件，办结率 100%，群众满意度 91%。受理交通运输服务监管平台“12328”投诉 220 件，办结率 100%，群众满意度 93%。受理葫芦岛政协提案 7 件、兴城市人大代表建议 9 件、政协提案 10 件，全部按照时限办结完成。

兴城市交通局领导成员

局　长　侯九肖（2018 年 2 月离任）

副局长　张　昕　陈英凯

李忠华（2018 年 9 月离任）

（揣红刚）

铁　路

【概况】2018 年，兴城火车站为办理客运业务三等站。全年发送旅客 841976 人，接发列车 81203 列，客运总收入 5040 万元。

2018 年兴城站旅客列车时刻表

上行		下行	
车次	运行区间	车次	运行区间
K96	抚顺北——北京	K1303	北京——海拉尔
K50	齐齐哈尔——杭州	K1533	东营南——乌兰浩特
K5040	通辽——山海关	K1985	南通——吉林

K1452	牡丹江——日照	K7347	山海关——大连
K40	鸡西——北京	K7591	山海关——丹东
K490	佳木斯——天津	K7383	山海关——赤峰
K1302	满洲里——北京	K959	林汾——沈阳北
K1394	佳木斯——烟台	K1051	重庆——哈尔滨西
K7048	沈阳北——西安	K5039	山海关——通辽
K7348	赤峰——山海关	K339	北京——佳木斯
K190	沈阳北——上海	K429	北京——通化
K7134	大连——上海	K2847	西安——沈阳北
K7592	丹东——山海关	K189	上海——沈阳北
K7346	沈阳——山海关	K1301	北京——满洲里
K7348	长春——南宁	K49	杭州——齐齐哈尔
K928	哈尔滨东——郑州	T549	北京——辽源
K1572	长春——重庆北	K497	北京——加格达奇
1230	阜新南——上海	K567	东莞东——齐齐哈尔
		K975	襄阳——哈尔滨西
		1229	上海——阜新南
		K77	宁波——长春
		T387	广州——大连

2018年兴城站暑运增开临时列车表

车次	运行区间	车次	运行区间
K5085	山海关——锦州	K5045	山海关——吉林
K5086	锦州——山海关	K4009	山海关——大庆西

（姜丽红）

路　政

【概况】2018年11月28日，辽宁葫芦岛公路路政管理局兴城分局更名为葫芦岛路政执法队兴城大队。年内，兴城大队强化路巡监管、完善路警联合治超机制、强化基础管理。办结许可2件，受理控制区建筑物登记2件，准予登记2件；路产案件立案9件，破案9件，破案率100%。征收赔补偿费48361元，其中路政许可收取赔补偿费23556元，路产案件收取赔补偿费24805元。查处超限车辆741台，卸载货物10126吨，非法超限运输车辆得到有效遏制。

【路警专项整治】2018年，市路政局（路政兴城大队）与公安交警组成联合执法小组，全面加强对治超站周边辖区管控，形成治超合力。联合执法162天，参加联合执法路政人员2196人次，公安交警538人次，出动执法车辆路政403台次，公安交警271台次。查扣车辆424台，卸载货物2496.85吨，罚款14.85万元，记分1227分。

【路政管理】2018年，市路政局（路政兴城大队）开展短途超限车辆专项治理，打击短途超载，沿途洒落，避站绕行等违法运输行为。出动警力6人，路政人员8人，截获超限运输车辆5台，均按要求实施分装卸载并交由交警部门处罚。开展货运车辆超限超载违法联合整治，查扣超限超载违法运输车辆4台。针对超限超载车辆主要通道、关键节点和主要桥梁等，依托路政管理信息系统和交调点等现代化科技管理手段，采取数据对比分析，利用交调点检测数据、查处超限超载车辆台次和超载率等信息，合理调配执法力量，开展治超执法工作。

【治超专项整治】2018年，市路政局（路政兴城大队）以“平安交通”建设为主轴，“一危两货”（危化品货车、工程货运车辆、大型货运车辆）为重点，“一岗双责”为总抓手，监察检查“零缝隙”，治理整顿“零容忍”，开展治超专项整治。检查车辆16万余辆，处理超限车辆408辆，上缴市财政罚款11.27万元，记超限车辆驾驶员分数1122分，卸载分装超限货物1500余吨，超限过境率控制在3‰以下，保证公路路产设施完好及道路安全畅通。

葫芦岛路政执法队兴城大队领导成员

大 队 长　滕　玲（女）

副大队长　刘立志　温　浩

（许建）

电 力

城乡供电

【概况】2018年，兴城供电分公司改革创新，全面提高安全生产、经营管理、电网建设等方面综合实力，投资1.09亿元，高效完成各项生产工程。其中，生产农网改造升级工程2项，技改工程1项，大修工程2项，低维工程8项，新建和改造10千伏线路18.7公里，配电变压器101台，总容量202兆伏安，低压线路127.93公里，改造老旧计量装置9130户。完成10千伏温疗一、二线等4条线路负荷转移工程，实现负荷转移8.79兆伏安。累计实现安全生产9256天，供电可靠性完成99.711%。售电量完成10.10亿千瓦时，同比上升6.57个百分点，综合损失率7.71%，同比下降0.31个百分点。售电平均电价完成584.35元/千千瓦时，同比下降10.00元/千千瓦时。电费回收率100%。

【营销管理】2018年，兴城供电分公司加快业扩报装速度，完善岗位责任制，做好预购电工作。结合分线、分压、分台区、分段分析，设定降损总体目标，实行线损约谈机制，加强台区现场管理，持续压降异常台区数量。年内，台区合格率提升21.34%，合格台区数量提升446台。加强违章稽查，追补电量160.82万千瓦时，追补电费13.48万元，处罚违约使用电费99.80万元。

【供电服务】2018年，兴城供电分公司优化营商环境，提升供电服务水平，组织召开优质服务专题会议7次。深化工业园区“上门驻点”服务方式，每周与客户面对面座谈，了解办电过程中存在问题，并征求客户建议。解决供电营业厅银行商务pos机刷卡一次限额不允许超过2000元问题，减少收费人员工作量、客户办理时间，规避投诉风险。到19家大客户走访调研，了解用电需求。组织开展“优化营商供电环境”用电宣传，接待咨询客户1000人次，现场发放宣传单15000份，安全用电漫画5000份。

【农网工程】2018年，兴城供电分公司加强民生工程建设，新建及改造农网10千伏线路3.68公里，变压器88台，容量15.5兆伏安。改造低压台区88个，0.4千伏线路108公里，无功补偿装置容量5.4兆瓦。改造公共计量装置88套，单相居民用户计量装置15068户。小城镇农网改造升级工程涉及 16 个乡镇，改造居民用户 34598 户，三项动力用户 2646 户。

兴城供电分公司领导成员

经　　理　王志宏
书　　记　李　忠（2018 年 12 月离任）
　　　　　宋　琳（女，2018 年 12 月任职）
副 经 理　朱连勇
　　　　　王延波（2018 年 12 月离任）
　　　　　苏天昌（2018 年 12 月离任）
副经理助理　杨柳迪（2018 年 12 月任职）
纪检书记兼工会主席
　　　　　王　钰（2018 年 12 月离任）
　　　　　王爱民（2018 年 12 月任职）

（杨柳迪）

徐大堡核电

【概况】2018 年，中核辽宁核电有限公司徐大堡核电项目整体进展顺利，稳步推进前期新能源项目、工程管理、企业管理，按照"以核电为龙头，'核环水暖蓄风光'七产业联动，多能互补，打造北方清洁能源基地"。一期项目核准所需支持性文件全部取得，并通过中咨公司核准评估，准备工作全部就绪。5 月 9 日，厂区分散式风电项目顺利并网发电。6 月，中俄双方代表签署政府议定书和框架合同，在徐大堡合作系列建设 VVER-1200 核电机组，10 月取得"路条"。厂区非核心区域 10 兆瓦分布式光伏项目运行良好，7.5 兆瓦分散式风电项目顺利建成并网发电，与葫芦岛市政府和国网新源公司三方签订兴城抽水蓄能项目合作框架协议，推进徐大堡池式供热堆示范工程。截至 11 月末，风电项目累计发电量 948.63 万千瓦时；截至 12 月 10 日，非核心区域光伏项目累计发电 1380 万千瓦时，提前 21 天完成发电任务。

【工程项目】2018 年 6 月 8 日，中俄代表签署《关于在中国合作系列建设徐大堡核电机组的议定书》《徐大堡核电站机组框架合同》，明确在徐大堡合作系列建设 VVER-1200 核电机组，10 月 8 日，议定书正式生效。10 月 23 日，取得国家能源局《关于辽宁徐大堡核电 3、4 号机组项目有关工作座谈的会议纪要》（"路条"）。徐大堡核电厂二期工程 3、4 号机组拟建设俄罗斯 AES-2006 型机组 2 台。

【工程建设】2018 年，中核辽宁核电有限公司强化徐大堡核电站现场施工管理，完成 1# 核岛周边区域综合管廊负挖，1# 常规岛填平补齐以及第一跨外 85% 下垫层施工，2#CI 负挖完成总量 97%，一期循环水管沟负挖完成总量 95%，一期工程综合管廊负挖完成总量 76%。1# 核岛底板 FCD 前实体全部完成，1# 常规岛下垫层施工完成 85%，1#CA20、CVBH 完成吊装前拼装，1#CV1 环拼装完成 89.3%，1#CA01 拼装完成 87.6%，海工工程完成 50%。

【地热项目】2018 年，中核辽宁核电有限公司徐大堡核电站推动东北区域地热开发，与辽宁省地质勘查矿业集团签订开发合作意向协议书。完成兴城市中水源热泵供暖项目及抚顺市矿井水源热泵供暖项目建议书编制、兴城中水供暖项目建议书及供暖能力估算和项目设计施工方案、兴城邴家地区地热勘察建议书及兴城可再生水供暖项目建议书。

【池式供热堆工程】2018年，中核辽宁核电有限公司推进徐大堡池式供热堆（燕龙堆）示范工程前期准备，编制完成《徐大堡池式供热堆示范工程FCD前综合进度计划》《徐大堡池式供热堆示范工程里程碑及一级进度计划》，组织专家评审。编制完成《徐大堡池式供热堆示范工程专项激励方案》《徐大堡池式供热堆示范工程项目建议书》并上报。

【抽水蓄能厂址保护】2018年，中核辽宁核电有限公司在项目合作框架协议基础上做好厂址保护，每月到抽水蓄能项目厂址实地踏勘，定期对厂址进行航拍，记录厂址情况，确保厂址有效保护。多次组织协调辽宁省发改委、环保厅、林业厅及葫芦岛政府，推动召开兴城抽水蓄能项目协调会，解决项目涉及生态红线和占用国家一级公益林问题。基本确认无颠覆性因素。

中核辽宁核电有限公司领导成员

党委书记、董事长　徐　力（2018年11月离任）
　　　　　　　　　王秀启（2018年11月任职）
党委副书记、总经理
　　　　　　　　　王秀启（2018年11月离任）
副总经理　　　　　戚屯锋（2018年12月离任）
　　　　　　　　　葛政法
纪委书记　　　　　俞　江（2018年1月离任）
　　　　　　　　　李长耀（2018年1月任职）
总会计师　　　　　颜志勇
副总经理　　　　　石　岭
　　　　　　　　　师庆维（2018年12月任职）
总经理助理　　　　王　凯

（杨威）

风　电

【概况】2018年12月31日，国电和风电开发有限公司葫芦岛兴城分公司兴城风电场实现安全生产运行365天，连续安全生产运行4073天。发电量13548万千瓦时，上网电量13051万千瓦时，购网电量45万千瓦时，综合场用电量206万千瓦时，综合厂用电率1.56%，等效可用系数99.77%。

【维护改造】2018年，兴城风电场推进安全文明生产标准化建设，制定自行整改125项，外委整改18项。治理改造设备，完成改造远动及主保护测控、调度双平面、风功率预测系统、五防系统，结合风机标准化和出质保整改，维修风机叶片27支。更换齿轮箱高速端盖20个，齿轮箱油冷散热器32台。安装风机免爬器54台，改造变频器54台，更换变频器33台，偏航衬垫10套，完成升压站防污闪清扫、高压预试及保护校验，定检风机54台。

【电量损失】2018年，兴城风电场电网调度限负荷损失电量6万千瓦时，设备检修停运影响电量34万千瓦时。开展风机标准化定检、风机出质保整改、升压站检修预试及安全专项检查。设备非计划故障停运影响电量14万千瓦时，场外或不可抗受累影响电量57万千瓦时。

【员工培训】2018年，兴城风电场根据生产工作特点，每月定期对员工开展安全、技术、文明生产培训，全面提升员工个人业务素质和能力，定期组织考试，达到岗位练兵。全年，完成培训96次。

国电和风电开发有限公司领导成员

总 经 理　张云峰
党委书记　赵　爽（女）
工会主席兼纪委书记　张文利
副总经理　孙　波　付　彪
　　　　　李　民

兴城风电场领导成员

场　　长　步　兵
场长助理　王志华

（步兵）

核电办公室

【概况】2018年，兴城市核电项目办公室全力围绕服务核电项目建设、争取徐大堡核电项目一期工程早日开工开展工作。开展科普宣传及公众沟通，与核电企业共同编制科普宣传公众沟通方案，开展核、蓄、风、光等清洁能源知识宣传，与百姓切身利益相结合，从保护环境出发，宣传普及清洁能源知识。协助辽宁核电启动辽宁省“魅力之光”杯全国中学生核科普知识竞赛活动。开展网络媒体人话舆情交流活动，促进与网络媒体人交流。组织市直相关部门及徐大堡镇、村负责人36人到中国原子能院参观学习池式供热堆示范工程。

【服务核电】2018年，市核电办协调兴城滨海经济区管委会为核电提供建设用地1.33公顷，用于建设徐大堡核电检测实验室和国家环保核辐射监测站。协调刘台子乡、东辛庄镇、徐大堡镇、国土局、城乡规划局等单位做好徐大堡核电12个环境监测子站选址和征地补偿，协调国土、城乡规划、城建等部门重新办理徐大堡核电规划选址意见书，协助海洋、财政部门做好徐大堡核电项目一期工程违规用海处罚，海域处罚金上缴财政。协调交通、路政、道桥公司、徐大堡镇及核电企业解决应急道路出口狭窄问题，东辛庄镇、东辛庄村解决核电10千伏输电线路通道树木影响送电问题。

【新项目开发】2018年5月16日，市核电办协助中核辽宁核电有限公司做好俄罗斯专家及国家能源局和国家相关单位专家领导对徐大堡核电站址的踏勘，做好中俄两国专家接待工作，为国家能源局与俄罗斯原子能公司官员就两国核电新项目磋商提高保证。为上海合作组织青岛峰会前夕，习近平主席和普京总统见证中核集团与俄罗斯国家原子能集团签署《田湾核电站7/8号机组框架合同》《徐大堡核电站框架合同》和《中国示范快堆设备供应及服务采购框架合同》做好铺垫。根据《徐大堡核电站框架合同》约定，有2台VVER机组落地徐大堡，原有的一期项目2台机组采用AP1000技术不变化，新的VVER机组将应用在徐大堡二期3、4号机组上，总投资约500亿元。6月，签订徐大堡3、4号机组总合同，2021年开工建设。同时，协助中核辽宁核电有限公司做好池式供热堆示范工程前期工作。5月28日，徐大堡池式供热堆示范工程初步可行性研究报告审查会在葫芦岛国家酒店召开，年内该项目初可研报告、环境影响评价报告、厂址安全分析报告编制完成，发放池式供热堆示范工程公众参与调查表300余份，项目投资13.5亿元。

兴城市核电项目办公室领导成员

主　任　徐忠臣

副主任　裴志凌

（张超）

·小资料·

白塔峪塔

亦称九窿烟塔、玲珑塔。位于古城西北14公里的九龙山南麓塔沟村北，四周群山环抱。建于辽大安八年（1092），1979年被列为省级文物保护单位。2013年，列入全国第七批重点文物保护单位名单。

塔为实心密檐式砖塔，八面四碑四佛，十三层，存高约43米。塔座为须弥式，塔身每角各有倚柱，每个柱上刻有八大灵塔塔名，由南面左侧倚柱始，至南面左侧倚柱止，依次是：净饭王宫生处塔、鹿野园中法轮塔、菩提树下成佛塔、耆阇崛山般若塔、庵罗卫林维摩塔、曲女城边宝皆塔、给孤园中名称塔、婆罗林中圆寂塔。南西北东四正面各有佛龛，置砖雕佛像，佛龛上部刻有佛名：南为宝生如来、西为无量寿佛、北为不空如来、东为阿閦如来。四隅面各有砖雕碑，碑上面刻着偈语——东南为“寂灭为乐”、西南为“诸行无常”、西北为“是生灭法”、东北为“生灭灭已”。

塔座的东南有一盗洞，是早年被盗掘者所凿，下达12米深处的地宫。1978年，在清理塔下地宫时，发现一方辽代的《掩藏记》石碑，上面记载着建塔时间，这在省内辽塔之中是罕见的。

1972年，在塔的东墙外枯井中曾出土一方元代大德六年（1302）翠峰寺《地产记》石碑，上面记载着该塔所属房产及地界等情况。

塔四周建有围墙，北部有一大门。塔北侧有清代中天寺一座，共九间，至今香火不断。

2010年9月，省文物局拨款对古塔全面维修。

信息产业

联　通

【概况】2018年，中国联合网络通信有限公司兴城市分公司加快互联网化运营，实施体制机制变革、技术创新、产品创新、服务创新，全面提升服务水平。利用“品质+服务”优势，引导培训综合单元向大市场找目标客户。加大融合发展力度，促进高价值产品产能提升。以终端拉动移网产能，重维系提升用户感知。全年,实现总收入8951.05万元。其中，移动业务收入4839.98万元，固网业务收入3902.36万元，联通电视业务收入65.28万元。

【市场经营】2018年，联通兴城分公司通过“宽带+TV”实施差异化、精准化宽带拆机挽留及维系，依托“200M高速率新增+高强度维系挽留”巩固宽带市场主导地位。对当月宽带续包率及当月宽带欠费回收率进行重奖重罚，以终端分期为契机，促进高价值产品维系与发展。

【资源管理】2018年，联通兴城分公司保卫市场经营发展，阻止其他运营商违占行为60余次，拆除加挂光缆5公里，拆除木杆16棵。通过设备退网下电、基站电量核查、发电燃油管控及终端利旧等措施，全面开展网络运维降本增效，节约电费16万元,燃油费1.7万元。利旧光猫5120台、利旧机顶盒800台，节约成本77万元。

【工程建设】2018年，联通兴城分公司强化宽带提速工程，提升网络质量。宽带提速福苑山庄、四家新村、观海国际、金秋园、滨海国际5个小区1450户。完成大客户工程68项,利旧设备29套,节省成本开支。建设基站57个，开通43个，解决信号薄弱地区覆盖问题。

【安全生产】2018年，联通兴城分公司制定各项应急救援预案，安全生产落实到基层，发现隐患及时整改，提升网络运营安全。完成电池改造9组，室分及基站电源改造4处，线路及地下管道检查排除隐患30余处。安全生产大检查6次，未发生重大安全生产事故。

中国联合网络通信有限公司兴城市分公司领导成员

总经理兼书记　孙　宁

副总经理　　　蔡　冀　杜仲骞

（韩静）

移动通信

【概况】2018年，中国移动通信集团辽宁有限公司兴城分公司（以下简称兴城移动公司）坚持“客户为根、服务为本”，深化四轮驱动和“三大能力”建设，加快公司发展，培育发展新动能，打造新时期企业文化，激发组织新活力，全面加强党的建设，营造公司转型发展新局面。

【通信服务】2018年，兴城移动公司以服务一方百姓、助力一方经济发展，保障通信信号畅通为宗旨。做好节点机房外围封堵，维修保养车辆、发电机、仪器仪表，保障汛期网络信号正常通信。参与觉华岛夏季横渡、兴城国际排球比赛、国际泳装节等多次通信应急保障。

【爱“心”行动】2018年，兴城移动公司中国移动爱“心”行动——贫困先心病儿童救助计划，由中国移动慈善基金会联合项目民政厅、项目省慈善总会、泰达国际心血管病医院共同开展。项目实施过程中，创新采用流动筛查与移动医疗相结合、手术资助与康复补充相结合、项目救助与志愿服务相结合“三结合”模式。专门研发移动医疗系统，搭载流动筛查车使用，实现流动筛查、数据传输、远程会诊三位一体功能，解决患儿分布广、无法及时确诊难题。中国移动慈善基金会全额资助患儿手术费用，项目省民政厅和省慈善总会为每个患儿及家庭提供交通和食宿补贴，泰达国际心血管病医院为患儿减免部分护理费用，解决患儿家庭医疗负担。

【服务职责】2018年，兴城移动公司营业厅以客户满意为标准，规范服务行为，优化服务环境，提升服务水平。开展岗位练兵、技能比武等业务技能提升活动，建立健全业务培训和考核制度，采取能者为师、以老带新、班组长授课、座谈交流等形式，互帮互学，互促共进，扎实做好业务服务。

中国移动通信集团辽宁有限公司兴城分公司领导成员

经　理　杜　洋（2018年4月任职）
副经理　魏铁伟（2018年4月任职）
　　　　佟志强（2018年7月任职）

（佟志强）

电　信

【概况】2018年，中国电信集团公司辽宁省葫芦岛市兴城分公司新发展移动网集团用户1463户，专线9条，数字电路3条，商务宽带60条，医保专线13条。兴城集团大户凯森蒙集团合约到期经过努力成功续约，并扩群入网410户。引入装维队伍经营合作模式，发展宽带用户628条，投资合作小区6个，用户规模1192户。自有营业厅发展用户1142户，带动收入15万元。

【业务战略转型】2018年，兴城电信分公司确立融合业务为公司业务发展主要抓手，及时出台融合激励政策，引导代理商发展融合。年内，宽带融合率达到83.3%，比上年提升45%。移动信号好地区发展宽带融合率达90%以上。融合业务包含固移融合和天翼高清。发展商用客户和中小企业业务。发展农村酋长作为电信网络质量监督员，逐步建立电信触角延伸，发展酋长104个，带来用户100多个。

【绩效管理】2018年，兴城电信分公司制定详细绩效考核办法和分配原则，根据不同岗位制定指标，通过定量、定性对指标全方位考核，让每位员工明晰自己指标，调动员工积极性，根据每位员工特长，合理优化调配，择优上岗。

中国电信集团公司辽宁省葫芦岛市兴城分公司领导成员

总经理　　郭　健

副总经理　郑继瑶

（李玥）

邮　政

【概况】2018年，中国邮政集团公司辽宁省兴城市分公司秉承“发展以经营为中心、管理以财务为重点、资源以效益为导向”理念，坚持“一体两翼”经营发展战略，把握转型发展重要机遇，增强推进企业转型发展内生动力。全年，实现邮政业务收入5597.7万元。其中，集邮传媒业务收入313.98万元，机要业务收入1.8万元，代理金融类业务收入实现4037万元，代理速递物流业务收入530.27万元，渠道分销业务收入617.4万元，包裹业务收入36.7万元，其他收入14.63万元。

【代理金融类业务】2018年，邮政兴城分公司代理金融类业务收入实现4037万元。其中，储蓄业务收入2965万元。储蓄余额17.5亿元，活期占比46.6%。代理保险、理财、储蓄短信、代理结算与银行卡业务实现收入1057万元；销售保费17474万元,其中中邮保费2402万元；理财类产品2324万元，其中国债1549万元。

【爱心医疗】2018年，邮政兴城分公司开展“爱心医疗”活动127场，其中现场问诊69场，远程问诊58场。建立客户健康档案2310份，建设“远程服务点”16个，其中精品示范点1个，合作联网医院3家。建立爱心驿站7所、爱心邮路11条，建立党员基层联系点项目。在“邮路暖人心　邮情系重阳”主题活动中，党员干部结对11条爱心邮路上的投递员，慰问帮扶对象13人。

中国邮政集团公司辽宁省兴城市分公司

总经理　　戴祥辉

副总经理　齐飞峙

（马跃）

广电网络

【概况】2018年，北方联合广播电视网络股份有限公司葫芦岛分公司兴城公司内抓管理，外树品牌。在夯实传统收费、维护业务基础上，不断加强家电营销力度，实现经营收入1900.4万元。增加工程款69.24万元；新增宽带用户307户，收入43.5万元；增值业务收入70.5万元，发放智能高清机顶盒438户，百日会战营销1300户，新增VOD用户1万户，激活欠费用户345户，家电营销收入83.5万元。

【绩效管理】2018年，广电网络兴城公司制定科学合理绩效考核管理办法，通过对履职、考勤、营销任务完成情况考核，奖优罚劣。对营销任务指标实行积分考核制度，运用数据，展开评比，激发活力。每月对员工在宽带营销、高清置换、增值业务和家电营销4个项目完成情况进行考核。以绩效工资10%为起征点，依次扣罚部门后5名员工绩效工资11%至15%，用于奖励前5名员工。

【弱电工程】2018年，广电网络兴城公司探索企业转型新路，面向市场承接弱电工程项目，抓住新的利润增长点。洽谈61.92万元弱电工程项目。其中，兴城广播电视台光纤回传链路项目32.49万元，兴工集团弱电工程项目29.42万元。

【网格化管理】2018年，广电网络兴城公司实行网格化管理，根据工作实际，划分城乡10个网格，由部门主任带队，组组有任务，人人有指标。注重品牌建设，成立徐大堡营业厅，服务用户。

【维修收费】2018年，广电网络兴城公司接管华山镇数字电视收费业务，在没有营业厅收费情况下，公司收费部牵头，联合市场部、办公室逐家挨户上门收费，收缴率90%。农村维修部2名副主任带队，亲自下乡维修，确保农村用户正常收视。

北方联合广播电视网络股份有限公司葫芦岛分公司兴城公司领导成员

经　理　李宝剑

副经理　王秀苹（女）

　　　　于　淼（2018年4月任职）

（刘宁）

财政·税务

财　政

【概况】2018年，兴城市财政局认真履行财政工作职责，深化财政改革，完善财政体制，加强财政监管，突出服务效能。全年，全市一般公共预算收入127422万元，比上年增长14.2%，地方财政收入249119万元，比上年下降4.0%。全市一般公共预算支出429780万元，比上年增长14.6%，地方财政支出531138万元，比上年增长16.8%。其中，科技支出161万元，比上年下降13.0%；教育支出55771万元，比上年增长3.7%；农业支出73999万元，比上年下降1.9%；社会保障支出94311万元，比上年增长19.4%。

【财税体制改革】2018年，市财政局深化财税体制改革，调整完善“乡财县管”政策。抓住县乡财政体制改革试点县有利契机，把推进县乡财政体制改革作为财政重中之重工作来抓，按照“保工资、保运转、保民生”和“建机制、促均衡、促发展”总体工作思路，全面启动实施全市20个乡镇参与县乡财政体制改革工作。年初召开全市动员大会进行安排部署，市委常委会、市政府常务会先后5次听取县乡财政体制改革情况，研究推进具体工作。成立全市县乡财政管理体制改革领导小组，建立“党委领导、政府主抓、部门协同、乡镇参与、上下联动”工作机制，先行先试，全面推进，年内各项工作全部完成，乡镇金库运转正常。

【财政支出】2018年，市财政局不断优化财政支出结构，“三公”经费只减不增。按照“保运转、保民生、保稳定、促发展”原则，全市大力调整优化支出结构，压减“三公”经费等一般性支出，切实保障和改善民生。严控公务车辆购置及运行费用支出，减少公务接待费用支出，推进“三公经费”信息公开。

【资金争取】2018年，市财政局加大资金争取力度，拓宽融资渠道。加强与相关部门密切配合，全市争取财政各类专项资金190190万元。其中，争取专项转移支付资金68177万元；争取地方政府置换债券资金8514万元，用于偿还2015年发行地方政府债券本金，缓解财政支出压力。

【财政支农】2018年，市财政局落实惠农政策，加大支农资金争取工作力度，围绕涉农及精准扶贫帮困等项目，争取到专项资金27000万元。推进农业综合开发项目建设，涉及8个乡镇，面积1866.67公顷，总投资3622万元的2017年农业综合开发土地治理项目通过市级验收。完成总投资901.7万元的7个产业化补助项目验收审计和资金拨付等工作。推进村级基础设施项目建设，全年计划修建村内道路121公里，实际完成160公里，总投资4400万元；完成美丽乡村示范村项目16个，总投资1120万元，安装太阳能路灯798盏。

【财政投入】2018年，市财政局持续改善民生建设，加大财政投入力度。针对当前企业养老金支付形势严峻，各地都把企业养老金作为工作重点，严格落实优先确保企业养老金发放政策要求，按照“先生活、后生产”原则，筹措资金，安排本级财政补助17781万元用于弥补企业养老金收支缺口，确保企业养老金按时足额发放。按要求提高社区工作经费和工作人员待遇，社区工作经费每个社区每年提高2万元，达到5万元/年（含党建经费2万元）；社区工作人员待遇比上年每人每月提高1000元，居委会主任生活补助达到3200元/人·月，成员、低保专干生活补助达到2900元/人·月，并为社区工作者缴纳“五险一金”。与市教育局联合报送2018年农村义务教育薄弱学校改造计划，下达专项资金1056万元，五年薄改资金15400万元全部到位。截至9月末，全市民生支出投入217726万元，占一般公共预算支出82.56%，同比增加3.55亿元，增长19.47%。

【国有资产监管】2018年，市财政局加强国有资产监管职能，组建兴城市投资发展集团。完成对兴城市投资集团资产划转工作，划转资产包括铁西农贸市场、兴城宾馆、体育场门市、中医医院、妇幼保健院、煤炭交易中心、原看守所门市仓房等。做好“三供一业”工程配套管理工作。经调整后的中央下放企业分离移交专项资金总额10350万元，拨付3618万元，执行进度35%。落实中央和省市重大决策部署，正式启动兴城市全民所有制企业公司制改革和处置僵尸企业、空壳企业工作。年内，清理出在工商系统登记存续企业38家，吊销待注销企业160家。按照葫芦岛市国资委进一步核查要求，最后确定待改制企业22家，僵尸企业13家，空壳企业3家。针对全市事业单位改革，继续加强国有资产管理工作，准确核定全市222户整合事业单位、25户转企事业单位资产数额，制定统一划转手续和审批表格，防止国有资产流失和混乱。完成全市超编车清理收尾工作，符合拍卖车辆61辆移交给市公共资源交易中心进行拍卖，39辆没有变现价值公车经请示市政府进行报废处理。

【投资评审和政府采购】2018年，市财政局加强投资评审和政府采购职能，完成65项工程拦标价评审，报审拦标价资金合计

83702万元，审定拦标价资金合计77481万元，审减6221万元，综合审减率7.4%。完成政府采购审批工作39项，采购预算金额1840万元，实际采购金额1680万元，节约资金160万元，节支率8.6%。

【政府性债务】2018年，全市政府性债务管理职能得到加强。兴城市2018～2020年三年化债指标为11.4亿元，三年化债计划为2018年化债3.7亿元、2019年化债3.7亿元、2020年化债4亿元。截至9月末，通过划转企业集团方式进行化解，降低政府债务风险完成年内3.7亿元化债任务。完成2018年棚改项目新增专项债券2.7亿元申报工作。

【非税收入管理】2018年，市财政局加强非税收入管理职能，完善全市非税收支管理机制，加快推进票据监控、收缴分离、严格账户、依法征收、激励约束、综合预算等方面精细化、规范化、科学化管理步伐。截至9月末，全市完成非税收入162408万元。其中，政府性基金收入完成120163万元，专项收入完成1825万元，行政事业性收费收入完成4092万元，罚没收入完成10990万元，国有资源有偿使用收入25323万元，其他非税收入完成15万元。

兴城市财政局领导成员

局长　　任学林

副局长　徐　利　王春海（2018年9月离任）

　　　　张　春（女）　王永飞

　　　　王洁丽（女，挂职）

总会计师　杜丽娟（女）

国资局

局　长　徐　利（兼）

（邓璐　常春）

审　计

【概况】2018年，兴城市审计局创新审计工作方式，发挥审计监督服务保障作用，履行监督职责。审计和专项审计调查单位39户，出具审计报告37篇、审计结果报告11篇，审计主要问题资金26149.13万元。其中，违规资金123.59万元，管理不规范资金26025.54万元；审计期间整改资金13764.26万元；审计处理金额18511.29万元，其中应上交财政资金368.14万元，应归还原渠道资金7914.40万元，应调账处理资金10100.48万元，应缴纳其他资金128.27万元。审计处理结果，上交财政资金344.14万元，调账处理资金407.38万元，归还原资金渠道7881.15万元，缴纳其他资金145.89元，审计促进拨付资金到位10197.40万元。完成工程结算审计295项，报审金额98658万元，审定金额85928万元，审计核减额12730万元，核减率12.90%。固定资产投资预算审计4项，报审金额1089万元，审定金额873万元，审计核减额216万元，核减率19.83%。

【预算审计】2018年，市审计局对财政局、国土资源局、水务局、卫生与计划生育局进行预算执行审计，以发展、改革、安全、绩效为目标，推进对财政预算执行、重大政策措施落实、民生专项资金、重大政府投资等方面审计，存在问题有上年上级转移支付“一事一议”、农村综合改革示范点补助资金5493万元未经细化，转移支付资金未按规定指标列支115万元，应缴未缴预算收入7878.96万元。年末，财政退库一般公共预算收入7878.96万元，其中，退到国有资产监督管理局账户7343.96万元，退到财政局非税收入账户535万元。

【经济审计】2018年，市审计局对沙后所镇、民政局、人民法院、药王乡、劳社局12名党政领导干部经济责任履行情况进行审计。审计中发现未按规定用途使用专项资金56432.40元；向已死亡补贴对象发放补贴资金698677.5元，责令民政局将已追回资金572960元限期缴入国库，未追回资金125717.5元限期追缴并核销已死亡人员名册。审计发现救助站挪用流浪乞讨人员救助专项资金6300.92万元，责令救助站将挪用专项资金归还原资金渠道。

【资产投资审计】2018年，市审计局完成工程结算审计295项，报审金额98658万元，审定金额85928万元，审计核减额12730万元，核减率12.90%；固定资产投资预算审计4项，报审金额1089万元，审定金额873万元，审计核减额216万元，核减率19.83%。控制政府建设资金流失风险，促进政府建设资金安全有效使用和党风廉政建设，检查项目建设过程中存在管理混乱以及重大损失浪费、弄虚作假、高估冒算等违法违规问题，保障建设资金安全，实现政府性投资效益最大化。

【跟踪审计】2018年，市审计局派出审计组完成署定对连山区保障性安居工程跟踪审计项目。发现连山区获得的保障性安居工程资金5696元至上年年底闲置未用超过1年、滞拨保障性安居工程专项资金3032万元、未按规定从土地出让净收益中安排资金用于保障性安居工程118.32万元。

审计工作培训会

兴城市审计局领导成员

局　长　　杨德军

副局长　　王晓民　刘洪建

总审计师　王振华

（梁园）

兴城市投资有限公司

【概况】2018年，兴城市投资有限公司承办“2018辽宁兴城迎春灯会”，完善红海栈道功能。重点推进内部机制体制改革，制定《“三重一大”决策制度实施细则》决策程序。与中数集团达成战略合作意向，双方签订《战略合作协议》，在文化创意产业和特色小镇文化项目投资开发领域展开全面合作。年内，盘活国有资产，增加公司收入，以公开拍卖、招租等形式将划入公司门市等资产对外出售、租赁，统筹规划，打造周边商业业态。加强财务风险防范，财务软件升级为用友NC6.5版软件。对子公司进行统一财务管控、集团全面预算、办公自动化等方面全面提升财务管理水平和集团整体管控能力。

【完善内部机制】2018年，市投资有限公司完善体系建设，规范业务流程。在公司管理中，对于无制度明确规定及相对复杂事项，公司班子成员经常沟通交流、集中研讨，少数服从多数。凡是涉及重大决策、重要人事任免、重大项目安排和大额度资金运作事项，落实公司“三重一大”决策程序，确保重大事项决策符合规定。为满足公司业务和组织发展客观要求，加强专业化管理能力，明确部门职能边界，实现执行监督适度分离，人岗匹配。经董事会研究决定，设综合行政部、人力资源部、财务管理部、党群工作部、发展规划部5个部门。4月，公司陆续组织各部门针对公司业务发展需要，制发出台融资管理办法、董事会议事规则、固定资产管理办法等38个暂行管理制度，为公司管理规范化提供制度保障。

【迎春灯会】2018年，市投资有限公司做好“2018辽宁兴城迎春灯会”承办工作。按照市委、市政府要求，公司高标准、高质量承办“2018辽宁兴城迎春灯会”。灯展邀请四川自贡花灯设计施工单位进行花灯制作，分设以“魅丽绽放 锦绣兴城”为主题的南河湿地公园会场和以“祈福延寿 闪耀明城”为主题的兴城古城会场2个分会场，为期2个月灯展吸引周边数十万人参观。

【红海栈道】2018年，市投资有限公司落实专项任务，完善兴城红海栈道功能。红海栈道景区规划、建设、运营初见成效。分别在空间设计、服务设施、标志、亮化环境等方面进行全方位考察，公开招标，寻找知名团队设计施工，于7月完成红海栈道景区基础服务设施建设任务（主要包括卫生间、游客服务中心、特产超市、休闲吧等）。成立景区管理办公室，建立各种规章制度，制定各类应急预案，储备应急物品，确保景区安全有序运行。

【合资合作】2018年，市投资有限公司加快合资合作步伐，提升区域旅游主题形象影响力。与中数集团达成战略合作意向，双方签订《战略合作协议》。利用红海栈道景区对面33.33公顷用地，在文化创意产业和特色小镇文化项目投资开发领域展开全面合作。同时，郦家湾项目与沈阳三和有限公司、北京赛伯乐有限公司开展洽谈，利用郦家湾棚改临街门市打造美食一条街。与德国GCG公司签署兴城红海滩栈道景区《巴塞罗那小镇》项目合作意向书。该项目为兴城市投资有限公司与德国GCG公司和北京亿特国际文化交流有限公司（美国投资企业）三方合资，打造一个集建筑、艺术、饮食、文化等多功能于一体，具有浓郁西班牙异域特色旅游景点。

【国有资产】2018年，市投资有限公司盘活国有资产，实现国有资产保值增值。市政府将郦家湾回迁楼小区54户门市与26处仓房、兴城宾馆、市中医院（旧址）、市妇幼保健院（旧址）、市煤炭交易中心、铁西农贸市场等7处资产划转至公司。为盘活国有资产，增加公司收入，经公司董事会研究决定，公司陆续以公开拍卖（铁西农贸市场、红海栈道景区生活超市、特产超市）和招租（市中医院旧址、东山体育场附近门市、看守所回迁楼门市）等形式将划入公司门市等资产对外出售、租赁，统筹规划，提高资产利用效率，打造周边商业业态。

【旅游资源】2018年，市投资有限公司探索兴城旅游资源整合、开发及运营。整合区域内旅游资源，突出特色，形成区域旅游发展合力，体现区域旅游业发展内在要求，实现各地方共谋多赢。公司探索全市旅游资源优化配置、整体规划、系统开发和联动开发，力求实现区域旅游资源市场价值最大化和综合效益最大化。年内，向市委、市政府、国资局上报《整合旅游资源的报告》。完成航母平台改造和设备购置，并与觉华岛、古城、海滨风景区联动，实现2个景区收费运营。

兴城市投资有限公司领导成员

董事长　隋文发
总经理　田　莹
副总经理　管春玲（女，2018年4月任职）
　　　　　高建萍（女，2018年6月任职）

（孙芳荟）

税　务

【概况】2018年6月，兴城市开始启动国税地税征管体制改革。改革总体步骤为先挂牌再落实“三定”规定，先合并国税地税机构再接收社会保险费和非税收入征管职责。7月20日，国家税务局总局兴城市税务局挂牌成立，正式以新机构名义对外办公。

【税收收入】2018年，市税务局通过加强重点税源管理、强化税收风险管理等措施，实现税费收入稳定增长。全年，全局组织全口径税费收入214264万元，同比增长15.2%，同比增收28318万元；全年组织税收收入124839万元，同比增长6.1%，同比增收7202万元；全年组织其他收入2613万元，同比增长3.4%，同比增收87万元；社保部门组织各费收入86812万元，同比增长32%，同比增收21029万元；累计实现公共财政一般预算收入83317万元，同比增长7.7%，增收5988万元；累计办理出口退税10009万元，同比增长6.9%，增加643万元；实现免抵调库增值税3645万元，增加3645万元。实现全口径税收收入和公共财政一般预算收入持续增长目标。

【税收征管】2018年，市税务局夯实征管基础，完成“金三”系统升级、管户调整等工作，遵循税务总局征管方式“四个转变”、梳理业务整合优化事项，逐步实现业务流程、岗责体系和信息系统的集成联动优化整合到位。简化注销手续，严格按照要求流程和时限，精简资料为纳税人办理注销税务登记工作，防范注销税务登记执法风险，完善注销税务登记管理。通过设置注销业务专窗、优化岗责配置、优化内部工作流程方式提升注销工作质效。结合工作实际，围绕欠税清理工作，强化和完善欠税管理措施，组织开展欠税清理工作。

【税收服务】2018年，市税务局强化服务意识，压缩办税时间，打造效能税务，优化服务流程，实现办税厅整合，办税服务厅入驻行政审批中心完成搬迁工作，成为机构改革后全市首家进驻政府服务中心办税服务厅，实现集中办公，方便为纳税人。在全市范围内率先实现所有窗口“一窗通办”。放开全局窗口权限，打破地域界限，实现业务“全城通办”。抽调业务骨干组成专业管理股室，明确行业管理目标、细化管理措施、优化企业服务流程，实现“前台受理、专人负责、分局内流转”闭环管理模式，提升办税效率，降低管理“失环”风险，让纳税人获得“一站式”办税体验。推行房地产税收一体化管理，将房产、不动产与契税2个部门2个窗口整合为1个窗口，统一受理不动产交易、税收，一次性收取2个部门所需全部材料，材料统一归档，业务办理时间平均减少20%以上，完成从“多方跑证明”到“一家办业务”转变。

【税务理论研究】2018年，市税务局以管理实务支撑理论研究，跨科室组建科研团队，累计抽取数据近1万条，汲取行业征管实务经验，引入“嵌入式”管理和风险控制理论研究概念，对目标建安房地产行业实行“事前辅导、事中监督、事后评估”管理方式。累计撰写《高质量推进税收现代化背景下的房地产行业增值税专项研究》等行业征管论文多篇，获各级奖励2次，省以上刊登发表1篇。在理论体系指导下，建安房地产合计实现增值税入库18393万元，占增值税比重43.4%。

【所得税管理】2018年，市税务局强化所得税专业化管理，根据工作实际调整所得税管理工作职能,形成“管理＋征收”模式。管理即负责全局所得税税种的管理、指导和监管；征收即具体负责全局年纳所得税10万元以上的和所有纯所得税纳税人所得税税种的征收管理。所得税工作由专业团队进行集中征管，优化资源配置，形成管理合力，实现对重点税源企业所得税“全程综合管理”。强化所得税信息化管理，建立风险指标库，准确筛选风险企业。围绕风险管理主线，确定税收风险指标，由风险数据管理小组统一抽取数据，进行全面筛选和发布。进行企业分类管理，对重点税源企业实行专业团队评估，分析培训税收政策及房地产案例，立会研究论证后，集中反馈结论，进驻企业实地评估前进行详细案头审核分析，确定评估疑点。对中小企业，实行案头审核、逐户约谈，利用局内派发风险数据，采取逐户约谈方式开展评查，对个别有重大疑点的实行入户实地评估，节省人力物力，提高工作效率。对小企业及特定行业，采取核定征收。强化所得税精细化管理，分类宣传，提高纳税人税法遵从度。向企业法人宣传普及税法及税收政策，提高纳税人申报质量，在一定程度上规避涉税风险，纳税人认可配合纳税评估。针对所得税业务复杂、政策性强特点，分层次开展专业培训和人才培养。依托纳税人学校，举办所得税企业财务人员专题培训。采取“一对一”“团队式”学习模式，以强带弱，以老带新，促进中青年干部业务能力快速提高。

国家税务总局兴城市税务局领导成员

局　　长　谷维民
副 局 长　王建华　周起生　徐春明
　　　　　栗恩和　陈晓辉　王焱竑（女）
　　　　　贾国伟　许春峰　刘　刚
纪检组长　齐　骥

（蔡欣然）

金 融

人民银行

【概况】2018年，中国人民银行兴城市支行围绕地方经济发展战略与规划，及时引导辖内金融机构，贯彻落实稳健货币政策，调节和优化信贷结构，增加信贷有效投入。引导辖内金融机构加大对全市重点产业及中小企业信贷扶持力度，保证货币政策在各阶段有效传导。截至12月末，全辖各项存款余额3401135万元，同比增加332587万元;各项贷款余额2550019万元，同比增加390727万元。从金融统计数据来看，各项存款与各项贷款增长比例相当，全年各项贷款增量主要投向“三农”、泳装业及小微企业，信贷资金大量投入促进大项目如期开工。

【支农贷款】2018年，人行兴城支行运用货币政策工具，支持“三农”、小微企业发展。做好调整存款准备金率各项工作，同时做好支农再贷款审批发放，引导涉农金融机构加大对“三农”支持力度。年内，对辽宁兴城农村商业银行和兴城长兴村镇银行发放支农贷款3笔，金额4亿元，余额4亿元。其中，兴城农村商业银行占用支农贷款3.2亿元，支小再贷款2.5亿元；兴城长兴村镇银行占用支农贷款8000万元。为保证支农再贷款有效使用，支行进行再贷款使用情况督促核查，确保再贷款资金效用发挥。为规范使用支农再贷款、支小再贷款，防止挤占挪用，支行适时开展专项检查，并对检查中发现问题及时提出整改意见，监督落实。

【经理国库】2018年，人行兴城支行通过一系列措施，经理国库更好地为财政税务提供快捷、高效、优质服务。做好与税务局横向联网工作，确保各级税收及时、准确入库，配合税务局完成税收工作。截至12月末，国库部门办理各级预算收入242562笔，金额共计383887万元。协助财政部门做好财政集中支付工作，截至12月末财政集中支付办理直接支付11603笔，金额共计220951万元；授权支付36722笔，金额共计261109万元，均无差错。年内，支行以激发县域经济活力为己任，履行经理国库职责，大力推进乡镇金库建设工作。3月末，全市新设20家乡镇金库，实现辖区乡镇金库全覆盖。兴城市支库完成辖内20个乡镇金库集中支付电子化管理平台搭建工作，能够办理TIPS

直接/授权支付额度手工销号业务、财政联网商行办理支付有纸凭证手工销号业务和TIPS商行办理直接/授权支付退款业务。全年，乡镇金库平稳运行，成功进行电子缴税、集中支付电子化等业务，提升乡镇金库电子化核算和集中支付电子化水平，提高财政资金使用效率。简化国库退税手续，优先为中小型企业办理退税业务，开辟国库退税绿色通道，方便企业更快获得流动资金用于投资再生产。截至12月末，办理退税821笔，金额共计13555万元，其中电子出口退税322笔，金额9990万元。

【**结算账户和条码支付**】2018年，人行兴城支行贯彻落实工商总局等六部委联合下发《国务院办公厅关于加快推进“三证合一”登记制度改革的意见》文件精神，审核单位银行结算账户时统筹衔接有序。截至12月末，开立各类单位银行结算账户2175户，销户1050户，变更961户，合计4186户，审批过程中做到不拖沓、不积压。年内，支行根据市中心支行转发《关于做好条码支付业务市场应用现状调查问卷工作的通知》相关要求，联合兴城市辖内兴城农村商业银行、兴城长兴村镇银行于5月2日到5月8日共同开展为期一周问卷调查工作。采取不记名调查发放问卷，范围涉及全市10个乡镇、120份问卷，收回问卷96份，经过汇总审核有效问卷71份，为改善支付服务提供坚实基础。

【**国债宣传**】2018年8月6日，人行兴城支行在红崖子镇农村集市上开展“振兴乡村，精准扶贫，国库宣传在行动”为主题的现场集中宣传活动。兴城市人民银行、兴城市财政局、兴城市税务局、中国农业银行兴城市支行、兴城农村商业银行及红崖子支行共同参与，宣传人员50余人。促进国债知识在乡镇有效传播和普及，增强百姓投资国债意识，满足农村居民日益增长投资理财需求。促进人民银行与财政、税务、金融机构彼此间沟通与协作，整合宣传资源，打开工作局面。年内，支行加强国债销售宣传工作，在每次国债发行首个工作日对工行、农行、中行、建行、邮储银行分布在全市25个营业网点进行国债销售巡查，对国债销售宣传不规范金融机构进行现场指导，要求限期进行整改。

【**征信工作**】2018年，人行兴城支行推动征信体系建设，改善金融生态环境。继续深入推进农村信用体系建设，改善农村信用环境。通过利率优惠、信用贷款等形式反哺农户，实现政府、银行、农户共赢局面。年内，中国邮政储蓄银行兴城市支行累计向建立信用档案农户发放贷款3笔，金额30万元；累计发放信用贷款3笔，金额30万元；累计向农业企业发放贷款1笔，金额420万元。按照征信管理规则，认真做好个人和企业信用查询工作。截至12月末，受理查询个人信用信息23507人次，企业信用信息404户次，办理机构信用代码证1272户。普及金融知识，提高全民诚信意识。加强征信宣传工作管理，紧扣

"珍爱信用记录，享受幸福人生"宣传主题，开展征信宣传活动。依据上级行征信宣传工作部署，通过发放问卷、挂宣传条幅标语和在LED彩屏滚动征信知识问答等方式引起群众关注，开展金融知识进农村、进社区、进学校、进商场大型宣传活动。

【人民币管理】2018年，人行兴城支行开展反假货币和人民币流通管理工作，加大对新施行《假币收缴、鉴定管理办法》学习、宣传工作力度。部署辖区银行业金融机构开展反假货币宣传工作，全辖各金融机构制作人民币反假知识及新版人民币相关知识宣传板，设置宣传咨询台，配备宣传咨询人员，组织订制发放各种宣传材料。提高全社会居民对反假货币工作广泛关心和高度关注，履行反假货币义务。开展反洗钱宣传工作，组织兴城辖区金融机构开展"深化三反合作机制，保驾护航美好生活"为主题集中宣传工作。9月26日，支行联合兴城市农发行、葫芦岛农商行兴城支行、营口银行兴城支行三家金融机构，在东山体育场开展"深化'三反'合作机制，保驾护航美好生活"为主题现场集中宣传活动。发放反洗钱宣传资料2000余份，接待咨询群众1000多人次。促进反洗钱、反恐怖金融和反逃税知识有效传播和普及，增强社会公众主动配合"三反"工作意愿，提高群众自我保护意识。督促兴城辖区内金融行业在"扫黑除恶"专项斗争中履行职责，合力维护经济金融秩序，防范金融风险，确保金融稳定。

【金融监管】2018年10月11日至10月31日，人行兴城支行对葫芦岛银行柳城支行进行"两管理，两综合"现场检查，根据被检查人执行金融管理规定情况进行评价，对存在问题提出整改意见和建议，并针对其人民币流通管理中存在问题进行行政处罚。8月27日至31日对中国农业发展银行兴城市支行、葫芦岛农村商业银行股份有限公司兴隆支行、葫芦岛农村商业银行股份有限公司兴盛支行开展2017年支付结算"回头看"检查。9月10日至10月30日，对辖内中国工商银行股份有限公司兴城支行、中国工商银行股份有限公司温泉支行2家金融机构进行支付结算执法检查。在检查中发现问题要求金融机构限期进行整改，并下发执法检查意见书。开展2018年国库经收处和国库集中支付代理行检查。对邮政储蓄银行兴城市支行、葫芦岛农村商业银行股份有限公司兴海支行、葫芦岛银行古城支行、兴城农村商业银行海河支行4家财政集中支付代理进行检查。明确待报解预算收入账户使用范围，保证财政资金安全有效使用，对存在问题单位限期责令立即整改。全年，依法履行国库监督职能，加大非现场检查力度。在办理财政拨款、税款入库、预算收入退库以及更正等业务严格执行款、项、目合规的规定，保障国库资金运转稳定安全。截至12月末，退回不合规税票35笔，金额共计381.94万元；退回不合规更正24笔，金额113.47万元；不合规退库40笔，金额共计224.07万元；退回不合规拨款10

笔，金额 541.44 万元。

中国人民银行兴城市支行领导成员

行　长　王　青

副行长　刘　飞　魏云海

（万全）

工商银行

【概况】2018 年，中国工商银行兴城市支行以提升竞争力为目标，找准业务发展方向，截至 12 月末，全行各项存款时点较年初增加 5337 万元，同比多增 3956 万元，同业增量占比 7.8%，完成年计划 31%；日均增加 1556 万元，同业增量占比 4.3%，同比提高 0.71%，完成年计划 18%。个人全量客户 146503 户，较年初增加 6453 户；私行达标客户 11 户，较年初增加 6 户。对公存款时点较年初增加 639 万元，同比多增 1254 万元，同业增量占比 5.4%，完成年计划 18%；日均较年初增加 762 万元，完成年计划 40%，同业排名居首位。新开人民币结算账户 65 户，完成市行计划 100%。有效财智卡 42 张，开通企业网银 32 户，三方存管净增 327 户。各项贷款余额 29061 万元，较年初下降 14960 万元。其中，大中型公司贷款余额 4541 万元，较年初下降 16388 万元；小企业贷款余额 395 万元，较年初增加 196 万元。全年实现考核拨备前利润 1762 万元，同比减亏 15 万元；实现净利润 1357 万元，同比增盈 11 万元。

【中间业务】2018 年，工行兴城支行以银行卡和法人理财为突破口，中间业务收入实现 748 万元，同比增加 101 万元，完成年计划 105.36%，计划完成率排名第二，增量排名第三。银行卡业务通过加大发卡力度、拓展商户、加大 e 生活、e 分期拓展、加大消费额提升，实现银行卡收入 387 万元，同比增加 147 万元。信用发卡 1635 张，增量全市位居第二位；办理 e 分期 703 万元，全市位居第二位。结算业务把同业法人理财作为突破口，把兴城市农村商业银行作为营销重点目标，根据客户资金和产品需求情况，精准定位，通过持续不断营销，全年累计销售 115 亿元，结算专业累计实现收入 102 万元，同比增加 35 万元。零售产品稳步推进，私行产品配置较年初增加 658 万元，增量排名第二；贵金属童心季销售排名第三，成为全市百套支行。

【存款业务】2018 年，工行兴城支行储蓄存款面对年初以来不利局面，实施“全员、全产品、全渠道”发展策略，扩大客户总量。加大高端客户拓展，加强存量客户维护，深挖客户需求。深入开展拓户工作和“三个一”工程，加大鼓楼动迁户和高端客户挖转。深入落实幼儿园缴费及智慧园区项目，和 4 家幼儿园达成合作意向，客户 1500 人，月缴费金额 150 万元，年内完成 3 家幼儿园收费项目。对公存款通过明确存款营销任务目标、考核机制，详细部署安排具体工作措施，落实责任，加大组织推动。按照客户存款规模，分层次有针对性地进行走访慰问，通过抓源头实现成功营销对公开户 12 户。办理企业网银 10 户，财智卡 9 张。

【贷款业务】2018 年，工行兴城支行稳步推进资产业务发展，小企业贷款服务存量客户同时，拓展新客源。为市行专业部门推荐 3 家企业，成功为兴城市澜梦泳衣有限公司放贷 450 万元。在市行鼎力协助下，为辽宁顺安建设工程有限公司放贷 170 万元，为兴城市金种子有限公司完成 800 万元小企业贷款发放流程。通过梳理个贷业务人员，重新捋顺相关机制，提高服务效率，加强存量客户维护同时，持续跟踪新开工项目。累计投放贷款 4811 万元，时点较年初增加 1202 万元。年内，强化贷款日常清收，个人不良贷款实现双降。不良贷款余额 46 万元,较年初下降 103 万元；不良贷款率 0.19%，较年初下降 0.48%。

中国工商银行兴城市支行领导成员

行　长　刘佰成（2018 年 1 月离任）
　　　　李洪旭（2018 年 1 月任职）
副行长　李晓东　盖华芳（女）

（于力君）

建设银行

【概况】2018 年，中国建设银行兴城市支行推进县域网点转型与发展创新，切实加强风险内控管理，完成年度经营管理目标及县域三年规划目标，年度 KPI 考核全区排名靠前。截至 12 月末，全口径时点存款余额 326150 万元，比年初增加 45848 万元，其中对公存款时点新增 5703 万元，个人存款时点新增 40144 万元。全口径日均余额 298043 万元，比年初增加 16806 万元；个人储蓄存款日均新增 25565 万元。各项贷款余额 92244 万元，比年初新增 13363 万元，其中个人住房按揭贷款余额 54166 万元，对公贷款余额 28905 万元，信用卡透支余额 9173 万元。

【业务收入】2018 年，建行兴城支行公司实现中间业务净收入 1143 万元。实现账面利润 2165 万元。不良贷款余额 261 万元，较年初增加 86 万元。拓展外汇结算客户 29 户，国际业务结算量 1800 万美元。公司全量客户 1377 户，比年初新增 337 户；公司加权有效客户 1314 户，比年初新增 108 户。个人全量客户 159156 户，比年初新增 9894 户；个人加权有效客户 169853 户，比年初新增 24340 户。理财销售 239770 万元，基金销售 45804 万元，保险销售 3237 万元，国债销售 3593 万元。

【存贷工作】2018 年，建行兴城支行稳存、增存工作措施得力，个人存款创历史新高。时点新增 4.01 亿元，日均新增 2.56 亿元，提前一年完成省行县域三年发展规划存款目标。持续做大建行个贷品牌，在风险可控前提下，大力发展个人住房贷款业务。全年发放个人住房贷款 692 笔，发放金额 19381 万元,不良贷款率控制在规定范围内。

【营销工作】2018年，建行兴城支行紧盯重点客户、重点项目不放松，成功营销武警工兵防化支队基本户开立该行，存款沉淀3300万元，联动公务卡150余张，工资卡300张。成功营销兴城市劳动和社会保障监察大队农民工工资保证金专户，并签订监管易，存款沉淀2200万元。成功营销辽宁葫芦岛杨家杖子经济开发区劳动和社会保障局农民工保证金专户，存款沉淀100万元。同时，兴城市劳动和社会保障监察大队农民工工资保证金账户及7家建筑企业农民工工资专户落户该行。

【外拓营销】2018年，建行兴城支行开展外拓营销工作，小微快贷余额3125万元，当年新增2308万元。聚合支付商户新增716户，交易额6791万元，有效商户189户。"慧兜圈"129户，手机银行活跃客户20878户，信用卡全量发卡净增3344户，信用卡分期3224万元。

中国建设银行兴城市支行领导成员

行　长　陈丰山

副行长　白凤朝

　　　　徐志新（2018年5月任职）

（王春燕）

农业银行

【概况】2018年，中国农业银行兴城市支行面对严峻经济形势和激烈同业竞争，以业务经营为中心，以风险防范为目标，夯实管理基础，有序开展各项工作。截至12月末，全行本外币各项存款余额33.76亿元，较年初增加4.37亿元，占全市各项存款增量71.64%。其中，储蓄存款时点余额30.58亿元，储蓄存款日均余额29.1亿元；对公存款时点余额3.18亿元，对公存款日均余额2.02亿元。全行各项贷款余额7.09亿元，较年初净增1.15亿元，占全市各项贷款增量22%。其中，法人贷款余额2.23亿元，个人贷款（不含"三农"和卡透）余额3.36亿元，农户贷款余额0.64亿元，信用卡透支8611万元。全行实现中间业务收入（不含委托清收）1316万元，完成计划88%；实现拨备前利润3279万元，完成计划113%，实现拨备后利润2710万元，完成计划104%。

【储蓄存款】2018年，农行兴城支行持续推进"拓源行动"，锁定源头性资金。狠抓资金流营销，力推代发工资，企业资金在该行循环流动。截至12月31日，全行代发单位工资50余户，代发人数4000余人，月代发金额近2000万元。依托负债产品优势，带动存款稳定增长。重点围绕大额存单、三"丰"系列产品，按客户层级、资产规模开展针对性营销，强化产品优势宣传，着力挖潜存量，狠抓行外吸金。深化网点转型，推动网点获客能力提升。深推贵宾客户系统管理，强化客户潜力挖潜，提升客户经理营销能力和综合素质，带动贵宾客户资产升级，提升产品交叉销售率。截至12月末，个人有效客户净增9961户，个人加权贵宾客户净增 355 户，产品交叉销售率增加至 3.57%。

【个贷业务】2018 年，农行兴城支行紧盯优质楼盘抓紧营销，加快与二手房中介合作，实现一手房、二手房齐头并进。截至年末，房贷客户存量 1713 户，时点余额 3.19 亿元，发放个人房贷 0.94 亿元。着力打造农民安家贷品牌，全年累计发放农民安家贷 304 笔，金额 7459 万元，占房贷发放总额 79%。推动消费贷款有效发展，针对房贷、公积金、理财等客户群体，常态化开展网捷贷、理财质押贷款营销。全年投放网捷贷 1235 万元、理财质押贷款 3378 万元。抓好逾期个人贷款压降工作，强化不良贷款清收力度。截至 12 月末，收回不良贷款 195 万元。对存在风险隐患楼盘进行重点关注，确保将风险控制住。

【产品带动战略】2018 年，农行兴城支行营销代理保险、贵金属、对私理财、基金等零售产品，推进信用卡有效客户净增、个人掌银、信用卡分期等业务。网络金融业务全年个人掌银活跃客户净增 13276 户，完成全年计划 102.12%，全市排名第二；微信银行较年初净增 4128 户，完成全年计划 258%，全市排名第一；农户版 App 新增 4904 户，完成全年计划 129.05%，全市排名第一。网络金融中间业务收入 306.3 万元，完成计划 104.91%，全市排名第二。信用卡业务新增聚合码贴码商户 509 户，完成计划 154.24%；信用卡有效客户新增 2518 户，信用卡现金分期 97.4 万元，专项分期 180.3 万元；全年信用卡中收 538 万元，贡献度、完成率排名全市第一。个金类业务销售理财 5198.66 万元，销售代理保险 1514 万元，账户贵金属交易量 5243 万元，各项产品中收 359 万元。

【对公存款业务】2018 年，农行兴城支行落实管户责任，完善客户名单制管理，按照 100 万元 /300 万元 /500 万元三个维度进行分层管理与维护，逐一确定管户人员，做到“户户有人管”。强化重点客户资金监测，实现存量客户提质增量。成功营销兴城市人民法院基本账户，年末存款 1172 万元，日均 864 万元。经多方营销公关，兴城市职业年金归集账户落户该行。成功挽留兴城市人民医院一般账户，实现日均存款 625 万元，年末时点余额 750 万元。渤海船舶职业学院维护良好，日均存款 990 万元，年末存款 715 万元。对接工商、税务等源头部门，成功进驻工商行政大厅，围绕新注册企业客户，着力实施“保挖抢”策略。建立辖内客户“生态图谱”，对于注册资金 100 万元以上客户主动开展走访，扩大总量、提升质量。截至 12 月末，全年新增有效对公户 231 户，带动存款增加 2968 万元。

【对公贷款业务】2018 年，农行兴城支行重点推进小微企业营销，以泳装产业集群、产业化龙头企业、海关进出口名单、全市纳税百强等筛选出辖内优质小微企业，逐户走访营销。召开普惠金融业务银企对接会，邀请辖内11家优质小微企业参加，借助该行产品优、利率低、服务好、速度快等优势，打开普惠金融工作新局面。截至12月末，全行小微企业贷款较年初净增0.57亿元，完成计划715%，全市排名第一；央行口径普惠金融小微企业贷款较年初净增0.27亿元，完成全年计划543%，全市排名第一；银保监会口径普惠金融小微企业贷款较年初净增0.54亿元，完成全年计划1790%，全市排名第一。在三季度普惠金融贷款专项考核中，发放普惠金融小微企业贷款增量4381万元，占全市普惠金融法人贷款增量的64.85%，在全省39家县域行中排名第二。四季度在三季度基础上，完成人行口径普惠贷款5135万元投放额。年内，持续推进重点领域信贷工作。跟进中核集团项目，强力推进业务合作和资源挖潜，介入徐大堡核电厂风电项目，成功投放固定资产贷款3800万元；为徐大堡池式供热堆示范工程项目出具贷款承诺函10.75亿元，为核电二期项目出具贷款承诺函400亿元。成功受理海思科制药有限公司1亿元流动资金贷款项目，经过支行公司部前期调查，报省行审批。储备优质普惠金融小微企业贷款客户8户，营销新客户，确保新增有贷客户国际业务均移至该行。截至年末，新增有贷国际业务客户2户，国际结算量392万美元。

【“三农”业务】2018年，农行兴城支行增加涉农贷款有效投放，加大对农业产业化龙头企业、专业大户等企业支持力度。围绕家庭宾馆、渔船、养鱼等行业与兴城市钓鱼台街道办事处联合开展普惠金融产品推介会，支持地方特色产业发展壮大。四季度普惠金融贷款专项考核中，发放普惠金融农户贷款3048万元，投放额占全市普惠金融农户贷款增量55.53%。深入落实服务“三农”“一号工程”。“惠农e商”累计上线305户，聚合码实现惠农通服务点全覆盖。扩大“惠农e付”有效覆盖，加快服务点互联网化升级，提高“惠农e商”、静态聚合码使用效率，实现惠农通服务点在支付渠道、综合服务、便捷程度等方面能力综合提升。推进“惠农e贷”，大力营销泳装、花生、家庭宾馆、养殖、种植等优势领域客户，储备重点客户10余户，资金需求近1500万元。稳步开展扶贫攻坚工作，依托龙头企业，带动建档立卡人口脱贫。对政府确定扶贫龙头企业兴城市金豆花生有限责任公司进行信贷支持，共计带动建档立卡农户300余户。加大信贷支农力度，做大涉农业务和产业链核心企业上下游客户群体，注重向“信贷+”转变，扶持优质客户。年初以来累计发放农户贷款68笔，金额5761万元。创新担保方式，成功发放首笔由辽宁省农业信贷担保有限责任公司提供保证担保小额农户贷款10万元。

中国农业银行兴城市支行领导成员

党委书记　杨春凯（葫芦岛农行副行长兼，2018年8月任职）

行　长　　张　涛（2018 年 8 月任职）
副行长　　李　民（2018 年 8 月离任）
　　　　　杨海鹏（2018 年 8 月离任）
　　　　　罗文峰（2018 年 11 月任职）
纪委书记、副行长　李迎春（女）
行长助理　欧阳苹（女，2018 年 8 月离任）
　　　　　张　健（2018 年 8 月任职）

（王俏）

中国银行

【概况】2018 年，中国银行股份有限公司葫芦岛兴城支行全行接受上级行各条线各类检查自查共计 24 次。全行 G-MAP 预警数据共计 9 笔，风险等级为中低风险，按照要求整改回复完毕，全年无自动预警数据。截至 12 月末，全行完成收入 2776 万元，完成市行下达绩效考核价值创造维度 70 分的 115%，其中净收入完成率 107%，存贷利差完成率 128%。个人储蓄存款日均余额 82642 万元，时点余额 80110 万元；公司存款日均余额 51688 元，时点余额 53034 万元。贷款余额 67705 万元，其中对公授信 13820 万元，个人消费贷款余额 53885 万元，实现投放 9996 万元，卡分期业务新增 1338 万元。公司不良贷款为零，个贷不良贷款余额 304 万元，关注贷款余额 502 万元。全年，新增外币公司结算帐户 6 户，结算量 4333 万美元，市场占有率 57%，比上年同期增加 2%；公司短信通知账户完成率 102%，理财交易客户数完成率 100%，表外理财日均余额 1850 万元，完成率 926%，全辖排名第一。银行卡有效户发卡 342 张，OBU 卡 287 个，小微商户 283 户，基金销售 363 万元，三方开户 790 户，代理保险 432 万元，贵金属销售 223 万元。

【网点效能】2018 年，中行兴城支行围绕“拓客户、增收入”发展理念，结合市行客户经理制出台，择优选拔有志向、肯努力、敢担当员工到“理财经理”“大堂经理”“个贷客户经理”“中小客户经理”“服务专员”“助农专员”“卡分期客户经理”岗位上，配以恰当考核机制，全面拓展各项业务。提升兴城行本部及南街支行网点效能，本部排名跻身全国县域支行 1000 名之内，南街支行网点效能排名较年初提升 1137 名。全年全行新增行政事业账户 12 户，分别是兴城市人民检察院案款账户、投资发展集团账户和 10 户行政事业单位工会账户，新增行政事业日均存款 7000 万，实现存量 4.3 亿全辖第一。普惠金融业务实现放款 2 亿元，其中个贷和中小企业流动资金贷款各 1 亿元。手机银行月活交易客户数累计 27631 户，完成倍增目标 88.46%。

【对标工作】2018 年，中行兴城支行以“三比三看三提高”为总体原则，对标同业、对标兄弟行，分析自身比较优势和劣势。对标葫芦岛辖内，2 项核心存款指标总额超额完成全年任务指标，在辖内均排名第一，个贷完成率全辖第一，各条线业务做到全面发展，所有指标均列全辖前茅。在一季度“开门红”竞赛中，业务方面发卡获客营销项目奖，奋勇争先结售汇单项奖、三方单项奖、贵金属单项奖、存款单项奖，公司条线存款日均月盛奖，存款类“竞赛贡献奖”。团队方面获得“最强机构奖”“公司最佳团队奖”，继续保持市行业务标杆。同时被评为2017年度中银卓越奖“最佳管理”“先进集体”和“先进党支部”。对标全省、全国辖行，截至10月末，行本部网点效能跻身全国县域支行1000名之内，位列葫芦岛行管辖行之首。兴海南街支行网点效能列经营性支行第7425名，较上年提升1137名。对标同业，个贷、消费信贷余额市场份额地区排名第一，增长占比四大行排名第二。结售汇业务市场占有率57%，地区排名第一。截至6月各项存款余额12.7亿元，新增1.37亿元，余额占比15.17%，列四大国有银行第三名；增长占比55.24%，列四大国有银行第一名。

中国银行股份有限公司葫芦岛兴城支行领导成员

行　长　黄瑞珍（女）

副行长　薛丹丹（女）　董宇

（赵鹏）

农商银行

【**概况**】2018年，辽宁兴城农村商业银行股份有限公司认真执行省联社党委各项部署，立足实际，攻坚克难，实现党委新老班子平稳过渡，扎实推进化险达标工作取得阶段性成效。截至12月末，各项存款余额999352万元，较年初下降94008万元，较同期少增217152万元。各项贷款余额1267895万元，比年初增加248038万元，完成全年增量计划496.08%。其中，法人客户贷款余额650709万元，个人贷款余额617044万元。贷款中农户贷款余额479999万元，农村“两权”抵押贷款余额73925万元，小微企业贷款余额615614万元。小微企业贷款户数913户，申贷率99.06%，实现“三个不低于”目标。全年，新增手机银行10846户，完成全年计划10700户的101.36%；新增短信银行17608户，完成全年计划10700的164.56%；金信一码付商户累计达7426户，完成全年计划7000户的101.36%；助农取款点220个，达标助农取款点202个，占比91.82%；全辖24台自助设备，年分流率37.46%。实现中间业务收入307万元，较上年少收709万元，完成省联社核定全年计划700万元的43.86%。实现利润总额8231万元，同比减少23581万元。

【**考核优化机制**】2018年，兴城农商银行围绕省联社KPI考核框架，优化经营绩效考核策略，在科学调整原有业务指标考核权重的基础上，增加人均内部利润考核指标，引入合规管理扣分项考核内容，实现效益与质量并进考核架构。加强对经营指标日常调度，特别是10月中旬党委新班子领导到任后，面对不良贷款占比高、收息缓慢、流动性差等严峻困难，对全辖各支行进行全面调度，敲定旺季指标计划，明确有奖有罚、奖罚分明工作思路，调动各机构旺季攻坚积极性。开展一季度“开门红”存款、电子金融业务竞赛、四季度吸储和清收不良业务竞赛，对经营绩效考核形成有益补充。

【合规管理】2018 年，兴城农商银行落实省联社关于党风廉政、案件防控等重点工作部署，围绕银行业更为严峻监管形势，结合实际，强化合规理念，将风险管控、合规管理作为开展各项工作基本准则。在层层签订《党风廉政建设责任状》《案件防控责任状》《反贪污浪费承诺书》基础上，严格执行安全保卫和案件防控相关标准，加大专项资金投入，按时开展学习、演练和安全隐患排查，按月通报并整改存在各类隐患，实现全年零事故、零案件。落实银监部门、省联社关于深入推进市场乱象整治工作要求，稽核、法律合规等部门深入开展市场乱象整治自查工作，按月报送整改进度，提升全行合规经营管理水平。做实内审和专业条线检查工作，全年开展专项稽核 9 次，现场稽核 195 个工作日，对经营成果真实性、柜面业务、信贷资产质量、科技风险管理、消费者权益保护、反洗钱、个人征信等重点领域内审实现全覆盖、零死角。同时，安全保卫、信贷、电子银行、科技信息、消费者权益保护等专业条线做到按季检查、及时通报和整改，规范全辖合规经营管理秩序。加大不良贷款清收力度，把握多方联动清收政策，清收大队成立 5 个清收小组。全年自主清收不良贷款本息 2255 万元，累计协助各营业机构清收不良贷款 1688 万元、表外不良贷款债权 73 万元，在公安经侦、法院等部门支持下清收 4404 万元。

【运营管理】2018 年，兴城农商银行规范运营管理，搭建合格审慎架构。认真执行财务收支预算制度，经股东大会审核年度财务预算方案，确保成本可算、费用可控、支付有据。规范财务核算行为，依照省联社凭证样式修订全行财务凭证，通过网络查验全部发票，提高运营管理精细化水平。信贷审查审批、风险管理、财务审批、利率定价、资产负债、贷后管理等各专业委员会认真履行职责，召开专业委员会会议 40 余次，监事长坚持列席相关会议并依据“三重一大”报告制度形成风险提示和风险报告 7 项，规范各运营条线经营管理行为。加强会计日常操作管理，严格执行重要空白凭证、查库、对账、反洗钱、账户实名制等会计管理制度，坚持按季检查通报，提高会计核算合规能力。坚持每月召开 1 次会计例会，对委派会计、事后监督岗位人员持续开展制度辅导和业务培训，全面提高从业人员业务素养。

【创新服务管理】2018 年，兴城农商银行应对日益激烈同业竞争环境，始终高度重视优质文明规范服务工作，全力保护消费者权益。加强服务软环境建设，累计开展 3 期优质文明服务标准化培训，集中统一规范全辖营业网点标志，统一星级网点设施摆放，全面提升网点服务形象。依据《兴城农商银行2018年度优服及消保工作绩效考核办法》，借助远程监控系统等技术手段，按季对网点服务考核进行检查、评比和通报，并将服务工作全面纳入员工绩效考核，对排名靠后网点负责人实行诫免约谈，激发全员提高服务质量主动性。推进金融知识普及教育工作，开展以“权利、责任、风险”为主题“3·15”金融消费者权益日宣传，以守住“钱袋子”为主题防范非法集资宣传和“支付安全宣传月”“防范电信网络诈骗宣传月”“金融知识进万家宣传服务月”“征信宣传日”等专题宣传活动，提高金融消费者风险防范意识和能力。认真受理各类客户投诉，在各营业机构公示受理投诉电话、投诉受理流程，全年接到并妥善办结各类投诉78笔。

辽宁兴城农村商业银行股份有限公司领导成员

党委书记、董事长
　　李　刚（2018年10月离任）
　　胡仕臣（2018年10月任职）
党委副书记、行长
　　郭　建（2018年10月离任）
　　葛利福（2018年10月任职）
纪委书记　　戴　强（2018年10月离任）
　　刘志远（2018年10月任职）
副 行 长　　邹　杰　徐宏伟
　　金　丽（女）

（陈帅）

农业发展银行

【概况】2018年，中国农业发展银行辽宁省兴城市支行认真开展信贷、会计、办公室等工作，业务经营实现跨越式发展。全年总收入13598万元，总支出10187万元，账面盈利3411万元。中间业务收入完成1万元，与上年持平。企事业存款日均余额86696.45万元。地方财政挂账利息补贴应到位170万元（按财政口径的90%计算，其中1992到98年新挂账利息补贴到位42万元，1998年6月以后挂账贷款利息补贴到位128万元）；地方储备贷款利息补贴到位99万元。各项利息补贴均实现及时足额到位。各项贷款余额27.43亿元。其中，各项挂账贷款2.28亿元，粮油储备贷款5.33亿元，中长期贷款19.82亿元。

【秋粮收购】2018年，农发行兴城支行抓住粮食企业收购契机，坚持把服务国家粮食安全作为首要任务，投放粮食贷款8707万元，支持收购玉米5.77万吨。年内，中央储备粮完成2018年全部轮换计划共计4.05万吨，销售货款7561万元全部归还该行贷款，轮入4.81万吨（含2017年未轮换完成），发放中储轮入贷款7561万元。6000吨县储玉米全部轮出，销售货款1068万元全部归还该行贷款。

【临储粮去库存和挂账】2018年，农发行兴城支行继续坚持以粮食供给侧改革为主线，深入推进粮食收储制度，开展粮食“去库存”工作。截至年末，中央储备粮葫芦岛直属库累计出库11.24万吨，归还该行贷款34025万元。按照财政部、国资局、农发行和中储粮总公司联合下发《关于印发<政策性粮棉油销售价差亏损挂账认定和剥离工作实施细则>的通知》农发银发〔2018〕137号文件要求，做好挂账贷款认定和档案收集整理工作成为该行重点工作，截至年末，全行累计发放价差亏损挂账贷款18551万元，其中玉米价差亏损挂账贷款16017万元，稻谷价差亏损挂账贷款2534亿元。

【棚改资金支付】2018年年初，农发行兴城支行推进中长期业务发展，做好棚改资金支付工作。累计投放2018年度棚户区改造项目贷款15亿元，共涉及项目5个，项目总投18.76亿元。截至年末，累计支付棚改资金11.84亿元（其中项目资本金3.76亿元，贷款8.08亿元），行账户剩余棚改资金6.92亿元（均为该行贷款）。信贷人员全程参与，及时解决资金供应方面不足。在资金支付过程中，严格按照支付文件和市行支付审批流程执行，信贷人员将每份拆迁协议书内容与提供要件逐一核对，确保支付材料完整有效，将整理好多层支付材料和协议送交市行审批通过后再进行支付。同时，建立资本金和贷款支付台账，并与资金代理支付行实行定期对账制度，棚改项目资金支付实现“零误差”。

【创新项目】2018年，农发行兴城支行加快现有创新项目推进工作，营销基本成型创新项目1个，为兴城磨盘山岛海洋牧场建设项目。项目通过市县两级行共同努力，将项目资料基本收集完毕，并通过省行项目调查，CM2006流程报送省行前台。计划下年一季度投放4亿元。营销优质创新类信贷客户，年内新营销创新类项目1个，为辽宁省农产品现代物流体系建设工程项目，项目固定资产建设为主，流动资金配套为辅，项目总投资近9000万元。项目承贷主体为辽宁菊花女食品有限公司，该公司为混合所有制企业，省供销社参股51%。年内项目正处在前期对接阶段。评级授信工作，全年全行需要评级授信企业11家，其中棚改客户7家，粮食企业2家，担保企业和挂账客户各1家。根据总行印发《中国农业发展银行客户信用评级管理办法（2018年修订）》（农发银发〔2018〕134号）《中国农业发展银行客户授信管理办法（2018年修订）》（农发银发〔2018〕136号）和市行相关要求，全行11家企业于11月末前完成全部评级授信工作。

中国农业发展银行辽宁省兴城市支行领导成员

行　长　邱忠孝

副行长　苏　轩

　　　　王　伟（2017年2月离任）

　　　　张　宇（2017年2月任职）

（邱忠孝）

商贸流通

商贸服务业

【概况】2018年，兴城市服务业局以加快现代流通方式发展，促进便民消费、扩大服务消费为核心，以加快电子商务产业发展为重点，以满足广大城乡居民生活消费为基础，履职尽责，全市内贸流通行业发展取得阶段性成就。全年，全市实现社会消费品零售总额930139万元，同比增长6.5%。按城乡划分，城镇社会消费品零售额622425万元，同比增长4.3%；乡村社会消费品零售额307714万元，同比增长11.4%。按行业划分，批发业完成销售额9301万元，同比下降3.8%；零售业完成销售额796214万元，同比增长4.9%；住宿业完成销售额5878万元，同比增长40.7%；餐饮业完成销售额118746万元，同比增长18.3%。

【企业申报】2018年，市服务业局对社会消费品零售总额指标进行整体把控。对接市统计局，建立联合工作机制，对社零额指标进行比对、分析，充分掌握社零额指标运行态势。自2月以来，多次会同市统计局对全市限上企业进行实地走访，同时，督促限上企业上报数据应统尽统、不重不漏、及时上报。完成限上企业申报工作。与市统计局组成联合工作小组，定期对全市相关企业进行实地走访，了解企业经营状况，确定预增限上企业名单。10月与市统计局、市场局组成联合工作小组，对接税务等职能部门，实现信息共享，完成年度10家限上企业申报工作。

【电子商务产业】2018年，市服务业局助推农村电子商务发展，扩大农特产品上行规模。保持现有“农村淘宝”服务网点稳定运营，夯实农村电商基础，完善农村电商服务体系。重点推进多宝鱼、菊花女饺子等产品扩大上行规模，提高线上销售额。年内开展电商资源对接活动4次，为全市农特产品生产（经营）企业创造合作契机，助推农村电子商务发展。跨境电商平稳发展，方得泳装跨境电商平台三季度通关57万单，出口179万件泳装，出口额达908万美元，累计应出口退税870万元人民币。方得技术有限公司、馨予农产品深加工有限公司2家企业通过初步评审，被评为辽宁特色产业电商平台企业。

【内贸流通】2018年，市服务业局打造内贸流通发展新高地，助推商贸流通企业发展，争取政策扶持。为玄宇、菊花女、佳盈伟业等多家企业争取融资、投资基金政策扶持，申报至上级主管部门。5月，兴城“明代一条街”（古城东街）被列为“辽宁省特色商业街区”重点培育对象。居然之家兴城店正式运营，填补市区范围内品牌家居建材商场空白。

【扩大内需】2018年，市服务业局扩大内需促进消费增长，组织全市大型商贸流通企业开展“消费促进月”“双十一购物节”等各类促销活动，有效提高消费供给，满足广大城乡居民购物需求。组织市内企业参加外埠展会，全年组织全市多家企业参加“津洽会”“葫芦岛名特优产品展”“2018辽宁特色产品采购洽谈会”等4场大型展会，组织企业参展人员50余人次。特别是菊花女、馨予2家企业产品被评为“2018辽宁礼物”，提升企业知名度，为企业创造更多的合作契机。

【生猪收储】2018年，市服务业局贯彻落实省、市决策部署，防止非洲猪瘟防控期间全市生猪养殖企业出栏期生猪发生滞销状况，提高猪肉市场保障能力。根据《兴城市非洲猪瘟防控期间滞销生猪收储工作预案》相关要求，开展生猪收储工作。择优选择承储企业，从源头上保证收储工作顺利进行。委托兴城聚兴食品有限公司作为承储企业，与之签订《非洲猪瘟防控期间猪肉收储合同》，明确双方责任义务。强化措施，确保收储工作扎实推进。根据对全市生猪存栏量、预期出栏量进行测算，确定第一批次收储100吨，需要收储资金140万元，全部拨付到位。11月2日至11月17日，在兴城区域内收购生猪947头，毛重248239公斤。

【安全生产】2018年，市服务业局按照市政府工作要求，周密部署、统筹安排，组织多项安全生产检查，严格检查监督，对存在安全隐患单位及时下发整改通知书，并跟踪督促企业完成整改，遏制安全生产事故发生，推进安全生产工作落实。同时，完成全市38家成品油经营企业“成品油零售经营许可证”年检换证（初审）工作。

兴城市服务业局领导成员

局　长　刘　恕

副局长　张　军　马学斌　邢　罡

（王艺晓）

供销联社

【概况】2018年，兴城市供销合作社联合社围绕“三农”工作大局，提升为农服务能力，强化基层社和创新联合社治理机制，推动供销事业不断发展。截至年末，全系统销售总额50000万元，农副产品购进总额25387万元，实现利润207万元，新领办农民合作社6家。全市新增农副产品终端销售网点、为农服务中心、乡镇电商服务站各2个，新增农产品终端配送点、农产品深加工龙头企业、金融服务点各1个，新增乡村电商服务点4个。年内，开展基层社改造工作，从葫芦岛市社争取扶持资金40万元，自筹资金40万元对闻家供销社进行改造升级，建设高标准库房1000余平方米。

【农产品流通体系建设】2018年，市供销联社根据全市农业产业结构和农作物种植情况，以农资总公司为龙头，以乡村农资经营网点为前沿，早做谋划，强化措施，全力做好春耕备实和农资供应工作。把春耕备实、农资商品供应、保障农民农业生产需要作为工作重点。农资公司与鲁西集团、施可丰、红四方等国家大型化肥生产企业及上海惠农、江苏科大、山东滨农、河南兰伯尔等农药厂建立业务关系，筹措资金400余万元，陆续购进各种优质化肥及农药8000余吨，确保农民农业生产需要。与化肥厂、农药厂联合深入各乡镇召开农资商品推介会，介绍不同化肥、农药使用方法、科学用肥用药知识，为数家分支机构装修印有供销社标志门店，制作广告、宣传片在兴城电视台播出。在农资供应旺季，农资公司及各农资网点，采取延长营业时间、送货上门、对种粮大户用肥让利销售等办法，方便于农户，让利于农户。在春耕备实期间，到农资公司了解农资供应工作情况，到各乡镇农资经营网点调研，解决供应过程中出现问题。

【农产品收购】2018年，市供销联社开展农产品收购，大寨兴旺综合服务社围绕当地资源优势，开展大根萝卜条收购工作。年内收购大根萝卜条2000吨，同时购销豆角1000余吨，甜玉米2000余吨。红崖子供销社年初期间收购花生75万公斤年内全部销出。

【安全维稳】2018年，市供销联社按照市委、市政府和上级业务部门部署和要求，在全系统严格落实安全生产主体责任，狠抓安全生产工作，积极开展隐患排查治理、安全教育培训活动，全系统保持平安稳定。年内，按照“党政同责、一岗双责、齐抓共管”原则，落实责任分工，市社主任全面负责供销社安全生产工作，领导班子其他成员负责包靠基层社、所属企业安全生产工作。与各社属企业签订2018年安全生产责任目标责任书，明确落实社属企业主体责任。持续开展安全生产隐患大排查大整治。以零售网点、烟花爆竹经营点、仓库等各类经营门店为重点检查对象。全年累计组织检查20余次，出动人员60余人次。贯彻落实上级关于做好安保和维稳工作一系列部署要求，采取得力措施，化解各类不安全、不稳定因素。特别是在元旦春节和全国、省市“两会”期间，主要负责人亲自抓、分管负责人具体抓、职能科室和各责任单位密切协同，密切关注系统内维稳动向，排查各类不安定因素，制定化解和应急预案，确保及时处置。

【绩效考核工作】2018年，市供销联社根据葫芦岛市社关于对2018年县级供销社综合业务进行考核通知精神，对下达给兴城市各项指标进行仔细研究部署，对各科室进行划分。按时完成全年各项指标任务。截至年末，完成土地托管（流转）面积628.33公顷，统防统治2.8公顷，配方施肥6.8公顷，农机服务面积1.47公顷，领办专业合作社6家。

【为农服务】2018年，兴城市农资总公司生产经营规模逐年扩大，拓宽拓展为民服务功能和领域。全年，生资公司完成化肥销售5000余吨，较2015年翻五番；完成农药销售100余万元，较2016年翻两番；水溶肥销售量较2017年翻一番。实现销售总额1500万元，销售业绩逐年提升。

兴城市供销合作社联合社领导成员

党委书记、理事会主任　　张玉山
党委副书记、监事会主任　张云山
党委委员、理事会副主任　李连鹏

（居国昌）

粮食供销

【概况】2018年，兴城市粮食局履行辖区内粮食流通监督检查行政执法、行业管理、落实粮食安全责任制、涉粮企业安全生产监控等职责，开展粮食行政监管、指导、服务工作。年内，开展社会粮食流通统计工作。依照粮食流通监督检查相关法规，对兴城市区域内11家持有粮食收购许可证企业购销粮食进行统计。1月至11月，收购粮食109758吨，为非公企业收购；销售（转化）粮食117710吨，其中国有企业销售6000吨，非公企业销售（转化）111710吨。

【粮食监督检查】2018年，市粮食局作为粮食行业主管部门，对辖区持有粮食收购许可证涉粮企业在粮食收购、储存、加工、销售等业务，实施监督检查。开展例行常态检查2次，深入涉粮企业检查粮食收购执行“五要无不准”、粮食流通台账记录、储粮场地整理等情况。9月中旬，根据国家粮食和物资储备局《关于进一步加强国家政策性粮食出库管理工作通知》要求，对中储粮葫芦岛直属库（兴城）出库国家临时储备玉米进行专项监督检查。开展粮油质量检验监测，全年对库存粮食质量进行抽样检测3次，其中抽检葫芦岛市和兴城市两级储备玉米代表数量9500吨；抽检军供粮大米代表数量20吨、面粉20吨。经检测，均符合国家质量标准规定，质量合格率100%。审核2017年度办证业户11户，经审核均具备粮食收购资格。

【储备粮监管】2018年9月末，兴城市属国有粮食企业承储备粮油15165吨（其中葫芦岛市级玉米3500吨、食油100吨，兴城市县级储备玉米6000吨、成品粮50吨，国家临时储备玉米5515吨）。10月，完成兴城市县级储备玉米6000吨轮换出库任务。年内，按照储备粮管理相关法规，市粮食局负责监控、检查、指导承储企业建立和执行储备粮油管理规则，实施严格“一符四无”责任制，确保储备粮油达到质量良好、数量准确、安全储藏要求。

【储粮基础设施建设】2018年，兴城市属国有粮食企业根据省、葫芦岛市粮食主管部门和财政部门安排和要求，利用争取“粮安工程”专项资金180万元，实施粮库智能化升级改造项目。市粮食局推进信息技术与粮库智能化管理深度融合，提升粮食收储企业运营效能，建成技术先进、应用广泛、安全高效地方储备粮监管体系，确保地方储备粮实现“数量真实、质量良好、储存安全、管理智能”，会同市财政局根据《葫芦岛市农委葫芦岛市财政局关于印发葫芦岛市粮安工程粮库智能化升级改造项目实施方案的通知》（葫农发〔2018〕43号），制定《兴城市“粮安工程”粮库智能化升级改造项目实施方案》。兴城市红崖子粮食储备库及其旧门分库依葫、兴两市安排，于3月启动粮库智能化项目建设，8月1日正式开工建设，10月末全部工程完工。

【涉粮企业安全生产】2018年，市粮食局按照安全生产属地和行业管理原则，坚持安全发展，担当安全使命，对全市行政区内国有和非公粮食企业安全生产履行监管责任。年初，制定《兴城市粮食局2018年安全生产监督检查计划》，加强对涉粮企业安全生产全面、常态及专项监督检查。相继开展5次安全生产专项行动。元旦、春节前后，启动安全生产“春雷行动”，按照安全生产“全覆盖、零容忍、严执法、重实效”总体要求，深入涉粮企业大力宣传安全生产工作“七进”活动。以“全面落实企业安全生产主体责任”为主题，开展“安全生产古城行”活动，制定《兴城市粮食行业2018年安全生产古城行活动方案》，按照部门履行监管责任和企业履行主体责任要求，严格实施和落实“党政同责、一岗双责”责任机制。6月，开展“安全生产月”活动，制定《兴城市粮食行业2018年安全生产月活动方案》，根据粮食行业特点，重点围绕安全储粮，强化防火、防汛、防尘、防爆等安全管理，牢固树立“底线思维”“红线意识”，确保库存粮食安全度夏。8月中旬，开展储备粮安全专项监督检查，对红崖子粮食储备库及其旧门分库、军供站承储葫芦岛市和兴城市县级地方储备粮油执行安全储粮法规、制度，储备粮防汛、防火等情况进行自查。8月下旬，配合葫芦岛市农委对国有粮食企业承储储备粮安全情况进行复查、验收。9月下旬，开展“两节”安全检查，对国有粮食企业和部分非公涉粮企业安全情况进行重点检查。截至11月末，11家涉粮企业未发生安全生产责任事故。

【粮食安全责任制考核】2018年年初，按照省和葫芦岛市政府2017年度粮食安全省长责任制考核部署，兴城市粮食局协同相关部门完成兴城市行政区落实2017年度粮食安全省长责任制考核目标自评工作。3月，葫芦岛市农委对兴城自评情况进行验收、评定。5月，按照省考核办在通报中提出存在问题，对兴城市行政区在落实粮食安全责任制中遇到难点和问题进行梳理和采取应对措施。

兴城市粮食局领导成员

局　长　周志华

副局长　王建忠（2018年9月离任）

　　　　赵林江

（杜彬）

对外贸易

【概况】2018年，兴城市外贸局围绕外贸工作任务，找准立足点，发挥思想引领、舆论推动、精神激励重要作用，扎实做好政治思想工作。全年，全市外贸出口交货值83813万元，引进省外内资25.4亿元，实际利用外资509万美元。

【开展思想教育】2018年，市外贸局统一思想，形成工作共识。把政治思想工作当作第一要务，书记是第一责任人，分管领导承担直接责任。通过建章立制，逐步形成从党组到基层党组织、从党组织到领导干部、从内容到形式、从落实到评估一整套较为完善的抓意识形态工作制度机制。

【社区和扶贫工作】2018年，市外贸局开展共建社区，实行政策扶贫。根据社区需求，结合实际情况，及时为万象社区筹建赠送沙发和办公用品，为社区工作开展提供有利条件。扶贫工作按照市里要求和局里安排，先后4次走访扶贫单位和困难户，同时送去扶贫资金。10月17日，看望扶贫户，并为朱家村送去相关政策资料16套（册）。

兴城市外贸局领导成员

局　长　王　伟

副局长　马来林　巴永生

（穆涛）

石　油

【概况】2018年，中国石油辽宁葫芦岛兴城经营部完成汽柴油销售总量40434吨，完成计划量进度94.6%；比上年同期少销售1682吨。其中，汽油完成31286吨，比上年同期多销售916吨；柴油完成9148吨，比上年同期少销售2598吨。完成车用润滑油销售86.7吨，完成任务量104.7%。全年，完成非油销售收入647.77万元，完成任务进度95.68%，比同期增加187.32万元，同比增加40.68%；实现毛利104.22万元，完成毛利任务103.19%，同比增加43.22%。

【业务工作】2018年，兴城经营部开展全年春耕秋收惠农工作。从2月开始，提早部署春耕惠农前期准备工作，各站经理抓住春耕用油时机，提前抢占春耕用油市场，走访周边春耕农机大户、村屯种地大户和乡村政府部门，结合市公司春耕惠农新政策展开推广宣传，开展油非互动，宣传春耕化肥销售政策。并通过网络微信、电话、短信、悬挂惠农条幅等宣传方式扩大惠农政策宣传辐射面。8座加油站销售惠农0#柴油同比增加173吨。摸排完善客户资料，配送上门实现增量。把客户开发维护做为常态工作来抓，实行客户档案动态管理，对客户档案做到会用、真用、活用。掌握客户信息和购油意向，全年通过小额纯枪配送方式，开发海上客轮、矿上石场等配送客户，实现小油槽车全天候24小时配送，为海上渔船客户提供便利。以加油卡业务为纽带，达到增加客户黏性目的。为满足农村及偏远站客户办卡需求，采取各站收集客户办卡信息上报经营部，由经营部安排专人统一办卡及时返卡，解决客户办卡难，办卡周期长困难。

【非油销售】2018年，兴城经营部把海鲜大礼包销售作为春节前非油上量重点，各站组织进货提早动手，线下线上广泛宣传，打好提前量。油站、机关全员参与，做到一车一说，并开展邮寄服务，远销到北京和省内各市。北路加油站获得市公司海鲜大礼包销售第一名。创新非油营销模式，与有市场潜力、有经营特色供应商采取联营、加盟等方式合作。3月，与六桂福珠宝店合作，实现零投入销售非油商品。4月，与米其林汽修店跨界合作，在2座米其林门店设立专门展架，销售KR8以上高端昆仑润滑油。通过开展跨界合作，合作双方在利益共赢基础上，降低运营成本，带来更大广告效应，扩大客户群体，达到增加顾客消费黏性和提高高端昆仑润滑油销量目的。

【加油站管理】2018年，兴城经营部创新工作方法，督促员工熟练掌握每月促销政策，助力销售上量。通过对每个加油站实行一看、二定、三回头闭环考核方式，监督员工对促销政策熟悉掌握情况，通过不定期、不定站反复检查，过筛子提问方式，加油站每名员工都能熟练掌握各种促销政策，并能够在工作中熟练应用各种促销政策。采取提升自身服务素质，在省公司暗访中，拣金、北路、城西、四海等4座加油站均取得过90分以上好成绩。全年被暗访34站次，暗访平均分77.25分。

中国石油辽宁葫芦岛兴城经营部领导成员

经　理　王　介（2018年10月离任）

　　　　韩成文（2018年11月任职）

书　记　姚　博

副经理　张　航

（王卫国）

烟　草

【概况】2018年，兴城市烟草专卖局（营销部）坚持“保状态、稳销量、提结构、增效益”总体思路，落实品牌强企战略，着力加强状态调整、品牌培育、终端建设等工作。全年主要销售指标表现为“三增”（即卷烟销量、销售收入、单箱值实现增长）。卷烟销量18766.17箱，同比增加297.36箱，增长1.61%；销售收入实现45920.63万元，同比增加3238.45万元，增长7.59%；单箱销售值24470元，同比增加1360元，增长5.88%。

【卷烟市场】2018年，市烟草专卖局（营销部）突出重点抓落实，强化大户治理机制建设，分类管理、联合监管、重点打击、疏堵结合，召开专销联席会12次，反馈处理问题500余条，大户占比降至1%以下，销量占比降到10%以内。推进自律小组建设，健全管理制度、明确三方责任、发放经营手账、完善联系卡，同时组织各类培训交流活动7场、开展质量考核6次，“稳定价格、增加盈利、规范秩序”作用不断发挥。建有自律小组154个，精品小组18个，进组零售户1791户，覆盖率93.28%。加强价签维护工作,专销共管、责任连带、强化考核、严格追责，明码标价工作不断强化,明码实价基础得到夯实。年内，零售户毛利率近13%，同比增长4个百分点；存销比下降到0.66%，同比降低0.15个百分点。

【品牌培育】2018年，市烟草专卖局（营销部）围绕“低三转高三,二类转一类”中心任务，通过强化品牌培育工作，推动结构提升。利用工业企业力推新品有利时机，加强工商协同宣传、推动上柜工作，重点品牌发挥推动结构提升的主力作用。加大细支烟培育工作，充分利用细支烟消费引领作用，加强客我推动推荐力度，提高吸支烟消费结构。加大地产烟培育力度，着力走出兴城市场“省内一类卷烟上柜难”困境，开拓千禧活动市场、开展旅游营销等。销售地产烟2040.08箱，完成全年计划103.82%。全年累计举办千禧活动81场，超额完成全年80场任务指标。在继续做好景区大会堂宣传示范一条街的同时，提交“古城金叶香”人民大会堂旅游营销策划。全年，一类卷烟销售1939.82箱，占总销量10.34%,同比增长3.81%；二类卷烟销售4355.34箱，占总销量23.21%，同比增长14.19%；三类卷烟销售7707.02箱，占总销量41.07%，同比增长7.18%；四类、五类卷烟分别占总销量23.15%、2.12%，同比下降15.02%、15.51%。

【终端建设】2018年，市烟草专卖局（营销部）着眼实际抓指导，坚持“发展一户成熟一户”原则，围绕发挥终端“七大功能”，做好“推、建、拓”3个动作，提升建设水平。推进现有终端规范运行，年内运行终端65户，超出任务目标15户，申报全功能终端形象店5户，塑造以万达、银象、利鸿、华联、众喜为代表现代终端群体。建设农网终端示范街，在大寨乡集贸中心建成农网终端示范街，统一柜台、靓化陈列、规范软件应用，发挥终端引领作用。拓展终端培训，组织“我的生意经”零售户培训会4场，培训218人次。

【专卖管理】2018年，市烟草专卖局（营销部）专卖管理工作始终坚持“一个把握”，实现“四化、一提升”，提升市场监管效率、查办案件能力、证件管理水平和内部监管效能。依托网格化管理，以“拓宽信息渠道、提升分析能力、创新管控措施”为重点，深化运用“APCD”工作法，不定期地对市场监管系统“APCD”工作落实情况进行抽查。通过加强“232”专销结合工作机制建设，对历史违规户、销售大户和无证经营户进行联控联管联治，重点户查处率46%。依托市场监管系统将辖区内零售户划分为重点监管户、轻微违法户、守法户三类，实行分类管理，区别监管，提高日常检查针对性和重点监管效率。构建情报搜集体系。加强对网上售烟店铺、涉烟广告、QQ微信涉烟账号检索和情报搜集工作。完善联合打假打私机制，强化与公安、市场监督、交通运输、邮政管理等部门信息共享机制、协作协管机制，加强交通运输、寄递渠道环节的监管，保持打假高压态势。着重加强零售许可证使用监督，将亮证经营、私自变更、出租买卖、字号牌匾作为日常检查重要内容，严厉查处各类涉证违法行为。严把证件勘验关、审核关，完成新办审批和许可延续工作。年内新办15户，办理变更、停业209户，延续1872户，完成率94.78%。坚持合法合规原则，发挥退出机制作用，清理呆死户100户，完成年度任务指标，释放市场活力。强化大户综合治理和推动明码标价工作落实，依托内部监管长效机制，注重发挥内管系统平台作用，以“实效”为目标，以同级监管和日常监管为重点，以核实为主要手段，着力大户治理和价签检查，提升内管效能，促进卷烟经营行为规范化。全年，查处涉烟案件253起，查获卷烟4245.9条，其中真烟案件167起，查获卷烟4023.4条；假私案件86起，查获卷烟222.5条；窝点案件16起，5万元以上案件1起，罚没款36552.7元。

兴城市烟草专卖局（营业部）领导成员

局长、经理　李东奎（2018年7月离任）
　　　　　　黄晓东（2018年7月任职）
副经理　　　刘　锋
副局长　　　刘　驰（2018年8月离任）
　　　　　　康　福（2018年10月任职）

（柏晓刚）

科 技

科技工作

【概况】2018年，兴城市科学技术局深入贯彻创新驱动发展战略，扎实推进“两学一做”学习教育常态化、制度化，全面推进科技工作向前发展，为全市经济社会发展做出贡献。年内，全市技术合同交易额2.43亿元，转化落地科技成果5项，新增高新技术企业3家。截至10月末，全市专利申请量427件，其中发明专利申请量51件；专利授权量268件，其中发明专利授权量15件；全市有效发明专利拥有量达62件。获批2018年度省级知识产权优势企业1家，2018年度辽宁省科技成果转化奖励性后补助项目2项；申报2017年度第二批省产业（创业）投资引导基金直接投资科技创新项目1项；征集2018～2020年中央引导地方科技成果转化项目1项。

【R&D经费投入】2018年3月6日，市科技局为鼓励企业加大研发投入，在兴城人民会堂组织召开全市研发经费投入统计工作会议。组织企业人员参加业务培训，开展相关政策宣传活动，开展企业研发投入调查摸底。同时，通过实地考察、电话问询等方式了解企业对研发经费填报情况，并针对填报要求进行详细的说明，鼓励企业加大研发力度，提高研发经费投入。

【科技项目建设】2018年，市科技局本着“抓科技项目就是抓创新发展”理念，加强项目筛选、申报和实施力度，项目建设工作取得显著成效。组织葫芦岛火力速旋汽配制造有限公司申报2017年度第二批省产业（创业）投资引导基金直接投资科技创新项目，申请资金500万元。开展对2017年省产业（创业）投资引导基金直接投资科技创新项目的管理工作，对兴城市粉末冶金有限公司DCT同步器（湿式）粉末冶金齿毂开发项目的进展情况、资金使用及管理情况等进行跟踪管理，企业完全按照省直投项目要求进行规范开展，项目资金使用合理。

【产学研合作】2018年，市科技局组织全市企业开展合作对接。鼓励校企合作，对接高校科研院所，加大产学研合作力度，加强企业创新能力。3月末，组织辽馥源化工有限责任公司参加“民营企业高校院所行”科技对接系列活动暨化工领域科技成果专项对接会。组织兴城市舒漫体育用品公司参加6月29日至7月1日在大连举行的中国海外学习创业周活动。

【高新技术产业发展】2018年，市科技局为精准支持科技型中小企业，扶持科技型中小企业发展，开展2018年科技型中小企业评价工作。认定科技型中小企业8家，分别为葫芦岛凌河化工集团有限责任公司、兴城市安迈汽车部件制造有限公司、辽宁晨光瑞盛高科技农业有限公司、葫芦岛火力速旋汽配制造有限公司、葫芦岛泵业制造有限公司、兴城市水泵制造有限公司、辽宁锐锋科技有限公司和辽宁馨予现代农产品深加工有限公司。培育高新技术企业，认真落实省市实施高新技术企业三年“倍增”计划，组织高新技术企业申报，落实鼓励政策。对企业开展高新技术企业申报辅导，搞好有针对性培育，促进企业正确把握高新技术企业内涵、认定标准和评价依据。截至年末，新增高新技术企业3家，分别为兴城市水泵制造有限公司、兴城市粉末冶金有限公司和辽宁省兴城市特种铸钢有限公司。

【科技成果转化】2018年，市科技局指导支持企业引进、利用高新技术和关键设备改造传统工艺，支持企业开发具有知识产权的新技术、新产品和新工艺，加快科技成果转移转化。年内，完成科技成果转化落地项目5项，分别为葫芦岛首钢东华机械有限公司“野战输油管线连接装置项目”和“微晶耐磨防腐复合托辊项目”；葫芦岛泵业制造有限公司“MD160-120X（2-13）耐磨多级离心泵、JXS1650-125单级双吸离心泵、JXS2560-40单级双吸离心泵项目”；葫芦岛农函大玄宇食用菌野驯繁育有限公司“秸秆栽培食用菌综合技术开发及年产6000吨无公害产品基地建设项目”；兴城市粉末冶金有限公司“Cr12MoV钢氮碳共渗工艺项目”。征集2018～2020年中央引导地方科技成果转化项目，兴城市粉末冶金有限公司与江西赣州群星机械有限公司签订新产品开发协议。获批2018年度辽宁省科技成果转化奖励性后补助项目2项，分别为兴城市绿环有机肥加工厂“炭基肥产业化生产项目”和辽宁绿野农业科技有限公司“花生精深加工项目”。

【创新平台建设】2018年，市科技局组织企业申报国家、省、市产业专业技术创新平台。按照“企业主体、市场机制、任务导向、政府服务”原则，深入调研全市重点产业，走访调研全市排名前50泳装企业，征求企业技术需求和校研企合作意向，组织企业申报国家、省、市产业专业技术创新平台；推进企业与高校、科研机构合作，并鼓励企业做好产业技术创新平台研发投入工作。推荐申报辽宁省重点实验室和工程技术研究中心。年内，葫芦岛农函大玄宇食用菌野驯繁育有限公司获批“省市共建秸秆基料化菌种研究辽宁省重点实验室”，促进企业加大研发投入，开展技术创新活动。以省、市星创天地为载体，努力推动农业县域创新驱动发展,开展“星创天地”创建工作。年内，全市列入辽宁省第一批备案星创天地1家，为辽宁馨予现代农产品深加工有限公司“馨予农业星创天地”；兴城市绍敏种植果树专业合作社“兴城市英茂山果树创业基地”入库葫芦岛市星创天地。根据省“重强抓”工作部署，围绕乡村振兴、扶贫攻坚和突破辽西北战略，开展省级农业科技园区创建工作。兴城市滨海经济区申报省级农业科技园区。12月，兴城市被认定为第二批省级农业科技园区。

【农业科技】2018年，市科技局深入望海乡开展送文化、科技、卫生三下乡活动，向当地群众普及、宣传农业实用技术、地震应急救援等科普知识和相关农业科技政策。接受群众咨询120人次，向群众发放科普宣传和农业实用技术宣传资料500份。协助葫芦岛市科技局开展科技特派行动。3月22日上午，葫芦岛市“科技特派员助力春耕生产、科技服务到户”活动启动仪式在兴城市元台子乡举行。葫芦岛市果蚕团、气象团等12个科技特派团成员和果树合作社社员参加活动。专家现场授课及实地讲解和答疑，指导农民春耕生产，做好春耕备耕科技服务工作。按照省科技厅《关于开展2018年度农民技术员培训工作的通知》要求安排，组织兴城市4名农民学员报名参加中国农业科学院果树研究所果树专业、沈阳农业大学设施农业专业和朝阳工程技术学院设施农业专业免费培训。

【知识产权工作】2018年，市科技局加强开展知识产权宣传培训工作。围绕“倡导创新文化，尊重知识产权”主题，认真开展“4·26”知识产权宣传周活动，发放宣传资料200余份，解答群众咨询20余人次。增强广大群众知识产权意识，推进“尊重知识、崇尚创新、诚信守法”核心理念知识产权文化，促进全市知识产权事业快速发展。年内，培育省级知识产权优势企业，获批省级知识产权优势企业——辽宁海思科制药有限公司。

【科普宣传活动】2018年5月19日至26日，市科技局在全市范围内开展以“科技创新强国富民”为主题的第十八届科技活动周。期间，以科普广场、科技医疗进社区、科技知识“进乡村、进校园”为主要活动方式，针对各行各业关注热点问题进行普及宣传,组织18家单位、1200余人参与活动，发放科普宣传资料3800余份。普及科技知识、弘扬科学精神，树立和贯彻创新、协调、绿色、开放、共享的发展理念，促进公众理解科技创新、支持科技创新、参与科技创新，带动行业发展，助力“五个兴城”全面建设。

地震监测

【概况】2018年，兴城市地震站在地震监测和地震宣传等方面开展工作，履行社会职能，全心全意为人民服务。加大机关管理力度，完善各项规章制度，加强对机关人员思想教育工作；改善办公环境，添置办公设备。同时，加强地震监测，搜集判断地震宏观信息，开展地震科普知识及地震法宣传活动，向广大人民群众普及地震知识，宣传自救互救技能。年内，继续加强地震微观观测业务，全面搜集地震宏观信息。进一步强化现有地震微观监测手段观测。配合辽宁省地震局，增设监测项目，完善观测项目。加强对地震宏观信息搜集，及时落实并澄清。开展对地震宏观信息员培训工作，完善地震监测“三网一员”体系。完成葫芦岛市地震局工作，编订新的地震应急预案、统计地震专业救援队伍信息。

【地震知识宣传】2018年，市地震站开展地震知识宣传和普及，纪念“5·12”汶川地震，5月11日在宁远广场，通过摆放宣传板，发放地震知识手册等形式，开展地震知识宣传活动。市科技局在古城南关举行纪念“5·12”四川汶川地震及“防灾减灾日”地震知识宣传活动。宣传活动主题“行动起来，减轻身边的灾害风险”。通过摆放地震宣传板，发放地震知识宣传手册等形式，向广大市民宣传地震知识、普及地震自救互救常识，让更多市民提高地震灾害风险意识，掌握地震自救互救基本技能，确保生命财产安全。5月21日，联合市科技局、安监局、红十字会等部门，在宁远广场开展科技活动周宣传活动，通过摆放宣传板，发放地震宣传手册等形式，向广大市民宣传地震知识，传播地震应急自救技能。5月25日，在曹庄中心小学举行地震逃生演习，向广大师生普及地震知识，传播地震自救互救技能。6月6日，在元台子乡集市上，摆放宣传板，发放宣传手册，向广大村民传播普及地震知识。

兴城市科学技术局领导成员

局　长　宋　毅

副局长　袁　伟　刘占一

（董晶晶 张浩）

教育・体育

教 育

【概况】2018年，兴城市教育局围绕工作重点，服务发展大局，推进各级各类教育健康、协调、可持续发展。全年，全市拥有各级中小学校112所，其中高中3所，初中26所，小学83所。全市在校学生48034人。其中，高中在校生7398人，比上年增加13人；初中在校生15390人，比上年增加89人；小学在校生25246人，比上年减少833人。全年，全市为省内外各大中专院校输送新生2940人，其中本科生1566人，专科生1374人。年内，做好关工委工作，有辽工大附中、滨海学校、大寨小学、东辛庄小学等4所省级家长学校示范校挂牌，6所葫芦岛市级家长学校示范校挂牌。教育局党委获兴城市“先进党委”称号，南一小学党支部获葫芦岛市“先进党支部”称号。

【工程建设】2018年，兴城市教育工程建设稳步推进，兴城市高级中学异地新建工程于5月12日开工，完成主体砌筑施工；职教中心实训基地教学楼工程、红崖子中心小学教学楼工程、红崖子二台子小学教学楼工程，分别于上年9月、年内4月20日和7月17日开工，全部工程12月完工；南一改造工程7月27开工，10月完工并交付使用。同时，投资850万元，对农村28所中小学校舍进行维修改造，年末全部完工并交付使用。

【信访稳定】2018年，市教育局关注社会热点，维护教育系统稳定。坚持教育诉求案件及信访问题查处到位、反馈及时。收到民心网诉求件60件，其中评星件41件，有1件为十星件，其余均为五星件；政府办热线诉求件和网络诉求件51件，来电来访40件，办结率、群众满意率较高。狠抓治理教育“三乱”工作，查处教师违规举报15起，查实3起，处理5人。

【特教工作】2018年，兴城市特殊教育学校坚持“以人为本，特教特办，以爱育生”教育理念，以“补偿缺陷，康复身心”为重点，优化管理过程，提高特殊教育学校办学水平、以养成教育为重点，以自主教育为中心，对残疾儿童进行纪律、卫生、礼仪、安全教育，促进学生健康发展。深化课堂教育改革，全面实施素质教育。加强个训课管理，为残疾儿童提供平等、宽松、和谐成长环境，提供心里扶持，渗透心里健康教育。按计划完成送教上门活动。

【校园安全】2018年，市教育局守住安全底线，保障校园和谐安全。强化责任，形成教育局、各校(园)、教师、家长层层负责安全管理格局。精准发力，抓好平安校园创建工作。以创建活动为重要抓手，切实推动学校安全管理和教育工作，提升整体工作水平。实验小学、南大小学、东辛庄中学3所学校高分获得葫芦岛市平安和谐校园示范校、平安和谐校园称号。开展全市教育系统安全大检查活动，各校对照检查内容深入开展自查自改，对校园及周边全面排查安全风险点和隐患，制定风险防控措施，建立安全隐患台账，落实安全隐患整改责任、措施、时限。全市各校安全检查中发现隐患或问题清单18项，全部整改完成。会同公安等部门开展“护校安园”明察暗访活动。国庆、中秋等节日及寒暑假期间，教育局成立专项督查组，会同公安等部门重点察看学校门卫值班和校警辅警到岗履职情况，检查学校监控探头布局、监控存储时间等相关问题。

·学前教育·

【概况】2018年，兴城市教育局规范民办园办园行为，与相关职能部门开展“治乱”联合大检查，检查幼儿园70多所，责令整改幼儿园12所，查封幼儿园3所。扶持创建普惠性民办幼儿园，加强对民办幼儿园内涵提升管理力度和办学理念引导，科学引导保教工作，组织全市近150名园长参加为期3天的葫芦岛市普惠性幼儿园园长全员培训暨“十三五”幼儿园园长第二期岗位培训班。通过培训、学习、参观拓展和提升全市普惠性幼儿园园长、教师视野及专业水平。注重督导评估，提高保教质量。以辽宁省幼儿园督导评估检查为契机，指导、培训全市幼儿园做好各项迎检准备工作，11月上旬，兴城市6所幼儿园代表葫芦岛市迎接辽宁省幼儿园督导评估检查，办园质量均达到指标要求。

【幼教成果】2018年，市教育局组织各幼儿园参加省第四届自制玩教具大赛，一园、二园报送5件作品分获大赛二、三等奖，教育局和兴城二园被评为先进单位。申报2项学前教育教学成果均获省基础教育教学成果奖三等奖（葫芦岛只申报2家）。11月下旬,组织首届幼儿教师基本功比赛，参赛选手102人，评出一等奖3名，二等奖5名，三等奖10名，优秀奖12名。

·中小学教育·

【概况】2018年，兴城市教育局中考成绩全面丰收，葫芦岛市中考前10名，兴城二中占3人，分别处于第1、4、7位；葫芦岛市前20名，兴城占7人，其中兴城二中占6人，辽工大附中占1人。八年级生地结业成绩首次超越葫芦岛，兴城满分率16.56%，比葫芦岛高0.66%。全市高考进入专科以上分数线考生2294人，其中自主招生进线501人，本科进线1194人，专科进线599人。兴城高中600分以上有130人（2017年51人）。

【开放展示日】2018年，市教育局坚持理念先行，学校文化和学校精神基本体现。以“落实标准强管理，彰显特色促发展”为主题基础教育学校开放展示日活动历时三年。10月10日至17日，有16家中小学参与展示活动。在学校管理当中，最高层次为学校文化引领，第三轮参展学校16位校长汇报工作，用先进科学办学理念高起点定位学校发展。校长点评为新增环节。从同级管理角度看待展示成效，同时对校长队伍素质检验。参展学校立足实际，精心策划，结合区域特色，建设体现学校办学理念和思想学校文化。展示学校充分诠释优秀传统文化含义。大量读写，创建书香校园。各校在稳步推进创建书香校园活动基础上，把活动课程化，进一步提升书香校园活动。灵活多样，打造务实社团。年内，参展的16所学校教学管理特色鲜明，科学规范课程建设。各展示校在研究教师特长、挖掘学生个性基础上，通过多元课程体系确定课程理念。16所学校从提高教师自身素质，引领教师专业化成长，推进课堂教学改革步伐入手，结合学校实际，深化、完善课堂教学改革。实验小学为解决教师在教学中存在的问题，将科研与教研高度融合，让科研融入课改，走进课堂，让课改工作落地生根。8所小学展示17节课，涵盖语文阅读、导读，学科实践活动、数学几何图形教学、问题解决等多个课型。8所初中展示37节课，涵盖语、数、外、理、化、生、史、地、政、信息技术等多个学科。体现教师过硬教学基本功、高超驾驭课堂能力、对课标准确把握和对教材恰当处理，展现各校课改工作丰硕成果。各校认真做好档案积累、收集、整理、归档、保管工作，体现出规范、完整、实效特点。

【日常养成教育】2018年，市教育局下属各校结合实际创新活动形式，细化到位，无缝连接，活动做到精构思、巧设计、重实效，践行公共道德，恪守文明规范，从主观制度约束过渡到自我约束。高家岭小学始终重视养成教育工作，开展“四个一+N”活动。透过“一站”“一式”“一岗”“一会”以及“N项主题活动”，通过强化检查和润物无声活动影响达到有机结合。辽工大附中开展自我教育，学生依托《自我教育手册》，确立自身成长目标，每天晨诵，中午静心书法修身养性、经典红歌激发昂扬斗志，暮省反思一日得失，形成自律，完善、内化、成长。大寨小学、刘台子小学、围屏学校、闻家中学把语言文明作为学生规范切入点，要求学生在校园内外使用文明用语，并把活动延伸到家里，全校形成文明、健康向上校园氛围。滨海学校、华山学校、碱厂学校细化“评价手册”操作规程，强调“多元关注”和“发展性评价”，由看管型向自觉型转变，学生品德在自我体验、尝试、评价、感悟、发展中提升。

【书香校园】2018年，市教育局下属各校利用丰富多彩活动营造“我读书、我快乐、我成长”书香氛围，构建书香校园，抓好读书活动。古城小学开展读书“七个一”活动，学生读书能力、写作能力有所提高，学生读书习惯得以养成。元台子小学“诗怀书香”活动、望海小学“润泽经典 儒养心灵 积淀生命”读书活动、旧门学校“传承经典，浸润心灵”活动均紧密结合学校课内外阅读，扩大学生阅读量、提高诵读能力，达到相互交流、相互学习目的。兴城四中每周一次师生共读课，开展“我读书我快乐”主题征文活动，开展亲子共读活动，引导带动家长共同阅读，创设书香家庭氛围。滨海学校开展“书香校园——大阅读”活动，探索全员全学科阅读途径与方法，开发校本教材，开展“师生同读一本书”和“书香班级”“博学少年”“一站到底”等形式多样读书评比活动，形成“爱读书、勤读书、读好书、好读书”读书氛围。

【典型评选】2018年，市教育局根据教育部、省教育厅、市教育局相关文件要求，开展“寻找最美孝心少年”大型公益活动。通过班级推荐、年级演讲、校级展示，评出100名兴城市“最美孝心少年”参加辽宁省评选。曹庄小学王艺博、三道中学郭美含被评为辽宁省“最美孝心少年”，王艺博作为全国“最美孝心少年”候选人参加在阜新市颁奖仪式及研学实践活动。同时，按照葫芦岛市总工会和葫芦岛市教育局文件精神，开展2018“寻找最美乡村教师”活动，经过层层选拔，确定大寨小学李德文、药王小学赵希义、三道中学高冬、华山学校侯俊芝作为兴城市候选人参加葫芦岛市评比。9月，侯俊芝被评为葫芦岛市最美乡村教师并获葫芦岛市“五一劳动奖章”，高冬、李德文、赵希义被评为葫芦岛市优秀乡村教师。

【课程管理】2018年，市教育局下属各校认真贯彻执行新课程实施方案，规范课程实施行为。全市基础教育课程改革从初级培训、明确方向阶段，走进准确实施、扎实推进阶段。各校课程设置和实施走向成熟，呈现出规范、科学和实效特点。规范开设国家课程，各校严格执行国家课程方案，做到开全、开足课程，在确保落实90%国家课程前提下，10%学科实践活动同时开展。南一小学加大学科实践活动课管理力度，将课内活动与课外研学履行相结合，开发优质学科活动资源，引领师生深刻体会学科的含义、实践的含义、学科实践活动的含义。二中作为葫芦岛市课程改革“市协体”学校，重点打造“国家课程的建设和实施”，开发“两大类别”“六大主题模块”课程，以学科实践活动课程为突破口，确立“课程体系与课程特色相融合”“课程建设与课堂教学相呼应”实施路径，召开“2018年葫芦岛市初中协作体课程建设推进会”，为葫芦岛市课程改革工作引领方向、树立榜样、做出贡献。科学安排地方课程，各校严格按课程计划开课设节，做到整体把握，科学规划，统筹安排。不占用及挪用地方课程时间，保证开足课时。各中小学能够依据现有师资条件，选择合适教师任教，并组织教师开展教学研究活动，探索开发地方课程规律，提高地方课程任课教师理论与教学水平，做到让地方课程落到实处。自主建设校本课程，各校确立“以自主探索为核心，以综合实践活动为载体，以创新发展为目的”开发思路，基于学生需要科学设计学校课程，为学生全面发展提供课程保障。

【**教学管理**】2018年11月，市教育局对全市中小学教学常规管理工作进行视导检查，学校加大常规工作管理力度，创新常规工作管理方式，教学常规管理日臻完善。各校教学常规管理工作定位高、标准高，管理规范、精细。温泉小学、三道小学、高家岭小学、兴城二中、辽工大附中、元台子中学、羊安中学、旧门学校校长听课节数超出规定数量，听课科目全，评价认真细致。南一小学、元台子小学、滨海学校、大寨中学狠抓领导层面建设，校长带领班子成员经常深入课堂，研究课堂，与教师面对面交流，手把手指导课堂教学。望海小学、滨海小学进一步细化管理制度，健全教学管理网络，加强教学指导与考查。校长以上率下，分管领导严于律己，以“有效”为抓手，扎实工作，精细管理。刘台子小学、沙后所小学结合学校实际，完善作业种类和内容设置，严把书写质量，细化评价方式，提高批改实效。三道中学强化领导教师责任担当意识，提出“学生的问题是老师的问题，学校的问题是管理的问题”，把课堂教学改革作为学校工作突破口，明确“大胆创新，谨慎先行”工作思路。闻家中学教学常规管理分段实施，狠抓细节，在“细微之处做文章”，要求教师课前复案、提前候课，要求学生做好课前准备，明确每一个环节，以小见大，见微知著。

【**课堂教学改革**】2018年，市教育局下属各校紧紧围绕提高教育教学质量，开展多元化高质量课堂实践探索。华山小学、高家岭小学以“学科核心素养和高品质建设”为主题指导开展教学，通过深入各村小听指导课、青年教师课堂教学汇报、骨干教师教学微论坛、观摩研讨优秀课例、乡村导师团队成员磨课、教师说课比赛等活动提升核心素养。曹庄小学开展精品课评比活动，45周岁以下教师每人按照高品质课堂教学要求自定课题完成教学设计，自定时间、地点进行课堂教学，教学领导集中听课评课，用活动推进改革进程，促进教师专业成长。兴城四中活化原有“五步三环”教学模式，聚焦课堂教学“全程性、全面性和全员性”，将关注点“前置后延”，提出“深备、活教、细批、勤辅、严考、精评”12字方针，打造“高效本真”课堂。兴城三中课堂教学改革提出“导学案加批书”备课方式，把了解学生、了解教材、了解课标作为完善课程改革突破口，实现“引导预习、突出重点、分解难点、当堂检测、课后巩固”目标。

【校本研训】2018年，市教育局下属各校围绕学校办学理念、办学思路、校情学情，精心设计校本研训内容和形式。白塔小学开展村级小学“求真务实特色展示暨基于核心素养的课堂教学研讨活动”，通过课堂教学观摩、教师基本功展示、教学特色交流等活动，唤起村级小学教师激情，提高课堂效率。旧门小学、古城小学坚持践行双主体教学思想，更新教学理念、改进教研方法，以问题解决为突破口，采用理论学习——技能打磨——课堂演练等方式开展校本教研活动。辽工大附中创新学校教研活动方式，将教研课功能细化，分为“示范引领课、目标教研课、徒弟汇报课”等，以“专家型校长工作室”为依托，发挥辐射引领作用，带动高家岭中学、大寨中学、红崖子中学同时，打破地域界限，精准帮扶到绥中县秋子沟中学和建昌县黑山科中学。兴城二中承办“全国第二次超评价教研邀请赛”，标志着把“超评价”教研做成品牌，从学科教师角度、教学领导角度、专家角度对课堂教学进行分析评价，打破分析壁垒，突破评价深度和广度，实现教师教学理念、教学方法、内容处理、节奏掌控上全面提高。滨海学校采用“OTO”新型校本教研模式，把教师线上培训与线下互动相结合。一、二、三高中围绕“新高考改革”中心问题，转变教育观念，从教师、学生、家长三个层面开展新考改、新课改通识培训工作，把政策解读、理论学习、业务培训、专家讲座等多种形式相结合，做好迎接高考改革各项工作。

【教学特色活动】2018年，市教育局下属各校开展教学活动各具特色，各小学通过早练字、午诵读、晚阅读等形式，开展写字、诵读等学科拓展活动，学生兴趣特长、学习习惯得到培养。三道小学按“蒙学稚唱”“博学雅诵”“广学浅吟”三个阶段分晨诵、午写、暮悟三部分编写校本教材，为学生晨读、午写、晚练提供范本。南一、大寨、华山、拣金等小学抓实有效阅读，以校本教材为依托，以图书室资源为链接，拓展课外阅读，确保每周一节阅读积累课；学生每周写一篇阅读日记；每两周写一篇读后感；学校每周举行一次班级积累展示，形成阅读、积累、日记、写作线性指导策略。各初中深刻反思2018年中考得失，重视语文和英语积累，狠抓学习习惯养成，开展“思路决定出路，基础决定高度，习惯决定人生”系列活动。三道中学注重“全员性”，在会上所有九年级任课教师人人谈经验教训和打算；大寨中学注重“代表性”，教学领导、学科组长、班主任、任课教师从不同角度谈得失；羊安中学专注于学生习惯培养，在细节处仔细打磨，把试卷和作业批改做成特色活动。学校周检查、月评比，学生每次作业、每次考试，学生有错题本同时，任课教师在教师层面为每一位学生建立错题档案，教师批改记录、试卷分析中有每一位学生做错题目及原因分析，做到及时反馈、有的放矢、以学定教。

【艺术教育】2018年，市教育局组织市南一小学、第一幼儿园部分师生参加葫芦岛市庆祝第34个教师节演出。搭建展示才艺平台，举办学生声乐大赛。大赛采取现场打分、亮分形式，分小学和初中两个组别，小学组有45名选手，初中组有22名选手参加比赛。参赛选手各施所长，身着盛装、妆容精致，展现全市艺术教育成果。组织开展美术教师素描大赛，提高美术教师专业素养。比赛采取现场集中作画形式，分小学和初中两个组别进行，小学组有21名教师，初中组有19名教师参加比赛。

【信息技术】2018年，全市“智慧教育”138个项目校教育专网光纤铺设全部完成，“班班通”网络综合布线2143个点位，新增24口交换机143个，8口交换机390个，所有中小学形成教育网络全覆盖。温泉小学智慧录播教室、教师进修学校阅卷系统、南大小学和东辛庄小学“一托三”同步课堂投入使用，网络会议系统进入调试阶段，葫芦岛资源平台开通正式运行。在辽宁省“2018年度信息技术与教学融合优质课大赛”活动中，4名参赛教师获一等奖，6名参赛教师获二等奖，市教育局获优秀组织奖。在辽宁省第九届“和教育”教育技术论文评选大赛中，全市有146人次获得省级奖项，其中一等奖31名，二等奖50名。市教育局、兴城高中、温泉小学、东辛庄小学获优秀单位组织奖。31名省级一等奖获得者被推荐参加国家级教育技术论文评选大赛，其中1人获一等奖，4人获二等奖，5人获三等奖，兴城高中获国家级优秀组织学校奖。在全省中小学实验教学说课大赛中，兴城市有5名教师代表葫芦岛参赛并分别获得一、二等奖。在全国青少年信息学奥林匹克联赛中，兴城市39名学生在辽宁赛区获奖，其中14人获二等奖，25人获三等奖。在辽宁省第22届教育教学信息化大赛中，兴城市有7件作品参赛并分别获得一、二等奖。在“辽宁省第19届中小学电脑制作活动机器人大赛”中，首次参加比赛的高家岭小学和徐大堡镇九年一贯制学校学生分别获西觅亚FLL工程挑战赛和中鸣超级轨迹赛三等奖。

·职业教育·

【初职教育】2018年，兴城市进修学校组织综合实践教研员、学科骨干及部分教师开展送教下乡活动，深受各校好评，基层综合实践老师获益匪浅。进修学校教研员首次参与省编综合实践教材编写，得到省教研中心好评。

【中职教育】2018年，兴城职教中心招生工作顺利开展，高考和就业成绩优异。年内，有322人参加高考，163人被本科院校录取，本科录取率50.6%。与11个用人企业签订实习就业合同，就业率98%。职教教师杨帆在亚太地区国际手风琴锦标赛中获金奖，王帝在国家级青年教师创新信息化大赛中获三等奖，张蓝月在省学生技能大赛中获得优秀指导奖，丁浩然执教课程获省一等奖，王巍论文获国家优秀奖。酒店专业学生韩旭在省学生技能大赛中获得优秀奖。

【成人教育】2018年，兴城广播电视大学把学历教育与非学历教育并重，办学与服务并举，效益与品质并存，从目标要求、教育理念、成效追求三个层面对学校发展做出新的定位。全年招生483人，位列省内县级电大前列。同时，治理整顿校外培训机构，朝着健康方向发展。

·教　师·

【概况】2018年，兴城市教育局抓好导师团队项目，提升乡村教师水平。张伟导师团队继续开展系列教师培训活动，以点带线，以线拓面，带动和促进乡村教师队伍整体水平提高。年内，分别在曹庄小学、南一小学、温泉小学等校开展4项活动，通过送教下乡、实践活动、跟岗培训以及成果汇报等方式，带动和促进全市乡村教师整体水平提高。“优课”活动亮点突出。“一师一优课，一课一名师”活动历时5个月，教育局高度重视、全面部署，进修学校积极组织、全力教研，各校大力支持、积极参与。全年，全市获部优课8节，市优课184节，部优课数量位居葫芦岛市各县区第一名。

【干训工作】2018年，市教育局强化培训力度，提高干部管理水平。成功举办兴城市2018级小学领导任职资格暨后备干部培训班。从6月至10月，历时五个月，分三个阶段，对67名小学中层以上领导进行培训。培训采取专题讲座、现场观摩、实践反思、分散自学等多种形式进行。通过三个阶段培训，新任领导掌握履行岗位职责必备知识和技能，启动市中小学学校及校长精准帮扶工作。开展兴城市新任校长培养工程，完成第一阶段论坛准备工作。延续全市以“我的办学理念与学校可持续发展”为主题系列论坛活动，着力在10名新任校长中开展《兴城市新任校长培养工程》。通过活动，帮助新任校长梳理办学思想，完善办学思想体系，形成科学个性化办学思想，引领学校科学可持续发展。

【教师培训】2018年，市教育局教师培训工作以提升中小学教师师德修养、教学技能和学科核心素养为基本内容，完善培训制度、优化教师管理、创新培训模式，开展分类、分层、分科各级各类教师培训工作。市进修学校对2016、2017年上岗新教师分别进行培训，做到精选培训内容、加强培训管理、注重培训效果，252名新教师受益。全员培训开展《教学技能》模块一培训和通识培训；校本培训继续依托奥鹏网络平台开展网络校本研修活动，对全市各校进行全程监控、指导和管理，形成中小学教师随时可研、随地可研网络化校本研修新机制。

【教育科研】2018年，市教育局抓实教育科研工作，促进专业化发展。规范细化课题研究管理，分别开展2019年度县级规划课题立项和市级规划课题立项申报工作，经过认真审核评定，38项县级课题通过立项，报送22项市级立项课题。注重课题过程研究，深入基层学校开展各级课题检查与指导，增强课题研究科学性、计划性、实效性。年内南一小学等4校6项市级规划课题，二园等4所学校8项县级课题完成结题工作。创新开展区域联合研究，以王志昌《农村小学德育特色校本课程建设的实践研究》国家级课题为龙头，联合南一小学等7校开展区域联合研究。开展“十三五”中期评优，评选出葫芦岛市教育科研先进集体4个，葫芦岛市教育科研先进个人8人，评选葫芦市科研型校长4人，评选5项课题为葫芦岛市优秀科研成果。发挥教育学会职能作用，建设和完善兴城市教育学会专家库和各校学会组织机构，重组各学科各领域专业委员会，将教育学会工作向纵深发展。

兴城市教育局领导成员

局长　　徐铁军

副局长　周　旭　刘朋标

　　　　李久仁（2018年9月离任）

（王玉娟）

体　育

【概况】2018年，兴城市体育局以“创新、协调、绿色、开放、共享”为发展理念，以“体育惠民、科学健身、竞训争光、产业兴利”为发展战略，以“规划先行、赛事引领、设施保障、服务到位、竞训提升、环境优化”为目标导向，以“补短板、兜底线、调结构、提能级”为问题导向，围绕兴城经济社会发展和全面深化改革大局，激发体育事业创新动力与发展活力，提高兴城体育发展水平和核心竞争力，促进兴城体育事业全面协调可持续发展。年内，体育局被评为“葫芦岛市2015～2017年度精神文明创建工作先进单位”，被评为“2017年度平安兴城建设示范单位”，体育服务中心被评为“2014～2017年度辽宁省群众体育先进单位”，市体校获“2014～2017年度辽宁省民族体育先进集体”。

【体育设施建设】2018年，市体育局落实省、市政府“重实干强执行抓落实”专项行动目标任务分解完成情况。根据兴城市

笼式足球场

《政府工作报告》，及省体育局、葫芦岛市

2018 年 9 月 27 日，兴城市第七届全民运动会开幕式

教育局要求，经市政府同意，在新一高中北侧（纬一路北侧）建设多功能社区运动场、笼式足球场各 1 个。年内，2 个项目竣工并交付使用。

·群众体育·

【队伍建设】2018 年，兴城市体育局贯彻实施《全民健身条例》，加强社会体育指导员队伍建设，提高社会体育指导员的指导水平，推动全民健身活动深入广泛开展。8 月 23 日至 24 日，在兴城市全民健身中心体育馆举办全市三级社会体育指导员培训班，各健身站点 60 余名社会指导员参加培训。

【第七届全民运动会】2018 年 9 月 27 日至 30 日，在兴城市全民健身中心体育馆举办兴城市第七届全民运动会开幕式、田径比赛、闭幕式。赛期 4 天，全市 76 个代表团、121 支代表队、1475 名运动员参加 168 个小项比赛。开幕式上，4 个千人全民健身表演团队参加展演。

·竞技体育·

【承办体育赛事】2018 年，兴城市打造“百姓有动力、资源有合力、赛事有活力、产业有聚力”全民健身品牌的积极探索，同时作为体育产业围绕着“全域共建、全域共融、全域共享”发展新理念贯彻实践。承办省级以上体育赛事 11 项。分别为 2018“国球舍杯”青少年积分赛兴城站、CCBA 全国高职院校篮球联赛、2018 年全国青少年巡回赛分站赛、辽宁省第十三届全民运动会职工组羽毛球赛、2018 年第二十三届中国大学生乒乓球锦标赛、2018 年全国大学生柔道锦标赛、辽宁省乒乓球冠军赛、辽宁省少数民族运动会摔跤项目、2018 年“兴城海峡杯”国际冬泳赛、2018 年第八届中国（葫芦岛·兴城）国际沙滩·泳装文化博览会沙滩排球国际邀请赛、中国·兴城海峡马拉松暨2018兴城（北京）海洋生活节。

【举办体育赛事】2018年，兴城市举办市本级体育赛事6项。4月10日，第二届中小学生足球赛暨全民运动会足球比赛在兴城市全民健身中心拉开帷幕。比赛为期4天，有辽工大附中、南一小学等13支代表队参赛。4月25日至27日，“斯达威杯”兴城市第十六届职工乒乓球比赛在兴城市全民健身中心体育馆举行，全市有19支队伍、110余名运动员参加比赛。5月12日，在比基尼广场举行“锦州银行杯”市直机关徒步比赛，市直机关1650名干部职工参加徒步赛。6月30日至7月2日，在兴城市全民健身中心体育馆举办2018年“兴城长兴村镇银行杯”羽毛球邀请赛。7月26日至8月2日，在兴城市全民健身中心体育馆举办“葫芦岛农商银行杯”2018年兴城市男子篮球联赛。10月13日，在首山举行“阜新银行杯”市直机关登山比赛。

【人才培养】2018年，兴城市狠抓业余训练和人才培养输送，向国家、辽宁省输送一大批优秀体育后备人才。年内，市体校向辽宁省田径队输送2名中长跑运动员，向辽宁省体校输送1名篮球运动员，有2名运动员考入沈阳体育学院。体校队员代表葫芦岛市参加在盘锦举办的“辽宁省第十三届运动会”，其中陈佳慧获得1500米金牌、800米银牌、10公里铜牌，苏文鹏获得链球金牌。市体校运动员在辽宁省少

2018年8月12日，举办中国·兴城海峡马拉松

2018 年 9 月 27 日，兴城市全民运动会上校操表演

数民族运动会上获得 1 金、1 银、3 铜。

【学校体育】2018 年，全市学校体育工作在抓好体育课堂教学基础上，开展一小时校园体育活动，独轮车、竹竿舞、轮滑、飞盘、足球、篮球等体育运动开展得有声有色。在原有体育特色基础上，温泉小学、曹庄小学开设轮滑课，并首次代表兴城市参加葫芦岛市中小学生轮滑比赛。实验小学、辽工大附中自编校操在兴城市全民运动会上进行展示。组织开展兴城市第二届中小学生三对三篮球赛。同时，局代表队参加兴城市全民运动会，最终以总分 219 分获得市直组总分第一名。

兴城市体育局领导成员

局　长　李春彬

副局长　万立锦　张依克

（金鹏）

文 化

文化广播影视

【概况】2018 年，兴城市文化广播影视局组织新春系列文化活动，成功举办 2018 年送文化下乡、春节联欢会、元宵节秧歌会演等活动。全年电影站组织放映员在全市开展公益电影放映工作，放映队相继开展“爱国主人教育题材电影进校园”“敬老院专场”“复员军人专场”等主题放映活动。开展送戏下基层系列演出活动。2 月 3 日，文化馆文艺志愿者慰问东八里养老院；4 月 30 日，走进碱厂心连心泳装厂慰问演出。

【春节联欢晚会】2018 年 2 月 9 日晚 6 点 30 分，由兴城市委、市政府主办，兴城市委宣传部、兴城文化广播影视局、兴城文学艺术界联合会、兴城广播电视台承办 2018 年春节联欢晚会在人

2018 年 2 月 9 日，兴城市春节联欢晚会

民会堂第一会议室举办。市四个班子领导、其他副县级领导、各乡镇（街道）、市直机关领导出席晚会。市长袁国相致新春贺词。本届春晚以贯彻党的十九大精神、建设和谐家园为主题，整场晚会总时长120分钟，节目以歌舞类为主，主要有歌舞《福到年到 旺旺旺》、配乐诗朗诵《兴城走在大路上》、京剧选段《家住安源》、少儿舞蹈《箱子里的梦》、小品《借钱》、杂技表演《小丑滑稽杂耍、卓别林搞笑模仿》。晚会邀请中国武警文工团和军乐团的张妍、张涛两姐妹演唱《马背上》《守卫在祖国的心脏》等歌曲。

【文化惠民工程】2018年，市文广局开展兴城市基层综合性文化服务中心建设工作，全市计划建136家基层综合性文化服务中心，截至年末，全市建设完成86个综合性文化服务中心，由文广局定制发放136个村和社区综合性文化服务中心门牌均悬挂到位。5月，图书馆开始筹备搬迁工作，6月中旬搬迁完毕。新馆10月下旬面向公众开放。

【第九届读书节】2018年4月23日，兴城市第九届全民读书节启动仪式暨“聆听经典 思先贤 诵古今 走向诗和远方”全民经典诗文诵读活动在人民会堂第一会议室举行。活动由市委、市政府主办，市委宣传部、市文化广播影视局、市教育局、广播电视台承办。市四个班子领导、其他副县级领

2018年4月23日，兴城市第九届全民读书节启动

导、各乡镇（街道）、市直机关领导出席启动仪式。读书节活动以“读书点亮心灯 知识成就梦想”为主题，活动时间为4月至6月，活动围绕深入学习贯彻习近平新时代中国特色社会主义思想和党的十九大精神，全面展示全市近年来全民阅读成果。在启动仪式上，向全市人民发出读书倡议，组织干部群众代表集体诵读经典诗文等，激发群众读书热情，为建设创业兴城、宜居兴城、文化兴城、活力兴城、幸福兴城营造浓郁文化氛围。活动以经典诵读为主要形式，市第二幼儿园古诗诵读《三字经》、市南一小学古诗联诵、人大常委会原主任张学军配乐诗朗诵《岳阳楼记》、咏唱经典《兰亭序》、诗歌朗诵《水调歌头·明月几时有》、情景诗词《偶感》、第二初级中学配乐朗诵《少年中国说》等。活动期间，开展重点图书“七进”（进机关、进家庭、进军营、进企业、进社区、进乡镇、进学校）活动。活动中，兴城市图书馆捐赠图书4000余册，营造好读书、读书好良好社会风尚。

【文化馆工作】2018年6月，市文化馆办公新楼交付使用，分办公区和免费开放服务区两部分。海之韵老年合唱团和老年模特走秀在多功能排练厅培训每周3天。8月8日红旗渠精神宣讲报告、9月29日兴城市医院建院70周年文艺演出等活动在新建成剧场举行。

【非物质文化遗产】2018年，兴城非遗保护中心把非遗进校园形成常态化。其中，辽宁省非物质文化遗产项目“兴城民间绣活”在兴城市实验小学设立传承基地，葫芦岛市非物质文化遗产项目“兴城老船木手工技艺”在兴城市南一小学设立传承基地，均配备专职教师进行项目传承保护。6月9日，在兴城宁远广场举行主题为“多彩非遗 美好生活”2018年非物质文化遗产进校园进社区文化惠民活动暨“文化与自然遗产日”非物质文化遗产宣传展示活动。葫芦岛市文广局挑选5个具有代表性非物质文化遗产项目进行集中展演：绥中县文化馆选送辽宁省非物质文化遗产项目《辽西太平鼓》、建昌县文化馆选送辽宁省非物质文化遗产项目《建昌鼓乐》、南票区文化馆选送的葫芦岛市非物质文化遗产项目《霸王鞭》、连山区文化馆选送的葫芦岛市非物质文化遗产项目《连山手撕画》和兴城市文化馆选送辽宁省非物质文化遗产项目《兴城满族秧歌》。兴城市文广局制作展板展示兴城满族秧歌、全羊席制作技艺、民间绣活、花丝线制作技艺、老船木手工制作技艺、正月十五摸狮子等非物质文化遗产。

2018年6月9日，非物质文化遗产宣传展示

2018年7月5日，“兴城之夏”文化广场活动开幕式

【第七届文化广场活动】2018年7月5日晚6点30分，在兴城市全民健身中心举行2018“兴城之夏”文化广场活动开幕式。活动由中共兴城市委、兴城市人民政府主办，市委宣传部、市文化广播影视局承办，兴城市农村商业银行协办。市四个班子领导、其他副县级领导、各乡镇（街道）、市直机关领导出席开幕式。兴城市委常委、宣传部部长郭荣新致开幕词。“兴城之夏”活动以“争创全国文明城市·共建美丽幸福家园”为主题，活动时间为7月至9月，安排演出12场，其中城市演出8场，农村乡村文化节演出4场，分别为华山街道、东辛庄镇、旧门乡、药王乡。活动以基层群众为文化活动主体，以城乡文化广场为阵地，通过歌舞、器乐、戏剧曲艺等不同表现形式，弘扬社会主义核心价值观，歌颂党、歌颂祖国、赞美家乡。开幕式有1000余名演员参加演出，在开场舞《兴城说》中拉开帷幕，南一小学大型器乐表演《鸿雁》、舞蹈《盛开的金达莱》、童声组合《草原的模样》、电子管风琴《云宫迅音》、舞蹈《一条大河》，演出在大合唱《不忘初心》和舞蹈《兴城 我可爱的家乡》中落下帷幕。

【文化产业】2018年，市文广局组织全市地域特色文化产品参与葫芦岛市文广局在葫芦岛市文化馆举办的地域特色文化产品展，并扶持、组织全市文化企业参与在葫芦山庄举办第二届辽西五市民俗创意农产品展和8月17日至20日在沈阳国际展览中心举办第七届辽宁工艺精品文化节。年内，完成兴城市文化一条街挂牌项目和红崖子文化大集会展试验点项目。

【文化市场管理】2018年，市文广局加强网吧市场管理，重点查处群众反映强烈的网吧接纳未成年人等违法违规经营行为。始终抓好网吧日常监管，落实巡查频率。截至年末，查处网吧违规接纳未成年人进入及在规定时间以外经营案件1起，警告处理15家，依法罚款1家。落实双休日、节假日等重点时段专项检查制度，集中查处一批违规网吧。同时，公布文化市场举报电话并及时处理市民举报投诉，做到有报必查，每查必复。年内，着重抓好“扫黄打非”工作，把封堵查缴境外政治性非法有害出版物和有害信息作为“扫黄打非”工作重中之重。把握出版物及印刷市场监控重点。全市出动执法人员230人次，执法车辆60台次，检查各类出版物经营单位及印刷企业70家次，收缴各类非法出版物及印刷品10余册（张）。兴城市文化市场综合执法大队和葫芦岛市文广局广电科联合执法，在兴城东方俪城小区118号2单元楼顶收缴1套私设非法电台。加大“扫黑除恶”工作力度，对全市11家书店、25家网吧、1家音像制品店、15家印刷企业、57家

2018年9月28日，举行孔子2569周年诞辰纪念活动

歌舞娱乐场所进行全面排查，查询辖区文化领域内操纵、经营和涉及“黄赌毒”等违法犯罪活动黑恶势力线索。

兴城市文化广播影视局领导成员

局长　　李以君

副局长　刘　伟　张志友　郭树江

（郭瀚泽　赵欢）

文物保护

【概况】2018年，兴城市文物局以文物保护维修、景区旅游设施建设和旅游接待服务工作为重点，注重工作实效，转变工作作风，强化管理，上下互动，齐抓共管，各项工作稳健推进。办理来自民心网、“12345”政府热线转来群众和商铺诉求13件，做到即接即办，达到群众满意度100%。全年，古城景区接待游客300余万人次，其中参观景点游客30余万人次，景区门票及停车场和观光车总收入1060余万元。

【景区建设】2018年，市文物局开展古城设施建设、亮化及路灯改造工程。继续完善设施建设，增设公共休息设施以及绿化设施。按照《道路交通标志和标线》规定施划交通标线，制作各种引领标志、指示牌，同时在春和门外装设5米高4A景区形象标志。投资300万元完成城内主要街道路灯安装建设，安装54盏仿古式路灯，安装指示路标33个；投资600余万元完成古城亮化二期工程建设。解决多年古城晚间照明问题，方便居民生活和保证游客旅游安全。

【古城开发建设】2018年6月末，市文物局完成古城东门外生态停车场二期收尾工程，项目规划设计建成古城保护、绿化、景观、休闲、集散为一体多功能场所。启动兴城古城保护利用项目工程——西门外生态停车场建设，打通古城外环路，保护古城墙，展示古城雄伟风姿，改善周边居民生活环境和旅游环境，缓解古城景区停车压力。项目总投资2366.8万元，总占地面积66468平方米，年内完成前期审批工作。启动古城文物消防安全工程，项目总投资1387万元，完成工程项目招投标、工程技术交底工作，工程进入施工阶段，年末完成工程量70%。

【文物保护】2018年，市文物局依法对全市文物进行科学保护管理。为加强文物保护，确保文物安全，与古城景区、文管所及市级以上文物保护单位使用人或者所属单位签订文物保护协议书，确保每一处保护单位都有责任人。白塔裕塔塔基修缮工程项目得到国家文物局批复，总投资195.06万元。认真整理材料，申报各级文物保护单位。年内全市新增省级文物保护单位11家。成功申报“明代一条街——春和街（古玩街）”为“辽宁省特色商业街区”。

【文物安全】2018年，市文物局贯彻落实中央、省委、市委有关安全生产工作安排部署，加大对古城景区和乡下文物保护单位安全生产监察力度，落实安全生产责任，加强安全责任落实，做好文物安全保护工作，防止事故隐患的发生。全年完成对县级以上文物保护单位巡查10次以上，排查安全隐患，及时整改。组织古城景区工作人员参加消防安全知识培训及消防演练活动，提高景区人员消防安全知识和消防安全技能。

【古城综合治理】2018年，市文物局加强古城交通、环境治理工作，集中人力物力，加大整治力度，解决交通堵塞、乱停乱放和卫生死角。年内，交通治理方面处理违章车辆350余台；环境治理方面拆除主街临时亭棚8个，广告牌7个，大型广告门1个，灯箱20余个；拆除存在安全隐患各类户外广告3余块；拆除设置不规范、一店多牌、破损店招牌20块，整治车体广告10起。

【旅游宣传】2018年，市文物局上半年到保定、石家庄、北京、常州参加旅游推介促销活动，发放宣传手册，展示兴城古城景区风光作品。9月28日，隆重举行孔子诞辰2569周年纪念活动，政府各部门及群众、学生1000余人参加，缅怀先贤明德，弘扬中华民族优秀传统文化。年内，开展“国际博物馆日”“文化与遗产日”“5·15政务公开日”宣传活动，利用图片展、宣传条幅、散发传单报纸、滚动字幕等形式展开宣传，发放宣传资料1000余份，展出宣传图片300余张。

兴城市文物局领导成员

局长　　蒋　文

副局长　尹天武　张　伟

（杨立艳）

报　刊

【概况】2018年，兴城时讯社围绕中心，服务大局，开展新闻宣传工作。坚持办好《葫芦岛日报·兴城新闻》《葫芦岛日报·兴城专版》，做好“兴城时讯”公众号平台，坚持政治加办报思想，确保在党报这块主阵地唱响主旋律，传播正能量，增强政治引领力和思想引领力。宣扬社会主义核心价值观，形成舆论引导力。全年，《葫芦岛日报·兴城新闻》出版47期，发表各类稿件（图片）4000余篇；出版《葫芦岛日报·兴城新闻专版》48期，发表各类稿件（图片）500余篇；通过“兴城时讯”公众号，及时推送《葫芦岛日报·兴城新闻》所刊新闻；出版发行《最美兴城人》一书，发行1000册；完成3500份《葫芦岛日报·兴城新闻》发行任务，报纸覆盖乡镇街道、市直机关、村、社区、企业和驻军驻在单位。

【巡视反馈意见整改落实】2018年，兴城时讯社根据市委《关于中央第六巡视组反馈意见整改落实工作安排意见》和市委整改办有关要求，上下统一思想，强化领导。把思想和行动统一到习近平总书记关于巡视整改系列讲话精神上来，牢固树立“整改不力是失职，不抓整改是渎职”观念，直面存在问题，以敢于负责、敢于担当、敢于较真的态度和措施，全力以赴做好巡视整改“后半篇文章”。成立领导小组，提供政治保证；制定整改方案，指明整改方向；落实部门责任，确定职责任务，真正做到层层传导压力、层层落实责任，形成上下联动、合力整改工作局面。时讯社从点到面，不留死角地查摆问题，梳理出21个方面整改问题。深刻分析问题产生根源，对症下药，逐一落实整改措施。经过认真研究，针对21个需要整改问题，制定64个具体整改措施。对一般性问题采取立行立改工作方式，对于通过建立长效机制能整改到位问题，在制定一系列规章制度后，通过强化管理和监督逐步整改到位。

【学习宣传】2018年，兴城时讯社把全市学习宣传贯彻习近平新时代中国特色社会主义思想和党的十九大报告作为新闻报道工作第一要务，精心组织记者开展战役性报道，拿出50%新闻版面重点推出，开设新版面、专栏持续报道，形成主题集中、围绕重点、有点有面、图文并茂宣传态势。从理论层面上，开设《十九大精神大讲堂》专栏，连续48期，原文刊发党的十九大报告，方便普通读者学习好党的十九大精神。同时，邀请市内理论工作者撰写解读文章和学习体会，以专版形式刊发。从全市层面上，全面报道上至市委市政府理论中心组，下至市直、乡镇以及基层单位学习贯彻习近平新时代中国特色社会主义思想新闻，全年刊发稿件300篇。从实践层面上，重点报道全市有力贯彻落实党的十九大精神和习近平新时代中国特色社会主义思想的好作法、新经验、新成就。开设《在习近平新时代中国特色社会主义思想指引下》《牢记总书记嘱托 以新气象新担当新作为推进兴城振兴》等专栏，发稿200余篇。

【战役性报道】2018年，兴城时讯社围绕市委、市政府中心工作开展战役性报道“两会”。《葫芦岛日报·兴城新闻》围绕“中国海峡杯”国际冬泳邀请赛、兴城之夏文化广场活动、庆祝改革开放40周年系列活动等全市性重大活动刊发专版16块，对活动进行全程报道，为广大读者了解活动、参与活动提供较为详尽信息。

【“两会”报道】2018年，兴城时讯社全面报道兴城市八届人大一次会议和政协兴城市八届一次会议。《葫芦岛日报·兴城新闻》连续刊发4期“两会”新闻，占用14个版面全覆盖刊发，刊发文字稿件70余篇，刊发新闻图片40余幅。

【对外宣传】2018年，兴城时讯社把推介兴城、提高兴城知名度作为新闻宣传工作重要组成部分，年初制定外宣工作计划，谋划外宣发展思路。根据不同时期宣传工作重点，结合全市工作实际，每半个月召开1次汇稿会，具体研究外宣稿件线索、角度、写作技巧，提高稿件命中率。全年，在《辽宁日报》《葫芦岛日报》等主流媒体上稿31篇（幅），其中《432个泳装产业扶贫车间落户兴城农村》《千名妇女就业泳装企业》《兴城棚改何以得民心顺民意》等稿件被《辽宁日报》《中国人口报》采用。

【开设专栏】2018年，兴城时讯社在报纸版面开设专栏，《葫芦岛日报·兴城新闻》开设专栏25个，专栏发稿量占总发稿量30%。其中《重点工程进行时》专栏紧紧盯住全市34个重点项目跟踪报道，做到年初报道开复工、年中报道工程进度、年末报道成果。《美丽乡村素描》《唠唠脱贫事》《第一书记在基层》等栏目围绕乡村振兴、脱贫攻坚等重点工作开展持续报道，为乡村振兴和脱贫攻坚工作鼓劲加油。

兴城时讯社领导成员

社长　　高　峰

副社长　张亚新（女）　齐艳芝（女）

（齐艳芝）

广播电视

【概况】2018年，兴城广播电视台坚持以“新闻立台、专题兴台、经营富台、队伍强台、制度管台”工作方针，突出地方特色，播放电视节目、广播新闻和其他信息，促进社会经济文化发展，主要业务有电视节目制作、播出、传播及电视产业经营、新闻广播、广告等。把握习近平新时代中国特色社会主义思想，把宣传重点放在党的十九大精神深入贯彻、全国“两会”精神学习和党委政府中心工作上。办好自办栏目，拓展广播市场，形成传统媒体+新媒体融合发展，广播、电视、网站、微信平台、手机APP客户端多点开花宣传格局。年内，兴城广播电视台获2017年度“平安兴城”建设平安示范单位、兴城市党的十九大精神知识竞赛二等奖、兴城市第七届全民运动会特殊贡献奖。

【新闻宣传】2018年，兴城广播电视台围绕全市项目建设、民生工程、贯彻落实“新时代、新气象、新作为”、贯彻落实党的十九大精神、优化营商环境、振兴乡村发展、“扫黑除恶”、全运会、泳装节、脱贫攻坚等重点工作开设20余个专栏，从各个方面宣传全市建设和发展。全年播出新闻188期，播发稿件1200余条。宣传全市泳装产业、旅游发展和文化体育活动，报道2018中国国际泳装展盛况，展现2018中国兴城海峡马拉松暨2018兴城（北京）海洋生活节、2018中国（葫芦岛·兴城）沙滩排球国际邀请赛、全民运动会等活动风采。配合中央电视台走遍中国栏目、辽宁电视台辽宁新闻、第一时间、黑土地等栏目，把全市发展变化新闻资料及时上传，有关文化旅游、产业扶贫、发展壮大村级集体经济等新闻和影像在中央电视台和辽宁电视台与播出。抓住全市发展亮点，主动加强与上级新闻部门联系，向上级台提供有价值新闻稿件，被葫芦岛市电视台采用稿件207篇，在葫芦岛各县区中上稿量继续名列第一。

【专题节目】2018年，兴城广播电视台在《百姓生活》《今日兴城》《小城故事》三档专题节目基础上，对《百姓生活》《今日兴城》两档节目进行更新，突出时政和民生特点，更接地气，更加本土化，三档栏目全年分别播出48期。同时，完成2018春节晚会、最美兴城人颁奖晚会、读书节、全运会开幕式等10余场大型活动节目录制工作。

【电台栏目创新】2018年，兴城广播电视台完成全国"两会"转播工作。在高考期间，招募出租车自愿者，每天接送考生，并在咨询节目中，播出高考、中考知识，做好为民服务。加大电台直播节目时长，开设交通早晚高峰期间直播节目，面对听众，把时时路况信息报道出去，直接把听众路况信息和诉求反馈出去，成为上班族和出租车司机必听节目，缓解早晚高峰交通压力。兴城人民广播电台每天播出党的十九大宣传口号20余次，播出"扫黑除恶"口号20余次，全年播发新闻1200余条，各种公益广告50余条，免费播出寻人启事、寻物启事等各种信息1000余条。

【新媒体宣传】2018年，兴城广播电视台拥有4个电视频道、2个广播频率、1个新闻网站、2个微信公众平台。年内，把兴城广播电视网和微信公众平台打造成该台第三媒体。采集制作新闻专题节目，除在广播电视中播出外，新媒体中进行发布，网站浏览量和微信点击率逐日提升。新闻网站总浏览量突破100万次，微信平台年内点击率22万次，关注用户1.2万人。

【融媒体建设】2018年，兴城广播电视台推进融媒体建设工作，7月，兴城市融媒体中心建设正式启动，并于11月入驻。融媒体中心技术用房1300平方米，分为演播区和制作区2个区域。演播区分为专题节目、新闻演播室和综艺节目演播室，实现视频节目采集上传、电视和网络节目直播等功能。融媒体制作区为全台核心和大脑，搭建国内先进的融媒体采编播平台，实现统筹策划、一次采集、多种生成、多元传播全新采编模式。

兴城广播电视台领导成员

台长　　宋　平

副台长　马　达

（姚篮）

档　案

【概况】2018年，兴城市档案局推进档案资源体系、利用体系、安全体系建设，加快档案信息化建设进程。落实《中华人民共和国档案法》和《辽宁省档案条例》，切实依法行政，落实执法责任制，重新梳理《兴城市档案局行政职权目录》，在政府网站上公示，对20个单位进行档案行政执法检查。打造全局营商环境建设，简化办事程序，依据省政府要求，取消1项行政权力，增加1项行政权力。

【档案宣传】2018年，市档案局加大档案宣传力度，增强全社会档案法律意识。以“国际档案日”为契机，围绕“档案见证改革开放”主题，于6月9日至6月18日在全市范围内开展一系列宣传活动。制作宣传展板5块，免费发放档案宣传资料300册、宣传单500份；在重要场所悬挂“国际档案日”宣传活动标语35幅，利用LED显示屏刊播滚动标语21条；举办档案进社区、进农村活动12次，解疑答惑150人次。

【档案管理】2018年，市档案局优化档案管理，加强档案资源体系建设，做好档案接收工作。接收政府办、城建局、沙后所镇政府等11家单位文书档案966卷3642件，专门档案955卷，荣誉档案27件。完成婚姻档案全文数字化扫描8.9万页。征集各类图书资料50册，征集兴城风光及重大活动照片光盘5张。接待查档利用者2200余人次，提供档案资料2000余卷册，免费复印档案资料1万余页，回复电话查档29人，回复信函查档2人，受理委托人查档8人，利用传真紧急回复1人。

【档案指导】2018年，市档案局加强业务指导、培训，根据省、市档案局工作部署，与市农发局、民政局联合成立兴城市村级档案管理工作领导小组，开展村级档案指导工作，推广村级档案工作经验，年末前完成村级档案建档工作目标。与市扶贫办协调配合，以三道沟乡、碱厂乡为试点，开展精准扶贫档案建档指导工作。继续落实国家档案局“8号令”和“9号令”，推进立卷改革，对26家单位档案工作进行指导，整理归档共计519卷、6226件。以服务和强化社会管理为重点，开展农村“五保”养老档案、移民档案、民族宗教档案、婚姻档案、社会保险档案等民生档案业务指导工作。继续做好文档人员教育培训工作，培训档案工作人员300人次。

【年鉴工作】2018年，市档案局推进《兴城年鉴》编纂工作，收集、整理、编纂完成《兴城年鉴》(2018)，共50万字；为《辽宁年鉴》提供兴城部分稿件16个条目、6000余字，为《葫芦岛年鉴》提供兴城部分稿件19个条目、7100余字；为《辽宁方志》(1982～2017)提供资料5000字，撰写《情系方志——辽宁方志文集》文章1篇。

兴城市档案局领导成员

局长　　张旭辉（女）

副局长　王天月　赵宏宇

（田宝凤）

卫　生

医疗卫生

【概况】2018年，兴城市卫生和计划生育局根据辽宁省推进乡镇卫生院标准化建设以奖代补方案，依照国家乡镇卫生院建设标准，新建兴城市药王卫生院、刘台子卫生院、元台子卫生院、高家岭卫生院，对东辛庄卫生院进行维修改造。年内，按期完成标准化村卫生室建设，建设标准化村卫生室4家，分别为药王乡药王村、药王乡叶屯村、碱厂乡碱厂村、三道沟乡东门村。全市各级各类医疗机构共计428家（注：经葫芦岛市卫生计生委审批拥有麻醉药品印鉴卡有8家医疗机构），其中局直医疗机构5家、乡镇卫生院23家、民营医院7家、驻在医院5家、社区卫生服务中心8家、门诊部12家、预防保健机构3家、村卫生室278家、个体诊所98家。全市卫生系统有在职职工2790人（卫技1910人，工职880人），其中乡镇卫生院（社区）760（在编）人，市内2030人（在编）。有编制病床1958张，其中市内1450张，乡镇卫生院508张。

【医改工作】2018年，兴城市人民医院、中医医院全面推开综合改革，全部取消药品加成，初步建立起维护公益性、调动积极性、保障可持续运行新机制。出台《关于巩固破除以药补医成果 持续深化公立医院综合改革工作的通知》（兴医改办发〔2018〕1号），制定《兴城市建立现代医院管理制度实施方案》。6月，根据葫芦岛卫计委《关于开展分级诊疗考核评价工作的通知》《葫卫办发〔2018〕86号》要求，对全市分级诊疗工作进行考核。做好医联体信息化建设工作，3月30日，制定《兴城市县乡两级区域分级诊疗协同平台建设实施方案》，招标工作完成，所需硬件到货。

【新农合工作】2018年，全市新农合筹资标准700元/人（个人210元，各级配套490元），筹资总额2.39亿元，常住农业人口参合率99.44%。市级定点医疗机构门诊补偿上调10个百分点，重大疾病病种增至34种。实行参合农民身份证就诊报销政策，推进大病商业保险制度，确保惠民受益。截至10月末，门诊患者81.6414万人次，补偿6471万元，住院患者3.5931万人次，补偿10463万元，其中透析18087人次，补偿金额767.9323万元。实现新农合制度和大病保险全覆盖，全面落实贫困人口动态参合和资助政策，确保全员纳入新农合、大病保险、重特大疾病医疗救助保障范围。全年，民政部门对低保对象、特困人员、孤儿参加新农合个人缴费全额资助30159人，市扶贫办对建档立卡贫困人口参加新农合个人缴费全额资助25199人。1月至7月，市新农合办公室为85名贫困人口办理即时参合。

【健康扶贫】2018年，市卫计局依据《兴城市2018年健康扶贫实施方案》（兴卫计〔2018〕71号）文件精神，落实健康扶贫对象先诊疗后付费政策，在定点医疗机构住院免交住院押金，出院时只需支付自负医药费用。将健康扶贫对象在定点医疗机构门诊、住院费用新农合政策范围内报销比例分别提高到55%和80%；大病保险起付线降由原10000元降到5000元。在巩固24种新农合重大疾病保障同时，将肝癌、膀胱癌、甲状腺癌、再障、儿童脑瘫、胆管癌、胰腺癌、卵巢癌、病毒性肝硬化、难治性癫痫病、红斑狼疮、儿童甲减等12种疾病纳入重大疾病保障范围，在定点医疗机构诊治限额内医疗费用政策范围内补偿比例提高到80%。年内，落实“两免两减免”政策，免收院内会诊费、免收肌肉注射费等，减免CT、MRI等40项临床检查、检验项目20%费用。

【基本公共卫生服务】2018年，市卫计局规范管理12项基本公共卫生服务项目，7家中心和20家乡镇卫生院建立居民电子档案403989份，建档率为84.34%。0～6岁儿童健康管理，其中新生儿访视率96.52%，儿童健康管理率90.55%；孕产妇早孕建册率88.13%，产后访视率96.52%。65岁以上老年人健康管理33823人，管理率70.35%。高血压病患者健康管理36982人，健康管理率51%，规范管理26642人，规范管理率72.04%；糖尿病患者健康管理17529人，健康管理率58.77%，规范管理10886人，规范管理率62.1%；重症精神病患者健康管理1984人，规范管理1552人，规范率78.23%。65岁以上老年人、0～36个月儿童中医药健康管理服务目标人群覆盖率40%以上。社区适龄儿童接种国家免疫规划疫苗接种率99%，结核病患者健康管理率100%，传染病及突发公共卫生事件报告率、及时率100%，卫计监督协管服务比例100%。开展健康知识讲座1822次，公众健康咨询272次，宣传栏更换2296次。大多数社区居民享受到基本公共卫生服务。

卫生防疫

【概况】2018年，市卫计局对辖区内各类公共场所进行监督检查，监督检查572家，其中住宿业486家，美容美发86家。对辖区内公共场所实行量化分级管理，经现场审查，初步评分，各单位按照监督意见进行软硬件设施增补和改进。开展生活饮用水卫生监督监测，对市政供水单位3家、二次供水单位45家、自建供水单位4家进行监督检查，监督覆盖率100%。各单位卫生许可证、管水人员健康证明、卫生知识培训合格证明办证率均为100%。对全市50所学校、14所幼儿园进行监督检查，将学校饮用水卫生、传染病防控、教学环境、生活设施工作作为重点。对31家放射诊疗机构进行卫生监督检查，放射工作人员培训率、个人剂量计配有佩戴率、档案建立率均为100%。开展医疗机构卫生监督，检查347家医疗机构，其中市直医院3家，乡级医院20家，诊所和卫生室482家。对3家进行处罚，其中2家罚款5000元，1家吊销卫生许可证。

【疾病预防控制】2018年，市卫计局预防控制重大传染病，以霍乱防治为中心，以病毒性肝炎、肺结核、艾滋病、出血热和布病等疾病为重点，强化手足口病、麻疹、埃博拉和中东呼吸综合征等传染病防控工作。加强宣传、突出重点、分步实施，提高防控能力。全年，全市发生乙类、丙类传染病13种983例，发病率为184.9862/十万，与上年同期相比发病率下降5.1158%。年内，市结核所接诊疑似结核病例771例，确诊结核病并登记治疗106例，其中初治涂阳病例11例，对106例结核病病例投放免费抗结核药品。各综合性医疗机构转诊患者154人，通过三级防痨网络共同努力，追踪154人。“3·24世界结核病宣传日”，发放宣传材料2400份并展出宣传板10块。

【传染病控制】2018年，全市各肠道门诊（诊桌）均于5月1日开诊，对相关人员进行上岗前培训，市医院肠道门诊达到七专。外环境监测采集河水、污水36份，采集海水产品80份检测霍乱弧菌，均未检出；发生流行性出血热62例，当地报告52例，对辖区内报告病例流调率100%，血清复核率100%。全年发生手足口病117例，21.4617/十万，无重症病例及死亡病例发生。对发热病人采血涂片后进行疟原虫检测，检测300例，均阴性，全年无疟疾病例发生；对发热伴有出血患者流调38例，每例患者采集3份全血及2份急性期血清送上级疾控中心检测。累计85个存活HIV感染者，37个存活艾滋病病人，合计122例，随访率均为100%。对重点人群开展干预和检测，发放宣传材料2975份。

【免疫工作】2018年，市卫计局计划免疫工作运转疫苗9次，累计发放各类疫苗117000针次，发放接种证4200本，接种卡4200个，针管90000余支，行程近8000公里，冷链运转正常。全年无麻疹病例报告。AFP病例监测数1例。腮腺炎、风疹、乙肝、乙脑、白喉、百日咳、破伤风、流脑均无病例，检查发现全市22家接种单位均未购进长春长生公司有问题批次疫苗。全年收治高温中暑患者30人。

【健康教育】2018年，市卫计局开展公众健康教育活动9次，制作条幅11条，展出宣传板48块，参加人数95人次，发放宣传用品和资料共计31种类13000余份；接受咨询306人次，受益人数3500人次；开展业务指导与培训1次，培训27人次。

【卫生监督执法】2018年，市卫计局按照工作部署开展“双随机一公开”和与环保督察相关医疗废物、放射卫生等方面监督检查。召开全市医疗废物管理工作推进会，总结全市医疗废物管理工作情况，并对工作进行部署。对全市各类412家医疗机构进行拉网式检查，要求完善各种管理制度，规范从业人员行为，督促各医疗机构必须设置公示板，做到许可上墙、制度上墙。并与医疗机构签订医疗废物安全管理责任书。

公共卫生

【概况】2018年，兴城市在财力紧张情况下，加大资金投入力度，为创建国家卫生城市工作提供保障。全年，投入资金1.8多亿元，用于宣传、健康教育、市容卫生治理等项工作。其中，健康教育方面投资78万元，为260个小区设置健康教育宣传栏；投入90万元，用于治理河道、清理冬季垃圾；投入8200万元，实施建成区市政改造项目6个；投入3500万元，实施园林工程；投入5000万元改造垃圾场1个、新建1个（现投入使用）；投入982万元，用于智慧城市建设；病媒生物预防控制方面，购买鼠药9万元、毒饵站4万元，慢病检测设备98万元；规范市场、餐饮行业公示板21.6万元；宣传经费10万元；公共地带消杀资金40万元；改厕资金328万元（含兴城配套135万元、葫芦岛配套68万元、省级示范村改厕资金125万元）。

【农村改厕】2018年，兴城市改厕任务指标2229座，其中有环保功能150座，葫芦岛市政府每座拨付1000元，总计15万元；争取省级改厕示范村460座，省级配套资金每座2700元，总计125万元。在曹庄镇七里坡村新建省级改厕示范村460座，按照法定程序进行招投标工作。葫芦岛市政府按每座240元拨付总计53.486万元，兴城市政府拨付改厕资金30万元，新建300座，集中改厕1个村。爱卫会制定《兴城市农村改厕实施方案》，落实具体乡村改厕指标，按照农村改厕整村推进原则，开展改厕工作。同时，兴城市政府整治多宝鱼养殖户厕所直排问题，每座厕所配套资金1500元，新建环保厕所700座，投入资金近105万元。年内，改厕完成1150座。资金投入省级示范村改厕460座、资金125万元，葫芦岛市投入68.486万元，兴城本级配套资金135万元，合计资金328.486万元。

【创建国家卫生城市】2018年9月初，兴城市委书记亲自带队到梅河口、敦化学习“创卫”先进经验，市长两次召开“创卫”推进会，主管市长多次召开协调会。在确保完成省、市确定各项硬性指标基础上，对8大项92

小项任务指标进行进一步细化和完善，坚持定量和定性相结合，做到任务明确、责任明晰。同时，针对全市爱国卫生工作存在薄弱环节，着力解决影响、制约城市卫生环境以及群众反映强烈突出问题，并将创建国家卫生城市与创建国家文明城市相结合，建立常态化管理机制，确保创建活动取得实效。开展规范占道经营集中整治行动，对辖区内卫生重点难点问题进行彻底清理，对临街店铺违章搭建进行拆除。全面清理钓鱼台河、温泉河、东河以及兴城河等4条主要河流垃圾，组建一支40人护河队，对河道卫生及时管护。规范市场管理，对北关市场和钓鱼台市场进行重新改造，建设温馨园市场，规范南关市场，市场附近占道经营、脏乱差等现象得到治理。开展创建国家卫生城市宣传和健康教育宣传工作，发放“创卫”知识手册3000本、宣传单5000余份，制作“创卫”宣传手册2万本；设立展板12个，在主次干道和旅游景区、社区醒目位置悬挂“创卫”宣传标语420余条，设置宣传牌16个；在环卫设施上张贴“创卫”宣传标语80条，利用通信部门、金融机构、客车、出租车、学校、医院、宾馆、商铺大屏幕滚动播放创卫标语；在电视台播放爱国卫生公益广告，举办“创卫”工作专题讲座1次。

计划生育

【概况】2018年，兴城市计划生育协会以新发展理念为统领，着眼实施全面二孩政策新任务，面向需求，服务群众，创新管理，提升能力，促进兴城市人口长期均衡发展。计划生育利益导向全面展开，做好计划生育奖扶、特扶资格确认工作。年内计划生育家庭特别扶助对象742人，其中死亡571人，伤残171人；新增计划生育家庭特别扶助对象103人，死76人，伤27人。计划生育家庭奖励扶助对象21111人，新增2832人。

【生育关怀】2018年，市计生部门坚持协会品牌建设，开展“生育关怀行动”。以“五关怀”为平台，争取政府和有关部门支持，加强与有关部门和群团组织联合，协调企事业单位参与，选择计划生育困难家庭、育龄群众、独生子女、女孩和基层计生工作者为重点目标人群，努力帮助解决生产、生活、生育面临的实际困难和问题。多方筹措资金，建立“生育关怀专项资金”。全年，市政府按照人均0.2元标准投入，壮大“生育关怀专项资金”规模。利用“生育关怀专项资金”，走访慰问计划生育特殊特困家庭209户，紧急救助家庭1户，投入资金126500元。

【计生管理与监督】2018年，市计生部门参与村(居)民自治，推进村级计划生育民主管理和民主监督。认真落实《人口计生委民政部中国计划生育协会关于加强和完善村级计划生育民主管理和民主监督的意见》，突出计划生育民主管理重点，明确计划生育民主监督内容，即协会组织和会员参与制定村规民约，参与对《计生合同》修改，参与计划生育宣传教育活动，参与妇女发展项目实施，参与生殖保健服务,参与奖惩政策制定兑现,参与“十星级”文明户评选，参与目标管理责任书考核评估，参与奖励扶助对象评议审核；负责监督村委会落实计划生育工作职责，监督计划生育热点问题公开透明，监督生育政策落实，监督奖励扶助对象资格确认及资格发放，监督村委会兑现合同落实计生奖励优惠政策，监督人口统计求实情况，监督“七个不准”执行情况，监督党员干部计划生育情况和监督违法生育处理情况。做到在参与中监督、在监督中管理、在管理中服务，成为推行计划生育民主管理和民主监督生力军，切实维护育龄群众合法权益，提高群众实行计划生育自觉性。

【计生宣传与服务】2018 年，市计生部门坚持宣传与服务相结合，组织开展群众性宣传活动，参与婚育新风进万家、优质服务进农村、科技文化卫生“三下乡”“关爱女孩行动”等活动，提高育龄群众知晓率和满意率。加大新闻宣传和社会宣传力度，主动与广播、电视台、报纸、杂志等宣传媒介联系，开辟栏目，组织各级计生协会干部和志愿者多写稿件，写好稿件，扩大协会社会影响力。结合开展计划生育优质服务进农村活动，以协会名义组织开展丰富多彩集体活动，各村组织文艺表演，开展生殖健康讲座和生产知识培训，提高优质服务活动吸引力，计划生育技术服务逐步得到广大育龄群众认可。

兴城市卫生和计划生育局领导成员

局长　吴海清

副局长　曹　锋　张　军　陈　勃

　　　　朱伟瑞　李　亮

兴城市计划生育协会

专职副会长　曹　锋

秘　书　长　田秀丽（女）

（杨继源）

社会生活

劳动和社会保障

【概况】2018年，兴城市劳动和社会保障局围绕社会保障体系建设，不断扩大社会保险覆盖面。以中小微企业和广大农民工、灵活就业人员、新就业形态人员、未参保居民等群体为重点，大力实施全民参保登记计划。连续14年增加企业退休人员基本养老金，惠及2.55万名企业退休人员。年内，局下属事业单位兴城市社会保险管理中心被中共葫芦岛市委授予“葫芦岛市先进基层党组织”称号。兴城市城乡就业管理局被兴城市委授予“兴城市先进基层党组织”称号。

【党建促民生】2018年，市劳社局全面落实党建主体责任，成立宣传思想文化和意识形态领导小组，坚持定期分析研判意识形态领域情况，重点解决好拖欠农民工工资问题，坚持正面引导、及时回应，切实做好保障农民工工资支付舆论宣传工作，维护意识形态安全。把智慧和力量凝聚到落实党的十九大对民生保障工作提出新要求上来，全力做好就业创业、社会保障、和谐劳动关系等工作。坚持保障改善民生抓党建，推进党建工作与社会保障业务深度融合，坚持党建与业务工作两手抓两手硬。提出实施就业工程、社保惠民工程目标，深入基层项目调研4次，新增就业困难人员公益性岗位56人，解决基层单位后勤人力不足问题。组织开展优化营商环境建设，建立权责清单制度，清理规范涉及就业、社保领域各类证明，取消证明4项，编制政务服务事项办事指南，以作风转变促工作任务完成。推进劳动社会保障领域矛盾纠纷排查，加强重点群体稳控工作，畅通信访渠道，落实领导包案责任制，做好民心网、信访网投诉案件办理工作，办理民心网咨询诉求30件。

【扶贫工作】2018年，市劳社局围绕脱贫攻坚，落实精准扶贫责任。成立脱贫攻坚工作领导小组，派出驻村扶贫工作队，制定年度计划和2016 ~ 2020五年规划。三道沟满族乡头道沟村作为青山水库移民新村，建档立卡贫困人口多为老、弱、病、残，其中80户为该局帮扶对象。进行归档整理，建立《结对帮扶贫困家庭情况登记表》，结合建档立卡情况精准扶贫。推进就业扶贫，在全市28个乡镇（街道）、237个建制村、30个社区建立劳动就业和社会保障服务机构，依托服务平台开展就业援助月、春风行动、民营企业招聘周等活动，引导农村劳动力就地就近就业和外出务工，农村劳动力年均转移就业6.1万人。推进技能扶贫，依托乡镇劳动就业和社会保障服务机构，结合企业用工需求，开展“送培训、送技能、送信息”下乡活动，年内对1200人进行远程技能培训。推进社保扶贫，全力推进城乡居民养老保险工作。年内享受政府代缴补贴贫困人数9792人，其中建档立卡未脱贫2277人，低保贫困7325人，特困群体190人。市政府为重度残疾人代缴100元保费417人次。

【就业工作】2018年，市劳社局保持就业形势总体稳定，推动创业带动就业。组织创业带头人参加以“创响新时代 共圆中国梦”为主题葫芦岛创新创业大赛，获得创业组三等奖1名，创新组三等奖1名，优秀奖1名，荣获先进组织单位。开展以“就业帮扶、真情相助，不让一个困难群众掉队”为主题就业援助月专项活动，重点对当地就业困难人员、残疾登记失业人员、符合就业困难人员认定条件的去产能中职工、农村建档立卡贫困劳动力、长期停产停工企业职工等人员等援助对象上门走访，摸清人员底数和实际情况，制定援助计划、落实援助政策，提供就业岗位。3月20日，在兴城市劳动和社会保障局一楼举办“春风行动”现场招聘会，当日有150家用人单位进入洽谈会，为求职者提供文员、销售员、焊工、服务员等100多个工种、2030多个就业岗，促进农村劳动力特别是建档立卡贫困劳动力转移就业，满足各类用人单位用工需求。3月15日和4月10日分别组织近20家急需用工企业去建昌县、南票区参加招聘会。推动创业带动就业，强化创业带动就业、职业培训、就业援助工作力度，落实降低社会保险费、就业补贴、企业稳岗补贴等政策。落实高校毕业生创业场地补贴政策，扶持创业带头人65人，创业培训100人，完成计划指标100%。加强职业能力建设，落实国家职业资格许可和认定事项改革，严格按照国家职业资格正面清单进行规范。大力开展多种形式就业技能培训、岗位技能提升培训，落实技能培训补贴政策，提高劳动者就业和转岗能力。开展就业技能培训200人，完成全年计划指标100%。开展各类职业技能培训，39人取得初中级职业资格证书。开展“辽宁大工匠”选拔推荐工作，张新全、任学武、董宁等3人获批“葫芦岛工匠”。全年，全市城镇新增就业111人，城镇失业人员再就业2230人，就业困难人员就业402人，城镇登记失业率

求职者查看就业信息

4.20%。落实高校毕业生创业场地补贴政策，扶持创业带头人65人，完成全年计划指标100%。

【养老保险】2018年，市劳社局做好社会保障工作，扩大社会保险覆盖面。切实防范养老金支付风险，配合税务部门做好企业养老保险统筹基金征缴工作，推动未保参保、漏险参齐、断保接续。加强与财政部门协同配合，保障企业退休人员养老金按时足额发放。为方便退休人员进行养老待遇领取资格认证，实现足不出户完成认证工作，从4月起，全面实施应用“移动社保”APP认证系统。开展违规领取养老金专项整治行动，追回死亡退保违规领取养老金16.5万元、遗属人员违规领取养老金2.2万元，追回判刑人员多领养老金15.1万元，追回判缓人员多领养老金8.8万元。全年，全市企业职工基本养老保险参保总人数83124人，其中新增企业养老保险参保人数5907人。为26859名离退休人员发放养老金60517万元。

【医疗保险】2018年，市劳社局提高医疗保障水平，惠民政策得到全面落实。年内结算市内参保人员住院医疗费11.8万人次，结算外转院和急诊和异地人员住院医疗费8780人次，2685名慢性病患者结算慢病门诊费用25449人次。加强对定点医疗机构管理，与全市20家住院定点医疗机构、7家定点门诊、98家定点药店签订医疗服务协议。检查科规范定点医疗服务行为，采取定期、不定期、明察暗访等方式随机检查。查出7家定点违规，扣款3982元。全年，全市城镇职工基本医疗保险参保59723人，城镇居民基本医疗保险参保登记37710人，工伤保险参保24600人，生育保险参保14748人。年内新增机关事业单位生育保险14111人。

【劳动监察和仲裁】2018年，市劳社局持续推进劳动关系维权工作。全市企业劳动合同签订率96%，企业集体合同签订率85%。全年受理农民工投诉80件，帮助524名农民工追讨劳动报酬721.78万元。立案受理劳动人事争议135件，其中裁决31件，调解36件，法定期限内结案率100%。围绕“扫黑除恶”专项斗争，构建和谐稳定劳动关系，加大劳动保障执法力度。继续推行欠薪政府应急周转金制度，在建筑领域实施农民工工资专用账户管理及银行代发制度，切实维护农民工合法权益。推行“双随机、一公开”执法机制，建立执法人员数据库和监管对象数据库。扎实开展执法检查，营造诚实、自律、守信劳动用工环境。同时，明确以打击拖欠农民工工资黑恶势力作为“扫黑除恶”工作重点来抓，将山海文苑拖欠农民工案件列为涉黑案件，上报市扫黑办，移交公安机关。

【城乡居民养老保险】2018年，市劳社局继续推进城乡居民养老保险工作。城乡居民基本养老保险参保总人数23.1万人，覆盖率97.4%，全年为8.24万城乡居民发放基本养老金10962万元；下半年完成基础养老金由85元调整到108元调资工作，补发养老金6.2万人，累计补发养老金1700余万元。年内，加强内控制度建设，进一步规范个人账户管理，加强基金收支管理，形成防范冒领常态化机制。对死亡冒领人员和重复领取待遇人员进行核查追缴工作，核查冒领城居保养老金人员761人，追缴冒领养老保险待遇151.33万元。

【机关事业养老保险】2018年，市劳社局全面启动机关事业单位养老保险制度改革，收缴保险费2.98亿元，保证全市337户机关事业单位退休人员养老金，统一由市机关事业单位社会保险经办机构实行社会化发放。

兴城市劳动和社会保障局领导成员

局　长　刘久生（2018年2月离任）

　　　　宋　丹（女，2018年2月任职）

副局长　王国华（2018年11月离任）

　　　　刘锦忠　刘雪松

（马玲玲）

民政工作

【概况】2018年，兴城市按照城市发展总体规划，经市政府研究决定，增设温泉街道滨河社区。年内，按照葫芦岛市2018年重点民生工程要求，建设1个标准化示范社区服务站，确定为温泉街道万象社区改扩建工程，总投资160万元。建成后社区服务站面积730平方米，室外文体活动广场900平方米，上半年投入使用。完成城乡社区建设项目申报和管理工作。全市申报3个省级福彩公益金补助项目，即南大乡前五台村社区服务中心、红崖子镇边壕子村社区服务中心和钓鱼台街道黎明社区服务站，向上级争取专项资金100万元。年内3个建设项目竣工工并交付使用。

【社区资金投入】2018年，兴城市加大城市社区资金投入力度，落实社区居委会成员生活补贴提标工作。从1月起，率先在全市落实提标工作，主任由原来每人每月2200元提高到3200元，委员由原来每人每月1900元提高到2900元，同步提高“五险一金”待遇。民政局向市政府争取资金，将社区工作经费从2017年每年3万元提高到每年5万元。为全市城市社区办公用房发放冬季取暖费36万元，并纳入财政预算。先后2次争取葫芦岛市福彩公益金37万元，其中9万元用于东辛庄社区维修改造项目，为社区基础设施建设提供有力支持；28万元用于补助温泉街道两级社区网格化管理平台建设，街道成立网格化管理指挥中心，各社区分别成立网格化管理服务中心，设置工作人员，配备终端设备。年内，根据社区实际情况划分为33个网格，完成基础数据采集和录入工作。同时，与市政府协调，为温泉街道争取社区建设资金40万元。

【社区工作法征集】2018年，市民政局按照辽宁省民政厅《关于开展学习军门社区工作法和征集优秀社区工作法活动的通知》（辽民基函〔2018〕64号）文件精神，推进社区治理创新，总结推广社区工作经验做法，全面提升社区治理水平。兴城市温泉街道建海社区党建工作创新——“23346”工作法，被评为辽宁省优秀社区工作法，是葫芦岛地区唯一入选单位。

【选举工作】2018年，市民政局做好2019年村（居）委会换届选举前准备工作。按照中共兴城市委组织部、兴城市民政局印发《关于充分发挥党组织的领导和把关作用加强村“两委”干部队伍建设的意见的通知》（兴组通字〔2018〕38号）、印发《关于建立村、居（社区）“两委”换届候选人联审机制的实施意见》通知（兴组通字〔2018〕39号）文件精神，要求各乡镇、街道对现任村（居）委会成员开展联审排查工作。针对联审后发现问题的，指导各乡镇、街道按照相关法律法规，及时启动辞职、罢免程序。对后续工作给予业务指导，确保村（居）委会工作顺利开展，促进全市城乡基层政权和谐稳定。

【社会组织】2018年，市民政局依法加强社会组织管理，严格社会组织审批程序，依法登记。全年登记民办非企业单位8个，社会团体8个；变更登记民办非企业单位1个，社会团体3个。对2017年度社会组织进行年检，各社会组织应用年检报告书发放，部分社会组织进入审核程序。开展社会组织清理规范专项工作，对近3年来长期不开展活动，违反国家有关规定，在职或退（离）休党政机关领导干部在社会组织中兼职（任职）的，无偿占用党政机关办公用房等社会组织，对其逐一进行清理整顿，并限期整改，对整改不合格29家社会组织按照《社会团体登记管理条例》要求，进行注销处理。全年，对70家社会组织进行清理规范，不开展活动并存在其他问题10家社会组织办结注销登记，结合业务主管单位意见，其他60家社会组织予以保留。开展打击整治非法社会组织专项行动，联合公安局在全市范围内开展为期9个月打击整治非法社会组织专项行动，将文化类“山寨社团”作为打击重点，从严查处。

·社会救济·

【概况】2018年，兴城市民政局加强信息核对管理工作，通过居民家庭经济状况核对系统，对申请社会救助家庭车辆信息、工商信息、退休人员信息等进行核对。核对数据53949人次，预警信息6539条，为社会救助工作提供参考。年内，持续改善基本民生保障，落实各项社会救助政策。全市有城市低保对象1501户2248人，农村低保对象4317户5176人，发放城市低保定期差额补助金1822.22万元，农村低保定期差额补助金3481.65万元。城乡医疗外转诊二次报销救助5489人次，发放补贴救助金55.25万元。发放城乡低保殡葬补助金61.23万元（其中城市6.07万元，农村55.16万元）。电价补贴救助补助金35.42万元（其中城市9.34万元，农村26.08万元）。困难大学生助学救助，发放救助金37.85万元（其中城市20.95万元，农村16.9万元）。困难群众冬季取暖救助补助金196.45万元（其中城市108.04万元，农村88.41万元）。残疾人两项补贴救助3521人，发放救助资金391.14万元。城镇分散特困供养对象40户41人发放供养金37.48万元；农村分散特困供养对象2937户3011人发放补助金1485.14万元。从2017年12月1日开始对特困供养人员发放护理补贴金和丧葬费补助金。截至年末，为10187人次累计发放护理补贴金645.52万元，为155人累计发放丧葬费补助金40.22万元。

【城乡低保救助】2018年7月，市民政局提高城乡低保和特困人员救助供养标准，城市低保标准由每人每月510元提高到540元，增幅5.9%；农村低保标准由每人每年3650元提高到3924元，增幅7.5%。农村分散供养标准由每人每年4745元提高到5105元，增幅7.5%。

【农村低保专项治理】2018年，市民政局按照国家、省、市关于农村低保专项治理工作部署，于5月10日召开农村低保整治工作会议，研究部署工作。5月11日，召开低保清理培训会议，传达《葫芦岛市农村低保专项治理实施方案》，详细讲解《葫芦岛市最低生活保障对象认定实施细则（试行）》。6月13日，召开农村低保清理工作推进会。截至11月底，全市因家庭人员、收入、财产等因素发生变化而退出保障22313人，其中城市低保退出3595人，农村低保退出18718人。

【救灾减灾】2018年，市民政局扎实开展救灾减灾工作，争取上级冬春救灾款388万元，在春节前全部下拨到灾民手中，救助人口39013人。完成2018度全市农房保险40576户。开展全国第十个“防灾减灾日”宣传活动。

【养老机构】2018年，市民政局完善养老服务机构基础设施建设，申请专项资金333万元，对曹庄、望海、碱厂三所中心敬老院消防设施进行改造。经与市财政局、设计部门、中标单位、消防、施工方等相关部门多次协调，完成改造工程可研、评审、立项、招标及施工改造工作。

·“双拥”优抚安置·

【双拥工作】2018年，兴城市民政局配合市政府完成军队停偿工作。协助扑灭南票区小红螺山山火，协调91331部队动用直升机，全力协助灭火。开展“三送三挂三帮三助”活动。慰问走访老军人、老党员、烈属、现役军人家属。春节和“八一”期间，走访慰问驻兴、驻葫部队19家，发放慰问资金58.8万元。做好随军未就业家属货币化安置工作，经排查审批，为342名驻兴部队随军未就业家属发放补助金123.12万元。申请专项资金81万元，用于全市27000户烈属、军属和退役军人等家庭悬挂光荣牌。对年内入伍新兵开展回访工作，北到大连，南到广东湛江，行程数千公里，对3名有思想异动战士做思想工作。

【优抚安置】2018年，市民政局完成兴城市遗留退役士兵选岗工作。8月30日，按照自愿原则，第一批符合安置条件80名退役士兵进行选岗。11月14日，开展第二批退役士兵选岗工作，有16人参加选岗。全年，为全市解决应安置未安置退役士兵96人。开展退役军人和其他优抚对象信息采集工作，制定下发《兴城市退役军人和其他优抚对象信息采集工作实施方案》。10月9日，兴城市政府组织召开各乡（镇）、街道主管领导参加退役军人和其他优抚对象信息采集工作会议；11月21日，民政局组织召开各乡（镇）、街道工作人员业务培训会。全年，全市采集退役军人和其他优抚对象信息12300人。落实优抚对象各项待遇，提高全市4225名优抚对象抚恤补助及护理费标准，并于春节前发放到位。全年发放优抚对象定期定量补助金、抚恤金2323.34万元，为155名重点优抚对象发放二次医疗补助资金23.63万元，为118名无军籍职工及遗属发放工资、生活费463.59万元。

·专项社会事务管理·

【概况】2018年，兴城市民政局开展社会福利各项工作，保障全市孤儿基本生活，提高养育标准。散居孤儿养育标准由原来每人每月800元提高到每人每月1200元，新标准从7月1日开始执行。全市现有散居孤儿50人，累计发放补助金68.12万元。完成老龄各项工作，累计发放高龄补贴16464人次340.8万元，其中90～99周岁老年人补贴16176人次323.5万元；百岁以上288人次17.3元。为全市2753名城乡分散供养特困老年人办理意外伤害组合保险，交纳保险金5.5万元。开展慈善活动，协助省、市慈善总会开展“情暖万家”“蓓蕾慈善救助工程”“先心病儿童救助”“微笑列车”“轮椅公益捐赠”等救助项目，救助217人（户），救助金额22.9万元。

【区划地名工作】2018年，市民政局按时完成全国第二次地名普查整改阶段各项工作任务。上报兴城市《中华人民共和国标准地名词典》表单和样稿。为河南片区街路征集名称，征集方案16套。全年，标准地名地址审批与核定工作审批新建楼盘（单位）47件、个人标准地址业务6082件。启动兴城市第四轮乡级界线联检工作，制定《兴城市第四轮乡级行政区域界线联合检查工作方案》，完成年度工作任务。

【殡葬工作】2018年，市民政局按照国务院、省、市关于殡葬领域突出问题专项整治工作要求，于7月13日组织召开全市殡葬领域整治工作会议。以市政府办公室名义下发《兴城市殡葬领域突出问题专项整治工作方案》（兴政办发〔2018〕32号），明确部门职责分工，细化工作任务，对兴城市辖区内殡葬领域进行为期2个月的专项整治。年内，殡葬联合党支部被兴城市委授予“先进党（总）支部”。

【救助工作】2018年，市民政局救助流浪乞讨人员835人次，其中省内救助人员518人次，省外救助人员311人次，无法查明地址6人次；疑似精神障碍61人次，肢体残疾人员21人次；对无法查明身份信息救助人员，进行DNA信息采集。以“推进阳光救助、履行兜底职责”为主题，开展救助管理机构开放日活动。

【婚姻管理】2018年，市民政局加强婚姻登记管理工作，办理结婚登记1374对，离婚登记723对，补领结（离）婚登记1725件，管理和查阅档案316件。推出“5·20”“双11”、七夕等登记高峰日期结婚登记网上预约服务。从5月2日起，婚姻登记处推行双休日、节假日正常办公制度。

兴城市民政局领导成员

局长　　郝大欣（女，2018年2月离任）
　　　　张大志（2018年2月任职）
副局长　王兴凡（2018年9月离任）
　　　　崔建华（2018年11月离任）
　　　　方洪文（女）

（闫丽）

民族工作

【概况】2018年，兴城市民族宗教事务委员会落实中央巡视组反馈意见，巩固和发展平等、团结、互助、和谐社会主义民族关系，促进全市社会和谐稳定。开展少数民族语言与文化传承和发展。宁远小学满语特色班，传承民族文化，拯救濒危语言，增强孩子们民族意识。满族刺绣培训基地等少数民族特色手工艺得到传承。建立民族团结进步教育基地，让民族精神发扬光大。做好精准扶贫工作，把扶贫日系列活动同脱贫攻坚任务相结合，扶贫碱厂乡四间村资金5万元。年内，对全市12个民族乡开展《民族乡统计报表制度》36个数据统计，完成民族乡基本情况普查工作。

【专项资金使用】2018年，市民宗委加强民族地区基础设施建设，全面发展民族乡村各项事业。认真做好资金项目申报工作，抓好项目论证、评审、推荐上报，以及项目库建设和管理工作。做到项目投放重在基层、项目组织重在落实、项目建设重在效益、项目实施重在监管。对拟申报少数民族经济发展资金项目逐项进行调研、论证，主要倾向到发展村集体经济、农业、果业、畜牧业和传统文化及基础设施建设等方面，为新农村建设注入可持续发展动力。根据民族乡村实际，本着合理布局、以点带面原则，确定在旧门、白塔、围屏、南大等4个民族乡的4个民族村建设扶贫服装厂，改造村部闲置房间和在村部院内闲置空地建成车间，由乡村采取招商办法引导企业到当地落户，村里将厂房出租给企业，企业用工以当地建档立卡户和一般贫困户为主，与城内用工同工同酬。年内，建成并投产1家，其余3家完成主体工程进入审计阶段，年末竣工。旧门满族乡三道村、大寨满族乡兴旺村和药王满族乡叶屯村3个村与外界沟通漫水桥年久失修，不能使用，与葫芦岛市民委沟通，确定漫水桥建设项目，解决民族地区少数民族群众当务之急。全年，少数民族发展资金310万元，实施少数民族发展资金项目15个，项目涉及11个乡（镇），25个民族村，受益人口27343人次。

【**清真食品管理**】2018年，市民宗委全面整顿清真食品生产经营市场，对全市范围内清真食品生产经营单位进行1次专项普查，对无证经营等不规范行为进行纠正，对无证经营但符合要求的企业履行必要审批手续。为规范清真食品生产经营和市场秩序，开展以“规范清真食品生产经营，净化清真食品市场环境”为主题清真食品宣传月活动。

【**民族团结进步创建**】2018年，市民宗委坚持重心下移，开展民族团结进步创建工作“六进”活动。制作民族政策、法规、民族知识宣传板到乡镇、社区、学校、企业、寺庙、机关进行民族团结进步宣传教育活动，发放宣传资料，贯彻国家民族会议精神。实现汉族离不开少数民族、少数民族离不开汉族、各民族一家亲和谐局面。

宗教工作

【**概况**】2018年，全市有宗教活动场所41处,其中佛教20处、道教3处、基督教17处、天主教1处。备案教职人员60人，佛教常住僧人59人，道教常住道士13人，基督教6人，遍布全市28个乡镇、街道。年初，葫芦岛市宗教局组织召开全市宗教工作会议，部署全年宗教工作任务。兴城市民宗委针对会议精神组织人员制定8项实施方案，分别为《以“规范”为主题和谐寺观教堂创建实施方案》《基督教私设聚会点专项治理实施方案》《天主教地下势力教育与转化工作实施方案》《佛道教“两乱”专项治理实施方案》《宗教政策法规教育培训工作实施方案》《开展宗教活动场所安全隐患排查专项行动实施方案》《开展宗教场所规范化管理工作实施方案》《开展宗教活动场所平安建设宣传月活动实施方案》。

【**领导小组会议**】2018年，兴城市委召开第一次兴城市宗教工作领导小组会议，全面部署宗教工作。市委副书记、市宗教工作领导小组组长郭敏，市委常委、市委统战部部长马天峰，副市长丁淼鑫，统战部副部长王晓峰，民宗委主任赵仲华及28个乡（镇）、街道主管宗教工作领导干部参加会议。会上副市长丁淼鑫汇报全市宗教工作现状和整体部署。市委常委、市委统战部部长马天峰传达葫芦岛市宗教工作领导小组扩大会精神，通报中央巡视辽宁问题中存在宗教方面2项8个问题。市委副书记、市宗教工作领导小组组长郭敏在会上提出3点要求。一是提高政治站位，提高宗教工作能力。二是树立法治观念，增强法治意识。三是强化责任担当，确实做好整改措施。会议下发《兴城市排查整治非法宗教活动场所实施方案》，要求各乡（镇）、街道发挥“三级网络”最大作用，对辖区内佛道教“两乱”情况、天主教地下势力情况、基督教私设聚会点情况、非法宗教活动场所设立情况进行彻底排查，并将排查结果及时上报民宗委。

【宗教环境治理】2018年，市民宗委结合落实中央巡视组反馈意见，认领2项8个问题。将落实中央巡视反馈意见落实到具体宗教工作中，对全市宗教环境进行1次全面治理，打击各种非法宗教活动，反境外渗透，开展《宗教工作自查清单》。查处龙回头非法宗教集会和辽工大学生信教事件，处理城隍庙借教敛财事宜，禁止宗教活动场所开展夏（冬）季夏令营。对佛道教“两乱”场所进行封停改拆批处理，封停11个非法宗教活动场所。对全市宗教活动场所财务管理情况、各项规章制度落实情况，分数次组织人力下到场所进行检查。年内，到般若讲寺、石龙寺观模规章制度落实内容，到药王禅寺、沙所后基督教堂、北关基督教堂观模财务管理内容。9月30日，开展全市宗教教职人员培训。

【宗教纠纷】2018年，市民宗委协调处理沙后所天主教教堂翻建与当地百姓产生矛盾纠纷问题，结合制定《宗教活动场所安全隐患排查化解专项行动实施方案》内容，帮助天主教与属地政府党委协商解决办法。葫芦岛市委统战部副部长宋杰亲临现场进行调研，经协调并在沙后所政府召开由相关部门参加联席会议，听取各方意见解决纠纷，并将会议结果形成会议纪要下发各相关部门。

【宗教宣传】2018年，市民宗委开展宗教活动场所平安建设宣传月和以“规范为主题和谐寺观教堂创建”活动。在宗教活动场所悬挂宣传标语和设立以《宗教事务条例》为内容宣传板。以宗教活动场所为平台，在场所举办宗教活动期间向信众发放宣传手册。开展全面落实节日期间和全国“两会”期间宗教领域安全生产和维稳安保工作。发挥“三级网络”工作机制作用，将各种安全措施和维稳方法传达落实下去，形成层层有人管、事事有人做局面。在全市28家乡镇、街道配合下完成对民间信仰活动场所数量统计调研普查工作，普查出民间信仰活动场所84处。适时做好不确定安全隐患排查工作，确保节日和“两会”期间安全生产零事故零上访。

兴城市民族宗教事务委员会

主任　　赵仲华（2018年11月离任）

副主任　吴　健（女）

（隋春茹）

乡·镇·街道

羊安满族乡

【概况】羊安满族乡位于兴城市城区西侧，地处兴城河中下游西南岸，东与兴城市区毗邻，南与曹庄镇和沙后所镇相连，西与红崖子镇交接，北与白塔满族乡以河为界，属城乡接合部。京沈高速公路出口坐落在该乡境内，南北有国道102线、京沈高速公路、京哈铁路、京沈高速铁路通过，东西有兴西、兴洪县级公路穿过，地域优势明显。全境傍山沿河，三分丘陵七分平原，土质肥沃，北部土质略呈黏粘性。全乡总面积80平方公里。乡人民政府驻地柳蒿村，距市区7公里。该乡辖羊安、白铁、龙王嘴子、十八家子、辛庄子、佟屯、刘八斗、望宝、闫屯、芹菜、柳蒿11个行政村。2018年年末，全乡总户数7569户，总人口21232人。其中，男10499人，女10733人；农业人口20432人，非农业人口800人。人口自然增长率-1.7‰。

2018年，羊安乡农作物以花生为主，花生种植面积2333公顷，蔬菜大棚26.7公顷，裸地菜15公顷，其他作物如大豆、红薯、西瓜、香瓜、中药材等85公顷。共流转土地1207公顷，占耕地总面积的46.6%，涉及农户2321户，占承包农户的31.7%。

兴城市委交叉巡察组巡察羊安乡党委反馈工作会议

【林果经济】2018年，羊安乡种植经济林面积24公顷，其中中草药13.33公顷，榛子9800株，核桃15000株，增加绿化面积20公顷。清理林缘、山缘500米内地块秸秆，定制46块防火宣传牌，发放34个灭火器，核实退耕还林地153.33公顷，完成66.67公顷封山育林任务。

【扶贫工作】2018年，羊安乡有低保145户167人，分散供养“五保”户103人。年内，取消低保户785户871人，新增低保5户8人。发放冬春救灾款12万元，救助447户。完成兵役的信息采集工作，新增60周岁退伍军人8人，优抚对象218人。新增90周岁高龄老人11人，90周岁以上高龄老人37人。新增重度残疾人护理补贴7人，生活困难补贴6人。享受残疾人补贴共156人，享受残疾人个体就业补助资金3人，每人补助2000元。建档立卡新增贫困户1户1人，清退48户80人，建档立卡贫困户308户669人，建档立卡贫困户脱贫146户280人。健康扶贫项目享受补助180人，教育扶贫项目享受补助48人。上报D级危房翻建12户，上报C级危房维修10户。产业扶贫项目2个，新申报产业扶贫项目2个。

【开发旅游资源】2018年，羊安乡成立乡村振兴办公室，开发整合辖区内旅游资源，创建特色品牌，提升乡村旅游的品质。形成望宝葡萄园——西岭红果业——白鹭栖息地、首山白酒厂——西沟榛子园、西客站沿线观光带3条精品旅游项目。

【宜居乡村建设】2018年，羊安乡开展违章建筑专项整治工作，拆除违章建筑5处，拔除耕地内恶意打深水井29眼，维护正常建设秩序。修建文化广场500平方米，安装健身器材20余套，绿化栽植优质树种200余株，修建路边彩砖300平方米，修建文化墙1300延长米，修建村内排水管网500延长米，完成村屯水泥路面硬化10.3公里，黑色路面维修6.6公里，安装路灯40盏。

中共羊安满族乡委员会

书　记　付锦川（2018年2月离任）
　　　　魏冬娜（女,2018年3月任职）
副书记　张洪哲
　　　　谭永顺（2018年5月任第一副书记）
　　　　宋　喆（女）
　　　　关承杰（挂职，2018年6月离任）

羊安满族乡人民政府

乡　长　张洪哲
副乡长　赵梦影　邢贺松　李贺亮

羊安满族乡人大主席团

主　席　程　德

（梁新美）

元台子满族乡

【概况】元台子满族乡位于兴城市境东北部，东临龙港区双树乡，南与古城街道相连，西和华山街道、白塔满族乡毗连，北与葫芦岛市连山区接壤，属城乡接合部。京沈高速公路、京沈高速铁路纵贯全境，区位优势明显。全乡总面积111.5平方公里。乡人民政府设在药王庙村、田家屯村之间。该乡辖四方、药王庙、英昌、田家屯、元台子、灰山、五家子、姜女、八里9个行政村。2018年年末，全乡总人口18288人。其中，农业人口17713人，非农业人口575人。

2018年，全乡耕地面积2426公顷，棚菜面积达到106.67公顷。姜女村温室草莓项目在原有占地6.67公顷基础上继续扩大规模。完成英昌、田家屯、五家子3个村266.67公顷中低产田综合开发项目。完成灰山、英昌两村小流域治理 200 公顷。推进八里村中药材基地建设，种植面积 17.33 公顷。

【农业工作】2018 年，元台子乡完成土地流转 333 公顷；完成 5572 户、2170 公顷地力补贴申报、核实、公示工作，为农户发放地力补贴 240 万元；全程农业服务托管 165 公顷，部分托管 123.31 公顷；签订托管合同 809 份；完成 3312 户农户、2154.5 公顷的农业保险工作，投保金额 227898.27 元。

【林业工作】2018 年，元台子乡完成人工造林 100 公顷，封山育林 200 公顷，森林抚育 33.33 公顷，林分修复 6.67 公顷。完成美国白蛾防治任务 773.33 公顷。发现野外焚烧秸秆、烂叶用火 11 次，训诫 9 人，罚款 1 人，行政拘留 1 人。

【水利工作】2018 年，元台子乡修建方塘 3 座、维修方塘 1 座，打大口井 1 眼、机电井 43 眼，完成元台子村自来水工程，铺设地下管路 10000 米，完成药王、五家子 2 村河道治理 1480 米，清理河道垃圾 2000 立方米。

【畜牧工作】2018 年，元台子乡在英昌村建养猪小区 1 个；在五家子村建养鹿小区 1 个。全乡范围内设立 4 个非洲猪瘟疫情防控检查站，40 人轮流值班。家畜免疫率 100%。

【精准脱贫】2018 年，元台子乡完成建档立卡户危房翻建 16 户，为建档立卡户落实花生种补贴 18100 公斤；完成姜女、八里两村泳装厂扶贫项目建设，帮扶全乡建档立卡贫困户 335 户、704 人，每户受益 440 元；全年完成 143 人脱贫的任务指标。依托乡内泳装加工企业、种植大户或专业合作社优先安排建档立卡户打工，转移劳动力就业 200 余人。

乡村两级干部对建档立卡户的跟踪调查及动态管理

【产业兴乡】2018 年，元台子乡整合乡内豆制品加工企业，加快实施王记豆制品加工厂扩建工程，实现农产品加工增值。推进八里村中药材基地建设，种植面积 17.33 公顷。实施以英昌村灵佑寺佛教和灰山村“生态水果采摘”“农家乐”乡村旅游项目，以旅游带动村民及村集体增收。

中共元台子满族乡委员会

书　记　梁　爽

副书记　金德鑫
杨　帅（2018年5月任第一副书记）
崔　浩

元台子满族乡人民政府

乡　长　金德鑫

副乡长　吴　峰　李　强　王丽娜（女）

元台子满族乡人大主席团

主　席　周洪斌

（李想）

白塔满族乡

【概况】白塔满族乡位于兴城市境东北部，东邻元台子满族乡，南与羊安满族乡隔河相望，西与红崖子镇、旧门满族乡为界，北与华山街道毗邻，总面积68.1平方公里。乡人民政府设在白塔村。该乡辖白塔、朗月、塔沟、上范、老边、清水6个行政村。2018年年末，全乡总人口12294口人。其中，农业人口11812人，非农业人口482人。人口自然增长率0.24‰。

2018年，白塔乡国民生产总值6.4亿元。粮食作物种植面积1236.5公顷，粮食总产量8796.5吨。经济作物种植面积223.1公顷，有蔬菜大棚13座。畜牧小区划8个，羊存栏6628只，肉食鸡出栏6万只，蛋鸡存栏0.9万只，猪存栏15275头，生猪出栏2.5万头。农民人均纯收入13500元。

【基础设施建设】2018年，白塔乡清理河道内垃圾2400立方米，修大口井（直径15米）1座。春季干旱，出借抗旱水泵40台次，灌溉涂朔管4500米，清理灌溉沉井83眼。7月汛期来临之前，修筑石堤200米，沙土河坝700米。秋收之季，整修水毁农田作业路60公里，修复漫水桥2座。

【农业产业布局】2018年，白塔乡在清水村和老边村发展特色农业，主要种植二茬作物，上茬扣膜玉米花生和西瓜，下茬萝卜白菜和大葱，种植面积100公顷，带动农户120余户。在上范村建2座养殖小区，老边村1座养殖小区。

【脱贫工作】2018年，白塔乡有“建档立卡”贫困户303户、555人。为153户贫困户发放花生种8500公斤；为4户建档立卡贫困户进行D级危房改造；争取上级扶贫专项资金120万元，兴建上范村扶贫生猪养殖场和白塔村泳装厂，带动贫困户集聚发展；申报塔沟村和朗月村扶贫设施农业大棚项目，用于扩大发展村级产业基地来带动建档立卡贫困户脱贫。对37名不符合条件的贫困户进行清退，为17名符合条件且未纳入的贫困户给予新识别，帮助26个脱贫户返贫。

中共白塔满族乡委员会

书　记　张立仁（2018年1月离任）
王海滨（2018年3月任职）

副书记　王海滨（2018年3月离任）
郭瀚泽（2018年5月任第一副书记）
刘鑫焱

白塔满族乡人民政府

乡　长　王海滨(2018年3月离任)

副乡长　李小东　曹东旭　冯海涛

白塔满族乡人大主席团

主　席　李晓波

（谷艳飞）

望海满族乡

【概况】望海满族乡位于兴城市境南部，东与徐大堡镇相连，南与东辛庄镇接壤，西南与南大满族乡、围屏满族乡为邻，北与沙后所镇交界，总面积81.4平方公里。国道102线、沈山铁路、京沈高速公路、秦沈高速铁路从境内通过。乡人民政府设在望海村，距兴城市区27公里。该乡辖望海、范罗、柳家、新白、黑庄、于家、牛营子、朱家、曲河、四方台10个行政村。2018年年末，全乡总人口19832人。其中，农业人口19083人，非农业人口749人。

2018年，望海乡重点培育肉鸡养殖、葡萄苗繁育、新兴果业、服装加工等19个“种、养、加、服”企业。全乡10个村全部脱壳，其中有3个村年收入超过5万元。

【发展现代农业】2018年，望海乡持续优化农业产业结构。高杆轮作调整玉米种植面积1733.33公顷，全乡玉米种植面积2066.67公顷，花生种植面积2000公顷，其他杂粮200公顷。有大棚33座、曲河东晟肉鸡养殖小区1个。黑庄村邵成葡萄、苹果采摘园形成以环英茂山为旅游观光休闲风景区。牛营村新栽李子树20公顷，完成李子种植面积46.67公顷，新栽葡萄苗木13.33公顷。

【重点项目建设】2018年，望海乡朱家村建机电井10眼，建大口井1座，配套设施交付完毕，实行灌溉266.67公顷，于家村建方塘1座。修建“一事一议”村内道路4.88公里，扶贫路3.4公里，通学校、村部最后一公里项目0.52公里。确定柳家村为美丽乡村示范村，修建广场1个，文化墙570平方米，花坛建设1300平方米，碳化木凉亭长廊18米，路灯22盏。

【脱贫工作】2018年，望海乡以发展产业项目带动贫困户的模式，年底脱贫155户266人，余154户271人。有29家企业进入扶贫项目库，其中四方台村茂源生物质颗粒厂和牛营子村丰硕手工编织厂与乡政府签订协议，带动全乡贫困户脱贫。

【党建工作】2018年，望海乡组织召开党建专题会议6次，开展党建活动12次，下派党建指导员10名。组织党员干部学习党的十九大精神5次，专题研讨4次，将“三会一课”作为学习教育主要载体，到基层支部讲党课10次。组织开展“增强四个意识，提高政治站位”“不忘初心、牢记使命”等主题活动。

中共望海满族乡委员会

书　记　李壮林

副书记　李宏伟
　　　　陈至志（2018年5月任第一副书记）
　　　　齐　冰

望海满族乡人民政府

乡　长　李宏伟

副乡长　马云国　佟佳良　刘　阳

望海满族乡人大主席团

主　席　王　琪

（张佳宇）

刘台子满族乡

【概况】刘台子满族乡地处六股河与渤海交接处，位于兴城市境西南端，东南临渤海辽东湾，南隔六股河与绥中县小庄子乡相望，西北与东辛庄镇接壤，东北与徐大堡镇毗邻，全乡总面积40.2平方公里。乡政府驻地刘台子乡潘山村，距兴城市区47公里。地势东高西低，东部沿海，南以六股河起，北至徐大堡镇交界处，构成南北狭长低丘地，中西部为开阔的临河滨海平原。该乡辖前刘台子、李维、蚂蚁、蛇山、山西、山东、凤鸣、闫家、潘家、盐锅10个行政村。2018年年末，全乡总人口14714人，其中，农业人口13860人，非农业人口854人。

2018年，刘台子乡耕地面积1778.67公顷，全乡以设施农业、休闲旅游和服装加工业的快速发展为工作重点，新建蔬菜温室大棚63个，种植油菜213.33公顷。在油菜花观赏节期间，接待省内外游客超过5万人次。26家渔家乐接待外地游客2.5万人次，旅游收入突破350万元。

【精准扶贫工作】2018年，刘台子乡清退低保户388户、429人，现有低保户150户、177人。盐锅村水稻种植大户和蚂蚁村海峡油菜种植专业合作社分别投入资金2万元，发放到建档立卡户手中。2个项目用工主要以有劳动能力的建档立卡户为主，有效带动建档立卡户脱贫。乡政府要求海边滩涂承包户必须带动20户建档立卡户，并写入合同条款。潘山村、李维村、凤鸣村服装加工户分别依据自身规模和能力，安排不同数量建档立卡户就业，增加收入。

【美丽乡村建设】2018年，刘台子乡修建水泥路面19.8公里，道路中修5.2公里，维修路肩、路边沟10公里，道路两侧栽种迎春花、丁香1.1万株，维修路灯186基，修建垃圾箱20个，修建桥涵1座。

【环境保护工作】2018年，刘台子乡对中央环境督查督办件进行办理。关停蛇山村张健防寒被厂，不办理环境手续不得复工。治理多宝鱼养殖户尾水排放问题，19户多宝鱼养殖户修建三级沉淀池，达到养殖尾水排放达标要求。改造参苗育苗室取暖锅炉问题，取得环境保护锅炉专业生产厂家支持，实现达标排放。

【壮大村集体经济】2018年，刘台子乡落实乡村振兴战略，盘活闫家村集体资产资源，对在近两年内要到期的海边荒滩，经与原承包者协商同意，与到期的海边荒滩进行整合，重新对外承包，为村集体增加收入7万元。蚂蚁村利用村部东侧荒地，投资40万元建设服装加工厂房，面向服装加工企业出租。同时，利用蚂蚁油菜花观光的名片效应，争取上级资金30万元，用于建设停车场、厕所、仿古长廊、基地基础设施，实施旅游配套设施项目，以收取固定收益的方式与海峡油菜种植专业合作社进行合作经营。蚂蚁村实施2个项目，为村集体增加收入5万元。

中共刘台子满族乡委员会

书　记　李宝文（2018年2月离任）

　　　　谷彦晟（2018年3月任职）

副书记　王　薇（女）

　　　　丛福波（2018年5月任第一副书记）

　　　　陈志强

刘台子满族乡人民政府

乡　长　王　薇（女）

副乡长　裴大亮　苏东阳　齐　兴

刘台子满族乡人大主席团

主　席　张晓东

（陈志强）

大寨满族乡

【**概况**】大寨满族乡位于兴城市境西南部边缘，东和东辛庄镇相邻，西南和绥中县隔六股河相望，西北与高家岭镇相接，北和围屏满族乡交界，总面积78.4平方公里。沈山高速公路和秦沈高速铁路横穿该乡4个村，102国道在该乡东侧。乡人民政府设在新立村新立屯。该乡辖新立、大寨、吴家、郭家屯、王相、李相、贲家、沙河、花营、牛彦、张家、罗家、兴旺13个行政村。2018年年末，全乡总人口20943人。其中，农业人口20190人，非农业人口753人。

2018年，全乡土豆种植面积1866.67公顷，大根萝卜种植面积1733.33公顷，完成新品种改良666.67公顷，裸地菜种植533.33公顷。全乡社会总产值实现10.8亿元，公共财政预算收入实现590万元。

党的十九大精神宣讲报告会

【**农业产业化**】2018年，大寨乡有设施农业40公顷，大棚面积增加40公顷，以大寨大根萝卜为特色，打造绿色无公害特色农产品。乡干部每月深入示范户家中、地里进行技术指导，向各示范户和村民发放玉米、花生、土豆等种植技术手册490份，养殖、蔬菜大棚技术光盘28份，每个示范户带动周边辐射户10户。全乡开展大棚蔬菜农药残留检测工作，每月蔬菜大棚实行抽取检验制度，全年检测抽样蔬菜

200多次，未发现农药超标现象。

【基础设施建设】2018年，大寨乡修建道路1.34万米，完成路基改造2.09万米，投资26万元。修建“一事一议”村内道路7500米。开展中央环保督查案件整改工作，乡内3家石材加工企业全部修建防渗池，封闭作业区域，清除废弃石料。

【工业发展】2018年，大寨乡召开招商引资会议5次，开展招商活动3次。通过自行招商，兴城市东晟泳装厂项目投产，项目选址王相村，总投资200万元，实际到位资金120万元。罗家村服装加工项目基建部分完工，项目投产后，带动农村剩余劳动力20余人，实现村集体收入年增1.5万元。

【精准扶贫】2018年，大寨乡落实7个扶贫项目。实施花生种、玉米种项目，购花生种15125公斤，覆盖7个行政村，带动建档立卡贫困户165户273人；采购玉米种4120斤，覆盖8村，带动贫困户186户331人。实施1个壮大村集体经济扶贫项目，项目位于李相村，采用村集体建设鸡舍出租方式，所获租金用于李相村85户建档贫困户分红，每户每年不低于200元。实施伟嘉合作养猪项目，项目位于李相村。实施教育扶贫项目，为47名贫困学生申请教育补助。实施健康扶贫项目，为全乡所有建档立卡贫困户免费缴纳新农合费用。实施危房改造项目，为39户建档贫困户翻建危房。实施化肥项目，带动建档贫困户400户695人。

中共大寨满族乡委员会

书　记　徐树强

副书记　魏东升

　　　　李硕磊（2018年5月任第一副书记）

　　　　冯启超

大寨满族乡人民政府

乡　长　魏东升

副乡长　方　岩　刘　洋　白春华（女）

大寨满族乡人大主席团

主　席　刘忠忱

（白春华）

南大满族乡

【概况】南大满族乡位于兴城市境中心地带，属烟台河流域，距兴城市区35公里，距京沈高速公路出口5公里，东通沙后所镇，南邸望海满族乡，西接围屏满族乡，北毗碱厂满族乡，总面积119.16平方公里。乡人民政府设在南大村柴家屯。该乡辖南大山、前夹山、后夹山、北英、陈胖、北大、后五、水关、红旗、三家、前五台、新民、北岭、满屯、接火台15个行政村。2018年年末，全乡总人口21045人。其中，农业人口20219人，非农业人口826人。人口自然增长率0.2‰。

2018年，南大乡耕地面积6388公顷，农民人均纯收入10186元。3个蔬菜合作社获得绿色食品认证，南大乡被辽宁省农村经济委员会授予“辽宁特产之乡”称号，被葫芦岛市政府授予“文明乡镇”称号。

群众文化活动

【农业工作】2018年，南大乡扶持科技示范户30户，推广建设示范田100公顷，新技术应用10项，实现玉米亩产950公斤。在前五台村、接火台村、后五村实施花生玉米轮作倒茬项目93.33公顷。实测土地面积6495.85公顷，确权面积4973.44公顷。完成农村集体资产清产核资清查工作。开展河道环境综合整治和非法采砂整治工作，完成烟台河护坡工程2万米，南大山村节水增粮项目66.67公顷。完成雨季造林13.33公顷。

【民生工作】2018年，南大乡集中在“一河四线一市场”（烟台河，沙尚线、羊洪线、南新线、北杨线，农贸市场）重点区域开展生活垃圾、建筑垃圾大清理、大清运工作。取消农村低保696户778人，取消城镇低保3户4人，下调农村低保24户27人。争取“一事一议”资金126万元，新修满屯村、北岭村、陈胖村、三家村、水关村、前夹山村、后五村道路6公里。组织农村剩余劳动力就近就地转移3000人次，劳务输出300人次。发展创业带头人1名，增加就业10人。

修路现场

【脱贫攻坚】2018年初，南大乡总贫困人口749户1603人，到年底脱贫649户1389人，未脱贫100户214人。引进花生良种101025公斤，玉米良种1450公斤，贫困户直接受益60余万元。对全乡贫困户实施D级危房改造86户，投入资金258万元；C级危房维修39户，投入资金19.5万元。北英村葡萄种植及生猪养殖2个金融扶贫项目，提供3万元资金帮扶贫困户。后夹山村泳装加工厂项目实现村集体收入1.5万元，其中1.48万元按照人均100元标准，发放到后夹山村64户148名贫困户手中。与市民宗委协调，争取资金20万元建设北英村服装加工厂，实现村集体收入2万元，年末前全部发到给该村贫困户。红旗村、陈胖村新建2个花生加工厂项目，分别向市扶贫办申请扶贫专项资金60万元和40万元。

中共南大满族乡委员会

书　记　张大志（2018年2月离任）

　　　　王建海（2018年3月任职）

副书记　魏军生

　　　　王　宁（2018年5月任第一副书记）

　　　　薛喜东

南大满族乡人民政府

乡　长　魏军生

副乡长　杜长成　王会良　李元涛

南大满族乡人大主席团

主　席　赵恩志

（王冠）

围屏满族乡

【**概况**】围屏满族乡位于兴城市境西南部山区，距兴城市区45公里，境内有沙高、围兴、望金等县级公路与国道102线连通，东和南大满族乡相邻，南与望海满族乡、大寨满族乡交界，西与高家岭镇毗邻，北与碱厂满族乡接壤，总面积112.46平方公里。乡人民政府设在围屏村。该乡辖北边、太平、往户、围屏、茶家、团瓢、陈良、云台8个行政村。2018年年末，全乡总人口13240人。其中，农业人口12651人，非农业人口589人。

2018年，围屏乡实现社会生产总值1.81亿元，年均增长7%。固定资产投入实现1亿元，年均增长13.5%。一般公共预算收入实现313万元，年均增长12%。农民人均收入10160元，年均增长6.5%。

【**农业发展**】2018年，围屏乡实现对农村耕种模式改革新尝试，完成3133.33公顷耕地托管服务，完成3400公顷耕地农业保险投保工作，完善4866.67公顷土地确权工作。实现果树新品种栽植1.5万余株，完成封山育林项目200公顷，植树造林13.33公顷。全面贯彻河长制，总河长巡查每年2次，河长巡查每年4次，村级河长巡查每年12次。保证河道无乱采砂、挖掘，污水零排放，垃圾无堆放，河堤无险段。完成大伟嘉百万绿色生猪生态循环产业园核心种猪场招商引资项目建设工作，发展生态养猪项目3家。

【**基础设施建设**】2018年，围屏乡新修道路14.05公里，其中“一事一议”项目6.2公里，精准扶贫和最后一公里项目7.85公里，维修北边村漫水桥1座。修建文化广场950平方米，安装路灯44盏。结合美丽乡村建设在往户村开展“五进院”活动，修建标准化公共厕所1座，改造农户卫生厕所35个。对临街墙面进行美化，制作文化墙550平方米。完成太平村、往户村、团瓢村、陈粮村综合文化站建设。完成D级危房翻建改造建房56户，C级危房维修25户。

【**环境治理**】2018年，围屏乡对全乡所有企业及养殖场进行定期检查，处理环保纠纷6起。聘用保洁员40余人，累计清运垃圾100余吨。配合市环保局开展全国第二次污染源普查，对全乡生活锅炉8家和工业企业32家进行普查登记并上报市环保局。

【建设平安围屏】2018年，围屏乡对“扫黑除恶”工作作出全面细致部署，全面摸排线索，走访调查，清理出3起涉乱问题，抓获5起盗砍林木案件，发现3起私挖滥采河沙问题。

中共围屏满族乡委员会

书　记　吴孝公

副书记　周晓明

　　　　牛　兴（2018年5月任第一副书记）

　　　　王　强

围屏满族乡人民政府

乡　长　周晓明

副乡长　陈　刚　赵晓爽（女）　王叙翔

围屏满族乡人大主席团

主　席　姚景馥

（刘盈）

碱厂满族乡

【概况】碱厂满族乡位于兴城市境西部，东与红崖子镇、南大满族乡相邻，南与围屏满族乡毗连，西与三道沟满族乡交界，北与郭家镇、药王满族乡接壤，总面积163.1平方公里。乡人民政府设在碱厂村白店屯。该乡辖白庙子、蒋家、朱家、长岭、杨树、四间、碱厂7个行政村。2018年年末，全乡总人口11443人。其中，农业人口567人，非农业人口10876人。人口自然增长率–3.7‰。

2018年，碱厂乡耕地面积4333公顷，全乡农业总产值13716万元，工业总产值3570万元，农民人均纯收入4890元。年内，碱厂乡获全国脱贫攻坚组织创新奖。6月，全省发展壮大村级集体经济工作经验交流会参会人员到碱厂乡碱厂村观摩。

碱厂乡获全国脱贫攻坚组织创新奖

【乡村振兴】2018年，碱厂乡制定乡村振兴战略五年规划，主要内容是发展优质高效产业，争创省级特色乡镇；加大环境治理力度，打造生态宜居美丽乡村；注重精神文明建设，提高乡风文明程度；健全治理机制，提高治理能力；壮大集体经济，实现共同富裕。

【现代农业发展】2018年，碱厂乡发展精品果树带，修建高标准生态梯田93.33公顷，栽植各类果树8万株。完成造林工程166.67公顷，造林成活率在85%以上。完成土地轮作任务1066.67公顷，种植红南果树6万株，种植花生面积3333.33公顷，种植平欧大果榛子和核桃面积400公顷。

【乡村旅游产业】2018年，碱厂乡工作重点向乡村旅游产业倾斜，布局乡村观光和采摘。种植6.67公顷油菜花田，在碱厂水库周边打造4.67公顷桑葚采摘园，20公顷鲜桃采摘园和133.33公顷精品果园，策划建设80家民宿。

【基础设施建设】2018年，碱厂乡开展基础设施建设，助力农业生产。修建大型方塘8座、大口井5眼、深井8眼，维修直径100米的方塘1座，新修建塘坝1座。全乡新增加水浇地面积400公顷。

【脱贫攻坚】2018年，碱厂乡完成医疗扶贫和教育扶贫补贴项目，为建档立卡贫困

2019年6月25日，辽宁省委常委、省委组织部部长王正谱到碱厂村参观

户采购鸡雏17.83万只，发放优质花生良种203275公斤，发放绒山羊每户3只，采购各类果树苗木56815株。截至年末，全乡完成脱贫任务827人，杨树村按计划整体脱贫。

中共碱厂满族乡委员会

书　记　刘　强

副书记　邱　枫

　　　　谢景华（2018年5月任第一副书记）

　　　　田峰源

碱厂满族乡人民政府

乡　长　邱　枫

副乡长　刘　祺　贲宝玉

　　　　冯艳玲（女，2018年12月离任）

碱厂乡人大主席团

主　席　李宏宇

（田峰源）

三道沟满族乡

【概况】三道沟满族乡位于兴城市西部山区，东邻碱厂满族乡，西南与绥中县宽邦镇隔河相望，西北与建昌县平山子村毗邻，北与药王满族乡接壤，总面积169.9平方公里。乡人民政府设在三道沟村。该乡辖西门、东门、黑沟、汪家、三道沟、三道沟里、戏台、巴家、头道沟、凉水泉、黄埃子11个行政村。2018年年末，全乡总人口19843人。其中，农业人口18936人，非农业人口907人。

2018年，三道沟乡蔬菜种植面积65.8公顷，种植无公害地瓜253.33公顷，新品种花生146.67公顷。棚菜小区改造1个，维修大棚63个，栽植新品种果树7万株，改造老果树3000株。年出栏生猪6100头，其他畜类出栏8120只，禽类饲养量2.4万只。

【党建工作】2018年，三道沟乡定期召开党委会研究党建工作，建立党委委员包村制度，实行每周到村检查指导制度。召开党委班子民主生活会3次，对中央第六巡视组向辽宁省委反馈巡视情况认真整改，组织中心理论学习12次，每人写心得体会4篇。召开座谈会16次，解决13个涉及基层党建方面问题，领导下村授课12次。设固定党建宣传栏3处，张贴宣传栏标语187条。乡村干部集中学习会议精神8次，督促落实检查5次。

【基础设施建设】2018年，三道沟乡东门村、头道沟村美丽乡村建设完工，维修秋收作业道3.5公里，铺设集市彩砖300平方米，修建进乡南大门1个。完成果树改造33.33公顷，建百亩桃园3个。修村内路21公里，路边排水沟150延长米，清理河道1500米，拦蓄工程120米。完成春季造林100公顷，退化林修复100公顷，封山育林200公顷。

【脱贫攻坚】2018年，三道沟乡成立果业、棚菜、养殖合作社11家，打造“党支部+合作社+建档立卡户”脱贫模式，三道沟里村成立希林果蔬合作社，扩建“SOD”果园26.67公顷，果园面积达到126.67公顷，实现果树认养2400棵，带动三道沟里村整村脱贫。

【乡村振兴】2018年，三道沟乡开发原生态旅游，以头道沟村为龙头，通过“村+村+农户”的方式，联合戏台、凉水泉、黄埃子、黑沟、三道沟里村实施乡村原生态旅游战略，建成集观光、登山、采摘、垂钓、吃住为一体的旅游观光景点，成立兴城市三道沟乡大青山旅游基地。硬化环山道路3公里，栽植风景树4000棵，建成百亩桃园3个，建农家乐3户，修建登山栈道550米，观景台3处。利用三道沟革命老区区域优势，在头道沟里村建红色旅游革命纪念馆，打造辽西红色旅游基地。

中共三道沟满族乡委员会

书　记　刘振兴（2018年3月离任）
　　　　赵　超（2018年3月任职）
副书记　赵　超（2018年3月离任）
　　　　陈　浩（2018年5月任第一副书记）
　　　　张志刚

三道沟满族乡人民政府

乡　长　赵　超（2018年3月离任）
副乡长　谢东风　秦　亮　杨　挺

三道沟满族乡人大主席团

主　席　刘　勇

（王新维）

旧门满族乡

【概况】旧门满族乡位于兴城市境北部、兴城河上游，距市区25公里，省道318线（兴玲公路）贯穿全乡。东和华山街道相邻，南与红崖子镇毗连，西和郭家镇、药王满族乡交界，北与葫芦岛市连山区杨郊乡接壤，总面积83.3平方公里。乡人民政府设在旧门村。该乡辖旧门、李屯、半道子、望川、金樊、三道、刘屯、草白8个行政村。2018年年末，全乡总人口9864人。其中，农业人口9368人，非农业人口496人。

2018年，全乡实现地区生产总值3.37亿元，比上年同期增长7%。农民人均纯收入10082元，增长近7%。全乡经济以农业为主，工业以矿山企业为主，第三产业以泳装加工为主。工业企业总数23家，规模以上工业企业1家。

【农村产业发展】2018年，旧门乡继续加快土地流转和设施农业建设，在望川村流转土地5.6公顷，修建冷棚6000延长米，栽植白扇、神马等白菊150万株，出口日本、韩国。金樊村以村集体形式成立辽宁供销安邦金樊一品物流配送有限公司，发展农产品物流配送。草白村民俗博物馆项目占地3500平方米，建筑面积710平方米。修建满族特色四合院1个，包括9间正房和10间偏房，院内建满族特色长廊，对房间内进行满族特色装修，购置满族特色桌椅和餐具，提供“八大碗”等满族特色餐饮以及住宿服务。

【基础设施建设】2018年，旧门乡修建大眼井3眼，截洪坝2座，临时抗旱水坑117处，抗旱播种面积733公顷。完成山洪沟治理任务1处，修复堤防400米，完成旧门村东沟140延长米河道治理工程。完成共计1030米长堤防和梯田治理153.33公顷维修任务，绿化带治理任务17.33公顷。通过精准扶贫和“一事一议”完成道路硬化6.1公里，建漫水桥1座90延长米。

【生态环境建设】2018年，旧门乡修建果树梯田53.33公顷，栽植富士苹果、桃树、野山杏12.9万株，完成人工造林66.67公顷，栽植油松11万株。完成退化林分修复66.67公顷，栽植油松3万余株。完成草白村南沟200公顷生态治理工程。投资70余万元在刘屯村实施美丽乡村建设项目，新建800平方米文化广场，安装太阳能路灯50盏，修建垃圾池3座，屯内道路两侧仿古墙1400延长米，木质栅栏20个，绿化树木100株，文化墙400平方米。

【精神文明建设】2018年，旧门乡开展“扫黑除恶”专项斗争。在全乡主要道路和各村显著位置悬挂横幅75幅，张贴宣传画报150张，发放宣传手册3500份、宣传单6500张，出动宣传车220台次，公开举报电话，畅通信息渠道。开展移风易俗活动，制定并下发实施方案，出动宣传车200余台次，在各村贴发公告40张，发放公开信3000余份，与各村及驻在单位签订责任状13份。对辖区内党员干部群众借红白喜事、升学、祝寿、乔迁、生子以及其他名目大操大办等不良行为进行专项治理。

中共旧门满族乡委员会

书　记　谭晓军

副书记　张　斌

　　　　龙行波（2018年5月任第一副书记）

旧门满族乡人民政府

乡　长　张　斌

副乡长　刘文良　肖强卫　房文龙

旧门满族乡人大主席团

主　席　肖　英

（王长良）

药王满族乡

【概况】药王满族乡位于兴城市西北部边缘，东与旧门满族乡、郭家镇毗邻，南和三道沟、碱厂满族乡接壤，西同建昌县药王庙镇交界，北与葫芦岛市连山区新台门镇相通。总面积138.4平方公里。乡人民政府设在裴屯村塔下屯。该乡辖叶屯、杜屯、药王、谷屯、裴屯、立兴、三头、丁家、六家子、冯屯、金家11个行政村。2018年年末，全乡总人口16930人。其中，非农业人口686人，农业人口16244人。

2018年，药王乡农业综合开发266.67公顷。完成设施农业大棚改造83座，种植蓝莓3万株，种植中草药15公顷，试种酒高粱13.33公顷。农业产值4700万元，工业产值3000万元。

【基础设施建设】2018年，药王乡完成道路中修4.5公里，路基改造19.5公里，修水泥路17.6公里，修漫水桥1座，过水路面3处120米。药王村修建1000平方米文化广场1座，修建排水沟550延长米，安装路灯30基，修建文化墙600平方米。丁家村安装路灯68基，新建文化广场1座1300平方米，修建排水沟406米，修建文化墙400平方米。建乡卫生院面积910平方米，在叶屯村和药王村新建村卫生室2座，面积210平方米，并配齐设备。完成女儿河水毁维修工程500米，叶屯村截潜工程150米，三头村截潜浇灌550米，新建截潜坝3道。新建垃圾箱13个，村垃圾场2座。

【脱贫攻坚】2018年，药王乡政府通过上级扶贫部门为全乡精准扶贫建档立卡户提供新品种花生种6万公斤、抗旱防倒伏玉米种3万公斤、新品种果树苗13万株、甘薯苗145万株。在药王村发展养猪项目88户512只，全乡发展养羊项目303户909只。省级贫困村药王村整村脱贫，完成自检工作。

【“扫黑除恶”】2018年，药王乡成立“扫黑除恶”专项斗争领导小组，制定方案、制度，并与行政村签订责任状，公布乡政府“扫黑除恶”举报电话，设立举办邮箱12个，音频广播11处，悬挂条幅110条，发放宣传单7000份，宣传图版12个，出动广播车1辆，张贴公告65处。

“扫黑除恶”宣传活动

【重点项目】2018年，药王乡黄家湾水库区域面积66.67公顷，具有得天独厚的自然资源优势。依托黄家湾水库建设天逸山庄项目，主要包括游船码头、水上景观水榭台、仿古四合院、景观长廊、景观亭台服务区、景观树等，项目总投资2.1亿元，截至年末累计投资1.7亿元。

中共药王满族乡委员会

书　记　牛春伦（2018年2月离任）
　　　　柏春辉（2018年3月任职）
副书记　李福权
　　　　张学忠（2018年5月任第一副书记）
　　　　雷　达

药王满族乡人民政府

乡　长　李福权
副乡长　李　强　裴　辉（女）　冀洪义

药王满族乡人大主席团

主　席　王　军

（郭松）

曹庄镇

【概况】曹庄镇位于兴城市境东部，东濒渤海湾，南邻滨海经济区、临海街道、沙后所镇，西接羊安满族乡，北与宁远街道相连。102国道、京哈铁路纵穿境内，滨海大道位于东侧海岸线上，交通便利，四通八达。红海滩观光旅游，现代渔业园区坐落于镇域内。海岸线长13.5公里，总面积64.39平方公里，镇政府设在大甸子村。该镇辖大河口、四城子、泡河、朱家、沙屯、大英堡子、小英堡子、上坡、七里、后湖、安相、大甸子、头台子、曹庄14个行政村（33个自然屯）和七〇一九、东华、曹庄3个社区。2018年年末，全镇总户数11125户，总人口31197人。其中，农业人口28046人，非农业人口3151人。

2018年，全镇耕地面积4500公顷，粮食作物播种面积1126.44公顷，总产量4284.5吨，平均每公顷3803.58公斤。其中，稻谷播种面积45.1公顷，大豆播种面积10.5公顷，玉米播种面积1070.84公顷，产量4056吨，平均每公顷3787.6公斤。经济作物面积1976.8公顷，产量8804吨；蔬菜面积53.71公顷，产量13485.05吨。与农户签订农生托管服务合同1448份，面积893.6公顷。年内，全镇辖区内企业300余家，产生纳税额企业148家。完成一般公共预算收入399.6万元，其中税收收入373.6万元，非税收收入26万元，完成进度258.31%，超出税收基数244.9万元。4月，被辽宁省统计局、辽宁省第三次全国农业普查领导小组办公室授予先进集体；5月，被中共葫芦岛市委、市政府授予2015～2017年度文明乡镇。

2018年1月15日，完成高标准农田建设打机电井

【特色产业】2018年，曹庄镇建设完成高标准农田项目266.67公顷，机电井53眼，修田间作业路长2103米、宽3米。后湖村招商引进益民果蔬种植合作社，项目占地54.67公顷，土地流转124户，每年每公顷承包费1.2万元，建成果蔬大棚127个，成为全市第一家规模最大，集农业、旅游、休闲、观光、采摘、餐饮于一体综合性现代设施农业示范基地。

2018年1月，建成田间作业路

【动迁工作】2018年，兴城市政府征占曹庄镇大河口村、四城子村、泡河村、朱家村部分土地用于城市建设，涉及土地106.12公顷，征地补偿款发放完毕，无上访、越级访现象。

【精准脱贫】2018年，曹庄镇14个行政村建档立卡497户858人，按照贫困户自愿申报原则，申报花生良种“花育23”17.5公顷、4600公斤，涉及6个村75户132人。申报玉米良种67.07公顷、1660公斤，涉及12个村401户664人。移民危房改造D级4户，每户政府补贴3万元。为符合条件建档立卡贫困户实施教育扶贫和健康扶贫，其中41人享受教育扶贫，政府补助3.08万元；430人享受健康扶贫，政府补助9.03万元。全镇261人161个建档立卡贫困户成功脱贫。年内，该镇被兴城市委、市政府评为脱贫攻坚工作先进乡镇。

2018年3月，为建档立卡贫困户申报花生良种

【新农村建设】2018年，曹庄镇“一事一议”修村级公路8.74公里，其中曹庄村和上坡村各2公里，朱家村1.74公里，大甸子村、大英堡子村、后湖村各1公里。精准扶贫修路6.5公里，涉及朱家、头台子、上坡子3个村。建立长效机制，各村雇佣专职保洁员，按照每500口人中有1名保洁员的比例雇佣保洁人员76名，实现垃圾日产日清，全年各村清理垃圾10万吨。为曹庄村、上坡村成功申报2018年中央农村环境整治专项资金。中央环保督导组回头看工作，摸排走访统计鱼棚318个，养殖户259户，养殖区域垃圾清理557立方米，治理完成排污口悬浮物处理户数253户，拆除直排厕所57个，原址改造52个，另址新建52个，购置环保厕所数3个。

【水利工作】2018年，曹庄镇成立“河长制”领导小组，镇级河长分别对贾河、运粮河、安相河、老滩河、兴城河进行巡查，巡河巡查30次；村级河长巡河90次；每月对辖区内河流检查进行记录，保留影像资料，发现问题立即整改。投入资金6万元，治理运粮河、贾河、兴城河3条主要河流河道22公里，清理河道垃圾1600立方米。投入抗旱设备三相电水泵30台，柴油机发电机组28套，柴油机水泵10台，发放水管带11000米，解决干旱农田1000公顷。在2处漫水桥设立安全警示牌并安排专人看守，在11处方塘塘坝处设置危险警示标志。对14个村22户危房险房户实行镇村两级干部包保责任制。

【动物防疫】2018年，曹庄镇召开春秋两季动物防疫工作会议，与14个村签订责任状。对辖区2个养殖大户进行“瘦肉精”检测，对 1 家兽药店、1 家饲料经营企业定期检查，杜绝假劣兽药和添加违禁药物饲料进入流通环节。对 225 头病死猪进行无害化处理。建立非洲猪瘟防控检查站 2 个，严看死守，防疫员入户 374 户，对辖区内 11000 头猪进行排查，确保无疫情发生。

【“扫黑除恶”】2018 年，曹庄镇利用各种舆论宣传工具，在镇村主要街道、出入口、102 线两侧及滨海公路醒目位置悬挂“扫黑除恶”内容宣传条幅 120 余幅，张贴宣传海报 120 张，悬挂宣传旗 500 面，粘贴宣传板 100 张，设立永久性固定宣传标牌 5 块，制作玻璃宣传橱窗 4 块。LED 屏幕循环播放宣传标语 5 块，出动宣传车 1 辆，印发重点打击对象 10 个方面宣传单 2000 份及《致全镇村民（居民）一封信》1 万份。印发宣讲材料及知识手册 200 份。对 14 个村 3 个社区年满 14 周岁以上村民（居民）及在本镇居住人员对照“扫黑除恶”10 种情形，摸排 23329 人建立档案，并将线索移送市扫黑办。

【民政工作】2018 年，曹庄镇有农村低保户 313 户 341 人，通过低保专项整治行动，取消 763 户 869 人，救助低保家庭中困难大学生 14 名；有分散供养特困人员 128 户 141 人。新增“五保”11 户 14 人，通过自查取消死亡和不符合五保标准人员 8 人；有集中供养“五保”户 40 人，重新填写所有“五保”人员档案。为困难群众发放救灾款 19 万元，保障困难群众生活。农房保险 3500 户。享受优抚补助待遇人员 237 人。年内，全镇有 90 岁以上高龄老人 73 人，为 19 位高龄老人申请高龄老人补助。有残疾人 524 人，为 12 名个体就业残疾人申请补助，金额 2000 元 / 人。网络信息录入困境儿童 27 名、留守儿童 16 名及失能老人 18 名。

【城建工作】2018 年，曹庄镇危房改造 D 级翻建 11 户，C 级翻建 20 户，改造 31 户。停工违章建筑 85 户，拆除违章建筑 33 户。其中，大河口村停工 56 户，拆除 18 户；四城子庙后屯停工 17 户，拆除 9 户；泡河村停工 12 户，拆除 6 户。配合沈阳天龙公司完成 14 个行政村权籍调查及入户信息采集。

【民生保障】2018 年，曹庄镇办理就业失业登记证 61 人。失业保险人员认定 37 人，就地就近人员转移 5086 人，创业带头人 3 户，带动就业 21 人。全镇参保缴费 12241 人，新参保 55 人，中断补交 134 人，待遇中止人数 132 人，60 周岁以上领取养老金 6630 人，参保率 90% 以上。生存认证人员 5113 人，其中死亡 44 人，追缴冒领养老金 101295 元。为 65 岁以上老人健康体检 1020 人次，为居住在辖区内儿童预防注射疫苗 1560 人次，妇女“两癌”筛查 674 人次。全年参加新农合 24374 人，参合率 99%。

【监督查处】2018 年，曹庄镇严格执行党风

2018 年 10 月 5 日，渔棚环境整治工作现场

廉政建设责任制，与各村（社区）签订党风廉政建设责任状 17 份；按照考核审核标准选拔村级监督员 17 人，并与村级监督员签订承诺责任书。重点检查 13 个村精准扶贫档案，入户 135 户，结案 10 件，初核了结 3 件，纪律处分 3 人，组织处理 9 人。

【安全生产】2018 年，曹庄镇与 14 个村、3 个社区 90 余家企业签定安全生产责任书。出动车辆 50 台次，人员 110 人次，对辖区范围内 90 余家企业进行安全生产检查，发现隐患 62 处，提出整改意见 60 余条。教育批评泳装业主 8 家，取缔无照企业 1 家。发放各类安全宣传资料 980 余份，张贴宣传标语 62 张，播放广播 60 余次，制作安全生产宣传图册 12000 份。

【海洋渔业】2018 年，曹庄镇成立海上安全通讯小组、抢险救助小组，对渔船登记造册，编队生产，签订责任书 37 份。全镇有证船只 37 只，转产 9 只，建立渔民家庭收支调查台账 7 户，对 2016 年渔船燃油补贴盖章登记 31 人，渔船手续、照片等材料备案 31 份。签订禁止非法越界捕捞责任书 37 份，对 120 马力以上船只登记造册，并由镇村两级包保，其中村级包保 5 人，镇级包保 2 人，电话告知 37 次，悬挂条幅 14 幅。对伏季休渔渔船登记造册，查明停泊位置，其中停放小坞码头 29 只，葫芦岛岛里 1 只，绥中二河口 5 只，兴城船厂 1 只，泡河村 1 只。制定休渔期值班表，每天不定时巡查。签订禁止船舶运送生猪承诺书 17 份。

中共曹庄镇委员会

书　记　宋　丹（女，2018 年 2 月离任）

刘振兴（2018年3月任职）
副书记 吕跃飞
张 弛（女，2018年5月任第一副书记）
王召君

曹庄镇人民政府

镇 长 吕跃飞
副镇长 陈宝彬 李志强
陈 彬 白宁宁（女）

曹庄镇人大主席团

主 席 孙敬民

（柏福喜）

东辛庄镇

【概况】东辛庄镇地处兴城市境西南隅，东与刘台子满族乡、徐大堡镇相邻，西南隔六股河与绥中县相望，西与大寨、围屏满族乡毗连，北接望海满族乡，总面积73.39平方公里。国道102线、沈山铁路、京沈高速公路、秦沈高速铁路横贯境内，镇村公路四通八达，距兴城市区36公里。镇人民政府设在东辛庄村。该镇辖东辛庄、西辛庄、张虎、谷屯、孙岭、半拉堡子、王宝、南二台子、东关站、西关站、陈屯、胡家坟、西地13个行政村和东辛庄1个社区。2018年年末，全镇总人口26911人，其中城镇人口7706人，农业人口19205人。人口自然增长率4.0‰。

2018年，全镇实现社会总产值10.9亿元。地区生产总值增长8.5%，其中第一产业总产值增长3.51%，第二产业总产值增长7.31%，第三产业总产值增长14.31%，一、二、三产业结构比为2:5:3。社会固定资产投资同比增长13.71%。耕地面积1817.62公顷。城乡居民人均纯收入14500元，同比增长12.28%。

【设施建设】2018年，东辛庄镇治理东关站村、半拉堡子村河道工程1500米，建高低压线路8公里，购置水泵、管带等抗旱物资，投入资金20万元。新建温室大棚56栋，建筑面积6.67公顷。启动东关站村高效农业开发项目，面积200公顷。开展耕地轮作试点面积133.33公顷。投资7万元实施西地村塘坝清淤工程，开挖土1万立方米。投资1.5万元，清理河道4处，推进“河长制”工作。新增设施农业专业合作社2家，土地产出效益和质量不断提升。年内，全镇完成污水处理厂整治。新修镇村柏油路、水泥道路12.7公里，维修道路6.2公里。投入环卫经费50万元，实现镇域全覆盖。清理路边沟4000延长米，清理“三堆”1000多个，清运垃圾2000余吨。

【特色农业】2018年，东辛庄镇扎实推进农业观光旅游和农产品深加工项目建设，完成付家采摘园、蓝莓种植园、老兵农场等农业旅游采摘项目后续工程。晨曦生态园旅游采摘观光项目一期工程投资1000万元，建设生态餐厅及农业大棚49栋。

【工商业】2018年，东辛庄镇开展领导干部挂钩服务企业活动，解决企业技术、用工等难题12件。助力机械制造、服装、农产品深加工三大支柱产业。投资500万元，完成长宏挂车厂扩建工程。以服装加工为主，发展上下游产业链条衔接的服装产业集群，年创产值2亿余元。年内，利用区位及产业优势，在全面提升传统服务业基础上，推进商贸、物流等现代服务业发展。连锁快递、保险代理先后落户该镇，农家乐、养老服务等新业态蓬勃发展，第三产业实现增加值2.1亿元，年均增长10.5%。

【“扫黑除恶”】2018年，东辛庄镇利用服装市场和农村广场等人员密集场所，发放兴城市扫黑办《致全市人民的一封信》13000余份，悬挂宣传条幅200余条，制作路灯杆“扫黑除恶”标志牌300面。在镇政府门口制作“扫黑除恶”宣传墙30米，利用镇区大桥和外墙喷涂“扫黑除恶”固定标语10处，出动宣传车200台次。自查村两委班子成员违法违纪线索10条，村第一书记摸排线索1条，接到群众举报线索3条。破案17起，其中现案16起，提起公诉4人，刑事拘留4人，行政拘留19人，抓获逃犯和吸毒人员各1人，破获侵财现案13起。

【社会保障】2018年，东辛庄镇强化民政优抚工作，推进结对帮扶困难群众，为低保户、困难户排忧解难。排查低保，取消农村低保户528户555人，取消城镇低保户36户56人。重新核定特困供养人员，取消特困供养资格63人。

中共东辛庄镇委员会

书　记　王铁军（2018年2月离任）
　　　　于　腾（2018年3月任职）
副书记　于　腾（2018年3月离任）
　　　　牛东阳（2018年5月任第一副书记）
　　　　王春生（2018年11月离任）

东辛庄镇人民政府

镇　长　于　腾（2018年3月离任）
副镇长　单宝贵　刘国涛
　　　　王立群（2018年5月离任）　王　壮

东辛庄镇人大主席团

主　席　何春军

（陈正丰）

沙后所镇

【概况】沙后所镇位于兴城市境东南部，东临辽东湾，南与望海满族乡、徐大堡镇相邻，西与南大满族乡接壤，北和曹庄镇交界，总面积113平方公里。海岸线长13公里，盛产鱼、虾、蟹、贝类等海产品。滩涂养殖面积333.33公顷。国道102线、京哈铁路、京沈高速公路、秦沈高速铁路贯穿全境，京沈高速公路在镇区外设有出口。镇人民政府设在西关村。该镇辖城内、南门外、西关、烟台、前王、后王、乱泥、王家洼子、焦家、石屯、龙王、五里、荒地、闻家、桃园、五王16个行政村和沙后所1个社区。2018年年末，全镇总户数12899户，其中农业户11300户，非农业户1599户；总人口39205人，其中农业人口35920人，非农业人口3285人。人

口自然增长率 -0.74‰。

2018年，沙后所镇税收基数293.5万元，有纳税企业111户，新增45户，增长68%。截至年末，税收收入完成200万元。地区生产总值11.6亿元，增长7.4%；规模以上企业生产总值71032.96万元，增长8.01%；固定资产投资2000万元，增长21.2%；社会消费品零售总额22921.8万元,增长6.5%。人均可支配收入1.82万元，增长7%。

【设施建设】2018年，沙后所镇推进农业供给侧结构性改革，发展设施农业10公顷，在闻家村、桃园村、五王村实施千亿斤粮食田间工程200公顷，投资330万元，开展农业生产社会化服务48.63公顷。年内,全镇维修农村公路1.9公里。实施“一事一议”村内道路16.6公里，实施农村饮水安全巩固提升工程。在龙王村投资30元，改造电力线路140公里。

【民生事业】2018年，沙后所镇坚持精准扶贫、精准脱贫，实施扶贫项目2个，桃园村泳装厂和烟台村黏豆包加工厂房建设完成，洽谈扶贫项目1个。年末，实现贫困人口脱贫65户、163人。翻建农村建档立卡贫困户危房4户，改造农村危房9户。完成精准扶贫路4.37公里。扒掉直排厕所21个，另址新建厕所19个，购置环保厕所5个，新增垃圾桶（箱）15个，处理排污口悬浮物29户。投入资金34.12万元购置垃圾清理设备，每400人设置保洁员1个。投资8万元清理河道，清理垃圾236.6吨。投入经费5.2万元清理柴草堆246个，粪便堆267个，杂物堆222个。

【“扫黑除恶”】2018年，沙后所镇调动全镇人民群众参与“扫黑除恶”专项斗争。发放各类宣传材料3万余份，张贴公告300份，悬挂条幅152条，在主要路口和重点位置悬挂、粉刷标语80余条，制作宣传板270块。利用村村通大喇叭广播全覆盖优势，播报500余次。在17个村（社区）分别设立举报箱，公布举报电话。从重点人员、重点行业、司法案例、信访投诉、网络舆情等排查出线索29条，其中侵占集体土地和和集体资产15条，寻衅滋事7条，无理上访2条，收取保护费1条，扰乱公共秩序1条，扰乱经济秩序3条；移交上级部门线索4条，全部整理归档。

中共沙后所镇委员会

书　记　张人杰
副书记　陈庆友
　　　　龚　建（2018年5月任第一副书记）
　　　　张玉平（2018年11月离任）

沙后所镇人民政府

镇　长　陈庆友
副镇长　赵长义（2018年11月离任）
　　　　刘　骞（女）
　　　　高　飞　吴孝正

沙后所镇人大主席团

主席　　关炳哲

（梁雪）

郭家镇

【概况】郭家镇位于兴城市境西北部，距兴城市区35公里。东与红崖子镇为邻，南与碱厂满族乡交界，西北与药王满族乡毗邻，东北与旧门满族乡接壤，总面积119平方公里。镇人民政府设在孙家村李家屯。该镇辖孙家、张沈、大石、郭家、棋盘、陈家6个行政村和东华1个社区。2018年年末，全镇总人口10048人。其中，农业人口人8027人，非农业人口2021人。人口自然增长率–2.5‰。

2018年，全镇有耕地面积1486公顷，主要种植玉米和花生。农村经济生产总值1.96亿元，其中农业产值6100万元，工业产值1.3亿元，第三产业产值500万元。农民人均纯收入3650元。年内，郭家镇被中共葫芦岛市委、市政府授予脱贫攻坚工作先进单位，孙家村被授予脱贫攻坚工作先进村集体。

【农业经济】2018年，郭家镇造林100公顷。其中，海防林100公顷，封山育林266.67公顷。引进优质花生良种11万公斤。新建大型肉鸡养殖场1个、大型肉猪养殖场3个。猪存栏16621头，出栏18862头；羊存栏6938只，出栏4869只；鸡存栏287931只，肉鸡出栏1342245只。

【新农村建设】2018年，郭家镇加快脱贫步伐、带动农村社会发展。在陈家村村部广场建设1座光伏发电站，安装41千瓦分布式光伏发电系统标配产品1套。采取剩余电量上网模式，整套系统寿命长达15年，每年可为村集体增收3万元至4万元。棋盘村为丰富村民业余生活，争取到健身器材和篮球架各1套。全镇挖临时抗旱水坑216处，解百姓抗旱燃眉之急。新建直径15米大口井2座，宽50米、长80米方塘1座。投资52万元，修建防护堤450延长米。清理河道和路边垃圾800立方米，完成水泥硬覆盖路面14.3公里。改善农村交通和生产环境，提升农业产量。

【案件查处】2018年，郭家镇注重信访举报，加大违纪案件查处力度。镇纪检自办案件2件，办结2件；受理信访件6件，办结4件；协助市纪检办案2件。陈家村谎报玉米补贴面积案件，处理6人；张沈村扶贫资金发放缺少公示环节，处理2人。

【文教卫生】2018年，郭家镇在棋盘村新建集综合文化活动中心和多功能活动室为一体妇女儿童之家，面积130平方米。为村镇百姓就医问诊提供方便，在陈家村、孙家村新建卫生所各1所，占地面积均为60平方米，诊断室、药房、治疗室俱全。完善孙家村、张沈村、陈家村综合文化活动中心建设，补全场所和设施，发挥文化活动中心作用。完成退休乡村医生审核，将补助资金发放至乡医预留银行卡上，乡村医生老有保障。

【**民政工作**】2018年，郭家镇把民计民生作为出发点和落脚点，让人民群众共享改革发展成果。各项支农惠农政策全面落实，各类救助补贴及时发放到位。接待上级反馈民政信访案件13起（办结13起），接待来访群众340余人次。完成对全镇所有低保户核查工作，对639户不符合低保条件者进行清退。年内，全镇农村低保115户143人，城市低保41户72人。同时，规范和完善低保办理流程，对符合享受条件及时纳入保障范围，做到低保对象有进有出，切实把牢低保“入口关”。

【**“扫黑除恶”工作**】2018年，郭家镇为保障人民安居乐业、社会安定有序，开展“扫黑除恶”专项斗争。全体镇村干部走入3000户百姓家进行入户宣传；在中小学校、集市、镇政府等地开展“扫黑除恶”万人签名活动。张贴条幅50幅，发放宣传单3000份，插挂宣传旗500面，出动流动宣传车2辆，形成人人参与、人人喊打声势。收集线索13条，全部移交有关部门。收到上级反馈案件5件，办结2件。接收群众举报4件，均进行核查。

【**扶贫攻坚**】2018年，郭家镇为建档立卡户发放花生良种11万公斤，发放鸡雏11.5万只。建档立卡户4072人免费享受新农合，每人次补助260元；建档立卡户贫困家庭449名在校生教育补助金额27万元。危房改造建档立卡贫困户151户。强化建档立卡户信息规范化管理，完成1718户建档立卡户“两贴一挂”，增加脱贫攻坚信息公开透明度。新增建档立卡户（返贫和新增）166户370人。年内，孙家村在驻村扶贫工作队南方航空公司支持下，投资130万元，在孙家村建立菊花大棚示范园。占地面积2.2公顷，看护房和冷库等设备齐全，冷棚26个，每个大棚栽植菊花2.7万株。采取资产收益型经营模式，出台《孙家村菊花大棚发包指导意见》，经营利润由承包人和村集体共享，助力乡村振兴。

南方航空公司扶贫产业示范园

中共郭家镇委员会

书　记　杨荣蔚

副书记　关　健

　　　　于泽君（2018年5月任第一副书记）

郭家镇人民政府

镇　长　关　健

副镇长　朱德本

　　　　孙井宁（2018年11月离任）

　　　　刘守礼

郭家镇人大主席团

主　席　胡永春

（王宇）

徐大堡镇

【概况】徐大堡镇位于兴城市境东南部，东、南均濒临渤海辽东湾，西南与刘台子满族乡接壤，西与东辛庄镇、望海满族乡毗邻，北与沙后所镇隔烟台河相望。全镇总面积81.6平方公里，海岸线长19.6公里，有码头2个。投资1300亿元的国家重点项目徐大堡核电站和风力发电站均坐落在境内。镇人民政府设在海滨村东沙嘴屯，距市区30公里。该镇辖李金、王屯、海滨、项家、董屯、刘屯、苏屯、双堆子、方安和台里10个行政村38个自然屯和金沙湾1个社区。2018年年末，全镇总户数5285户，总人口15986人。其中，农业人口13818人，非农业人口2168人。

2018年，全镇耕地面积2031公顷，农作物总产量5272吨，其中经济作物播种面积1569公顷，经济作物总产量4162吨。全镇拥有温室大棚2000余栋，设施农业总产量10325吨。有大型渔船186艘。海参养殖面积3335公顷，其中圈养面积1333.33公顷，深海放养面积2000公顷，年产鲜海参近500万公斤，产值达5亿元。加工销售育苗企业和个体户60余家，芦笋种植基地33.33公顷，种植水稻面积333.33公顷，农民棚菜专业合作社8个。

【乡村建设】2018年，徐大堡镇中修铺设黑色路面海滨村路3.2公里、李金村路1公里，修建董屯村长2.5公里、宽5米，苏屯村长0.5公里、宽5米扶贫道路。清运土方48000立方米，下挖600米长淤塞河床1.5米。河道两侧砌筑16米高挡土墙440米，建筑截潜拦洪坝2处，总长度44米；修建排水沟30延长米，铺设排水管80延长米，挡墙100延长米。修建停车场1.8公顷，生态卫生间120平方米。年内，在苏屯村和王屯村开展美丽乡村项目建设，修建村文化广场2个，2600平方米，安装路灯122座，修建文化墙1200米，垃圾收集池21个。年末，全镇美丽乡村建设实现全覆盖。

苏屯村修路工程

【生态旅游】2018年，徐大堡镇投资建设台里村金沙湾浴场和方安村碧海滩浴场，修建停车场4个，总面积5万余平方米。安装监控广播设备，设立警示标志，加强对旅游市场秩序和卫生、治安等方面管理，防止不良事件发生。投资40万元打造微信小程序服务平台，为游客和村民提供便利，带动镇域内各项产业增收。

台里村停车场

【招商引资】2018年，徐大堡镇招商引进入驻企业5家，分别为兴城市碧海金沙酒店，兴城市瑞发建筑材料有限公司，兴城市瑞发建筑工程有限公司，兴城市碧海滩海上客运有限公司，兴城市鑫鼎砂石筛选厂。年末，全镇招商引资税收达到80万元。

【特色农业】2018年，徐大堡镇协助农户进行温室大棚流转，由承包大户牵头成立农民棚菜专业合作社8个，实现从传统农业到设施农业转变。全镇有设施农业大棚2000多栋，种有蔬菜、鲜花和水果等，形成黄金蟠桃、碱地柿子、火龙果、葡萄、鲜花等采摘园。芦笋种植基地33.33公顷，水稻种植面积333.33公顷。观光采摘和创意农业生根发芽，实现强农富民总体目标。

【平台建设】2018年，徐大堡镇投资40多万元打造微信小程序服务平台，为游客和村民提供便利。游客平台设置景点门票、住宿预订、餐饮预订、本地特产、旅游资讯、投诉监督等窗口，宣传镇特色旅游产业和当地农产品、农家乐等，为游客和商家实现对接，加大镇区旅游产业和海参养殖产业推广和宣传，提升旅游品牌及海参品牌知名度。便民平台设置镇村公告、党政之窗、文化推送、益农信息、租赁收购、招聘求职、信访举报等窗口，让百姓足不出户了解辖区内经济发展状况，提供农业生产中对机械或劳动力等供求平台，消除中介成本，提高村民就业创业能力，推进乡村振兴发展。

【生态环境整治】2018年，徐大堡镇开展农业污染整治，整改鱼棚尾水115棚户，加装鱼棚排废水过滤网，安装生态厕所

106个。镇村两级河长定期巡河，清理河道垃圾，治理河道污染。成立4人巡查小组，制止焚烧秸秆事件90多起，治安拘留1人，行政处罚5人。利用专项资金和镇本级资金140万元，开展防洪、抗旱、景观、肥地、修路综合利用工程。利用清淤土方垫地2.07公顷，改造村路路基3.8公里，利用塘内清出腐殖土改良海滨村芦笋基地土壤10公顷。整治粪污环保案件2起、雏禽养殖户2家。

【精准扶贫】2018年，徐大堡镇以种植业促扶贫，发放花生种子43525公斤，覆盖全镇10个行政村、建档立卡户458户。参与畜牧养殖扶贫项目8户，建档立卡贫困户年分红3500元。开展产业扶贫项目，向宁参堂有限公司、兴城市碧海滩上客运有限公司和兴城市品之品源芦笋种植专业合作社投资90万元，以8%收取分红利润，获得收益7.2万元，逐年返回本金共计11万元，覆盖全镇建档立卡户503户，每户获收益200元。制定制度，规范集体收入用途。规定村集体收入20%作为扶贫资金，用上级专项资金投资实现村级收入的80%发给贫困户，实现本村建档立卡户长期脱贫。

【纪检监察】2018年，徐大堡镇监督检查“扫黑除恶”专项工作，排查问题线索3条，印发“扫黑除恶”宣传单6000余份。入户走访10个村488户、842名建档立卡户2次，严厉整治群众身边腐败问题。查处信访举报6件，其中党纪处分3人，谈话提醒3人。

中共徐大堡镇委员会

书　记　王德鑫

副书记　田　坛

　　　　张　泽（2018年5月任第一副书记）

　　　　常　皓（女）

徐大堡镇人民政府

镇　长　田　坛

副镇长　李　海　张兴锋

　　　　贲宝石

徐大堡镇人大主席团

主　席　赵国辉

（陈昕玉）

红崖子镇

【概况】红崖子镇位于兴城市境中部，属于半丘陵山区。东与白塔满族乡、羊安满族乡相连，南和沙后所镇、南大满族乡毗邻，西和碱厂满族乡、郭家镇接壤，北与旧门满族乡交界，全镇总面积150.1平方公里。镇人民政府设在红崖子村，距兴城市区15公里。该镇辖红崖子、汤屯、梁家屯、二道边、三道边、古城子、周屯、老付马、西二台子、大山台、英树、小山台、新齐、吴家屯、老烧锅、拣金、边壕子、团山子、大东沟19个行政村，87个自然屯。镇内有汉、蒙古、满、傣等民族。2018年年末，全镇总户数10341户，总人口29631人。其中，农业人口26901人，非农业人口2730人。

2018年，全镇经济作物种植面积6657.94公顷，产量17482吨；粮食作物播种面积1057.06公顷，产量3973吨。土地确权7430户，确权土地6533.33公顷；收缴农业保险费用644637.37元，参保农田5653.27公顷。森林覆盖面积14324.7公顷。全年实现生猪饲养量36107头，羊饲养量25091只，马、牛、骡等大型牲畜存栏2698头（只），禽类饲养量达2060063羽。年内，红崖子村、梁家屯村荣获辽宁省“文明家园”示范村称号；梁家屯村获得葫芦岛市2015～2017年度文明村镇，葫芦岛唯一一家国家级产业兴村强县示范镇。

【美丽乡村建设】2018年，红崖子镇实施拣金村美丽乡村工程，建设1050平方米文化广场1个，安装路灯30盏，制作文化墙420平方米，铺设彩砖路面1550平方米，硬化道路水泥路面3000平方米。修建“一事一议”村内道路8.3公里，扶贫路2.1公里，田间作业路35公里，新建和修复桥梁11座。新建护坡2000延长米，标准化村级办公场所1座，村级文化广场1座。实现水、电、水泥路面、有线电视、互联网“五通”全覆盖。

【脱贫攻坚】2018年，红崖子镇实施产业扶贫项目5个，脱贫人口380人。改善农村困难群众居住条件，危房改造83户。实施教育扶贫，逐村逐户核实建档立卡困难家庭学生信息，帮扶175人。实施健康扶贫，为一般贫困户缴纳新农合1666人。协同卫生院为贫困户免费体检。

【民生保障】2018年，红崖子镇参加新型农村合作医疗保险2.3万人次，参合率85.2%。减免低保户1567人，五保户252人，优抚合作医疗款226人，孕优检查育龄妇女100对。清退低保户1089户1248人，完成1260户2567人建档立卡人口信息采集。新农合参保人员22774人，参保率85.2%；新型农村养老保险参保人员8666人，享受待遇5381人。

【“扫黑除恶”】2018年，红崖子镇排查整治宗教领域，依法打击盗采滥伐现象。开展百名干部带千名党员入万户家庭摸排线索3项专项行动。查封老付马玉皇庙，取缔辖区基督教私设聚会点10处，规范管理望海寺、石龙寺、保安寺3所寺庙。

【项目建设】2018年，红崖子镇推进乡村重大项目建设工作。投资1852万元，整理土地1000公顷。在红崖子、古城子、老付马、周屯村修建田间作业路32.7公里，打井67眼，护岸2562米。争取上级专项资金1000万元，建设正业花生良种繁育基地、金豆花生原米出口、花生油压榨深加工、边壕子村采摘农业、花生精选分级、广源农业生产托管重点项目6个。实施教育民生工程，红崖子中心小学、古城子小学主体完工，全镇教育资源得到有效整合。

【从严治党工作】2018年，红崖子镇对中央第六巡视组指出问题意见建议，归纳整理整改事项67条，制定整改方案和台账。严格党员准入和教育管理机制，新发展党员18名，受到党纪处分党员干部6名。按照“十种人”标准，辞去5名村委会成员职务。

中共红崖子镇委员会

书　记　赵恕也（2018年3月离任）

　　　　马　东（2018年3月任职）

副书记　马　东（2018年3月离任）

　　　　杨士凯（2018年5月任第一副书记）

　　　　赵东昕

红崖子镇人民政府

镇　长　马　东（2018年3月离任）

副镇长　宋忠宝　佟弟光

　　　　董星慧（女）　谷熹明

红崖子镇人大主席团

主　席　刘　军

（赵东昕）

高家岭镇

【概况】高家岭镇位于兴城市西南部，背靠大青山，西隔六股河与绥中县相望，东与围屏满族乡相连，南与大寨满族乡接壤，北与三道沟满族乡毗邻，总面积84平方公里。境内有沙上、高王等县乡级公路，并与国道102线贯通。镇人民政府设在高家岭村。距兴城市区53公里。该镇地势依山傍水，北依大青山，西傍六股河，东北高西南低，丘陵平原相兼。呈葫芦状半丘陵半平原，平原淤壤肥沃，丘陵砂质瘠薄。北界大青山南峰海拔556.4米，东南牛心山海拔206米。该镇辖西边、郭家、拉马、树林、永和、高家岭、靳家、汤上、满井、宋斗10个行政村。2018年年末，全镇总户数4799户，总人口15691人。其中，男8239人、女7452人；农业人口15193人，非农业人口498人。有汉族、满族、蒙古族等民族。满族人口13878人，占总人口88.4%。

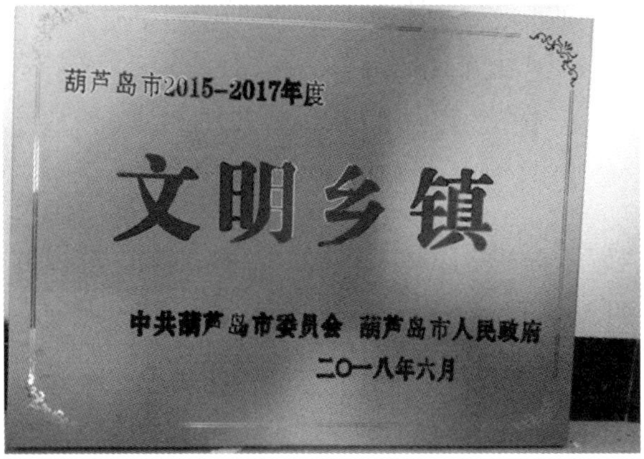

2018年6月，被中共葫芦岛市委、市政府授予2015～2017年度文明乡镇

2018年，全镇有蔬菜大棚670座，棚菜种植面积143公顷。新建冷暖棚4公顷，新种植羊肚菌3.27公顷，种植蓝莓2100延长米。6月，高家岭镇被中共葫芦岛市委、市政府授予2015～2017年度文明乡镇称号；同月，被中共兴城市委授予先进党委称号。

【农业工作】2018年，高家岭镇聘请专家教授举办农民科技培训班20余次，累计参加培训800余人。开展5个行政村、337公顷耕地春耕托管服务，推动全镇农业生产托管工作创新发展。加快永和村、高家岭村千亿斤粮食产能规划田间工程建设，项目面积166.67公顷，总投资350.7万元。平整土地40公顷，新打机井120米深6眼，方塘1座，涵管2座，过水路面2座，混凝土田间路4082延长米，提高全镇农业抵御旱灾能力。落实各项惠农补贴，地力补贴面积2006.59公顷，涉及4177户，补贴金额2235445元。土地确权涉及农户4092户，实测地块数23228块，面积2963.25公顷。

【环境整治】2018年，高家岭镇营造宜居生态环境，发动全镇干部和企业人员，清理主干道和公共场所卫生，动用铲车、钩机45台班，机动车55台次，清理路边沟25公里、河道垃圾2700立方米、各村屯垃圾2500立方米。成立统一保洁队伍，健全环境整治长效机制。年内，进行厕所革命，完成项目前期规划设计，惠及1000人。

【精准扶贫】2018年，高家岭镇在宋斗村建设彩钢瓦厂，总投资110万元，其中扶贫补助资金30万元，年产值200万元，利润20万元，每年可为贫困户分红3万元。贷款30万元，启动"政府+企业+建档立卡贫困户"合作扶贫模式，养殖户给贫困户固定分红2万元。年内，脱贫54户121人，清退脱贫户19户53人，新脱贫38户86人，未脱贫6户11人。全年，全镇改造D级危房19户，其中改造建档立卡D级危房15户，五保、低保、残疾人家庭4户；维修C级危房18户，其中维修建档立卡户3户，其他四类人15户。为建档立卡户购买花生良种6725公斤，花费20175元。开展低保大排查，年末剩低保户65户、75人。全镇有特困人员138户、140人，优抚对象161人，均按政策及时发放补助。

【教育卫生】2018年，高家岭镇强化校园周边环境管控，确保校园周边200米内无网吧等游戏娱乐场所，为学生创造良好学习环境。九年义务教育巩固率99%，控辍保学99%。设立垃圾箱150座，垃圾桶30个。建门诊、病房楼2881平方米，床位20张。新型农村合作医疗参合率95%。

【水利工作】2018年，高家岭镇落实河长制。在河流醒目位置设立河长警示牌12块；投资10.25万元，清理河道内垃圾2800立方米，临时建彩钢房15间。成立防汛抢险队伍20人，储备救生衣380套，排涝抢险水泵10台，每村配备铜罗、喊话器，储备编织袋500条，铁锹20把，铁线100公斤，木桩5立方米。暴雨期间转移28户66人，全镇漫水桥、方塘、塘坝设警示牌，并安排专人看管，确保汛期无人员伤亡。

【污染整治】2018年，高家岭镇开展石材行业污染专项整治。投资300余万元，治理郭家村河道内石材固废垃圾6.2公里。督促石材加工企业按照环保要求建设废水循环池和石粉晾晒池，硬化临时碎石堆放场地，用苫布覆盖干燥石粉，做到无固体废物乱堆乱放。推进碎石加工厂建设，兴城市茂源石业有限公司在西边村马蹄沟北侧3.5公里低洼坑地，投资600万元，建设高家岭镇石渣加工粉碎厂，对全镇石材加工厂废料统一收集，加工成碎石并统一销售。实施西边村、宋斗村污水集中收集处理项目。

中共高家岭镇委员会

书　记　张立东

副书记　马　亮

　　　　揣宏刚（2018年5月任第一副书记）

　　　　金永新

高家岭镇人民政府

镇　长　马　亮

副镇长　聂长利　任　勇　张起欢

高家岭镇人大主席团

主　席　肖国华

（曹阳）

宁远街道

【概况】宁远街道位于兴城市城区中心，东与城东街道相邻，南和曹庄镇相连，西与羊安、白塔满族乡交界，北同古城街道接壤，总面积10平方公里。街道办事处位于南桥路42号。该街道辖西一、西二、南关、南甸子4个行政村和老马路、西关、铁西3个社区。2018年年末，全街道总户数11760户，总人口25467人。其中，农业人口10297人，非农业人口15170人。人口自然增长率0.9%。

2018年，全街道耕地面积342公顷。其中，粮食作物131.93公顷，总产量747.7吨；蔬菜种植面积33.83公顷，总产量655.5吨。全年规模以上工业总产值3.9亿元。

【民政工作】2018年，宁远街道对辖区内低保户专项排查整治，原有低保户1355户1790人，排查整治后，237户323人享受低保待遇。其中，79户109人享受农村最低生活保障；158户214人享受城市最低生活保障。特困人员49人，其中农村特困35人，城市特困8人，集中特困6人；符合生活困难补贴残疾人员14人，符合护理补贴14人。

【劳动保障】2018年，宁远街道办理就业失业登记证65人，开居住地证明农村户口参加社会养老保险37人，完成城乡居民社会养老保险生存认证2009人，享受失业保险待遇27人。加大对冒领新农保追缴力度，追回新农保金额5万余元。年内，全街道收缴和录入农业保险816户218.05公顷。耕地地利保护补贴281.624公顷，涉及村民1325户。新农合参合人数10087人，参合率99.6%，上缴参合费1853880元。同时，街道为上年参合763名村民返还重复参合费用。

【计生工作】2018 年，宁远街道与失独家庭组织交流活动 1 次，通过观光、采摘草莓等活动，倾听失独家庭诉求，帮助解决生活困难。年内，全街道新出生 108 人，其中一胎 76 人，二胎 32 人，人口自然增长率 0.9‰，计划生育率 99%。有失独人员 27 人，三级以上伤残独生子女 4 人。

【城建工作】2018 年，宁远街道棚改涉及住户 414 户，签约住户 397 户、门市 52 户。8 月，街道与市政部门配合，改造八栋楼小区，铺设宽 6 米、长 400 米水泥路面并更换下水管道。同时，配合交通部门，为西客站新开路征用南甸子村土地 2.11 公顷，涉及居民 46 户。

中共宁远街道工作委员会

书　记　金玉志

副书记　崔中华　李晶岩

宁远街道办事处

主　任　崔中华

副主任　陈　健（2018 年 9 月离任）

　　　　崔作勇　陆　颖（女）

人大宁远街道工作委员会

主　任　张莹（女）

（雷国良）

古城街道

【概况】古城街道位于兴城市古城内及城北郊，东南与城东街道相邻，西和宁远街道相连，北同元台子满族乡接壤，总面积 14.85 平方公里。该街道辖北关、花园、北半道子、东八里 4 个行政村和永宁、春和、城北 3 个社区。街道办事处设在北半道子村。2018 年年末，全街道总户数 11797 户，总人口 26404 人。其中，农业人口 6215 人，非农业人口 20189 人。

2018 年，全街道有耕地面积 524.2 公顷。农业保险参保率 100%，新农合参合率 100%，应免畜禽免疫 100%。粮油作物种植保险投保面积 388.55 公顷，参保 1523 户，总缴费 38290 元。参保率 100%，实现全覆盖。年内，该街道被中共兴城市委授予先进党委称号。

【棚户区改造】2018 年春季，古城街道工作人员苦战 67 天，完成城北社区和北关村 570 户棚户区改造签约补偿任务。秋季棚户区改造城北社区和北关村棚改户 41 户，征收永宁社区北二街商户门市 39 户，腾退（征收）北门外纪家胡同 11 户；修建古城内 2 个社区生态环保厕所，选点 6 处，涉及动迁居民 28 户，12 月 20 日全部签约。

【征地工作】2018 年，古城街道完成葫芦岛市政府防化旅置换工作，征收花园村土地 3.99 公顷，涉及土地农户 43 户，发放征地补偿 3208705.6 元。北关村小微工业园征地 14.27 公顷 221 户，发放征地补偿金 19071936.7 元。同时，完成东八里村外环路征地及房屋征收。5 月 20 日，东八里长宏养猪合作社停止养殖生产，向古城街道移交整体院落，土地使用权交付武警第一机动总队工兵防化支队，在元台子乡英昌村另行选址建场。

【工业发展】2018年，古城街道有企业83个。其中，工业企业71个（规模以上企业10个），批发服务商贸企业12个（规模以上企业6个）。全年完成工业产值38370万元，其中规模以上工业企业17222万元。实现利润1627万元，其中规模以上企业670万元。年内，古城街道北关村小微工业园正式启动，占地14.27公顷，投资5亿元至8亿元，完成征地和土地挂牌出让，地块规划设计方案完毕。

【社会综治】2018年，古城街道加大宣传力度，在辖区内张贴《最高人民法院、最高人民检察院、公安部司法部关于依法严厉打击黑恶势力违法犯罪的通告》800份，入户排查并发放《致全市人民的一封信》3000份、“扫黑除恶”专项斗争宣传单2000份。悬挂宣传条幅40余幅，LED滚动屏幕2块，宣传展示板48块。加大线索排查力度，入户3669户，企业70家，商铺300余户。

【信访工作】2018年，古城街道加大对信访积案化解力度，强化沟通对接，做好老上访户稳控工作。调解各类纠纷16起，调解率100%。接收社区矫正人员7人，解矫6人，在矫4人，年末有社区矫正人员62人。

【惠民工作】2018年，古城街道农业保险投保1103户，投保面积174.67公顷。粮油作物种植保险投保面积171.97公顷，参保户数1097户，总缴费金额16540元。对土地确权的家庭承包面积259.55公顷，承包方1582户进行再核实。同时，对村集体土地255.854公顷进行确认，完成地力补贴发放，对4个行政村1667户确权家庭承包面积284.916公顷逐一进行核查，确保真实性，并通过“一卡通”发放到农户手中。

【民生工程】2018年，古城街道投资2万元修建东八里村龚屯至首山西边防火应急路970延长米。投资2万元修建东八里村龚屯东路防火点至首山半山腰防火应急路1100延长米。投资42万元修建东八里村于家屯门前河防洪治理挡水墙，投资16万元修建花园村路1300米。完成对辖区内低保户排查，取消低保户1007户，保留465户。重新审批农村“五保”人员24人、城市“三无”人员12人、失能老人13人。

中共古城街道工作委员会

书　记　高玉文

副书记　杨建军（2018年3月离任）

　　　　金志强

古城街道办事处

主　任　杨建军（2018年3月离任）

副主任　李艳凤（女）闫　超

艾枫月（女）

人大古城街道工作委员会

主　任　李卫国

（艾枫月）

温泉街道

【概况】温泉街道位于兴城市区东北部、古城东部、首山脚下，总面积17.5平方公里。东与钓鱼台、四家屯街道相邻，北与龙港区双树乡毗连，西南与城东街道接壤。街道办事处设在兴海北街二段15号、全民健身中心东侧。该街道辖胜利村和温泉、首阳、东山、康宁、建海、兴海桥、万象7个社区。兴城市委、市政府所在地。有中小学及幼儿园8家，中省直驻在单位19家。是兴城政治、经济、文化中心。2018年年末，全街道总人口70815人。其中，农业人口1883人，非农业人口68932人。

2018年，全街道规模以上工业企业总产值21614万元，住宿企业营业额1958万元，批发零售业销售额11490万元，服务业重点企业营业额7334万元。

【社区工作】2018年，温泉街道为创建全国卫生城市和全国文明城市，在辖区内各个小区安装健康宣传栏126套。新增万象社区面积730平方米，6月投入使用。开展眼科义诊、走访低保户、与社区居民包粽子庆端午等系列活动。年内，随着城市东移，大规模居住区成片增加，人口增多，街道在原有7个社区基础上，经市政府批准，增设滨河社区。年内，建海社区先后荣获葫芦岛市先进党组织、葫芦岛市未成年人思想道德建设工作先进单位、葫芦岛市文明社区等荣誉称号。

【社会保障】2018年，温泉街道安置公益性岗位181人，登记领取失业保险金75人，就近就地转移人员102人，登记失业高校毕业生51人。认定创业带头人15人，吸纳全市户籍各类失业人员实现就业108人。企业退休人员年检6599人次，领取遗属费人员67人次，异地生存认证84人次。新农保参保人员1023人，其中城镇居民424人，农村居民599人，参保率98.39%。领取待遇639人，其中城镇居民376人，农村居民263人。全年新增城市低保12户15人，取消低保145户201人，上调低保5户5人，下调低保9户9人；新增农村低保2户3人，取消低保45户48人。截至年末，全街道有低保户194户269人，其中城镇低保172户241人，农村低保22户28人。办理廉租住房租赁补贴25户，每户补助2160元，计54000元。为17名困难大学生提供教育救助30000元，其中本科生10人，每人救助2000元；大专生6人，每人救助1500元；中专生1人，救助1000元。

【“扫黑除恶”】2018年，温泉街道党工委召开扩大会议2次、工作推进会4次，研究部署“扫黑除恶”工作。在辖区显著位置悬挂“扫黑除恶”宣传标语、横幅26条，利用8块LED大屏幕长期滚动播放“扫黑除恶”宣传口号，制作固定宣传板35块100平方米，印发《“扫黑除恶”知识宣传手册》8000册。发放宣传彩页及《致全体辖区居民一封信》34000余份。围绕“扫黑除恶”重点打击对象，深入摸排各小区涉黑涉恶犯罪线索，协助公安机关破获治乱案件2起。

中共温泉街道工作委员会

书　记　刘志刚

副书记　王旭阳　蔡　宁（2018年11月离任）

温泉街道办事处

主　任　王旭阳

副主任　杨立东　康桐楀

　　　　任　磊（女）张　微（女）

人大温泉街道工作委员会

主　任　张志裕

（张英慧）

四家屯街道

【概况】四家屯街道位于兴城市境东北部，东临辽东湾，南与钓鱼台街道相邻，西与温泉街道毗连，北与葫芦岛市龙港区接壤。总面积23平方公里。辽宁工程技术大学、辽宁财贸学院和渤海船舶职业学院3座高等学府位于辖区内。葫芦岛市龙兴路、滨海大道穿辖区而过。街道办事处设在四家村。该街道辖四家、邴家、周家、纪家4个村和四家1个社区。2018年年末，街道总人口8466人。其中，男4293人，女4173人；农业人口7705人，非农业人口761人。大学城在校师生2万余人。

2018年年末，全街道实现各业产值17亿元，人均地区生产总值22万元，比上年增长5.5%；利税15010万元，固定资产投资3亿元，比上年增长15%，城镇居民人均可支配收入增长7%，超过3万元。

【防汛防灾】2018年，四家屯街道全面开展防汛工作，下发《四家屯街道办事处防汛应急预案》，排查登记各村险工险段，现场走访方塘14处、危房9户。疏通河道，备足抢险物料，确保群众生命财产安全。特定天气和特殊气候出现期间，街道干部全员下到各村，转移危房群众50余人。

【环境治理】2018年，四家屯街道投资30万元，清理管制内粪堆、柴堆、垃圾堆45个，清理团内河道2500延长米，集中整治巷道卫生4000延长米。整改国家环保、海洋环保反馈问题，沿海4家饭店新建排水设施和独立化粪池。邴家村生活污水和雨水集中排放，完成工程总量75%。治理1家铸钢厂出现调钢问题。

【民生工作】2018年，四家屯街道坚持低保应保尽保、应退尽退，重新核定低保19户，城市低保3人，特困人员3人，困境儿童17人。养老保险缴纳100%，劳动力转移1503人，科普培训400余人次，劳务输出101人，医疗保险参合率100%。

【维护社会稳定】2018年，四家屯街道拓宽信访工作渠道，打击破坏经济发展和稳定犯罪行为，解决群众关心热点难点问题。确保全街道社会稳定，处理治安案件60余起；调解矛盾纠纷6次，成功调解民事纠纷3起；接待上访群众200余人次。

中共四家屯街道工作委员会

书　记　陈　强

副书记　柏春辉（2018年3月离任）

　　　　吕君德

四家屯街道办事处

主　任　柏春辉（2018年3月离任）

副主任　周　勇（2018年9月离任）

　　　　胡志涛　马　越

人大四家屯街道工作委员会

主　任　门晓芳（女）

（徐春霞）

城东街道

【概况】城东街道位于兴城古城东南部，东与温泉街道相邻，西与宁远街道毗连，南与曹庄镇接壤，北与葫芦岛市龙港区双树乡交界，总面积23平方公里。街道办事处设在临河大街14号。该街道辖东一、东二、南辛庄、新地号、韩家、干柴6个行政村和东关、城南、月亮河3个社区。2018年年末，全街道总人口21965人。其中，农业人口11229人，非农业人口10736人。

2018年，全街道耕地面积613.04公顷。其中，粮食作物种植面积569.87公顷，蔬菜种植面积43.17公顷。村集体经济收入1341.648万元。其中，东一村房租、承包、征地动迁补偿等收入106.3万元，东二村房租、承包等收入36.7万元，南辛庄村征地动迁补偿1198.133万元，地号村承包收入0.5万元。

【便民服务】2018年，城东街道答复政府热线17件、民心网8件、信访平台17件。接待各类上访27件，其中个访5件、群访22件。省民心网重点督办件受理编号1067720件被评为最高20星，葫芦岛市唯一；受理编号1258329件被评为10星。民心网工作考核评价总分兴城第一、葫芦岛第二。月亮河社区安装治安监控1个，缓解小区治安压力。

【社区棚改】2018年，城东街道完成东二村、东关社区、城南社区棚改签约工作。古城周边1500户棚户区改造项目为全市10项民生工程之一，涉及城东街道东二村、东关社区、城南社区居民639户。其中，城南114户，签约101户，签约率88.6%；东二村、东关社区525户，签约513户，签约率97.7%。城东街道总签约率96.1%。

【征地动迁】2018年4月，城东街道配合市政府紧急征占新地号村河东桥南侧土地0.01公顷，2天内完成测量、评估、村民代表大会等程序，施工单位第3天进场施工，确保河东桥“五一”期间顺利通车。同时，启动首山东二村7.94公顷果园征地动迁，涉及居民19户，全部签约。启动东关门市房动迁工作，涉及经营户19户，年内签约10户。

【民生工程】2018年，城东街道利用“一事一议”项目，新修新地号村内道路硬覆盖1公里；铺设韩家村黑色路面3公里，建设30米长、6米宽漫水桥1座，解决困扰村民多年秋收运输和出行难问题。维修月亮河堤坝80延长米，堤高2米，提高防汛抗洪能力；为干柴村打饮用水深井1眼160米，为韩家村打饮用水深井1眼150米，解决500余户村民饮水困难问题。为世纪华府西侧37户、100余居民安装自来水。与葫芦岛供电公司、兴城供电分公司等多方沟通，将月亮河社区2公里电网整体并入兴城农电网。同时，对月亮河社区实施采暖设施改造，取暖管网并入葫芦岛集中供热。

【经济工作】2018年，城东街道将位于干柴村大型企业固和混凝土工商营业执照从葫芦岛转移到兴城注册，年内工业产值增加8395.5万元，税收增加507.5万元。同时，落实全市新增5家规上企业任务指标，完成新增规模以上企业2家，分别为兴达铸造有限公司和大奇泳装有限责任公司，占全市任务指标40%。招商引资1200万元建设兴城市志友垂钓中心，占地0.3公顷，室内面积2520平方米，为东北地区档次最高、面积最大室内垂钓中心。

【城市管理】2018年，城东街道拆除赵家湾耕地内违建房5户12间，拔除深井35眼。拔除东一村、东二村耕地内经济树、果树0.53公顷1.5万株。拆除南辛庄村河南违建大棚8公顷。年内，街道实行上午、下午、晚间一天三次巡逻宣传制度，出动巡逻宣传车720车次、2160人次。加大处罚力度，行政拘留1人，教育3人。首山林缘100米深翻7.33公顷，与村民签订责任状（告知书）2000余份。

【环境治理】2018年，城东街道关闭辖区内育有42头牛养牛场3个；整改干柴村养猪场，新建化粪池1个。清理路边垃圾762吨、10227延长米。清理河道垃圾690吨、14500延长米，宅边垃圾620吨，田边垃圾330吨，乡镇及村屯周边垃圾110吨，计24727延长米、2512吨。出动车辆873台次、868人次，投入资金15.63万元。

【农业工作】2018年，城东街道成立干柴村志利家庭农场，托管服务面积200公顷。新增水果采摘园7家、大棚采摘园5家，完成土地确权837.14公顷，实现土地流转220公顷。玉米种植面积由467.38公顷调减到400公顷，调减29.2%。更新改造果园8个，新栽名优果树2610株。对50种蔬菜水果开展农产品质量安全检测12次。

【民生保障】2018年，城东街道开展低保排查，原有低保户1241户，取消1062户，保留179户225人（农保89户106人，城保90户119人），取消率85.5%。发放冬春救助款10万元。优抚人员新增17人、取消5人；城市特困4户，农村特困41户43人。大病救助二次报销，城市低保报销5人18008元，农村低保保报销14人72322.9元。新增廉租房补贴3户，计26户；残疾人生活补贴及困难补贴134人。完成高龄老人申报及核查，城镇23人，农村24人，新增10人，取消6人。年内，街道为参加城乡居民养老保险人员办理银行卡232个。办理就业失业登记161人，就近就地转移2226人。年检社保人员2763人，遗属81人，60岁以上生存认定率100%。

中共城东街道工作委员会

书　记　刘洪涛

副书记　沈大江　孙长宏

城东街道办事处

主　任　沈大江

副主任　薛宇宏　翟立臣　姜婷婷（女）

人大城东街道工作委员会

主　任　赵旭光

（刘鹏）

钓鱼台街道

【概况】钓鱼台街道位于兴城市东北隅，东临辽东湾，南以兴城河与曹庄镇交界，西和温泉街道相邻，北与四家屯街道接壤，总面积7平方公里。街道办事处设在钓鱼台路10号。该街道辖红石碑、钓鱼台2个行政村和海口、海河桥、黎明3个社区。2018年年末,全街道总人口18643人。其中，男9597人，女9046人；农业人口4111人，非农业人口14532人。人口自然增长率5.237‰。

2018年，钓鱼台街道工业总产值13395万元，限上批发零售业产值 2637.5万元，限上餐饮服务业产值3467.1万元。

【城市管理】2018年，钓鱼台街道加大整治违规建筑管控和拆违力度，把违规行为消灭在萌芽状态。发现违章建筑、违规打井等违反城市规划建设17处，联合城管办强制拆除红石村村东口临街违章建筑。清理钓鱼台桥入口北行100米临街两侧商贩，清理钓鱼台河两侧摆摊商贩10处、乱堆乱放物品16处,拓宽路面220延长米。

【河道治理】2018年，钓鱼台街道总河长及包河街村干部定期深入河道一线，检查河道防洪能力，排查治理河流污染。投资2万元清理河道生活垃圾600立方米，投资1.7万元清理建筑垃圾400立方米，保证沿河两岸居民环境优美整洁。暴雨来临前转移危险群众7人，发放防汛明白卡3张，排查各类隐患5处，保证人民生命财产安全。

【民生保障】2018年，钓鱼台街道完成城乡居民养老认证949人。核实老农保人员

210人，核实金额43400元；完成就地转移人员录入800人。为8家自主创业、规模经营、信誉良好的法人代表申请为创业带头人，带动劳动就业56人。追缴新农保死亡冒领资金28491元,追缴人数25人。年内,街道取消不符合条件低保户143户，保留31户，做到应保尽保，应退则退，城乡低保处于动态管理中。民政部门拨付冬春救助款3万元，发放到185户困难群众手中。

中共钓鱼台街道工作委员会

书　记　韩忠民（2018年2月离任）

　　　　陈晓东（2018年2月任职）

副书记　王海龙　李　伟

钓鱼台街道办事处

主　任　王海龙

副主任　李　莹（女）　刘文峰　韩金龙

人大钓鱼台街道工作委员会

主　任　崔红梅（女）

（李伟）

华山街道

【概况】华山街道位于兴城市境东北部，东与元台子满族乡毗连，南和白塔满族乡交界，西与旧门满族乡为邻，北同葫芦岛杨家杖子省级经济开发区接壤，总面积70.4平方公里。街道办事处设在绿化村。该镇辖上长茂、下长茂、四合、绿化、羊草5个行政村和锦山、锦华2个社区。2018年年末，全街道总人口20040人。其中，农业人口8326人，非农业人口11714人。

2018年，金禾钙业有限公司成功落户华山。玄宇食用菌公司发展成为集科研、生产、深加工为一体现代化农事企业，累计投资达到18900万元。兴城市中小学素质教育基地正式建成。街道实现全口径税收800万元。

【扶贫帮困】2018年，华山街道申报扶贫产业项目13个，获批3个，带动贫困户412户。为294户贫困户发放价格补贴花生种21150公斤，为绿化村118户贫困户发放鸡雏10800只，为6户贫困户翻建新房。食用菌公司对接贫困户55户，每人每月收益分红120元。为羊草村争取壮大集体经济奖补资金30万元，“空壳村”成功摘帽。

【环境建设】2018年，华山街道投入24万元整治农村环境，清运生活垃圾3400余立方米，清运河道垃圾2000立方米。人居环境“五进院”工作取得阶段性成效，实现猪圈、街村主要道路农厕、灰堆、柴草堆和杂物堆全部“进院”。投资50万元，完成下长茂村美丽乡村示范村建设，建成文化广场2座，安装太阳能路灯70盏，实现文化广场全覆盖。新修水泥路面2.8公里，农村主要道路全部实现硬化。完成危房改造36户，其中C级危房1户，D级危房35户。

【责任监督】2018年，华山街道开展正风肃纪在基层专项行动，对涉农惠农各项工作建立台账，做到事事有台账、村村有台账。受理党员干部信访举报1件，查办案件5件。其中，初核了结2件，立案审查3件。党纪处分党员干部3人，其中党内警告2人，开除党纪1人。组织处理党员干部5人，其中诫勉谈话2人，谈话提醒1人，批评教育2人。

中共华山街道工作委员会

书　记　谷彦晟（2018年3月离任）

　　　　赵恕也（2018年3月任职）

副书记　孔　佳　陈云新

华山街道办事处

主　任　孔　佳

副主任　张永强（2018年9月离任）

　　　　王　科　乔占英（女）

人大华山街道工作委员会

主　任　石　伟

（曹春龙）

临海街道

【**概况**】临海街道位于兴城市中心城区以南10公里，辽宁兴城经济开发区镜内，东北与曹庄镇接壤，西南与沙后所镇毗邻，滨海公路贯穿东西，总面积24.52平方公里。街道办事处设在滨海大道77—1号。该街道辖老滩、中兴2个行政村和锦绣、兴工2个社区。2018年年末，全街道总人口12848人。其中，2个行政村人口5120人，2个社区（临时人口）7728人。

2018年，全街道耕地面积592.97公顷，粮食总产量1653.86吨。全年农业总产量2421.3吨，农业产值431.12万元；工业产值69.1亿元。工业企业主要以高性能复合材料和泳装企业为主，企业职工3200余人。有个体工商户213户，从业人员332人。民营经济产值58亿元。全年生猪饲养量1369头，养殖羊270只、蛋鸡520只、肉鸡3300只、鸭254只、鹅70只。农民人均纯收入7554元。

【**民生工作**】2018年，临海街道促进再就业工作，办理就业失业证31个，为就业困难人员提供公益性岗位1个，领取失业保险待遇人员4人，劳务输出登记200人，完成就近就地转移登记1000人，创业带头人3人。办理异地退休人员年检27人，新农保参保人员3706人，退休年龄领取待遇人员932人，参保缴费人员2774人；新农保死亡冒领追缴10人，总金额30038.62元。养老保险资格认证139人，办理退休领取待遇129人，遗嘱10人。清退不符合条件低保户26户27人。新型农村社会养老保险参保3706人，60周岁以上领取养老金待遇1040人。

【**环境整治**】2018年，临海街道整治乱搭乱建，清除村内“五边三堆”，依法下达书面停工整改违章建筑通知书4处，清运辖区非正规垃圾堆放点30处。拆除直排厕所2处，原址改造、另址新建3处。增设垃圾桶10个，处理完成排污口悬浮物5户。

投入资金39.98万元，新建大型垃圾转运站1个，清理垃圾点170余个、乱堆乱放600余处、乱披乱挂150处、积存垃圾983处、卫生死角1345处、畜禽散养202处。改建垃圾池36座，完成农村改厕196座。河道、河塘清淤1万立方米，清理河道2.3公里。修建老滩新村西路和李沟段公路硬化工程及路肩2公里。锦绣社区安装铁艺造型1个，新栽树木50棵，铺设长廊彩灯。楼前修建青砖围栏高0.5米、宽1.5米、长370米，修建停车位40余个。

【农村工作】2018年，临海街道核实土地确权信息，土地托管100公顷。地力补贴1223户，面积416.39公顷，金额46.39万元。农业参保面积331.89公顷。出动护林防火宣传车500余次1300余人，悬挂宣传条幅45条。开展河道治理，修建单向堤坝150米，为村民安全度汛提供保障，并在贾河海套段修建总长度76米底下防护坝5道，遏制水土流失。

【维稳工作】2018年，临海街道在主要路口张贴《关于依法打击黑恶势力犯罪的通告》50余张，宣传条幅150余条，宣传图板70张，出动宣传车500余台次，开展主题宣讲20场次。走村入户发放宣传信件5000件、明白卡4000分、问卷调查2000份。提供咨询服务1200余人次。加强维稳队伍建设，确保信息通畅，签订维稳、禁毒、防范邪教等各项责任书，确保维稳工作有人管、有人抓、有人干。

中共临海街道工作委员会

书　记　李海军

副书记　万真东　王　旭

临海街道办事处

主　任　万真东

副主任　刘首阳（2018年9月离任）

　　　　高守家　韩雅楠（女）

人大临海街道工作委员会

主　任　马　军

（张凌华）

菊花街道

【概况】菊花街道地处兴城市东南部海域，距兴城城区15公里，距兴城海滨陆岛交通码头12.5公里（6.8海里），距葫芦岛龙湾海滨浴场20公里，与陆地最近距离（滨海经济区）5.5公里。陆域面积15平方公里。该街道辖南、北2个行政村，9个自然屯，1092户。街道办事处设在南村。2018年年末，全街道总人口3265人。其中，农业人口3018 人，非农业人口247人。农民人均纯收入11800元。
2018年，全街道有耕地面积149.5公顷。主要农作物有玉米、高粱、大豆、花生。有林地660公顷，树木品种有荆条、洋槐、松树、桑树、榆树、菩提树等，以荆条、洋槐居多。森林覆盖率80%。

【特色旅游】2018年，菊花街道依托当地得天独厚旅游资源，指导全岛130多家民宿、家庭宾馆、农家乐提档升级改造，打造对应不同社会阶层、不同职业人群、不同年龄对象消费群体和规模不同、档次不等休闲度假场所。民宿改造完成房屋图纸设计、入户走访沟通、协调建房贷款等前期准备。同时，实施品牌营销，利用广播、电视、报纸、网络等传媒，借助旅行社等中介机构，以绿色健康、海岛风光、渔家美食、周末休闲、回归自然等为卖点，参加推介会4次，发布相关信息9000余条。

【民生工程】2018年，菊花街道投入资金4万元，调动水车800余次，解决北山屯、山南屯、岭西屯部分群众冬季和旱季缺水难题。定期对饮用水进行化验，保证群众饮水安全。投入垃圾收集处理费98万元，外运垃圾3700立方米。设置垃圾箱230个，清理河道生活垃圾100立方米。

【森林防护】2018年，菊花街道对全岛941户公益林现场测量，测定各户面积及界限，同时绘制林图，确保国家公益林补贴资金准确发放到位。投入专项资金8万元，加大美国白蛾等森林病虫害防治。加强防火宣传，强化百姓日常防火意识。组织森林扑火队、部队、边防派出所、消防站、村屯民兵共同参与防火演练3次。实施防火、护林网格化管理，编织护林防火工作网。

【社会事业】2018年，菊花街道办理低保9人、残疾人生活补贴83名。全年出生人口32人，奖扶22人，特扶1人，避孕节育措施落实率99%，宣传教育普及率100%。新农合参保2749人，参合率99.8%。为1名自主创业、规模经营、信誉良好法人代表申请创业带头人。完成失业求职登记28人，转移劳动力人口126人。

中共菊花街道工作委员会

书　记　王　超（2018年2月离任）
　　　　杨建军（2018年3月任职）
副书记　周风雷　刘明晔

菊花街道办事处

主　任　周风雷
副主任　杨飞舟（2018年9月离任）
　　　　贲云屏（女）

人大菊花街道工作委员会

主　任　息　毅

（刘东）

索 引

说 明

一、本索引采用主题分析法，按主题词首位汉语拼音音序顺序排列，同音字按声调排序，同音同调字按下一个字的音序排列。

二、款目后的阿拉伯数字表示内容所在的页码，数字后的字母（a、b）分别表示所在页的左、右栏。

A

B

C

D

F

G

H

K

L

M

T

W

X

·小资料·

兴城古城——将军府

兴城古城内东南隅有一座保存完好的四合院，其东侧有一座花园，总占地面积约4000平方米，这就是郜师长住宅，人称郜家住宅。属于省级文物保护单位。

郜师长名郜汝廉，字浚泉，生于1875年，卒于1961年。他是兴城西关人，早年参军，先在直系，后来在张学良将军部下，曾任东三省镇威军第三、四方面军中将参谋长，东北军第十一师师长等职。“九一八”事件变前解甲归乡，于宅园内创办斌英女子中学。日伪统治时，面对日伪当局的威逼利诱，托病不出，拒任地方官吏。1955年，他被辽宁省政府聘为参议室参事。1956年，周总理在接见他的时候，称赞他辞官隐居，不为日本侵略者利用，不做伪满官吏的高尚情操和民族气节。

郜家住宅南有照壁，长10米，上面堆塑的丹凤朝阳等图案依然精美。门房五间，大门洞在中间，黑漆木门两扇，门旁原有石狮，现仅存石座，门墙上部砖雕细腻，但有少部破损。门房建于青灰石的台阶上，青砖起脊大瓦房，带有几分威严。院中一道青砖起脊花墙，中间用板瓦砌成图案，正看是铜钱连贯，侧看是朵朵四瓣花序。花墙正中是二门，门北是第二进院，正北是正房五间，中间三间出廊抱柱，两侧长方形窗户，上部半圆形，外围砖雕及堆塑的图案极具民国建筑特色。前墙下贴以彩色瓷墙，光彩夺目。正房下两侧有厢房各三间，均为青砖起脊大瓦房。院内芙蓉树高大，芳草凄凄。从东墙小门可进入郜家花园，称“幺园”。园中有八角凉亭、假山，以及辽西最大的一株银杏树、养鱼池、古槐树、古柳树等。